Wirtschaftsrelevante Kollisionsnormen
im japanischen internationalen Privatrecht

Internationalrechtliche Studien

Beiträge zum Internationalen Privatrecht, zum Einheitsrecht und zur Rechtsvergleichung

Herausgegeben von Ulrich Magnus

Band 32

PETER LANG
Frankfurt am Main · Berlin · Bern · Bruxelles · New York · Oxford · Wien

Holger Ellenberger

Wirtschaftsrelevante Kollisionsnormen im japanischen internationalen Privatrecht

PETER LANG
Europäischer Verlag der Wissenschaften

Bibliografische Information Der Deutschen Bibliothek
Die Deutsche Bibliothek verzeichnet diese Publikation in der Deutschen Nationalbibliografie; detaillierte bibliografische Daten sind im Internet über <http://dnb.ddb.de> abrufbar.

Zugl.: Hamburg, Univ., Diss., 2003

D 18
ISSN 0947-0395
ISBN 3-631-52312-2

www.peterlang.de

在成勳面前不能停步

Meiner Familie

Vorwort

Die vorliegende Schrift lag dem Fachbereich Rechtswissenschaft der Universität Hamburg als Dissertation im Winter 2003 vor. Sie entstand hauptsächlich während eines Studien- und Arbeitsaufenthaltes in Japan zwischen 1995 und 1998, während dem ich bei der japanischen Kanzlei Yoshino Sôgô Hôritsu Jimusho (heute Kioichô Sôgô Hôritsu Jimushi) arbeitete und gleichzeitig die für diese Arbeit notwendigen Materialien sammelte. Spätere Entwicklungen wurden bei kurzen Aufenthalten 2000 und 2001 in Japan zusammengetragen, wobei Entwicklungen in Literatur und Rechtsprechung nach 1999 nur in sehr eingeschränktem Maße berücksichtigt werden konnten.

Mein herzlicher Dank gilt all denen, die mich bei diesem Vorhaben unterstützt haben. Hervorheben möchte ich dabei ganz besonders meinem Doktorvater Prof. Dr. Ulrich Drobnig, der von Anfang an die Idee einer Dissertation zu einem Thema des japanischen Internationalen Privatrechts unterstützt hat und mir durch seine Hilfsbereitschaft über all die Jahre auch sehr geholfen hat. Mein besonderer Dank gilt auch Herrn Dr. Harald Baum für seine Unterstützung, insbesondere bei der genauen Definition des Themas sowie zahlreiche und hilfreiche Kommentare während dem Zustandekommen der Arbeit. Auch möchte ich Prof. Dr. Yukio Nishitani sehr herzlich danken, die sich bereit erklärte, die Arbeit durchzusehen und dabei mir mit zahlreichen wertvollen Anmerkungen half. Prof. Dr. Ulrich Magnus danke ich sehr herzlich dass, er das Zweitgutachten übernahm und sich bereit erklärte, die Arbeit in seine Schriftenreihe aufzunehmen.

Weiter gilt mein Dank Herrn Prof. Dr. Dr. Yoshino Shôzaburô sowie den Mitarbeitern seiner Kanzlei, die mir beim Verständnis des japanischen Rechts sehr halfen, aber auch nie zögerten, mir bei den Lesarten verzwickter japanischer Schriftzeichen, insbesondere bei dem Lesen von Namen, zu helfen.

Auch möchte ich mich bei Herrn Rechtsanwalt Dr. Jörn Westhoff für seine Unterstützung und zahlreichen Anmerkungen sehr herzlich bedanken.

Besonderer Dank auch meiner Frau Cynthia für ihre Unterstützung und Geduld, auch dafür es letzten Endes hinzunehmen, dass der Garten einen Sommer lang dem Löwenzahn und anderen Wald- und Wiesenkräutern gehörte, statt den gewünschten und verdienten Rosen.

Paris, im Februar 2004

Holger Ellenberger

Inhalt

Abkürzungsverzeichnis

Abs.	Absatz
AMG	Gesetz betreffend das Verbot von Kartellen und die Sicherung eines privaten Wettbewerbs (*Shiteki dokusen no kinshi oyobi kôsei torihiki no kakuho ni kansuru hôritsu* 私的独占の禁止及び公正取引の確保に関する法律), Gesetz Nr. 54-1947 i.d.F. des Gesetzes Nr. 102-1997
Art.	Artikel (japanische Gesetze werden mit dem Artikel (*jô* 条) bezeichnet)
ASG	Arbeitsstandardgesetz (*Rôdô kijun-hô* 労働基準法), Gesetz Nr. 1947-49 i.d.F. des Gesetzes Nr. 1997-92
BankG	Bankgesetz (*Ginkô-hô* 銀行法), Gesetz Nr. 1981-59 i.d.F. des Gesetzes Nr. 1996-94
BBG	Bergbaugesetz (*Kôgyô-hô* 鉱業法), Gesetz Nr. 1950-289 i.d.F. des Gesetzes Nr. 1993-89
Bd.	Band
d.h.	das heißt
CISG	Convention of international sale of goods, Wiener internationales KaufrechtsÜbereinkommen von 1980.
DAG (DAKG)	Devisen- und Außenhandelsgesetz (*Gaikoku kawase oyobi gaikoku bôeki-hô* 外国為替及び外国貿易法), Gesetz Nr. 1949-228 i.d.F. des Gesetzes Nr. 1998-107 (dieses Gesetz wurde bis zur Reform 1997 als DAKG Devisen- und Außenhandelskontrollgesetz (*Gaikoku kawase oyobi gaikoku bôeki kanri-hô* 外国為替及び外国貿易管理法) bezeichnet. In diesem Text wird die Abkürzung DAKG nur dann benutzt, wenn es sich auf Sachverhalte vor der Reform bezieht.
DG	Distriktgericht (*chihô saibansho* 地方裁判所)
EU	Europäische Union
EVÜ	Europäische (Schuld-) Vertragsübereinkommen von 1980
ff.	Folgende

Fn.	Fußnote
GAGB	Gesetz über Ausländer und Grund und Boden (*Gaikokujin dochi-hô* 外国人土地法), Gesetz Nr. 1925-42
GbMG	Gebrauchsmustergesetz (*Jitsuyô shin'an-hô* 実用新案法), Gesetz Nr. 1959-123 i.d.F. des Gesetzes Nr. 1996-68
GewerkG	Gewerkschaftsgesetz (*Rôdô kumiai-hô* 労働組合法), Gesetz Nr. 1949-174 i.d.F des Gesetzes Nr. 1993-89
GFG	Gesetz über Angelegenheiten der freiwilligen Gerichtsbarkeit (*Hishô jiken tetsuzuki-hô* 非訟事件手続法), Gesetz Nr. 1898-14 i.d.F. des Gesetzes Nr. 1994-97
GGmbH	Gesetz über die Gesellschaft mit beschränkter Haftung (*Yûgen kaisha-hô* 有限会社法), Gesetz Nr. 1938-74 i.d.F. des Gesetzes Nr. 1994-66
GISW	Gesetz über den internationalen Seetransport von Waren (*Kokusai kaijô buppin unsô-hô* 国際海上物品運送法), Gesetz Nr. 1957-172 i.d.F. des Gesetzes Nr. 1992-69.
GRAFG	Gesetz für die Regeln des ausländischen Fischereigewerbes (*Gaikokujin gyogyô no kisei ni kansuru hôritsu* 外国人漁業の規制に関する法律), Gesetz Nr. 1967-60 i.d.F. des Gesetzes Nr. 1995-76
GSE	Gesetz über staatliche Entschädigung (*Kokka baishô-hô* 国家賠償法), Gesetz Nr. 1947-123
GsMG	Geschmacksmustergesetz (*Ishô-hô* 意匠法), Gesetz Nr. 1954-125 i.d.F. des Gesetzes Nr. 1995-91
GversG	Gesetz über das Versicherungsgewerbe (*Hokengyô-hô* 保険業法), Gesetz Nr. 1995-105
HG	Handelsgesetz (*Shôhô* 商法), Gesetz Nr. 1899 i.d.F. des Gesetzes Nr. 2001-149
i.d.F.	in der Form
i.d.S.	in diesem Sinn
IPR	Internationales Privatrecht

K.K.	*kabishiki kaisha* 株式会社 [Aktiengesellschaft]
KonkG	Konkursgesetz (*Hasan-hô* 破産法), Gesetz Nr. 1922-71 i.d.F. des Gesetzes Nr. 1991-79, reformiert durch Gesetz Nr. 2000-128 und Nr. 2000-129
LFG	Luftfahrtgesetz (*Kôkû-hô* 航空法) Gesetz Nr. 1952-231 i.d.F. des Gesetzes Nr. 1996-35
NTT	*Nippon Telegraphe and Telephone K.K.*
NTTG	*Nippon-Telegraphe-and-Telecommunication*-Gesetz (*Nippon denshin denwa kabushiki kaisha-hô* 日本電信電話株式会社法) Gesetz Nr. 1984-85 i.d.F. des Gesetzes Nr. 2001-129
OG	Obergericht (*kôtô saibansho* 高等裁判所)
o.g.	oben genannte
OGH	Oberster Gerichtshof (*Saikô saibansho* 最高裁判所) [seit 1946]
PatentG	Patentgesetz (*Tokkyo-hô* 特許法), Gesetz Nr. 1959-121 i.d.F. des Gesetzes Nr. 1996-68
PVÜ	Pariser Verbandsübereinkommen zum Schutze gewerblichen Eigentums von 1883
RAG	Rechtsanwendungsgesetz (*Hôrei* 法例), Gesetz Nr. 1898-10 i.d.F. des Gesetzes Nr. 1989-27
RBÜ	Revidierte Berner Übereinkunft von 1877
ReorgG	Reorganisationsgesetz (*Kaisha kôsei-hô* 会社更生法), Gesetz Nr. 1952-172 reformiert durch die Gesetze Nr. 2000-128 und Nr. 2000-129
RGH	Reichsgerichtshof (*Daishin'in* 大審院) [bis 1946]
SFG	Schiffahrtsgesetz (*Senpaku-hô* 船舶法), Gesetz Nr. 46 vom 8. März 1899 i.d.F. des Gesetzes Nr. 1994-97
SG	Scheckgesetz (*Kogitte-hô* 小切手法), Gesetz Nr. 1933-57 i.d.F. des Gesetzes Nr. 1981-61
STG	Seetransportgesetz (*Kaijô unsô-hô* 海上運送法) Gesetz Nr. 1949-187 i.d.F. des Gesetzes Nr. 1996-99

StrG	Strafgesetz (*Keihô* 刑法), Gesetz Nr. 45 vom 24.4.1907 i.d.F. des Gesetzes Nr. 1995-91
u. and.	und andere
URG	Urheberrechtsgesetz (*Chosaku-ken-hô* 著作権法), Gesetz Nr. 1970-48, i.d.F. des Gesetzes Nr. 2001-140
UVWG	Gesetz zur Verhütung des unlauteren Wettbewerbs (*Fusô kyôsô bôshi-hô* 不正競争防止法), Gesetz Nr. 1993-47 i.d.F. des Gesetzes Nr. 1994-116
VG	Verwaltungsgericht (*gyôsei saibansho* 行政裁判所), vor 1946, seit 1946 sind ordentliche Gerichte auch in Verwaltungsachen zuständig
WG	Wechselgesetz (*Tegata-hô* 手形法), Gesetz Nr. 1932-20 i.d.F. des Gesetzes Nr. 1981-61
WVG	Wertpapierverkehrsgesetz (*Shôken torihiki-hô* 証券取引法), Gesetz Nr. 1948-25 i.d.F. des Gesetzes Nr. 1996-94
WZG	Warenzeichengesetz (*Shôhyô-hô* 商標法), Gesetz Nr. 1959-127 i.d.F. des Gesetzes Nr. 1994-116
z.B.	zum Beispiel
ZG	Zivilgesetz (*Minpô* 民法), Gesetz Nr. 1896-89 i.d.F. des Gesetzes Nr. 2001-41
zit.	zitiert als
ZPG	Zivilprozessgesetz (*Minji soshô-hô* 民事訴訟法), Gesetz Nr. 1890-29 i.d.F. des Gesetzes Nr. 1992-30, Änderung zum 1.1.1998

Transkription japanischer Begriffe

Japanische Namen und Begriffe werden nach dem Hepburn-System transkribiert. Nur international bekannte Namen und Begriffe wie „Tokyo" oder „Tenno" werden in der international bekannten und üblichen Form angegeben.

Namen von Personen und Institutionen werden mit großen Anfangsbuchstaben angegeben. Bei Buchtiteln o.ä. und Gesetzen gilt dies nur für das erste Wort.

Die Bezeichnung der Gesetze und deren Abkürzungen entsprechen soweit wie möglich denen verwendet in *Harald Baum* • *Ulrich Drobnig*, Japanisches Handels- und Wirtschaftsrecht, De Gruyter, Berlin, 1994; die Umschreibung japanischer Begriffe folgt weitgehend den Richtlinien der Zeitschrift für japanisches Recht (Heft Nr. 5, 1998, S. 207), um im deutschsprachigen Raum einen soweit wie möglich einheitlichen Gebrauch japanischer Begriffe zu gewährleisten.

Die Verwendung japanischer Schriftzeichen soll dem japanischkundigen Leser einen leichteren Zugang zur japanischen Literatur als auch zu den japanischen Wörtern ermöglichen. Auch die Namen der japanischen Autoren werden im Schrifttumsverzeichnis nach der japanischen Schreibweise in Romaji und Kanji angegeben.

1. Einführung

1.1. Allgemeine Bemerkungen zur Einführung

Das japanische IPR wurde erstmals 1898 gesetzlich geregelt und insbesondere 1989[1] in seinen familienrechtlichen Teilen reformiert. Diese Reform betraf den wirtschaftlich relevanten Teil jedoch fast nicht. Dennoch, oder gerade deswegen, kann man sich fragen, ob sich auch dieser Teil des Kollisionsrechtes erneuert, um den internationalen Rechtsverkehr in Japan den Bedürfnissen der wachsenden internationalen Verflechtung der einzelnen Volkswirtschaften anzupassen und entsprechend gerecht, billig und vorhersehbar zu gestalten. Die Verflechtung der verschiedenen Volkswirtschaften wird natürlich vom IPR weder bedingt noch geformt, jedoch ist das IPR nach wie vor eine Art „Scharnier", das den Rechtsverkehr zwischen Inland und Ausland organisiert und dadurch eine Brückenfunktion bekommt, die im internationalen Austausch bisweilen eine zentrale Rolle spielen kann, insbesondere dann, wenn es nicht zur Entwicklung eines Einheitsrechts gekommen ist. In einem Land, das lange lange verschlossen war und bisweilen immer noch schwer zugänglich scheint, hat der internationale Austausch und alles, was damit zusammenhängt, eine umso größere Bedeutung[2]. Die Analyse des Austauschs zwischen „Japan und der Welt" soll nicht das Thema dieser Arbeit sein, sondern die Darstellung des Rechts, das eventuelle Kollisionen verschiedener Rechtsordnungen im Bereich des Wirtschaftsverkehrs bei diesem Austausch regelt.

Interessant ist dabei, dass Japan bereits 1898 ein Gesetz zum Kollisionsrecht verabschiedet, und somit als einer der ersten Staaten überhaupt[3]. Diese

---

1 Rechtsanwendungsgesetz (*Hôrei* 法例), Gesetz Nr. 1898-10 i.d.F. des Gesetzes Nr. 1989-27. Für eine genauere Darstellung der Reform des RAG von 1989 siehe *Schmitt Monika*, Die Reform des japanischen IPR, Carl Heymanns Verlag, Köln, Berlin, Bonn, München, 1992.

2 Für *Ishiguro* ist das japanische IPR ein elementarer Bestandteil der Öffnung Japans nach außen, in der Regel mit dem Schlagwort der „Internationalisierung" (*kokusaika* 国際化) verbunden, das somit auch den Austausch zwischen Japanern und Ausländern ermöglicht (*Ishiguro*, Kokusai shihô S. 1 ff). Bereits 1911 stellt der bekannte japanische Autor *Natsume Sôseki* in seiner Vorlesung „Das moderne Japan und seine Öffnung" fest, dass die Einflüsse des Auslandes noch nicht am Ende angekommen sind, sondern nun erst beginnen und Japan in seiner bisherigen Form, als isoliertes Land ohne einen solchen Austausch, nicht weiterbestehen könne (*Miyoshi Yukio* (Hrsg.), Sôseki Literatursammlung, Tokyo, Iwanami Bunko, 1987, Tokyo, S. 25 ff). Noch heute ist nach Ansicht *Ishiguros* dieser Austausch erst in seinen Anfängen.

3 *Ikehara*, Sôron, S. 31 ff. Davor haben nur Italien (1865) und Belgien (1884) ein Gesetz zum Kollisionsrecht verabschiedet. Ein erster Entwurf des RAG war bereits 1890

Anstrengung, ein IPR-Gesetz zu verabschieden, geschah vor dem Hintergrund der Meiji-Restauration ab 1858, während der Japan sein Rechtssystem grundlegend modernisiert, um einmal die mit den internationalen Handelsverträgen eingeführte konsularische Gerichtsbarkeit aufheben zu können und andererseits eine moderne Volkswirtschaft aufzubauen[4]. So verfügte Japan über ein IPR-Gesetz zu einer Zeit, in der die Notwendigkeit nach der langen Isolation vor der Meiji-Restauration für die Praxis eigentlich nicht vorhanden war, da grenzüberschreitende Handlungen nur selten vorgenommen wurden; jedoch wurde für die Zukunft das „Scharnier“ gebaut, ein IPR-Gesetz, das sich an den damaligen modernen Theorien und der Rechtsentwicklung vor allem in Europa orientierte[5].

Der Erfolg der japanischen Bemühungen, eine moderne Volkswirtschaft aufzubauen, ist bekannt; ebenso werden grenzüberschreitende Handlungen so häufig vorgenommen wie in anderen modernen Industriestaaten. Über hundert Jahre nach Inkrafttreten des RAG ist es daher interessant, die heutige „Scharnierfunktion“ des japanischen Kollisionsrechts zu untersuchen.

Die nachfolgende Darstellung des wirtschaftrelevanten Kollisionsrechts versucht, die wesentlichen internationalprivatrechtlichen Fragen zu beantworten, die sich im Wirtschaftsverkehr mit Japan stellen. So werden die Kollisionsnormen im Personenrecht vorgestellt und diskutiert, um die Rechts- beziehungsweise Geschäftsfähigkeit ausländischer natürlicher und juristischer Personen beurteilen zu können, und die aus dem Ausländerrecht herrührenden Einschränkungen im Handeln einer ausländischen Person analysiert. Anschließend folgt eine Erörterung der Kollisionsnormen in den Bereichen des Schuldrechtes und des Sachenrechtes, sowie einige Bemerkungen zur allgemeinen Anknüpfung von Rechtsgeschäften. Die Darstellung orientiert sich soweit als möglich an der in Japan üblichen Aufgliederung des Stoffes, die hiernach erläutert wird, um so ein authentisches und praxisnahes Bild zu vermitteln.

Diese Darstellung des japanischen wirtschaftlich relevanten Kollisions-

---

veröffentlicht worden (*Ikehara*, Sôron, S. 31).

4 Derartige Handelsverträge wurden ab 1858 mit den Vereinigten Staaten von Amerika, Groß-Britannien, Frankreich und den Niederlanden abgeschlossen. Die Konsulargerichtsbarkeit wird erst 1899 wieder aufgehoben (*Moitry*, S. 16).

5 Die Autoren des RAG orientierten sich an Diskussionen der Rechtslehre in Europa, den Entwicklungen der Rechtsprechung und den verschiedenen Ansätzen zu Gesetzen des Kollisionsrechts, insbesondere des Entwurfs zum EGBGB in Deutschland (*Ikehara*, Sôron, S. 31). So entschieden sich die Autoren des RAG beispielsweise für die Anerkennung der Parteiautonomie, um das anwendbare Recht bei vertraglichen Schuldverhältnissen zu bestimmen, obwohl dies in der Rechtslehre in Europa sehr umstritten und bis dahin nur in Italien und Belgien geschehen war (*Nishitani*, Recht in Japan, S. 48).

rechtes bezieht sich dabei auf die gesetzlichen Bestimmungen, deren Anwendung in der Rechtsprechung sowie Meinungen in der Lehre zu Gesetz und Rechtsprechung und beschränkt sich auf japanische Standpunkte zu der japanischen Rechtslage. Leider ist eine Anwendung in der Rechtsprechung teilweise nur sehr zaghaft, bisweilen gar nicht, geschehen, so dass die verschiedenen Standpunkte in der Lehre einen umso höheren Stellenwert in der Entwicklung des IPR in Japan erhalten konnten und können. Der Einfluss des europäischen IPR, inbesondere des deutschen und französischen Rechts, aber auch EU-weiter Übereinkommen, wie etwa das EVÜ, und in jüngerer Zeit auch des angloamerikanischen IPR auf die Lehre ist sehr groß. Ebenso verhält es sich mit vielen internationalen Übereinkommen, die Fragen des IPR betreffen, denen aber Japan bisher nicht beigetreten ist, wie zahlreiche Übereinkommen der Haager Konferenz oder das Übereinkommen zum UN-Kaufrecht. Im Rahmen dieser Arbeit soll der Einfluss dieser ausländischen Quellen wohl erwähnt, aber nur so dargestellt werden, als diese Quellen die Rechtslage in Japan auch tatsächlich beeinflussen.

Abschließend wird dem Leser eine deutsche Übersetzung der hier behandelten Artikel des RAG angeboten.

1.2. Allgemeine Bemerkungen zum Aufbau des japanischen IPR

Auch in Japan unterteilt sich das IPR in einen allgemeinen Teil (*sôron* 総論) und einen besonderen Teil (*kakuron* 各論)[6]. Der allgemeine Teil behandelt, ähnlich wie im deutschen IPR, insbesondere Fragen der allgemeinen Rechtsquellen, der Qualifikation, des Rechtscharakters der Kollisionsnormen, der Bestimmung der Anknüpfungspunkte, der Vorfrage, der Rück- und Weiterverweisung, der Verweisung bei Rechtsspaltung, die Frage der Anwendung des fremden Rechtes, wie Beweis des fremden Rechtes oder die Anwendbarkeit des fremden Rechtes vor dem Hintergrund des *ordre public*. Der besondere Teil gliedert sich in das Kollisionsrecht der natürlichen Personen, der juristischen Personen, der Rechtsgeschäfte, des Schuldrechts, des Sachenrechts, des Familienrechts und des Erbrechts[7].

---

6 *Ikehara*, Sôron, S. 1 ff; *Orimo*, Kakuron, S. 1 ff; *Yamada*, Kokusai shihô, S. 37 ff; *Tameike*, Kôgi, S. 73; *Sakurada*, Kokusai shihô, S. 1 ff., *Ishiguro*, Kokusai shihô, S. 163 ff.

7 *Yamada*, Kokusai shihô, S. III ff; *Tameike*, Kôgi, S. V ff; *Orimo*, Kakuron, S. 1 ff. Andere Autoren gliedern mehr „praxisorientiert", so etwa gliedert *Ishiguro* den besonderen Teil nach internationalen Verträgen, nichtvertragliche Schuldverhältnisse, Randfragen des Schuldrechts, Recht internationaler Unternehmen, internationales Sachenrecht, internationales Familienrecht (*Ishiguro*, Kokusai shihô, S. IV ff.). *Sawaki* gliedert den besonderen Teil seiner Einführung in internationales Familienrecht und

Diese Darstellung folgt der typischen Gliederung des besonderen Teils, wie die meisten Vertreter der japanischen IPR-Rechtslehre sie handhaben, d.h. Personen, Rechtsgeschäfte, schuldrechtliche Verpflichtungen, Sachenrecht und anschließend daran familienrechtliche Angelegenheiten wie Heirat, Scheidung, Abstammung, die hier jedoch nicht behandelt werden.

Die Fragen des allgemeinen Teils werden vernachlässigt und nur dann erörtert, wenn sie im Rahmen eines Kapitels des besonderen Teils Bedeutung erlangen. Dies betrifft insbesondere den *ordre public* und Eingriffsnormen, bzw. zwingende Rechtsnormen[8], deren isolierte Diskussion jedoch für den hier interessierenden Zusammenhang nicht sehr nutzbringend ist, da sie nur sehr wenig zusätzliche einschlägige Information bereitstellen würde.

Die Fragen des *ordre public* oder der zwingenden Rechtsnormen werden daher im Rahmen dieser Arbeit in den einzelnen Bereichen erörtert, in denen sie eine gewisse Bedeutung erlangt haben. Dies trifft insbesondere für den Bereich der schuldrechtlichen Verpflichtungen zu. In den Bereichen des Personenrechts ist der *ordre public* hauptsächlich bei Heirat, Abstammung und Erbrecht von Bedeutung, die hier jedoch nicht behandelt werden. Im Bereich des Sachenrechtes ist die Berufung auf den *ordre public* nur selten.

Andere Fragen des allgemeinen Teils wie etwa Vorfrage, Qualifizierung oder *renvoi* haben vor japanischen Gerichten für die hier behandelten Rechtsmaterien nur sehr selten eine Bedeutung erlangt und werden deshalb nur dann aufgegriffen, wenn sie in einem konkreten Fall einmal eine Rolle spielten. Dies sollte jedoch nicht zu der Annahme verleiten, diese Fragen wären in der generellen japanischen Kollisionsrechtsdiskussion ohne Bedeutung.

Das japanische IPR ist selbstverständlich durch die Rechtsprechung beeinflusst und weiterentwickelt worden, jedoch werden die verschiedenen Rechtsfragen des allgemeinen Teils selten vor den Oberinstanzgerichten als solche grundlegend diskutiert, so dass sich aus der Rechtsprechung nur selten Grundsätze zur ihrer Konkretisierung gewinnen lassen. Die Ausführungen zu den Fragen des allgemeinen Teils der japanischen Lehre beziehen sich daher mehr auf Entwicklungen in Gesetzgebung und Rechtsprechung oder Erörterungen der Rechtslehre im Ausland, die darzustellen jedoch nicht das Ziel dieser Arbeit sein soll[9].

---

internationales Handelsrecht auf (*Sawaki*, Nyûmon, S. VI ff.).

8 Der Begriff „Eingriffsnorm“ wird im japanischen mit *kai'nyû kihan* 介入規範 übersetzt. Dieser Begriff wird jedoch in der Literatur nicht benutzt. In der Regel spricht man eher von der „Sonderanknüpfung zwingender Rechtsnormen“ (*kyôkô hôki no tokubetsu no renketsu* 強行法規の特別の連結). In dieser Arbeit wird daher der Begriff „zwingende Rechtsnorm“ verwendet.

9 Die Auseinandersetzung mit den Fragen des allgemeinen Teils und der Einfluss ausländischer Entwicklungen ist natürlich bei jedem Autor und Werk verschieden.

Beispielsweise im Bereich des *ordre public* erläutert *Sakurada* nach einer kurzen allgemeinen Einführung in einer Aufzählung die verschiedenen japanischen Urteile, die hierzu ergangen sind (*Sakurada*, Kokusai shihô, S. 124 ff.), ebenso *Kidana, Matsuoka, Watanabe* (*Kidana / Matsuoka / Watanabe*, S. 78 ff.) und *Ishiguro*, Kokusai shihô, S. 232 ff. Andere Autoren erörtern die Fragen des *ordre public* vor einem weiteren Hintergrund und orientieren sich dabei an Lehrmeinungen und gesetzlichen Entwicklungen und Rechtsprechung im Ausland, so etwa *Yamada* (*Yamada*, Kokusai shihô, S. 127 ff.), *Tameike* (*Tameike*, Kôgi, S. 201 ff.) oder *Ikehara* (*Ikehara*, Sôron, S. 248 ff.).

2. Personen

Gegenstand dieses Kapitels ist die Erörterung der Kollisionsnormen zur Bestimmung des anwendbaren Rechts auf die Rechts- bzw. Geschäftsfähigkeit im Handel tätiger Personen. Dabei werden die Kollisionsnormen erörtert, die sich auf natürliche Personen beziehen, anschließend die Normen, die juristische Personen und solche Gemeinschaften, die keine Rechtspersönlichkeit besitzen, betreffen. Im Anschluss sollen einige Bemerkungen die Fragen zum Verkehrsschutz und zum Ausländerrecht erläutern.

2.1. Natürliche Personen

Auch das japanische Zivilrecht unterscheidet zwischen Rechtsfähigkeit und Geschäftsfähigkeit. Entsprechend unterscheiden sich auch die kollisionsrechtlichen Regelungen.

2.1.1. Rechtsfähigkeit

Im Rahmen der Rechtsfähigkeit unterscheidet das japanische Recht zwischen der allgemeinen und der besonderen Rechtsfähigkeit (*ippan-teki kenri nôryoku* 一般的権利能力 und *kobetsu-teki kenri nôryoku* 個別的権利能力). Wenn ein Ausländer in Japan beispielsweise Eigentum an einem Grundstück erwerben möchte, muss im Rahmen der allgemeinen Rechtsfähigkeit geprüft werden, ob der Ausländer überhaupt Rechte in Japan besitzt, im Rahmen der besonderen Rechtsfähigkeit, ob der Ausländer tatsächlich ein Grundstück erwerben kann. Dieselbe Fragestellung gestaltet sich im Fall eines Anspruchs aus unerlaubter Handlung in folgender Weise: hat eine Person in Japan die allgemeine Rechtsfähigkeit, d.h. hat diese Person Rechte in Japan, und im Rahmen der besonderen Rechtsfähigkeit, kann sie Ansprüche aus unerlaubter Handlung geltend machen[1].

Nach allgemeiner Ansicht müssen die beiden Fragen getrennt erörtert werden, was zu verschiedenen Kollisionsnormen führt. Jedoch gibt es im japanischen Rechtsanwendungsgesetz (RAG) (*Hôrei* 法例) keine eindeutigen Kollisionsnormen zur Bestimmung der Rechtsfähigkeit einer natürlichen Person. Dies gilt sowohl für die allgemeine als auch die besondere Rechtsfähigkeit.

Nach herrschender Meinung entfällt die Anknüpfung der allgemeinen Rechtsfähigkeit, da es in der heutigen Zeit keinen zivilisierten Staat mehr gibt, der die allgemeine Rechtsfähigkeit einer natürlichen Person nicht anerkennen

---

[1] *Yamada*, Kokusai shihô, S. 157.

würde[2]. Sollte es dennoch Staaten geben, die zum Beispiel noch Sklaverei betreiben oder Rechtsinstitutionen wie den zivilen Tod oder den Klostertod kennten, so würde die Aberkennung der Rechtsfähigkeit aufgrund einer solchen rechtlichen Situation dem *ordre public* (Art. 33 RAG) in Japan widersprechen und keinen Einfluss auf die Rechtsfähigkeit dieser Person in Japan haben. Entsprechend ist hier die Frage der Anknüpfung irrelevant, da die allgemeine Rechtsfähigkeit einer ausländischen natürlichen Person, die zwar im Ausland eventuell nicht besteht, in Japan aber immer in Anwendung des *ordre public* anerkannt werden kann[3].

Die besondere Rechtsfähigkeit soll nach Ansicht der herrschenden Meinung kollisionsrechtlich von dem Rechtsverhältnis abhängen, das den Anspruch oder das Recht begründen soll, und an das Wirkungsstatut (*kôka-hô* 効果法) angeknüpft werden[4]. Im oben genannten Beispiel des Grundstückskaufs durch einen Ausländer wird somit an das auf den Grundstückskauf anwendbare Recht angeknüpft, im Fall des Anspruches aus unerlaubter Haftung an das Deliktsstatut.

Die Frage des Beginns und des Endes der Rechtsfähigkeit und andere Fragen, die mit der Rechtsfähigkeit in Verbindung gebracht werden können, wie z.B. die Fähigkeit, ein Erbe anzutreten, Land zu besitzen oder der Anspruch auf Entschädigung, wird somit nach japanischer Auffassung durch das auf die jeweilige Situation anwendbare Recht, das Wirkungsstatut, gelöst[5].

Diese kollisionsrechtliche Behandlung der Rechtsfähigkeit wirft die Frage auf, ob die kollisionsrechtliche Aufteilung in eine allgemeine und eine besondere Rechtsfähigkeit sich rechtfertigt und es nicht vorzuziehen wäre, die Frage der Rechtsfähigkeit insgesamt an das Wirkungsstatut anzuknüpfen, um dem Eindruck, die Rechtsfähigkeit eines Ausländers durch Bestimmungen des Ausländerrechtes zu beschränken, vorzubeugen.

Die Auffassung der automatischen Anerkennung der allgemeinen Rechtsfähigkeit ist jedoch nicht unstreitig in der Lehre. Nach Mindermeinungen wird eine eigenständige Anknüpfung der allgemeinen Rechtsfähigkeit gefordert. *Kubo*, *Sanekata* und *Kawakami* fordern, diese an das Heimatrecht der natürlichen Person anzuknüpfen, da das

2 *Orimo*, Kakuron, S. 3; *Yamada*, Kokusai shihô, S. 158; *Sakurada*, Kokusai shihô, S. 145; *Egawa*, Zensho, S. 121; *Tameike*, Kôgi, S. 245; *Kuwata*, Shizenjin, S. 295.

3 *Yamada*, Kokusai shihô, S. 157; *Egawa*, Zensho, S. 121; *Orimo*, Kakuron, S. 1; *Tameike*, Kôgi, S. 245; *Sakurada*, Kokusai shihô, S. 148.

4 *Egawa*, Zensho, S. 122; *Sawaki*, Nyûmon, S. 96; *Orimo*, Kakuron, S. 1; *Yamada*, Kokusai shihô, S. 158; *Kuwata*, Shizenjin, S. 297.

5 *Sano Hiroshi*, Shizenjin [natürliche Personen], in *Kidana / Matsuoka* (Hrsg.), Kihonhô kokusai shihô, S. 25; *Sakurada*, Kokusai shihô, S. 146; *Tameike*, Kôgi, S. 246; *Kuwata*, Shizenjin, S. 297.

„Persönlichkeitssystem" (*jinkaku ni kansuru seido* 人格に関する制度) als Ergebnis der geschichtlichen Entwicklung, der Sitten und des Denkens der Heimat eine entscheidende Rolle spielt. Da dieses „Persönlichkeitssystem" die „Fähigkeit"[6] einer Person aber eben prägt, rechtfertigt sich die Anknüpfung an das Heimatrecht[7].

Eine weitere Nebenmeinung befürwortet eine Anknüpfung der allgemeinen Rechtsfähigkeit an die *lex fori*. Gegenstand dieser Kollisionsnorm ist nach dieser Nebenmeinung nicht die Anerkennung des Aus- bzw. Inländers, sondern die Bestimmung der Rechtsfähigkeit der jeweiligen Person. Diese wiederum bestimme sich aber genauer durch den *ordre public* eines Rechtssystems, wodurch sich die Verweisung auf die *lex fori* begründe[8].

Kollisionsrechtliche Fragen werden jedoch dann teilweise anders geregelt, wenn es sich um die Geschäftsfähigkeit und die allgemeine privatrechtliche Stellung einer natürlichen ausländischen Person in Japan im Rahmen des Ausländerrechtes handelt. Die Fragen des Ausländerrechtes werden in einem Sonderkapitel behandelt, da diese Fragen natürliche und juristische Personen gleichermaßen betreffen.

2.1.2. Geschäftsfähigkeit

Art. 3 RAG bestimmt die Anknüpfung der Geschäftsfähigkeit. Außerdem finden Bestimmungen des Wechselgesetzes (WG) und des Scheckgesetzes (SG) Anwendung.

Art. 3 RAG befindet über das anwendbare Recht der Geschäftsfähigkeit bei natürlichen Personen, nicht bei juristischen Personen[9] bezüglich der „Fähigkeit" (*nôryoku* 能力). In Art. 3 RAG wird hauptsächlich der Begriff „Fähigkeit" erwähnt, der Begriff „Geschäftsfähigkeit" (*kôi nôryoku* 行為能力) wird in der Überschrift des Artikels und dann in Absatz zwei verwendet, der Begriff der „Rechtsfähigkeit" (*kenri nôryoku* 権利能力) wird nicht erwähnt. Infolgedessen ist es in der Lehre unstrittig, dass dieser Artikel nur die Geschäftsfähigkeit betrifft, also weder die Rechtsfähigkeit noch die Deliktsfähigkeit[10]. Dies begründet auch, warum die Rechtsfähigkeit, zumindest die besondere, wie oben erläutert, an das Wirkungsstatut angeknüpft werden

---

6 Das RAG spricht nur von Fähigkeit (*nôryoku* 能力) nicht von Rechtsfähigkeit (*kenri nôryoku* 権利能力) oder Geschäftsfähigkeit (*kôi nôryoku* 行為能力).

7 *Kubo*, Gairon, S. 105; *Sanekata*, Gairon, S. 113; *Kawakami*, Yôkô, S. 63.

8 *Yamada Saburô*, S. 462.

9 *Yamada*, Kokusai shihô, S. 183.

10 *Atobe Teijirô*, Hôrei dai san jô no kitei ni tsuite, S. 517; *Yamaguchi*, Nôryoku no junkyohô, S. 2; *Egawa*, Zensho, S. 146; *Orimo*, Kakuron, S. 24; *Kubo*, Gairon, S 106; *Sawaki*, Nyûmon, S. 97.

muss. Dieser Text gilt ebenso als Begründung, die Deliktsfähigkeit nach Art. 11 RAG an die *lex loci delicti* anzuknüpfen (siehe Kapitel über das Deliktsrecht).

Gemäß Art. 3 Abs. 1 RAG bestimmt das Heimatrecht einer natürlichen Person über deren Geschäftsfähigkeit. Das japanische Recht unterscheidet zwischen der Geschäftsfähigkeit bei vermögensrechtlichen Rechtsgeschäften (*zaisan-teki kôi nôryoku* 財産的行為能力) und der Geschäftsfähigkeit bei personenrechtlichen Rechtsgeschäften (*mibun-teki kôi nôryoku* 身分的行為能力). Da personenrechtliche Frage jedoch nach anderen Artikeln des RAG angeknüpft werden, gilt nach allgemeiner Auffassung, dass Art. 3 Abs. 1 RAG sich nur auf die vermögensrechtlichen Rechtsgeschäfte bezieht[11]. Es gibt Diskussionen in Japan, die insbesondere zum Zeitpunkt der Reform des IPR 1989 geführt wurden, ob auch in Japan statt der Verweisung auf das Heimatrecht eine Anwendung des Wohnortsrechts eingeführt werden und somit japanisches Recht grundsätzlich bei in Japan lebenden Ausländern Anwendung finden sollte[12]. Da die Reform von 1989 jedoch nur das familienrechtliche Kollisionsrecht betraf, und Art. 3 RAG nicht von der Reform betroffen war, ist es bei der Heimatrechtsregelung geblieben.

Zum Schutz einzelner Rechtsgeschäfte kann im Rahmen des Verkehrsschutzes von der Anwendung des ausländischen Rechtes abgesehen werden. Die Fragen des Verkehrsschutzes werden im Anschluss an das Kapitel über die Anknüpfung der Rechtsfähigkeit juristischer Personen erörtert.

2.2. Juristische Personen

Die Bestimmung des Gesellschaftsstatuts sowie der Erläuterung des Anwendungsbereiches des Gesellschaftsstatuts wirft auch die Frage der juristischen Behandlung einer ausländischen Gesellschaft in Japan auf, insbesondere vor dem Hintergrund, dass das Handeln einer ausländischen Gesellschaft in Japan durch das Fremdenrecht beeinträchtigt wird. Diese Fragestellung der Gleichbehandlung, oder Diskriminierung, der ausländischen Gesellschaft soll hier am Rande miterörtert werden. Die Frage des Ausländerrechts selbst wird in einem eigenen Abschnitt behandelt.

Das Kollisionsrecht zur Rechtsfähigkeit juristischer Personen umfasst die Kollisionsnormen zur Bestimmung des Gesellschaftsstatuts, des Geltungsbereichs des Gesellschaftsstatuts und der Rechtslage einer ausländischen

11 *Yamada*, Kokusai shihô, S. 183 ff.; *Tameike*, Kôgi, S. 262; *Orimo*, Kakuron, S. 24.

12 *Nishitani*, Jûkyû seki yôroppa kokusai shihô ni okeru honkoku shugi no seiritsu to hakkai [Entstehung und Entwicklung des Heimatrechts im europäischen IPR des 19. Jahrhunderts], in Minshôhô Zasshi, Bd. 116, Nr. 4/5, 1997, S. 662. *Nishitani* bezieht sich dabei auf familienrechtliche Fragen.

juristischen Person in Japan, im Hinblick sowohl auf Rechtsfähigkeit als auch ihren Aufbau und ihr Handeln. In diesem Zusammenhang wird auch kurz auf die Rechtslage einer ausländischen Vereinigung, die nicht juristische Person ist, eingegangen.

Der Einfachheit halber wird in diesem Kapitel in der Regel entweder von „Gesellschaft" oder von „juristischer Person" gesprochen. In diesen Begriff sollen aber nicht nur Personenverbände (*shadan* 社団) oder Personengesellschaften (*jinteki kaisha* 人的会社), sondern auch Kapitalgesellschaften (*gôshi kaisha* 合資会社) oder Stiftungen (*zaidan* 財団) sowie jedwede andere mögliche Form, die sich als juristische Person konstituieren kann, eingeschlossen sein, es sei denn, es wird anders angegeben.

2.2.1. Rechtsquellen

Es gibt in Japan keine gesetzliche Bestimmung, die sich direkt mit der Frage des auf juristische Personen anwendbaren Rechtes, oder Gesellschaftsstatuts (*hôjin no zoku'ninhô* 法人の属人法 oder *jûzokuhô* 従属法[13]), auseinandersetzt und eindeutige Kollisionsnormen aufstellen würde. Eine Verweisung auf das Heimatrecht der juristischen Person, in analoger Auslegung der Bestimmungen des Art. 3 RAG, der das anwendbare Recht für die Geschäftsfähigkeit natürlicher Personen festlegt (wie oben beschrieben Heimatrecht) ist kontrovers, da es ein „Heimatrecht" einer juristischen Person nicht in der Form wie das einer natürlichen Person gibt, so dass sich durch diese Analogie keine eindeutige und zufriedenstellende Anknüpfungsmöglichkeit abgeleiten lässt[14].

Andere Gesetze können Hilfestellung leisten, indem sie die Rechtslage einer Person in Japan in einzelnen Wirtschaftszweigen näher bestimmen und dabei auch definieren, was unter einer ausländischen juristischen Person zu verstehen ist. Somit ergänzen derartige gesetzliche Bestimmungen die fehlenden allgemeingültigen Kollisionsnormen, da diese Gesetze erläutern, nach welchen Anknüpfungspunkten entschieden werden muss, ob eine Gesellschaft eine ausländische oder eine japanische ist.

---

13 Der Begriff *jûzokuhô* 従属法 wurde von *Egawa* geprägt, um der Besonderheit bei der Bestimmung des Gesellschaftsstatuts der juristischen Person gerecht zu werden, um von den Begriffen „Heimatrecht" (*hon-kokuhô* 本国法) oder „persönliches Recht" (*zoku'ninhô* 属人法) unterschieden werden zu können (*Tameike*, Kôgi, S. 282 ff.).

14 *Tameike*, Kôgi, S. 282 ff.; *Sakurada*, Kokusai shihô, S. 166.

Es handelt sich beispielsweise um Bestimmungen des Gesetzes über das Versicherungs- gewerbe (GversG), des Schifffahrtsgesetzes (SFG), des Luftfahrtgesetzes (LFG) oder des Bergbaugesetzes (BBG).

Neben Art. 3 RAG und den genannten Gesetzen finden aber auch Bestimmungen des Zivilgesetzes (ZG) (Art. 36) des Handelsgesetzes (HG) (Art. 479 -Art. 485) und des Gesetzes über Gesellschaften mit beschränkter Haftung (GGmbH) (Art. 76) Anwendung auf juristische Personen. Diese Bestimmungen erläutern die Bedingungen der Aktivität ausländischer juristischer Personen in Japan.

2.2.2. Bestimmung des Gesellschaftsstatuts

Im japanischen IPR ist offen, wie das Gesellschaftsstatut einer juristischen Person zu bestimmen ist. Die Lehre und Rechtsprechung sind geteilt zwischen der Sitztheorie (*honten shozaichihô shugi* 本店所在地法主義) einerseits und der Gründungstheorie (*setsuritsu junkyohô shugi* 設立準拠法主義) andererseits.

2.2.2.1. Gründungstheorie

Nach der Gründungstheorie, der wohl herrschenden Meinung in Japan[15], entscheidet, wie nach der angloamerikanischen Sichtweise, das Recht am Ort der Gründung über das Gesellschaftsstatut[16].

Für *Yamauchi* ist das Recht der Gründung das mit der juristischen Person am engsten verbundene Recht[17]. Andere Autoren betonen, dass die Gründer bei der Gründung der Gesellschaft die Rechtsfähigkeit bestimmen und dies nach den Regeln des Gründungsortes tun[18]. *Kitagawa* und *Okamoto* beziehen sich

---

15 *Sakurada*, Kokusai shihô, S. 166; *Kidana / Matsuoka / Watanabe*, S. 107; *Yamada*, Kokusai shihô, S. 203; *Kitazawa*, Kaisha-hô, S. 37; *Matsuoka*, Hôjin no shôgai mondai, S. 151.

16 *Atobe*, Hôjin no kokuseki ni kansuru, S. 29, S. 37, dem Gesetz entsprechend interpretiert: *Egawa*, Zensho, S. 168; *Sanekata*, Gairon, S. 147; *Kubo*, Gairon, S. 130 - 132; *Sawaki*, Nyûmon, S. 170; strittig: *Hayata*, in *Yamada / Hayata* (Hrsg.), Enshû kokusai shihô shinpan, S. 78. Außerdem: *Komachiya*, Shôhô kôgi, S. 458; *Ishii*, Kaisha-hô, Bd. 2, S. 466; *Sanekata*, Kaitei kaisha hôgaku II, S. 517; *Matsuda*, Kaisha-hô gairon, S. 453; *Ômori*, Kaisha-hô kôgi, S. 338.

17 *Yamauchi*, Hôjin, S. 28.

18 *Egawa*, Zensho, S. 168; *Sanekata*, Kaitei kaisha-hô-gaku II, S. 518; *Kubo*, Gairon, S. 131; *Ikehara*, Gaikoku hôjin [die ausländische juristische Person], in, Sekai daihyakka jiten [Große Weltenzyklopädie], Bd. 5, S. 81; *Sawaki*, Nyûmon, S. 169; *Hayata*, Shôhô no sôten [Streitpunkte des Handelsrechtes], S. 172; *Ishiguro*, Kokusai shihô, S. 300; *Sakurada*, Kokusai shihô, S. 168; diese Ansicht spiegelt sich ebenso wider in RGH

daher insbesondere auf den Respekt des Parteiwillens, da die Parteien einen bestimmten Ort gewählt haben, um ihre Gesellschaft zu gründen und das Recht dieses Ortes auch für ihre Gesellschaft anwenden möchten, da sie die Gesellschaft entsprechend den dort erforderlichen Bedingungen gründen[19].

Allerdings kann die Anwendung des Rechts des Gründungsortes den Schutz der inländischen Wirtschaft kompromittieren. So könnte beispielsweise eine Gründung an einem „vorteilhaften" ausländischen Ort, etwa einer „Steueroase", und das damit einhergehende ausländische Gesellschaftsstatut ermöglichen, Bestimmungen des Umweltschutzes, der Steuer- oder Arbeitsgesetzgebung, sowie Bestimmungen zum Schutz von Investoren zu umgehen[20]. Um derartiges zu verhindern, kann eine Verweisung auf das Recht des Ortes, an dem die juristische Person tätig ist oder ihren Sitz hat, notwendig erscheinen. Dieser Schutzgedanke gilt natürlich auch in umgekehrter Richtung. Denn es könnte, nach Meinung von *Tameike*, zum Beispiel auch Ausländern möglich werden, die japanische Gesetzgebung in ihren Einschränkungen für Ausländer, in bestimmten wirtschaftlichen Bereichen tätig zu werden, dadurch zu umgehen, indem sie eine Gesellschaft in Japan gründen[21].

Um die negativen Auswirkungen einer gründungsorientierten Anknüpfung zu vermeiden, setzten sich andere Autoren für eine Verweisung an den Sitz der juristischen Person ein.

2.2.2.2. Sitztheorie

Nach den Befürwortern der Sitztheorie bestimmt sich die Rechtsfähigkeit nach dem Recht des Sitzes, wie das in den meisten kontinentaleuropäischen Ländern der Fall ist[22].

Nach Ansicht *Sakuradas* erlaubt diese Kollisionsnorm, die wirtschaftlichen und sozialen Interessen an dem Ort zu schützen, an dem die juristische Person beheimatet ist[23]. Es ist nach *Kidana*, *Matsuoka*, *Watanabe* auch dieses Recht, das die eigentlich engste Verbindung mit der Gesellschaft hat[24]. Jedoch kann

---

vom 16.12.1918, Minroku, Bd. 24, S. 2326.

19 *Kitagawa*, Kabushiki kaisha no hôri, S. 261; *Okamoto*, Gaikoku kaisha ni okeru torihiki hogo, S. 119.

20 *Yamauchi*, Hôjin, S. 28.

21 *Tameike*, Kôgi , S. 298.

22 *Yamada Saburo*, Gaikoku hôjin-ron, S. 892-900; *Kawakami,* Yôkô, S. 89; *Tanaka Kôtarô*, Kaisha-hô, S. 585; *Orimo*, Kakuron, S. 51. Auch: (Sitz der Gesellschaft) (Hauptsitz: *Okano*, Kaisha-hô, S. 243; *Nishimoto*, Kaisha-hô, S. 466), (effektiver Sitz: *Wagatsuma*, Shintei minpô sôsoku, S. 195; *Notsu*, Shin-kaisha-hô gairon, S. 336; *Tanaka Seiji*, Shôron, S. 1264; *Matsumoto*, Nihon kaisha-hô-ron, S. 665.

23 *Sakurada*, Kokusai shihô, S. 167.

24 *Kidana / Matsuoka / Watanabe*, S. 108.

die Entscheidung des Ortes, an welchem der Sitz einer Firma sich tatsächlich befindet, schwierig sein. Hierbei diskutiert die Lehre auch in Japan, ob es sich um den statutarischen Sitz handelt oder um den tatsächlichen Sitz, als der Ort, an dem die Entscheidungen getroffen werden und das Management seinen Sitz hat[25].

2.2.2.3. Aktuelle Realität in Japan - zwischen „Sitz" und „Gründung"

In verschiedenen japanischen Urteilen scheinen sich die Gründungstheorie und Sitztheorie zu ergänzen. Der Ort der Gründung wird immer mit dem Ort des Sitzes zusammen als Anknüpfungspunkt genannt[26].

Yamauchi vertritt diesbezüglich die Meinung, dass japanische Gerichte die Wichtigkeit beider Anknüpfungspunkte anerkennen. Einerseits wird das Recht der Gründung als das Recht des Parteiwillens anerkannt, von dem man außerdem annehmen kann, dass die Gesellschafter es auch am besten kennen, andererseits soll aber die Verweisung auf das Recht des Sitzes dem Schutzbedürfnis der nationalen Wirtschaft gerecht werden, das, wenn nur das Recht der Gründung in Betracht käme, unter bestimmten Bedingungen umgangen werden könnte[27].

Wagatsuma ist der Ansicht, dass eine juristische Person dann eine japanische ist, wenn sie erstens ihren Sitz in Japan hat und zweitens entsprechend den Bestimmungen des japanischen Rechtes gegründet worden ist. Für *Wagatsuma* sind, zumindest bei einer japanischen juristischen Person, beide Anknüpfungspunkte entscheidend, um die Anwendung des japanischen Rechtes als Gesellschaftsstatut zu begründen und sie als inländische japanische juristische Person anzuerkennen[28]. In Erweiterung dieses Grundsatzes kann man annehmen, dass auch bei ausländischen juristischen Personen beide Anknüpfungspunkte Anwendung finden dürften, um das auf sie anwendbare Recht zu bestimmen.

---

25 *Sakurada*, Kokusai shihô, S. 168, siehe auch Fn. 20.

26 *Hiroe*, Kokusai torihiki ni okeru kokusai shihô, S. 110; OGH vom 15.7.1975, Minshû, Bd. 29, Nr. 6, S. 1061, und *Doi*, Kihon hanrei, S. 180. Das Gericht bezieht sich in diesem Urteil erst auf den Ort, nach dessen Recht die Gesellschaft gegründet wurde und anschließend auf den Sitz der Gesellschaft, in diesem Fall ebenfalls am Gründungsort. In einem anderen Urteil, DG Tokyo vom 28.1.1992, Hanrei Times, Nr. 811, S. 213, werden die beiden Anknüpfungspunkte ebenso nebeneinander genannt, hier zuerst der Ort des Sitzes und anschließend der Ort der Gründung, um das anwendbare Recht zu bestimmen, auch in diesem Fall beziehen sich beide Anknüpfungspunkte auf dasselbe Recht.

27 *Yamauchi*, Hôjin, S. 28 - 29.

28 *Wagatsuma*, Shintei minpô sôsoku, S. 195.

Man stelle sich eine Gesellschaft vor, die in Hongkong oder den Bermudas gegründet wurde, aber in Japan ihren Sitz hat, oder andersherum. Als japanische Gesellschaft hätte sie bestimmte Vorteile, die sie als ausländische nicht unbedingt hat, wie beispielsweise Genehmigungspflichten bei bestimmten Investitionen oder die Möglichkeit, bestimmte Gewerbe zu betreiben, die Ausländern verschlossen sind. Gesetze, die Bestimmungen zu ausländischen Personen beinhalten, definieren meist auch, was im Sinne des entsprechenden Gesetzes unter einer „ausländischen juristischen Person" (*gaikoku hôjin* 外国法人) zu verstehen ist und geben somit nützliche Hinweise in kollisionsrechtlichen Fragen, insbesondere zur Bestimmung des japanischen Rechtes als Gesellschaftsstatut nach analoger Auslegung.

So definiert das Devisen- und Außenhandelsgesetz (DAG) in Art. 26 Abs. 1, dass ein ausländischer von dem Gesetz betroffener Investor eine Person ist, die im Falle einer juristischen Person nach fremdem Recht errichtet wurde oder dessen Hauptbüro im Ausland liegt. Beide Anknüpfungsmomente werden genannt, um eine ausländische Person zu definieren, wobei es jedoch ausreicht, dass eine der beiden Anknüpfungen sich auf das Ausland bezieht, um die juristische Person als Ausländerin zu betrachten. Entsprechend findet japanisches Recht als Gesellschaftsstatut nur Anwendung, wenn die Gesellschaft in Japan gegründet wurde und ihren Sitz in Japan hat.

Es gibt aber auch Gesetze, die sich ausschließlich auf das Recht der Gründung beziehen. So definiert z.B. Art. 44 Seetransportgesetz (STG) eine japanische Gesellschaft als eine juristische Person, die entsprechend den Bestimmungen des japanischen Rechtes gegründet wurde. Eine ausländische Person ist folglich eine Person, die nicht entsprechend dem japanischen Recht, sondern entsprechend den Bestimmungen eines fremden Rechtes gegründet wurde. Es gibt keinen Hinweis auf den tatsächlichen Sitz in Japan. Dasselbe gilt im Falle des Art. 3 Gesetz für die Regeln des ausländischen Fischereigewerbes (GRAFG), Art. 4 LFG. Auch hier wird nur auf die Gründung nach ausländischem Recht hingewiesen, um auf eine ausländische juristische Person zu definieren. Das SFG, hingegen, bezieht sich nur auf den Sitz, Art. 1 SFG.

Es fragt sich daher, ob das japanische Recht sich in Zukunft – der angloamerikanischen Auffassung folgend[29] – auf eine auf den Ort der Gründung ausgerichtete Kollisionsnorm hinbewegen wird, da jüngere Gesetze sich auf den Ort der Gründung berufen, ältere dagegen auf den Ort des Sitzes. Zur Zeit jedoch gelten beide Anknüpfungsnormen parallel, mit der eventuellen Gefahr eines Widerspruches zweier Gesetze, die Anwendung finden können. Bisher liegt kein Fall vor, bei dem Sitz und Gründung in zwei verschiedenen

---

[29] Eine derartige Tendenz wird in allgemeinerweise von dem japanischen Recht seit 1945 gesehen. (*Eubel*, Bürgerliches Recht, S. 101; *Moitry*, S. 21.)

Staaten liegen und eventuell ein Widerspruch der beiden Gesetze bestünde. Ebenso wenig gibt es bisher Vorgaben, was bei einem Widerspruch der beiden Anknüpfungspunkte geschieht, und welches Recht dann angewendet wird, oder entsprechend welchen Anknüpfungspunkten letzten Endes das Gesellschaftsstatut bestimmt werden soll.

Die Gefahr, und der Vorteil, einer derartigen Praxis ist, dass nicht eindeutig entschieden werden kann, welche Person Ausländer ist und welche nicht. Dadurch kann im Einzelfall eine Person im Rahmen des Fremdenrechts immer von sensiblen Wirtschaftsbereichen, oder bestimmten wirtschaftlichen Pflichtbestimmungen aus- oder eingeschlossen werden, je nachdem wie die Interessen liegen.

Andere Anknüpfungspunkte wie die Staatsangehörigkeit der Mitglieder, Wohnsitz der Mitglieder, Herkunft des Kapitals, Ort des Gesellschaftsvertrages, Ort der Übertragung der Gesellschaftsanteile, Ort des Geschäftsbetriebes werden wohl in der Lehre diskutiert, sind aber für das japanische Recht bisher ohne Bedeutung geblieben[30].

2.2.2.4. Scheinbare Auslandsgesellschaft

Ein weiteres Gesetz dient der japanischen Lehre als Grundlage für die Diskussion um Sitz- oder Gründungstheorie. Dieses Gesetz bestimmt den Sonderfall der sogenannten scheinbaren Auslandsgesellschaft (*giji gaikoku kaisha* 疑似外国会社).

Nach Art. 482 HG und Art. 76 GGmbH ist eine Gesellschaft, die im Ausland mit dem Hauptzweck gegründet wird, in Japan Geschäfte zu betreiben, oder deren Hauptsitz in Japan liegt, denselben Bestimmungen unterworfen wie eine Gesellschaft, die in Japan gegründet wird. Die Rechtslage der scheinbaren Auslandsgesellschaft wird kontrovers diskutiert, nicht zuletzt wegen fehlender eindeutiger Anknüpfungsnormen für ausländische Gesellschaften[31].

Für einen Teil der Lehre in Japan verändert dieser Artikel des HG eine solche ausländische Gesellschaft *de facto* in eine japanische Gesellschaft, so dass eine Anerkennung gemäß Art. 36 ZG[32] nicht mehr notwendig sein sollte[33].

---

30 *Yamada*, Kokusai shihô, S. 205.

31 *Masago*, in *Ikehara Hayata* (Hrsg.), Hyakusen, 3. Aufl., S. 52.

32 Nach Art. 36 ZG muss eine ausländische Gesellschaft, die ständig Rechtsgeschäfte in Japan abschließen möchte, in Japan anerkannt werden, (Erläuterung siehe 2.2.5.). Die durch Art. 482 HG aufgeworfene Frage betrifft die Möglichkeit für eine ausländische Gesellschaft, in Japan eventuell Geschäfte permanent ohne die Anerkennung nach Art. 36 ZG tätigen zu können.

33 *Ishii*, Kôza shôhô, Bd. 1, S. 524; *Okamoto*, Gaikoku kaisha ni okeru torihiki hogo, S. 126; *Kawakami*, Gaikoku kaisha no naikoku eigyô, S. 4 ff.

Für *Egawa* und *Sanekata* jedoch gilt, dass Art. 482 HG die ausländische Gesellschaft nicht in eine japanische Gesellschaft umwandelt und dass trotz einer Geschäftstätigkeit in Japan als hauptsächlicher Gesellschaftszweck und der Unterwerfung dieses ausländischen Unternehmens in diesem Fall unter japanische Gesetze, eine solche Gesellschaft weiterhin als ausländische Gesellschaft angesehen werden muss. Daher kann die Kontrolle einer solchen ausländischen juristischen Person in Japan strenger sein als die einer ausländischen juristischen Person, deren Hauptzweck nicht die Aktivität in Japan ist[34].

Die Bestimmungen des Art. 482 HG beeinflussen auch die Frage, ob das Gesellschaftsstatut nach dem Ort des Sitzes oder nach dem Ort der Gründung entschieden werden muss. Diejenigen, die der Ansicht sind, dass das anwendbare Recht nach der Gründung entschieden werden sollte, *Ishii* und *Tanaka Seiji*, beziehen sich auf den zweiten Teil des Artikels, da „die Gesellschaft, die im Ausland gegründet wurde" denselben Regeln wie eine „in Japan gegründete Gesellschaft" unterliegt. Sie leiten daher ab, dass das Gesellschaftsstatut immer entsprechend dem Ort ihrer Gründung bestimmt werden muss[35].

Der gleiche Artikel dient für die Befürworter der Sitz-Theorie als Grundlage, da nach dem ersten Teil des Artikels der Sitz in Japan entscheidet, ob japanisches Recht Gesellschaftsstatut ist. Eine ausländische Person, die mit dem Hauptzweck gegründet wird, in Japan Geschäfte zu betreiben, muss aufgrund der Bestimmungen des HG einen Sitz in Japan haben. Bei einer kollisionsrechtlichen Betrachtung dieses Artikels und entsprechend einer zweiseitigen Auslegung bestimmt somit der tatsächliche Sitz in einem Land, welches Recht auf eine juristische Person mit Sitz in diesem Land angewendet werden soll. Hier ist der Sitz in Japan ausschlaggebend für die Anwendbarkeit des japanischen Rechtes[36].

Die Rechtsprechung neigt im Sonderfall der scheinbaren Auslandsgesellschaft eher zu einer Anknüpfung nach der Gründungstheorie. Hierzu ein Urteil des RGH aus dem Jahre 1918[37]:

---

34 *Egawa*, Zensho, S. 178; *Sanekata*, Gairon, S. 155.

35 *Ishii*, Kaisha-hô, Bd. 2, S. 466-467; *Tanaka Seiji*, Shôron, Bd. 2, S. 124-126.

36 *Tanaka Kôtarô*, Kaisha-hô, Bd. 2, S. 589.

37 RGH vom 16.12.1918, Minroku, Bd. 24, S. 2326. Es handelt sich in diesem Fall um eine Gesellschaft, die in den USA als eine Gesellschaft des US-Staates Delaware gegründet wurde und dort ihren statutären Sitz hatte, aber den reellen Sitz in Tokyo, wo sich auch die hauptsächliche Tätigkeit konzentrierte. Die Gesellschaft wollte eine Zweigstelle in Tokyo eintragen lassen, wodurch es zu diesem Urteil kam.

„wenn eine Gesellschaft, deren Hauptsitz zwar im Ausland eingetragen ist, die aber im Inland ihre Hauptaktivität ausführt und somit unter Artikel 258 HG (nach der alten Fassung des HG, jetzt Art. 482) fällt, nicht entsprechend den Bestimmungen des HG gegründet und errichtet worden ist, kann diese Gesellschaft nicht in Japan anerkannt werden, folglich muss ein Büro, das diese Gesellschaft in Japan eröffnet hat, geschlossen werden, da eine Eintragung nach den Bestimmungen des HG nicht möglich ist."

Dieses Prinzip wird auch in anderen Urteilen bestätigt [38], was die Schlussfolgerung nahe legt, dass die Gerichte in Japan, zumindest im Fall der scheinbaren Auslandsgesellschaft, der Gründungstheorie mehr Gewicht beimessen als der Sitztheorie. Entscheidend ist aber in jedem Fall, dass nach Auffassung der Rechtsprechung eine solche Gesellschaft nicht in Japan permanent Handel treiben kann, da eine Anerkennung nach Art. 36 ZG nicht möglich ist.

Wenn eine im Ausland gegründete Gesellschaft in Japan aktiv werden möchte, aber die Anerkennung nach Art. 36 ZG nicht erhalten kann, da die Hauptaktivität sich auf Japan bezieht, so muss die Gesellschaft in Japan neu gegründet werden. Eine Beibehaltung der Struktur mit einer Tochtergesellschaft in Japan und der Muttergesellschaft im Ausland wäre ebenso verdächtig wie der oben zitierte Fall des Büros in Japan von 1918 und müsste hinterfragt werden[39]. Für Verpflichtungen, die von einer scheinbaren Auslandsgesellschaft in ihrem Namen eingegangen werden, haftet der Vertreter, natürliche Person, dieser Gesellschaft, oder die natürliche Person, die das Geschäft getätigt hat[40].

Es sollte Ausländern unmöglich sein, eine inländische japanische Gesellschaft zu gründen, da sie so die bestehenden Einschränkungen im Rahmen des Ausländerrechtes nicht mehr einhalten müssten[41]. Dies könnte so interpretiert werden, als ob es für einige Vertreter der japanischen Lehre eine gleichberechtigte Teilnahme von Nicht-Japanern und Japanern an der

---

38 Es sind dies: DG Tokyo vom 10.9.1918, Hyôron, Bd. 7, HG S. 570; DG Tokyo vom 4.6.1954, Hanrei Times, Nr. 40, S. 73; Jurisuto, Nr. 181, S. 62.

39 *Sakamaki*, Kaisha-hô, S. 353.

40 DG Tokyo vom 17.9.1927, Hôritsu Shinpô 法律新報 (Zeitschrift), Nr. 142, S. 19. In einem anderen Fall vor dem DG Tokyo vom 4.6.1954 (Hanrei Times, Nr. 40, S. 73) jedoch verwarf das Gericht die Möglichkeit der Vertretung, da die Gesellschaft nicht existierte. Dies geschah wohl zum Schutz der Gesellschafter, denn der ernannte Vertreter hatte Teile des Gesellschaftsvermögens zum Nachteil der Gesellschafter veräußert (*Münzel*, S. 551).

41 *Tameike*, Kôgi, S. 297.

japanischen Wirtschaft nicht geben sollte, selbst wenn es in der Theorie, und in der Praxis, inzwischen sehr leicht ist, als Ausländer eine inländische Gesellschaft in Japan zu gründen.

Andere Vertreter der Lehre befürworten, dass auch eine ausländische Gesellschaft mit einem Aktivitätsschwerpunkt in Japan anerkannt werden soll. Die einheitliche Anwendung japanischer Gesetze auf eine derartige Gesellschaft wie auf japanische Gesellschaften soll nicht dazu führen, wie etwa von *Yamada* befürwortet, dass die ausländische Gesellschaft als nicht rechtsfähige Gesellschaft angesehen wird und für ihre Rechtsfähigkeit in Japan neu gegründet werden muss[42]. Das ausländische Recht kann die Gründung der Gesellschaft sowie deren innere Organisation regeln. Die Bestimmungen zur Aufsicht jedoch sollten die des japanischen Rechtes sein. Diese Lösung steht zwar im Widerspruch zu der bisherigen Rechtsprechung der japanischen Gerichte, wird aber von *Masago* als der in der Lehre als herrschend anzunehmender Standpunkt bezeichnet[43].

Wird eine ausländische Gesellschaft, die mit dem Hauptziel, in Japan Geschäfte zu betreiben, gegründet wurde, aufgrund einer gerichtlichen Verordnung aufgelöst, so geschieht das entsprechend den japanischen Gesetzen. Das verbleibende Guthaben wird entsprechend den japanischen Buchhaltungsregeln berechnet und unter den Gläubigern aufgeteilt. Der Liquidator wird vom Gericht ernannt (Art. 485 HG und Art. 76 GGmbH).

2.2.3. Anwendungsbereich des Gesellschaftsstatuts

2.2.3.1. Gründung und Erwerb der Rechtspersönlichkeit

Der Erwerb der Rechtsfähigkeit der juristischen Person beruht notwendigerweise auf dem Gesellschaftsstatut. Daher bestimmt das Gesellschaftsstatut die Gründung[44]. Es bestimmt weiterhin Form der Gründung, Form der juristischen Person und materielle und formelle Bedingungen der Gründung. Es entscheidet über Gültigkeit oder Nichtigkeit der Gründung und den Erwerb der Rechtsfähigkeit. Besondere Anforderungen in diesem Zusammenhang, wie Kapitalausstattung, behördliche Genehmigung oder Eintragung in ein Register, können sich aber auch aus dem Vertragsstatut des Gesellschaftsvertrages ergeben[45].

---

42 *Yamada*, Kokusai shihô, S. 236.

43 *Masago Yasushi*, in *Ikehara / Hayata* (Hrsg.), Hyakusen, 3. Aufl., S. 52. Für diese Sichtweise steht auch die Tatsache, dass die gerichtlichen Entscheidungen alle sehr alt sind.

44 *Orimo*, Kakuron, S. 55; *Egawa*, Zensho, S. 68; *Sawaki*, Nyûmon, S. 170; *Kidana / Matsuoka / Watanabe*, S. 110.

45 *Großfeld / Yamauchi*, S. 231.

2.2.3.2. Organisation der Gesellschaft

Die Rechtspersönlichkeit hängt indirekt auch von dem Aufbau der Gesellschaft ab. Deshalb müssen auch die Fragen des Aufbaus der Gesellschaft anhand des Gesellschaftsstatuts gelöst werden[46]. Das Gesellschaftsstatut bestimmt daher die Ausgestaltung der Organe, deren Funktion sowie Mitgliederzahl und bestimmt außerdem Art der Wahl, Abwahl, Rücktritt und Kompetenz der verschiedenen Organe der juristischen Person, ebenso wie das Verhältnis der verschiedenen Gesellschaftsmitglieder untereinander. Es bestimmt deren Rechte und Pflichten ebenso wie deren Möglichkeit, sich vertreten zu lassen[47]. Es entscheidet über die Möglichkeiten des Gesellschaftsaustritts, der Übereignung von Anteilen, über die Satzung der Gesellschaft und die Modalitäten, diese zu verändern. Hier können aber, wenn solche Handlungen in Japan vorgenommen werden, Bestimmungen des japanischen Rechtes, insbesondere des Wertpapierrechts sowie des Außenhandelsrechts die Wirkungen der Anwendung fremden Rechts einschränken oder gar dessen Anwendung ausschließen[48].

2.2.3.3. Auflösung der juristischen Person

Da auch die Auflösung der juristischen Person mit der Rechtspersönlichkeit als solcher unmittelbar zusammenhängt[49], bestimmt das Gesellschaftsstatut auch die Bedingungen der Auflösung der juristischen Person, d.h. die Formvorschriften, die Gründe, die Gültigkeit, die Formen der Abrechnung und die Vorschriften der Liquidation.

Im Falle der Abwicklung müssen zwei Fälle unterschieden werden. Dies ist

---

46 *Yamada*, Kokusai shihô, S. 208; *Orimo*, Kakuron, S. 55; *Egawa*, Zensho, S. 68; *Sawaki*, Nyûmon, S. 170; *Sanekata*, Gairon, S. 147; *Kubo*, Gairon, S. 132-133.

47 Das Recht der Gesellschaft kann nur über die Möglichkeit an sich befinden, Beschränkungen im Innenverhältnis zwischen Vertreter und Vertretenem können aus einem anderen Recht, insbesondere dem Recht, das auf den Vertretervertrag anwendbar wäre, erwachsen (*Yamada*, Kokusai shihô, S. 208). Ein Urteil des DG Fukuoka vom 14.5.1918, Shinbun, Nr. 1476, S. 20, besagt allerdings, dass das Recht der Gesellschaft über die Formbestimmungen der Ernennung des Vertreters bestimmt.

48 *Tatsuta*, Kaisha-hô, S. 403 ff.

49 *Orimo*, Kakuron, S. 56; *Sawaki*, Nyûmon, S. 170; *Kitagawa*, Kabushiki kaisha no hôri, S. 271; i.d.S.: DG Tokyo vom 23.3.1936, Shinbun, Nr. 3980, S. 4). Der verhandelte Fall betraf eine russische Bank. Diese wurde im Rahmen der Revolution 1917 in Russland verstaatlicht und mit anderen Banken fusioniert. Sie verlor dadurch ihre Eigenständigkeit und somit ihre Rechtspersönlichkeit. Dies galt auch für die Filiale dieser Bank in Japan, da russisches Recht bezüglich der Bank angewendet werden musste.

einmal die Abwicklung im Rahmen eines Insolvenzverfahrens[50], wobei an das Konkursstatut angeknüpft werden muss, da die Abwicklung das Ergebnis dieses Verfahrens ist. Grundsätzlich gilt im Falle von Insolvenz oder Bankrott der juristischen Person in Japan das Recht des Ortes, an dem das Insolvenzverfahren eröffnet wird[51].

---

50 Der Begriff des Insolvenzverfahrens wird hier in einem weiten Sinn verwendet und umfasst alle Verfahren, die im Falle von Zahlungsschwierigkeiten einer Gesellschaft angestrengt werden können, daher nicht nur das Konkursverfahren, sondern eventuell mögliche Sanierungsverfahren oder ähnliches.

51 *Hiroe*, Kokusai torihiki ni okeru kokusai shihô, S. 226; *Yamada*, Kokusai shihô, S. 209; *Yoshino*, Hasan-hô, S. 132. Bisher galt in Japan nach Art. 3 KonkG, dass eine Konkurseröffnung in Japan nur Wirkungen in Japan erzeugt (Abs. 1), eine Konkurseröffnung im Ausland jedoch keine Wirkung auf Güter in Japan haben kann (Abs. 2). Eine strikte Anlehnung an das Territorialitätsprinzip galt auch im Fall des Art. 4 ReorgG. Diese strikte Anlehnung an das Territorialitätsprinzip wurde aber in der Lehre stark kritisiert (*Yoshino*, Hasan-hô, S. 132-134; *Aoyama*, Kokusai tôsan [internationale Insolvenz] in *Sawaki / Akiba* (Hrsg.), Sôten, S. 258; *Takagi*, New Business Law, Nr. 581, S. 11). In einigen Urteilen wurde die strenge Auslegung des Territorialitätsprinzips abgemildert. Einmal, indem dem ausländischen Insolvenzverwalter die Parteifähigkeit vor einem japanischen Gericht anerkannt wurde (DG Tokyo vom 26.9.1991, Hanrei Jihô, Nr. 1422, S. 128), oder etwa durch die Anerkennung von Einwänden eines schweizerischen Konkursverwalters gegenüber dem Arrest an einem Warenzeichen in Japan durch einen japanischen Gläubiger gegen den Schweizer Schuldner (OG Tokyo vom 30.1.1981, Hanrei Jihô, Nr. 994, S. 53). Bei diesem zweiten Urteil aber ist *Ishiguro* der Ansicht, dass eine derartige Anerkennung der Wirkungen eines ausländischen Konkursverfahrens nur möglich ist, wenn der „Schwerpunkt des Geschäftsverhältnisses" nicht in Japan liegt, denn dann kann das ausländische Urteil als Ganzes nach Art. 108 ZPG (alte Form des Gesetzes Art. 200) anerkannt werden; ist der Gläubiger Japaner, der nur lokal in Japan handelt, ist eine solche Anerkennung nicht möglich (*Ishiguro*, Recht in Japan, S. 28 ff). Das japanische Insolvenzrecht wurde durch die Gesetze Nr. 2000-128 und Nr. 2000-129 reformiert. Für die internationale Insolvenz wurde das Gesetz über die Anerkennung und Unterstützung ausländischer Insolvenzverfahren (*Gaikoku tôsan shori tetsuzuki shônin enjo ni kan suru hôritsu* 外国倒産処理手続き承認援助に関する法律) mit Wirkung vom 1. April 2000 verabschiedet. Seither gilt eine Anerkennung des Universalitätsprinzips. Ausländische Urteile können auch im Inland Wirkungen haben, insbesondere dann, wenn eine solche Anerkennung in Japan Sinn macht, da in Japan Güter belegen sind, und solange die öffentliche Ordnung dadurch nicht gestört wird. Auch ist es möglich, ein in Japan eröffnetes Verfahren als zweitrangiges Verfahren eines ausländischen Verfahrens einzustufen (*Morishita*, Nenpô 3, S. 236 ff). Für *Kobayashi* war auch wichtig, dass andere bestimmte kollisionsrechtliche Fragen, wie beispielsweise die Behandlung von Sicherungsrechten im Konkurs oder der Aufrechnung ebenso in die Reform aufgenommen werden (*Kobayashi*, Kokusai torihiki funsô, S. 266 ff. *Kobayashi* gibt einen kurzen Abriss der Rechtslage vor der Reform, *idem*, S. 239 ff.). Das Gesetz enthält keine kollisionsrechtlichen Regelungen für Sicherungsrechte. Das Gesetz bestimmt jedoch, dass bei konkurrierenden

Findet die Abwicklung außerhalb eines Insolvenzverfahrens statt, wird an das Gesellschaftsstatut angeknüpft[52]. In diesem zweiten Fall entscheidet nach Ansicht *Yamadas* das Gesellschaftsstatut über die Qualitäten des Insolvenz- oder Konkursverwalters, seine Kompetenzen, seine Aufgaben und sein Verhältnis zur Gesellschaft während dem Abwicklungsverfahren, da auch in diesem Fall das Verhältnis der juristischen Person mit Dritten genauso gesehen werden muss, wie wenn ein Vertreter der Gesellschaft, hier der Liquidator, mit Dritten Rechtsgeschäfte für die Gesellschaft abschließt[53].

Auch besteht die Möglichkeit, bei einer Abwicklung im Inland, bei der die Gefahr besteht, dass die Rechte inländischer Gläubiger verletzt werden könnten, das ausländische Gesellschaftsstatut zu ignorieren und stattdessen inländisches Recht zur Ernennung des Liquidators sowie für ein besonderes Auflösungsverfahren anzuwenden [54]. Auch werden nach *Yamada* die Ergebnisse derartiger ausländischer Verfahren in Japan anerkannt[55]. Besteht bei einem besonderen Abwicklungsverfahren in Japan einer ausländischen juristischen Person ein Überschussvermögen, nachdem alle japanischen Gläubiger befriedigt worden sind, so befindet das Gesellschaftsstatut über die Verteilung dieses Überschussvermögens[56].

Ansprüchen aus Sicherungsrechten das Gericht die Wirkung eines Sicherungsrechts zum Schutz aller Gläubiger aussetzen kann (Art. 27 des Gesetzes). Eine besondere Rechtslage besteht nach Ansicht von *Morishita* bei Banken. Seiner Meinung nach sind die Bestimmungen des neuen internationalen Insolvenzrechts in Japan nur sehr bedingt bei international tätigen Banken anwendbar. Die besondere Rechtslage begründet sich durch die notwendige ministerielle Genehmigung, um in Japan dem Bankgeschäft nachgehen zu können, und durch Art. 51 BankG, nach dem bei Zahlungsunfähigkeit der Bank in Japan das in Japan belegene Vermögen vorrangig zum Schutz der japanischen Gläubiger benutzt wird. Eine Anerkennung eines ausländischen Verfahrens scheint ihm daher unwahrscheinlich (*Morishita*, Nenpô 3, S. 240 ff.). Für ihn ist auch entscheidend, dass das japanische Insolvenzrecht seine internationalen Auswirkungen bei parallelen Verfahren im In- und Ausland bestimmt (*Morishita*, Nenpô 3, S. 266.)

52 *Großfeld / Yamauchi*, S. 232; *Yamada*, Kokusai shihô, S. 208; *Yamato*, Hasan, S. 893 ff.

53 *Yamada*, Kokusai shihô, S. 208. Wird das Geschäft jedoch in einem anderen Land abgeschlossen, befürwortet er allgemein bei der Vertretungsmacht eines Vertreters einer Gesellschaft, so auch hier beim Liquidator, eine eingeschränkte Anwendung des Gesellschaftsstatutes zum Wohle des Ortsrechts des Geschäfts, um dessen Gültigkeit gegenüber Dritten besser gewährleisten zu können (*Yamada*, Kokusai shihô, S. 208 und S. 211).

54 *Großfeld / Yamauchi*, S. 232.

55 *Yamada*, Kokusai shihô, S. 209.

56 *Großfeld / Yamauchi*, S. 232; *Yamada*, Kokusai shihô, S. 209.

2.2.4. *Rechtsgeschäfte für die Gründungsgesellschaft*

Der folgende Abschnitt erörtert die kollisionsrechtlichen Bestimmungen von Geschäften, die Dritte miteinbeziehen, d.h. insbesondere das auf den Vertreter einer Gründungsgesellschaft anwendbare Recht, sowie das anwendbare Recht auf die spätere Übernahme solcher Geschäfte durch die Gesellschaft.

2.2.4.1. Handeln für die Gründungsgesellschaft

Das RAG bestimmt nicht, nach welchem Recht beurteilt werden muss, ob eine natürliche Person die Gründungsgesellschaft vertreten kann und für diesen Zweck Geschäfte für diese juristische Person abschließen kann. Diese Lücke wird durch Lehre und Rechtsprechung gefüllt.

Nach Ansicht von *Egawa*, *Sanekata* und *Kubo* muss diese Frage entsprechend den Normen des Gesellschaftsstatuts der Gründungsgesellschaft entschieden werden[57].

Was aber den Umfang der Vertretungsmacht anbelangt, ist *Yamada* der Ansicht, dass das Gesellschaftsstatut zwar angewendet werden soll, jedoch eingeschränkt durch das Recht des Handlungsortes, um dort eine größere Rechtssicherheit zu gewährleisten. Dies gilt insbesondere vor dem Hintergrund des Art. 479 HG und Art. 78 HG, wonach der Vertreter einer ausländischen Gesellschaft, der in Japan kontinuierlich Geschäfte für eine ausländische Gesellschaft abschließt, angemeldet werden muss. Dies gilt als Indiz dafür, dass der Vertreter einer ausländischen juristischen Person, auch einer solchen in Gründung, durch diese Anmeldung an das japanische Recht herangeführt wird und somit dessen Handlungen zum Wohle der Vertragspartner im Inland besser geschützt werden können, da seine Vertretungsmacht dem japanischen Recht unterliegt[58].

Für eine Anknüpfung an das Recht des Handlungsortes führen *Kidana*, *Matsuoka* und *Watanabe* zusätzlich an, dass eine engere Beziehung zu den gesetzlichen Bestimmungen des Handlungsortes besteht, insbesondere bezüglich des wirtschaftlichen Interessenschutzes. Das soll auch so gehandhabt werden, wenn der Umfang der Vertretungsmöglichkeiten nach dem Gesellschaftsstatut größer ist als der Umfang der Vertretungsmöglichkeiten nach dem lokalen Recht[59].

Ein Urteil aus dem Jahre 1905 stellt in der Frage des anwendbaren Rechts zur genauen Bestimmung der Vertretungsmacht des Vertreters folgendes fest[60]:

---

57 *Egawa*, Zensho, S. 168; *Sanekata*, Gairon, S. 147; *Kubo*, Gairon, S. 132.
58 *Yamada*, Kokusai shihô, S. 211.
59 *Kidana / Matsuoka / Watanabe*, S. 111.
60 RGH vom 15.2.1905, Minroku, Bd. 11, S. 175.

> „Für das Wohl des Landes wird [der Vertreter] eingetragen, um außerdem den Regeln der öffentlichen Ordnung gerecht zu werden, und der Umfang der Vertretungsmacht des Vertreters nicht nach ausländischem Recht, sondern nach japanischem Recht festgelegt."

Nach Meinung *Orimos* und *Yamadas* empfiehlt es sich daher nach wie vor, in jedem Fall das Recht des Ortes, an dem das Rechtsgeschäft erfüllt werden soll, anzuwenden, also japanisches Recht, wenn das Rechtsgeschäft in Japan erfüllt werden soll[61].

Matsuoka, *Watanabe* und *Kidana* geben zu bedenken, ob nicht in Berufung auf den Verkehrsschutz nach Art. 3 Abs. 2 RAG ein ausreichender Schutz für das Rechtsgeschäft in Japan gewährleistet wäre, und somit eigentlich keine Notwendigkeit der Anwendung des japanischen Rechtes anstelle des Gesellschaftsstatuts der Gründungsgesellschaft vorliege[62]. Ein modernes Urteil, das eine andere Sichtweise als die Anwendung des japanischen Rechtes befürwortet, verweist auf das Gesellschaftsstatut (siehe nächster Punkt).

2.2.4.2. Übernahme der Rechtsgeschäfte der Gründungsgesellschaft

Bezüglich der Übernahme gilt nach japanischer Rechtsprechung, dass das Gesellschaftsstatut darüber entscheidet, ob die Übernahme möglich ist und unter welchen Voraussetzungen, auch wenn in diesem Fall, wie beispielsweise bei der Gesellschaft in Auflösung, die Anwendbarkeit des lokalen Rechts ebenso vertreten werden kann[63]. Das Gericht stellt, im Gegensatz zu dem oben genannten Urteil aus dem Jahre 1905, in seinem Urteil fest, dass

> „... das auf die Frage der Fähigkeit eines Vertreters einer in Gründung befindlichen Gesellschaft, für diese Gesellschaft Geschäfte abzuschließen, anzuwendende Recht ... soll entsprechend dem Recht der Gründung dieser Gesellschaft entschieden werden."

---

61 *Orimo*, Kakuron, S. 55-56; *Yamada*, Hôjin no zokuninhô ni tsuite, S. 57; *Yamada* hat aber seinen Standpunkt später wieder geändert.

62 *Kidana / Matsuoka / Watanabe*, S. 111.

63 In diesem Sinn entschied das OG Tokyo in seiner Entscheidung vom 18.7.1974, Hanrei Times, Nr. 316, S.115, das sich auf einen Schiedsspruch des Ersten Schiedsgericht in Tokyo vom 2.12.1973 bezog (Hanrei Times, Nr. 308, S. 230) Artikel über den Fall: *Kitagawa*, Jurisuto, Nr. 590, S. 223; *Sakurada*, Jurisuto, Nr. 595, S. 133; *Fujita*, Hanrei Times, Nr. 316, S. 115, *Kugizawa / Ozawa*, Nyû yôku shûhô ni yori setsuritsu sareta kaisha hokki-nin to teiketsu shita chûsai keiyaku no kôryoku [die Gültigkeit einer Schiedsgerichtsklausel mit einer in Gründung befindlichen Gesellschaft New Yorker Rechts, JCA Journal, Bd. 21, Nr. 7, S. 22.

Zur Übernahme stellt das Gericht in diesem konkreten Fall anschließend fest, dass diese entsprechend dem Recht des US-Bundesstaates New York, nach dem die Gesellschaft gegründet werden sollte, entschieden werden muss, und erörtert die Bedingungen nach diesem Recht für eine Übernahme. Das Gericht spricht sich allerdings nicht allgemein für die Anwendung des Gründungsrechtes im Fall der Übernahme aus.

Vor dem Hintergrund der letztlich offenen Frage der Bestimmung des Gesellschaftsstatuts behält dieses Urteil ebenso seine Bedeutung, da es das Recht der Gründung als das Gesellschaftsstatut bestimmt und von einer doppelten Anknüpfung an das Recht des geplanten Sitzes und der Gründung zur Bestimmung des Gesellschaftsstatuts absieht. Es ist jedoch bedauerlich, dass japanische Gerichte bisher nicht die Möglichkeit hatten, die Fragen des Verkehrsschutzes im Zusammenhang mit der Übernahme von Rechtsgeschäften für Gründungsgesellschaften zu erörtern, um eine genauere Abgrenzung zwischen dem Gesellschaftsstatut einerseits und dem Ortsrecht andererseits zu definieren.

2.2.5. Rechtsfähigkeit und Anerkennung ausländischer juristischer Personen

Nach japanischem Recht kann eine nichtjapanische juristische Person die Rechtsfähigkeit nur entsprechend den Bestimmungen ihres Gesellschaftsstatuts erhalten. Interessant für die Geschäftstätigkeit in Japan ist aber, inwieweit die Wirkungen einer ausländischen Rechtsfähigkeit nach Japan hereinreichen.

Gemäß den Bestimmungen des japanischen Zivil- und Handelsrechtes muss eine ausländische juristische Person in Japan eine Anerkennung (*ninkyo* 認許) erhalten, um die Wirkungen der Rechtsfähigkeit entfalten lassen zu können. Möchte die juristische Person in Japan auf Dauer Rechtsgeschäfte abschließen, muss sie sich in Japan niederlassen.

Nach Art. 36 Abs. 1 ZG werden ausländische juristische Personen in Japan nicht anerkannt, es sei denn, Staatsverträge oder besondere Gesetze bestimmen anderes. Anders bei Handelsgesellschaften, Staaten und staatlichen Verwaltungseinheiten, diese werden anerkannt[64]. Gemäß Art. 36 Abs. 2 ZG bewirkt die Anerkennung, dass die ausländische juristische Person in Japan über dieselben zivilen Rechte wie eine japanische juristische Person verfügt, mit Ausnahme der Rechte, die Ausländer nicht innehaben können. Das heißt einerseits, die ausländische juristische Person kann nicht mehr Rechte innehaben als eine japanische juristische Person; andererseits gelten die Beschränkungen aus dem Ausländerrecht und solche Beschränkungen, die sich

[64] Die Anerkennung erfordert kein besonderes Verfahren, sondern erfolgt *per se* in den Fällen, in denen sie möglich ist.

durch das ausländische Recht bedingen, es sei denn, aus Überlegungen des Verkehrsschutzes könnte die Rechtsfähigkeit der ausländischen Person, deren Gesellschaftsstatut weniger Rechte anerkennt als das japanische Recht, an das japanische Niveau herangeführt werden[65].

In der Lehre wird die Bedeutung dieser gesetzlichen Bestimmung teilweise kontrovers diskutiert.

2.2.5.1. Bedeutung und Notwendigkeit der Anerkennung

Trotz der Anerkennungsnotwendigkeit nach Art. 36 ZG gilt, dass eine ausländische juristische Person, die in Japan aufgrund ihrer Aktivitäten Verpflichtungen in Japan eingeht, als Subjekt ihrer Verpflichtungen zu betrachten ist[66]. Ist die Person gemäß dem auf sie anwendbaren Recht ordnungsgemäß gegründet, erfolgt die Anerkennung in Japan ohne besondere Schwierigkeiten[67].

Ob eine Vereinigung von Personen oder Gütern die Rechtsfähigkeit besitzt oder nicht, wird entsprechend dem Recht entschieden, das auf sie anwendbar ist, d.h. entweder dem Recht des Sitzes und/oder dem Recht der Gründung. Ist diese Vereinigung aufgrund des auf sie anwendbaren Rechtes eine rechtsfähige juristische Person, so ist sie es auch in Japan. Ist sie Handelsgesellschaft, so kann sie auch in Japan anerkannt werden, d.h. die Rechtsfähigkeit kann, wie gesagt, auch in Japan ihre Wirkungen unmittelbar entfalten, und die Vereinigung wird unter Vorbehalt des Ausländerrechts einer japanischen juristischen Person gleichgesetzt. Die genaue Auslegung dieses Art. 36 ZG wird in Japan dennoch heftig diskutiert.

Egawa schlägt vor, dass der ausländischen juristischen Person, die die Rechtspersönlichkeit im Ausland erworben hat und keine Handelsgesellschaft ist aber in Japan Rechtsgeschäfte abschließen möchte, auch automatisch die Rechtspersönlichkeit in Japan erteilt werden sollte[68].

Die Überprüfung, ob eine juristische Person rechtmäßig gegründet wurde und die Rechtspersönlichkeit rechtmäßig erworben wurde und dieser Erwerb der Rechtspersönlichkeit nach Gesetzen erfolgte, die gemäß den japanischen Kollisionsnormen Anwendung finden, ist durchause begründet. Nach Meinung *Yamadas* sollte im Rahmen der Anerkennung überprüft werden, ob die anzuerkennende juristische Person ihre Rechtspersönlichkeit gemäß einem Recht erworben hat, das auch nach japanischem Kollisionsrecht Anwendung fände[69].

---

65 *Großfeld / Yamauchi*, S. 232.

66 OG Tokyo vom 20.12.1974, Kômin, Bd. 27, Nr. 7, S. 989.

67 *Okamoto*, Gaikoku kaisha, S. 102.

68 *Egawa*, Zensho, S. 172-173, bestritten wird dieser Standpunkt von *Hayata* in *Yamada / Hayata* (Hrsg.), Enshû kokusai shihô shinpan, S. 78.

69 *Yamada*, Kokusai shihô, S. 221 und *Yamada*, Gaikoku kaisha, S. 1831-1833.

Dies ist jedoch kritisch zu beurteilen, da es in Japan nur bedingt eine eindeutige Kollisionsnorm zur Bestimmung des Gesellschaftsstatuts gibt, und eine derartige Interpretation des Art. 36 ZG dazu führen kann, dass eine ausländische juristische Person mehr aufgrund von wirtschaftlichen oder anderen Interessen als aufgrund von rechtlichen Grundsätzen anerkannt oder nicht anerkannt wird.

Kawakami ist der Ansicht, dass im Falle einer Gefahr für den *ordre public* in Japan aufgrund von Art. 33 RAG (*ordre public*) die Anerkennung unmöglich ist, und somit Art. 36 ZG unnötig wird[70]. Eine weite Auslegung des Art. 36 ZG entfällt somit nach seiner Meinung.

Es liegt aber bisher keine Rechtsprechung in Japan vor, die eine so weite Auslegung des Art. 36 ZG bestätigen oder widerlegen würde.

Für die Anerkennung kann festgehalten werden, dass nach Art. 36 ZG die ausländische Gesellschaft die Bedingungen für eine Anerkennung erfüllen muss, um dauerhaft in Japan Rechtsgeschäfte in ihrem Namen abschließen zu können. Die Anerkennung erfolgt ohne besonderes Verfahren. Durch die Anerkennung besitzt die ausländische juristische Person genauso viel Rechte wie eine japanische juristische Person. Es handelt sich um eine deklarative Anerkennung, nicht um eine konstitutive, denn auch eine nicht anerkannte juristische Person kann in Japan Rechte und Pflichten haben. Allerdings schränkt Art. 36 Abs. 2 ZG die Rechte auch der anerkannten juristischen Person insofern ein, als eine ausländische juristische Person solche Rechte, die ein Ausländer im Rahmen des Ausländerrechtes nicht innehaben kann, ebenso nicht innehaben kann[71]. Diese Einschränkungen werden im Kapitel über das Ausländerrecht erörtert. Außerdem gibt es auch bei juristischen Personen Beschränkungen in der Anwendung des ausländischen Rechtes zum Schutz des inländischen Rechtsgeschäftes in Anlehnung an die Bestimmungen des Art. 3 Abs. 2 RAG zur Herstellung oder Erhaltung der Rechtsfähigkeit der juristischen Person. Diese werden im Kapitel über den Verkehrsschutz genauer vorgestellt.

2.2.5.2. Betroffene juristische Personen

Da Art. 36 ZG vom Prinzip der Nicht-Erteilung der Anerkennung ausgeht und diese nur in bestimmten Ausnahmen erteilt, ist in der Lehre strittig, welche juristischen Personen, je nach Form und Zweck, genau von den Bestimmungen des Art. 36 ZG betroffen ist. Es liegen nur bedingt richterliche Entscheidungen vor, die genauere Auskunft über die Situation geben könnten[72].

---

70 *Kawakami*, Hôjin no shôgai-teki shihô katsudô, S. 52.

71 *Egawa*, Zensho, S. 179; *Yamada*, Kokusai shihô, S. 229.

72 Nach einer Entscheidung des OG Nagasaki vom 29.5.1920 (Shinbun, Nr. 1715, S. 13)

Yamada und *Tameike* vertreten die Ansicht, dass ein solches Gesetz in der modernen Zeit eher veraltet ist und abgeschafft werden sollte[73].

Weitere Kritik betrifft die Handhabung aufgrund dieser gesetzlichen Bestimmung von Vereinigungen mit nicht-kommerziellen Zielen, wie beispielsweise kulturelle, religiöse oder wissenschaftliche Vereinigungen, da sie nach diesem Gesetz in Japan nicht anerkannt werden können. Derartige Vereinigungen können in Japan in ihrem eigenen Namen nur dann aktiv werden, wenn sie in Japan gegründet werden oder niedergelassen sind. Der ursprüngliche Grund – das Gemeinwohl kann immer nur von jedem einzelnen Staat abhängen – ist in moderner Zeit wegen der steigenden internationalen Verflechtung nicht mehr tragbar. (Man denke an den Umweltschutz oder etwa das Internationale Rote Kreuz.)[74]

Es besteht auch Uneinigkeit bei der Definition des Begriffs der Handelsgesellschaft in Art. 36 ZG. Im Mittelpunkt steht hierbei, ob es sich nur um Handelsgesellschaften im Sinne des japanischen Handelsgesetzes handelt oder auch andere Vereinigungen mit wirtschaftlichen Zwecken von der Ausnahmeregelung in Art. 36 ZG betroffen sein könnten. *Sanekata*, *Kubo* und *Tanaka Kôtarô* denken, dass nur wirtschaftlich aktive Vereinigungen von den Bestimmungen betroffen sind und anerkannt werden[75]. *Yamada* hingegen ist der Ansicht, dass eine derartige Auslegung das Anwendungsfeld der Ausnahmeregeln zu sehr einschränkt, und geht von einer weitergehenden Auslegung aus, wobei eine Beschränkung auf Handelsgesellschaften auch im weiteren Sinn für ihn zweifelhaft ist[76]. So sollten alle gewinnorientierten Gesellschaften als Handelsgesellschaften im Sinne des Art. 36 ZG gelten[77].

---

gilt als „Handelsgesellschaft" jede auf Gewinnerzielung gerichtete Gesellschaftsform, so auch wie in diesem Fall eine sowjetisches Staatsunternehmen. Nach Angaben von Gesetzessammlungen gilt, dass Handelsgesellschaften von den Bestimmungen betroffen sind, allerdings können auch nicht juristische Personen in Japan Rechte haben. *Shinozuka Shôji* / *Maeda Tatsuaki* (Hrsg.), Shin-hanrei kommentâru, minpô [Neue Urteilskommentare, Zivilgesetz], Sanshôdô, Tokyo, 1991, Bd. 1, S. 89.

73 *Yamada*, Kokusai shihô, S. 222; *Tameike*, Kôgi, S. 296.

74 *Yamada*, Kokusai shihô, S. 222; *Moriizumi*, Kommentâru, S. 60.

75 *Tanaka Kôtarô*, Kaisha-hô, Bd. 2, S. 591; *Sanekata*, Gairon, S. 152; *Kubo*, Gairon, S. 134.

76 *Tameike*, Kôgi, S. 295; *Yamada*, Kokusai shihô , S. 226. *Yamada* führt als Beispiel und Begründung an, dass es in bestimmten Ländern die Unterscheidung in von Handelsrecht bestimmten Gesellschaften und von Bürgerlichem Recht bestimmten Gesellschaften nicht gibt, und somit eine solche Unterscheidung in Japan zweifelhaft werden kann. Die Ansicht wird von *Kawakami* und *Ishii* geteilt: *Kawakami*, Yôkô, S. 66; *Ishii*, Kaisha-hô, S. 467; jedoch bestritten von *Hayata* (*Hayata* in *Yamada* / *Hayata* (Hrsg.), Enshû kokusai shihô shinpan, S. 79); für eine engere Auslegung auch das Urteil des RGH vom 17.4.1905, Minroku, Bd. 11, S. 506.

77 Diese Ansicht findet sich in einem Urteil des OG Nagasaki vom 29.5.1920, Shinbun,

Ein Gesetz vom 1.6.1949 über ausländische Versicherungsgesellschaften[78] beinhaltet Bestimmungen in diesem Sinne, denn es ermöglicht die Anerkennung durch den Finanzminister nicht nur von Versicherungen, die als Kapitalgesellschaften gegründet sind, sondern schließt in seinem Art. 2 auch Versicherungsvereine auf Gegenseitigkeit, die keine Rechtspersönlichkeit besitzen, mit ein.

Weitere Beispiele einer weitergehenden Auslegung sind Bestimmungen bestimmter internationaler Übereinkommen, die seit 1945 nicht nur juristische Personen in die gegenseitige Anerkennung mit einschließen, wie z.B. bilaterale Gütertransportabkommen. Die Abkommen schließen Kapitalgesellschaften genauso ein wie andere Handelsgesellschaften oder eben auch Vereinigungen[79]. Diese Abkommen führen zu einer rechtlichen Gleichbehandlung der nicht juristischen Personen des einen Staates im anderen Staat, mit der Ausnahme solcher rechtlicher Handlungen, die Ausländern im Rahmen des Fremdenrechts nicht möglich sind. Gleichzeitig erteilen diese Abkommen in der Regel auch die Partei- und Prozessfähigkeit der ausländischen Vereinigung im anderen Staat. Am Beispiel des schwedisch-japanischen Gütertransportabkommens ist auch festzuhalten, dass die Rechte, die eine Vereinigung oder Gesellschaft, mit oder ohne Rechtspersönlichkeit, in dem anderen Staat hat, von den Regeln in diesem anderen Staat abhängen (Art. 8 Abs. 2). Diese Regelung hat keine Auswirkung auf die Anerkennung als solche, sondern bestimmt, dass die ausländische Person oder Vereinigung des einen Staates zwar Rechtsgeschäfte abschließen kann, der rechtliche Rahmen dieser Handlungen jedoch von den Gesetzen des anderen Staats bestimmt wird. So gilt, dass die Rechtsfähigkeit und die Fähigkeit, Rechtsgeschäfte abzuschließen, dieser ausländischen juristischen oder nicht-juristischen Personen, in Japan nur im Rahmen der Bestimmungen des japanischen Rechtes eingeräumt werden[80].

Nr. 1715, S. 13 und einem Urteil des OG Kantô vom 20.5.1945, Shinbun, Bd. 3222, S. 9 wieder.

78 Das Gesetz vom 1.6.1949 ist nicht mehr gültig; es wurde 1996 vom GVersG abgelöst, beinhaltet aber dieselben Bestimmungen in Art. 185 GVersG. Eine Vereinigung, die keine Rechtspersönlichkeit besitzt, muss für eine Aktivität in Japan die Anerkennung beim Finanzministerium beantragen.

79 Luftfahrtabkommen zwischen Japan und Schweden Art. 8 Abs. 1, zwischen Japan und Dänemark Art. 9 Abs. 1, zwischen Japan und Thailand Art. 17 Abs. 1, zwischen Japan und Finnland Art. 10, zwischen Japan und der Schweiz Art. 13, zwischen Japan und den Niederlanden Art. 10, zwischen Japan und Spanien Art. 8. Bei den hier genannten Abkommen handelt es sich aber um Abkommen, die vor 1945 abgeschlossen und in der Regel nur die Partei- und Prozessfähigkeit ausdrücklich erwähnen, so dass die genaue Bedeutung des Begriffs der „Handelsgesellschaft" weiterhin strittig bleibt (*Großfeld / Yamauchi*, S. 230).

80 *Yamada Saburô*, Gaikoku hôjin-ron, S. 915 ff.; *Egawa*, Zensho, S. 175; *Kubo*, Gairon,

Zusammenfassend kann daher festgehalten werden, dass der Begriff der „Handelsgesellschaft“ des Art. 36 ZG so auszulegen ist, dass nicht nur Handelsgesellschaften im Sinne des japanischen Handelsgesetzes darunter zu verstehen sind, sondern, wie in der richterlichen Entscheidung des OG Nagasaki [81] erstmals bestimmt, jede auf Gewinnerzielung gerichtete Gesellschaftsform.

2.2.5.3. Formen der Anerkennung

Für die Anerkennung einer ausländischen Handelsgesellschaft, Gebietskörperschaft oder eines Staates bestehen keine besonderen Formbedingungen. Die Berufung auf den Art. 36 ZG ist ausreichend, um im Fall von einmaligen Aktivitäten in Japan die Rechtspersönlichkeit anerkannt zu bekommen. Die Lage ist anders in dem Fall, in dem die ausländische Gesellschaft eine andauernde Aktivität in Japan unternimmt, da hier eine amtliche Registrierung in Japan notwendig wird.

2.2.5.4. Folgen der Anerkennung

Wie erwähnt, erhält nach Art. 36 Abs. 2 ZG die ausländische juristische Person durch die Anerkennung dieselben Rechte wie eine japanische Person unter Vorbehalt der Rechte, die eine ausländische Person nach den gesetzlichen Bestimmungen des Ausländerrechtes nicht innehaben kann.

Als eine weitere wichtige Folge dieser Bestimmung wird sowohl für Gebietskörperschaften, Staaten als auch lokale Gebietskörperschaften, die Möglichkeit, in Japan Schuldverschreibungen ausstellen zu können, gesehen[82].

Bis auf die weiter unten genannten Ausnahmen und die Einschränkungen zum Schutz der japanischen Wirtschaft im Rahmen des Ausländerrechts entspricht die rechtliche Stellung der ausländischen Gesellschaft somit der rechtlichen Stellung einer japanischen Gesellschaft.

2.2.5.5. Folgen der Nichtanerkennung

Die Anerkennung wird zwar allgemein gewährt, ist aber auf Handelsgesellschaften, Gebietskörperschaften und Staaten beschränkt. Daher gibt es einige Fälle, in denen die Nichtanerkennung eine Rolle spielen kann. Wie bereits erwähnt, führt eine Nichtanerkennung der ausländischen juristischen Person in Japan nicht dazu, dass diese ausländische juristische Person nicht für

---

S. 137; *Sanekata*, Gairon, S. 153.

81 OG Nagasaki vom 29.5.1920, Shinbun, Nr. 1715, S. 13.

82 *Wagatsuma*, Shintei minpô sôsoku, S. 196.

ihre Schulden in Japan haften kann. Es bedeutet auch nicht, dass die ausländische juristische Person oder Vereinigung dadurch ihre Rechtspersönlichkeit aberkannt bekäme. Hat die ausländische juristische Person oder Vereinigung entsprechend den Regeln ihres Gesellschaftsstatuts die Rechtspersönlichkeit erhalten, kann sie auch im Rahmen ihrer Rechts- und Geschäftsfähigkeit im Ausland aktiv sein. Außerdem wird ihr in Japan trotz Nichtanerkennung die Prozessfähigkeit zugesprochen[83].

Folglich gilt, dass eine juristische Person, die zwar entsprechend ihrem eigenen Gesellschaftsstatut die Rechtspersönlichkeit erlangt, aber in Japan keine Anerkennung erhalten hat, in Japan nicht als juristische Person angesehen werden und auch somit in Japan nicht als juristische Person auftreten kann. Sie ist daher als Vereinigung ohne Rechtspersönlichkeit eher einem nicht rechtsfähigen Verein gleichzustellen. Allerdings hat dies keinen Einfluss auf die Aktivität dieser juristischen Person im Ausland, so dass nach Ansicht *Yamadas* und *Tameikes* auch in Japan die nur im Ausland bestehende Rechtspersönlichkeit anerkannt werden kann[84].

Es scheint jedoch, dass ausländische Vereinigungen, die keine Rechtspersönlichkeit besitzen, in den letzten Jahren mehr und mehr Rechte in Japan erlangt haben, so dass sich ihre rechtliche Stellung immer mehr der einer anerkannten ausländischen juristischen Person angleicht. (Siehe dazu Abschnitt 2.3.)

2.2.5.6. Anerkennung internationaler juristischer Personen

Die Anerkennung von internationalen juristischen Personen (*kokusai hôjin* 国際法人) scheint in Japan nur bedingt möglich[85]. Unter internationalen juristischen Personen sind Personen zu verstehen, die aufgrund eines internationalen Abkommens gegründet werden und als Person des internationalen Rechts existieren, wie beispielsweise SAS (Scandinavian Airsystems), die UN (Vereinte Nationen), der IWF (Internationaler Währungsfond) oder die EU[86].

---

83 Diese Lösung scheint überraschend, ist aber durch die weiter gefasste Partei- und Prozessfähigkeit durchaus zu verstehen (siehe dazu 2.2.7.).

84 *Yamada*, Kokusai shihô, S. 241; *Tameike*, Kôgi, S. 295.

85 *Yamada*, Jôyaku ni yoru gaikoku hôjin no ninkyo, S. 20 ff.

86 Die genaue Definition einer internationalen juristischen Person wird auch in Japan diskutiert, besonders die Frage, ob private Personen in der Lage sind, internationale juristische Personen ins Leben zu rufen, die direkt von internationalem Recht geregelt werden und somit beispielsweise transnationale Unternehmen ebenso als internationale juristische Personen gesehen werden sollten. Bisher ist eine solche Sichtweise nicht gänzlich vertretbar, „aber in der Zukunft kann dies wohl weiterhin nicht verneint werden" *Yokota Yôzô*, Kokusai hôjin [die internationale juristische Person], in *Sawaki / Akiba* (Hrsg.), Sôten, S. 105 ff..

Nach der bisherigen Rechtsauffassung müssen zwei Fälle unterschieden werden: hat Japan das Abkommen, aufgrund dessen die jeweilige Person gegründet wurde, ratifiziert, so ist gemäß den Regeln des Art. 36 ZG die Anerkennung in Japan und ein Handeln im eigenen Namen dieser Person in Japan ohne besondere Schwierigkeiten möglich, wie z.B. im Falle der UN[87].

Die Rechtslage liegt jedoch anders, wenn Japan nicht Ratifikationsstaat des betreffenden Abkommens ist. Hier stellt sich die Frage, wie die Bestimmungen des Art. 36 ausgelegt werden müssen, da ausländische juristische Personen, die nicht Handelsgesellschaften, Staaten oder staatliche Verwaltungseinheiten sind, nur durch Gesetz in Japan anerkannt werden können. Nach herrschender Meinung gilt, dass Organisationen, die durch ein Regierungsabkommen zwischen verschiedenen Staaten zustande kommen, auch dann in Japan anerkannt werden müssen, wenn die japanische Regierung das Gründungsabkommen nicht ratifiziert hat[88].

Tameike schlägt zur Vereinfachung vor, dass internationale juristische Personen, an deren Gründungsabkommen Japan nicht beteiligt ist, vielleicht dadurch auch in Japan anerkannt werden könnten, dass man sie unter bestimmten Umständen als international tätige Handelsgesellschaften betrachtet[89].

2.2.5.7. Anerkennung Multinationaler Unternehmen

In einer Zeit der „Globalisierung" ist zu analysieren, wie ein Unternehmen, das über ein weltweites Netz von verschiedenen Niederlassungen und Tochterunternehmen Geschäfte betreibt, kollisionsrechtlich behandelt werden soll. Die Niederlassungen oder Filialen unterliegen dabei eventuell jeweils einem anderen Recht, da die meisten gesetzlichen Bestimmungen, die Personen privaten Rechts betreffen, wie beispielsweise Arbeitsrecht, Wirtschaftskontrollrecht, Steuerrecht, in der Regel nach wie vor nationales Recht sind; ein internationales „Gesellschaftsrecht" gibt es dafür, „auch wenn bedauerlich", nicht[90].

Nach allgemeiner Ansicht gilt daher in Japan, dass ein Unternehmen, das in mehreren Ländern Töchterfirmen oder Produktionseinheiten unterhält (multi-

---

87 *Großfeld / Yamauchi*, S. 230.

88 *Yamada*, Kokusai shihô, S. 224; *Großfeld / Yamauchi*, S. 230.

89 *Tameike*, Kôgi, S. 294. Dies natürlich nur solange eine solche Gesellschaft die Mindestvoraussetzung einer Handelsgesellschaft erfüllt. Erfüllt sie Belange des öffentlichen Interesses, lehnt er die Anerkennung ab. Er nennt jedoch kein Beispiel einer "ausländischen" internationalen juristischen Person, die auf diese Weise in Japan anerkannt worden wäre oder anerkannt werden könnte.

90 *Sono*, Ta-kokuseki kigyô, in *Sawaki / Akiba* (Hrsg.), Sôten, S. 104.

nationales oder transnationales Unternehmen (*ta-kokuseki kigyô* 多国籍企業)), trotzdem auf jeweils ein einzelnes Land bezogen werden kann, in dem das Mutterunternehmen entweder seinen Sitz hat oder gegründet worden ist. Die verschiedenen Tochterunternehmen wiederum können ebenso auf ein Land bezogen werden, in dem sie selbst gegründet wurden oder ihren Sitz haben. Dadurch gibt es bisher in Japan keine besondere Anknüpfung einer juristischen Person als ein multi- oder transnationales Unternehmen und auch keine gesonderte Anerkennung als solches. Jeder Teil der Unternehmensgruppe wird als Einzelunternehmen behandelt und einzeln entsprechend den Bestimmungen des Art. 36 ZG anerkannt. Dasselbe gilt in Japan auch für internationale Joint Ventures[91].

2.2.6. Deliktsfähigkeit der juristischen Person

Nach Ansicht einzelner Vertreter der japanischen Lehre, *Egawa*, *Sanekata*, *Kubo* und *Yamada*, sollte auch die Deliktsfähigkeit einer juristischen Person nach dem Gesellschaftsstatut entschieden werden[92]. *Orimo* und *Kitagawa* beziehen die Deliktsfähigkeit jedoch mehr auf das Deliktsstatut, das heißt in der Regel das Recht des *loci delicti*[93]. Die erste Lösung wird als die frühere angesehen, wohingegen die zweite als die modernere Entwicklung betrachtet wird[94].

Diese Tendenz wird durch ein Urteil des DG Ôsaka[95] bestätigt, das in einem Fall zur Bestimmung der Deliktsfähigkeit einer juristischen Person an den Ort der unerlaubten Handlung anknüpfte, um das Bestehen der Deliktsfähigkeit und deren Umfang zu beurteilen[96].

---

91 *Yamada*, Kokusai shihô, S. 225; *Großfeld / Yamauchi*, S. 230. Teile der Lehre in Japan bestreiten diesen Standpunkt und bejahen die Anerkennung einer multinationalen Unternehmensgruppe als solche, *Hayata* in *Yamada / Hayata* (Hrsg.), Enshû kokusai shihô shinpan, S. 79, und *Okamoto*, Gaikoku hôjin no ninkyo to kongô keizai kaisha [die Anerkennung ausländischer juristischer Personen und die gemischtwirtschaftliche Gesellschaft], in Kokusaihô Gaikô Zasshi, Bd. 81, Nr. 4, S. 8.

92 *Egawa*, Zensho, S. 196; *Sanekata*, Gairon, S. 147; *Kubo*, Gairon, S. 133; *Yamada Saburô*, Gaikoku hôjinron, S. 922.

93 *Orimo*, Kakuron, S. 57; *Kitagawa*, Kabushiki kaisha no hôri, S. 278.

94 *Tameike*, Kôgi, S. 288; *Yamauchi*, Hôjin, S. 31; *Großfeld / Yamauchi*, S. 232.

95 DG Ôsaka vom 6.12.1990, Hanrei Times, Nr. 760, S. 246.

96 *Kawamura*, Hôjin no fuhô kôi nôryoku, in *Ikehara / Hayata* (Hrsg.), Hyakusen, 3. Aufl., S. 50.

2.2.7. Partei- und Prozessfähigkeit einer ausländischen juristischen Person in Japan

Der folgende Abschnitt behandelt die Frage, ob eine juristische Person die Fähigkeit hat, im eigenen Namen Prozesse zu führen – Prozessfähigkeit (*soshô nôryoku* 訴訟能力) – oder vor Gericht belangt zu werden – Parteifähigkeit (*tôjisha nôryoku* 当事者能力)[97]. Dies ist eine Frage des internationalen Prozessrechts eines jeden Landes und kann daher entsprechend den Kollisionsregeln des betroffenen *forums* entschieden werden. Es ist aber auch eine Frage, die das Leben der Gesellschaft betreffen kann, und somit von den Bestimmungen des Gesellschaftsstatuts beeinflusst werden kann, da insbesondere die Rechtsfähigkeit der juristischen Person von ihrem Gesellschaftsstatut selbst abhängt.

Die Lehre in Japan scheint geteilt darüber, ob eher das Gesellschaftsstatut oder das lokale internationale Prozessrecht über die Partei- und Prozessfähigkeit entscheiden soll[98].

Das RAG enthält keine Bestimmungen zu dieser Frage, so dass die Lösungen in Lehre und Rechtsprechung erarbeitet wurden. Eine gesetzliche Regel besteht nur für die Prozessfähigkeit natürlicher Personen (Art. 33 ZPG).

2.2.7.1. Parteifähigkeit

Die Anknüpfung der Parteifähigkeit wird zwischen Spezialisten des japanischen Prozessrechts und Spezialisten des IPR kontrovers diskutiert. In der Prozessrechtslehre wird eher die Ansicht vertreten, dass die *lex fori* über die Parteifähigkeit entscheiden sollte. In der IPR-Rechtslehre wird in jüngerer Zeit die Ansicht vertreten, dass das hier anwendbare Recht eher das Gesellschaftsstatut sein sollte[99]. Der Vorteil einer Zuerkennung der Parteifähigkeit nach der *lex fori* besteht darin, dass diese im Inland entsprechend den bekannten inländischen Regeln bestimmt werden kann, und eine Überprüfung

97 Wie im deutschen Recht bedeutet die Prozessfähigkeit, die Fähigkeit selbständig im eigenen Namen einen Prozess anzustrengen oder an einem beteiligt werden zu können, die Parteifähigkeit die Möglichkeit, als Partei an einem Prozess beteiligt zu werden, nicht jedoch im eigenen Namen, sondern nur durch einen berechtigten Vertreter. (Shin-hôritsu-gaku jiten, S. 902 und 1053).

98 Für eine Anknüpfung an das Gesellschaftsstatut: *Kawakami*, Gaikoku hôjin no shihô-jô no ichi [die privatrechtliche Stellung der ausländischen juristischen Person], Kokumin Keizai Zasshi , Bd. 27, Nr. 5, S. 39; *Aoyama*, in *Sawaki / Aoyama* (Hrsg.), Kokusai minji soshô-hô no riron , S. 201; *Yamada*, Gaikoku kaisha, S. 1819; Für eine Anknüpfung an die *lex fori*: *Yamauchi* in *Großfeld / Yamauchi*, S. 232.

99 *Aoyama*, in *Sawaki / Aoyama* (Hrsg.), Kokusai minji soshô-hô no riron , S. 204; *Yamamoto* in *Ikehara / Hayata* (Hrsg.), Hyakusen, 3. Aufl., S. 221.

des ausländischen Rechts nicht notwendig ist. Die Befürworter der Anwendung des Gesellschaftsstatuts begründen ihren Standpunkt mit der Tatsache, dass die allgemeine Rechtsfähigkeit einer juristischen Person ebenso von deren Gesellschaftsstatut abhängt, und die Parteifähigkeit mit dieser Rechtsfähigkeit in Zusammenhang steht.

Als Lösung schlagen *Akiba* und *Watanabe* eine wahlweise Anknüpfung an beide Rechtsordnungen vor, dies vor allem auch im Hinblick auf Art. 29 Zivilprozessgesetzes (ZPG) (Art. 46 des alten ZPG)[100], nach dem eine Vereinigung, die nicht juristische Person ist, die Parteifähigkeit besitzt, wenn ein Vertreter oder Geschäftsführer bestimmt ist. Somit könnte eine juristische Person entweder nach ihrem Gesellschaftsstatut die Parteifähigkeit erlangen oder wenn sie als nicht juristische Person einen Vertreter oder Geschäftsführer ernennt[101].

Die Rechtsprechung scheint ebenso zwischen den beiden Tendenzen zu schwanken. So gibt es Urteile, die sich für eine Verweisung auf die *lex fori* aussprechen[102], andere für eine Verweisung auf das Gesellschaftsstatut[103] und eines, das entsprechend der alternativen Anknüpfung urteilt[104]. In der Lehre wird das Urteil mit der alternativen Anknüpfung als das entscheidendere in der Frage des auf die Parteifähigkeit anwendbaren Rechtes gesehen[105].

2.2.7.2. Prozessfähigkeit

Auch bei der Prozessfähigkeit diskutiert die Lehre, ob sie eher ein Bestandteil des Prozessrechtes ist oder eher mit der Rechtsfähigkeit der juristischen Person in Zusammenhang steht. Als Lösung wird ähnlich wie bei der Parteifähigkeit eine Verweisung auf beide Rechtssysteme vorgeschlagen. Wenn Japan

---

100 Seit 1.1.1998 ist das neue ZPG in Kraft. Der Sinn des Art. 46 ist aber durch Art. 29 in der neuen Version nicht verändert worden (wohl aber der Wortlaut: die neue Version ist in modernem Japanisch abgefasst, wohingegen die alte in einem für ältere juristische Texte und Gesetze typischen klassischen Japanisch verfasst war).

101 *Akiba Junichi*, Shôgai hanrei kenkyû [Forschungen zu Urteilen mit Auslandskontakt], in Jurisuto, Nr. 435, S. 141; *Watanabe* in *Kidana / Matsuoka / Watanabe*, S. 275.

102 DG Tokyo vom 31.3.1955, Kamin, Bd. 6, Nr. 3, S. 616; OG Tokyo vom 28.6.1968, Kômin, Bd. 21, Nr. 4, S. 353. Es handelt sich um denselben Fall in der ersten und zweiten Instanz.

103 DG Tokyo vom 20.12.1968, Rôminshû, Bd. 19, Nr. 6, S. 1610; Hanrei Jihô, Nr. 563, S. 54; *Ikehara / Hayata*, (Hrsg.), Hyakusen, 3. Aufl., S. 220. Dieses Urteil setzt sich aber hauptsächlich mit der Prozessfähigkeit auseinander und nicht nur mit der Parteifähigkeit.

104 DG Tokyo vom 9.8.1958, Kamin, Bd. 11, Nr. 8, S. 1647; Hanrei Jihô, Nr. 239, S. 10; *Ikehara / Hayata*, (Hrsg.), Hyakusen, 3. Aufl., S. 218.

105 *Kunitomo*, Tôjisha nôryoku [Parteifähigkeit], in *Ikehara / Hayata*, (Hrsg.), Hyakusen, 3. Aufl., S. 219.

Gerichtsort ist und nach dem ausländischen Recht eine Prozessfähigkeit nicht bestehen sollte, diese aber nach japanischem Recht bestünde, so soll japanisches Recht Anwendung finden, um die Prozessfähigkeit herzustellen[106].

Gesetzlich wird die Prozessfähigkeit von ausländischen Personen in Art. 33 ZPG (Art. 51 im alten ZPG) geregelt. Dieser Artikel bestimmt, dass ein Ausländer, der nach dem auf ihn anwendbaren Recht nicht prozessfähig sein sollte, es aber nach japanischem Recht wäre, in Japan prozessfähig ist, in diesem Fall durch Anwendung des japanischen Rechts. Dieser Artikel bezieht sich jedoch auf natürliche Personen, so dass er für juristische Personen nur in Analogie dienen kann.

Zwei Urteile geben Anhaltspunkte über die aktuelle richterliche Auslegung dieses Artikels in Japan, allerdings widersprüchlich. In einem Urteil des OG Tokyo aus dem Jahre 1974[107] wurde wie folgt geurteilt: das Gericht berief sich im Falle eines koreanischen Fonds, der nicht die Rechtspersönlichkeit besaß, auf Art. 51 ZPG und bestimmte, dass die Prozessfähigkeit eines Ausländers in Japan nach japanischem Recht festgelegt wird. Dies gilt aber nur dann, wenn der Ausländer, wie in diesem Fall, keine Rechtsfähigkeit in Japan hat, da keine Anerkennung und Registrierung in Japan vorlag, die ausländische Gesellschaft aber gemäß dem auf sie anwendbaren Gesetz prozess- und parteifähig war.

Für eine Anwendung des Gesellschaftsstatuts der ausländischen Gesellschaft spricht ein Urteil des DG Tokyo von 1968[108]. Das Gericht war der Ansicht, dass gemäß Art. 51 ZPG das Gesellschaftsstatut der ausländischen juristischen Person angewendet werden muss. Wenn aber gemäß dem ausländischen Recht die juristische Person nicht partei- und prozessfähig sein sollte, kann auf japanisches Recht verwiesen werden, oder auch wenn Belange des *ordre public* nach Art. 33 RAG eine Partei- und Prozessfähigkeit erfordern.

> „... es besteht keine Notwendigkeit, sich auf Art. 45 ZPG und Art. 3 RAG zu beziehen; die Prozessfähigkeit einer ausländischen juristischen Person wird entsprechend dem auf sie anwendbaren Recht ermittelt, es sei denn, die Anwendung des fremden Rechtes führt zu unannehmbaren Ergebnissen, in diesem Fall muss die Prozessfähigkeit nach Art. 51 japanischen ZPG oder anderen japanischen Gesetzen hergestellt werden."

Das erste Urteil von 1974 schränkt diese Prozessfähigkeit der ausländischen

---

106 *Yamamoto*, Soshô nôryoku [Prozessfähigkeit], in *Ikehara / Hayata*, (Hrsg.), Hyakusen, 3. Aufl., S. 221.

107 OG Tokyo vom 20.12. 1974, Kômin, Bd. 27, Nr. 7, S. 989; Hanrei Times, Nr. 332, S. 119; Jurisuto, Nr. 615, S. 227; Shôgai hanrei kenkyû, Jurisuto, Nr. 605, S. 115.

108 DG Tokyo vom 20.12.1968, Rôminshû, Bd. 19, Nr. 6, S. 1610.

Person nach japanischem Recht jedoch ein, denn die Prozessfähigkeit in Japan nach japanischem Recht erklärt sich hier durch die Tatsache, dass diese ausländische Person auch in ihrem Heimatstaat nach dem Gesellschaftsstatut prozessfähig gewesen wäre, aber in Japan nur nicht anerkannt war. Das bedeutet die Umkehrung des Gesetzestextes. Das Urteil von 1968 folgt jedoch genau dem Gesetzestext, wodurch die Lage in Japan unpräzise wird, denn das Urteil von 1974 ist jünger und von einer höheren Instanz.

2.2.8. *Aufsicht ausländischer juristischer Personen*

Um die Gleichstellung ausländischer und japanischer Gesellschaften zu gewährleisten und insbesondere ungerechtfertigte Gewinne ausländischer Gesellschaften in Japan zu verhindern, sehen verschiedene Gesetze in Japan eine Aufsicht auch der ausländischen Gesellschaften entsprechend den japanischen Gesetzen vor. Dies sind Bestimmungen des ZG, HG und GGmbH und dienen dem Schutz der inländischen japanischen Wirtschaft. Neben den Bestimmungen zur Aufsicht müssen eventuell auch Pflichten für eine offizielle Registrierung der juristischen Person in Japan beachtet werden.

Das Gesetz unterscheidet zwei Situationen. Aufsicht nach japanischem Recht und Registrierung sind nicht notwendig, wenn eine ausländische Gesellschaft nicht kontinuierlich Geschäfte in Japan betreibt. Das heißt, alle Gesellschaften, die einmalig oder in nur sehr unregelmäßigen Abständen Rechtsgeschäfte in Japan abschließen, sind nicht von den Aufsichtsvorschriften betroffen[109]. Im Falle von Strukturen mit Mutter- und Tochtergesellschaften gilt, dass Geschäfte, die von einer ausländischen Muttergesellschaft in Japan durch deren japanische Tochtergesellschaft abgeschlossen werden, als solche gelten, die von der Tochtergesellschaft selbst abgeschlossen werden. Das heißt, die Muttergesellschaft unterhält somit keine kontinuierliche Geschäftsbeziehung nach Japan. Allerdings ist die japanische Tochter an die japanischen Bestimmungen gebunden. Dasselbe gilt, wenn die ausländische Gesellschaft über einen selbständigen Vertreter in Japan handelt, der selbst als natürliche in Japan wohnhafte Person den japanischen Gesetzen und somit den japanischen Aufsichtsbestimmungen unterliegt[110].

2.2.8.1. Bestimmungen des ZG (Registrierung)

Nach Art. 49 Abs. 1 ZG muss eine ausländische juristische Person, die in Japan ein permanentes Büro oder eine Zweigstelle eröffnet, dieses am Sitz des

---

[109] *Yamada*, Kokusai shihô, S. 230.
[110] VG vom 23.1.1926, Shinbun, Nr. 2519, S. 11.

Büros oder der Zweigstelle innerhalb von drei Wochen, ab Tag der Gründung, (Bestimmung des Art. 45 ZG, der auf Art. 49 Abs. 1 ZG verweist) am Registergericht eintragen. Dieselben Regeln gelten für die Verlegung des Sitzes innerhalb von Japan. Gemäß Art. 46 ZG bedarf die Eintragung folgender Angaben:

1. Zweck,
2. Name,
3. Geschäftstelle,
4. Datum der Genehmigung der Gründung,
5. Zeitdauer, sofern sie festgelegt ist,
6. Gesamtbetrag des Vermögens,
7. Art und Weise der Beitragsleistungen, soweit festgelegt,
8. Vor- und Zuname sowie die Anschrift der Vorstandsmitglieder.

Änderungen dieser Angaben müssen innerhalb von zwei Wochen gemeldet werden, bei einer Nebengeschäftsstelle innerhalb von drei Wochen (Art. 46 Abs. 2 ZG).

Nach Art. 49 Abs. 2 ZG kann die ausländische juristische Person bis zu ihrer Eintragung von Dritten geleugnet werden. Handlungen, die im Namen der juristischen Person vor der Eintragung vorgenommen werden, verpflichten daher nicht die juristische Person, sondern den Vertreter, der für diese handelt[111].

Die Eintragung selbst unterliegt den Bestimmungen des Art. 124 des Gesetzes über Angelegenheiten der freiwilligen Gerichtsbarkeit (GFG). Ein Nichtbeachten der Eintragungspflicht gilt nach Art. 84 Abs. 1 ZG als Strafhandlung.

2.2.8.2. Die Bestimmungen des HG und GGmbH (Aufsicht)

Die Regeln für Aufsicht ausländischer Gesellschaften befinden sich in den Art. 479 - 485 HG und in Art. 76 GGmbH.

Nach Art. 479 HG muss eine ausländische Gesellschaft, die permanent Handelsgeschäfte in Japan betreiben möchte, einen Vertreter ernennen und ein Büro an dessen Wohnsitz eröffnen und dieses auch, wie oben erwähnt, eintragen. Bei der Registrierung der ausländischen Handelsgesellschaft müssen außer den oben genannten Punkten zusätzlich das auf die Gesellschaft

111 Diese Bestimmungen entsprechen den alten Bestimmungen des Art. 481 HG, wozu es zahlreiche Urteile gibt: RGH vom 24.8.1943, Minshû, Bd. 22, S. 811; OG Ôsaka vom 2.6.1902, Shinbun, Nr. 97, S. 5; OG Tokyo vom 18.6.1927, Shinbun, Nr. 2745, S. 11; RGH vom 27.4.1928, Minshû, Bd. 7, S. 302.

anwendbare Recht und der Name und Wohnsitz des Vertreters in Japan mitangegeben werden (Art. 479 Abs. 3 HG).

Das kontinuierliche Abschließen von Handelsgeschäften vor der Eintragung in Japan ist nicht gestattet. Bei Zuwiderhandlungen haften die natürlichen Personen, d.h. die Vertreter der Gesellschaft, als Gesamtschuldner mit der Gesellschaft (Art. 481 HG). Die Gültigkeit des Rechtsgeschäftes bleibt im Rahmen des Verkehrsschutzes bestehen und kann somit nicht angefochten werden[112].

Der Vertreter der juristischen Person hat das Recht, diese gerichtlich und außergerichtlich zu vertreten und Rechtsgeschäfte in ihrem Namen abzuschließen. Die juristische Person haftet für eventuelle Schäden, die durch Geschäfte oder unerlaubte Handlung ihres Vertreters verursacht werden. Dies gilt auch bei anderslautenden Vereinbarungen im Vertretervertrag, bei anderslautenden Bestimmungen des Gesetzes, das auf den Vertretervertrag anwendbar ist, oder Bestimmungen anderer Gesetze, die das Verhältnis beeinträchtigen könnten, gegenüber gutgläubigen Dritten (Art. 479 Abs. 4 HG in Verbindung mit Art. 78 Abs. 2 HG, der auf Art. 44 und Art. 54 ZG verweist). Diese Bestimmungen dienen somit dem Schutz des japanischen Inlandsgeschäfts als auch einem japanischen Geschädigten im Rahmen der unerlaubten Handlung. Nur bei einem geschädigten bösgläubigen Dritten müssten sie eventuell nicht beachtet werden[113].

Daraus folgt, dass die Vollmacht des Vertreters einer ausländischen juristischen Person, die permanent Handelsgeschäfte in Japan betreiben möchte, nach dem japanischen Recht ausgelegt wird, und somit für den Dritten die Beziehung zwischen der ausländischen juristischen Person und ihrem Vertreter nach japanischem Recht beurteilt werden kann, insofern Geschäfte, die der Vertreter der ausländischen Gesellschaft für diese Gesellschaft in Japan abschließt, oder von diesem Vertreter in Japan begangene unerlaubte Handlungen betroffen sind.

---

112 *Kawakami*, Gaikoku kaisha no naikoku eigyô, S. 37; *Kawakami*, Gaikoku hôjin no shihô no ichi, S. 127; *Tanaka Seiji*, Shôron, Bd. 2, S. 1269; *Tanaka / Yoshinaga / Yamamura*, S. 889. Dagegen spricht sich aus: *Notsu*, Shin-kaisha-hô gairon, S. 338, nach seiner Ansicht ist das Rechtsgeschäft ungültig, es haften die Gesellschaft und der Vertreter für eventuelle Schäden.

113 Das ist der Standpunkt der Rechtsprechung: RGH vom 15.2.1905, Minroku, Bd. 11, S. 175; Shinbun, Nr. 268, S. 13 sowie in der Lehre: *Yamada*, Kokusai shihô, S. 232; *Sanekata*, Kaisha hôgaku, S. 521; *Okamoto*, Gaikoku kaisha ni okeru torihiki hogo, S. 127; *Kawakami*, Gaikoku kaisha no naikoku eigyô, S. 464; *Tanaka Kôtarô*, Kaisha-hô, Bd. 2, S. 592; *Tanaka / Yoshinaga / Yamamura*, S. 888. Das Gesetz besagt dies nicht.

2.2.9. *Ausgabe, Übertragung, Verpfändung von Aktien oder Gesellschaftsanteilen, Ausgabe von Schuldscheinen*

Prinzipiell gilt, dass das Gesellschaftsstatut darüber entscheidet, ob und wie Anteile an der Gesellschaft ausgegeben, übertragen oder verpfändet werden können. Da derartige Rechtsgeschäfte aber Auswirkungen in Japan haben können, kann auch japanisches Recht Anwendung finden und die Wirkungen des ausländischen Rechts einschränken[114].

Art. 483 HG bestimmt, dass eine ausländische Gesellschaft, die in Japan die oben genannten Rechtsgeschäfte tätigen möchte, dies entsprechend den Regeln tun muss, die auch für japanische Gesellschaften gelten, dies sind Art. 204 – 207, 209 Abs. 1, 226, 227 und 306 – 309 HG. Außerdem entspricht die Ausgabe von Gesellschaftsanteilen in Japan nach Art. 483 HG einer permanenten Aktivität in Japan, entsprechend muss nach Art. 479 HG die ausländische Gesellschaft ein eingetragenes Büro in Japan entweder bereits besitzen oder eröffnen. In diesem Fall gilt das erst eröffnete Büro als Hauptsitz der Gesellschaft in Japan.

Nach Art. 76 GGmbH kann eine GmbH aufgrund ihrer Eigenschaft als nicht öffentliche Gesellschaft, das gilt auch für eine ausländische GmbH, weder Gesellschaftsanteile noch Obligationen ausgeben[115].

Der Handel mit Aktien oder Obligationen, die im Ausland ausgegeben wurden, ist in Japan möglich, untersteht aber Bestimmungen des HG und des WVG[116].

2.3. Nichtrechtsfähige ausländische Personengruppen oder Vermögensmassen

Nach der Diskussion der Kollisionsnormen, die juristische Personen betreffen, anschließend einige kurze Bemerkungen zu den Kollisionsnormen, die nicht rechtsfähige ausländische Personengruppen oder Vermögensmassen (*kenri nôryoku naki shadan* 権利能力無き社団) betreffen. Dies können sein: Gewerkschaften, Sportvereine, Studentenvereinigungen oder auch Vereinigungen von Gebietskörperschaften etc.

---

114 *Yamada*, Kokusai shihô, S. 232; *Tatsuta*, Kaisha-hô, S. 403.

115 *Yamada*, Kokusai shihô, S. 233. Art. 76 GGmbH verfügt allerdings nur, dass die Bestimmungen des HG auch auf eine ausländische GmbH Anwendung finden. Art. 483 HG jedoch wird nicht erwähnt.

116 Die Obligationen betreffenden kollisionsrechtlichen Bestimmungen werden in einem späteren Kapitel behandelt (4.1.7.3.).

2.3.1. Bestimmung des anwendbaren Rechtes

Zur Bestimmung des anwendbaren Rechtes auf eine Einheit, die keine Rechtspersönlichkeit besitzt, gibt es in Japan keine gesetzlichen Vorgaben. Auch in der Lehre ist die Lösung strittig.

Kawakami ist der Ansicht, dass das anwendbare Recht genauso wie bei einer Einheit, die die Rechtspersönlichkeit besitzt, bestimmt werden soll. Das heißt, es gibt ein auf die Einheit als solches anwendbares Recht, das nach objektiven Kriterien, wie Sitz oder Gründung festgelegt wird[117].

Ein Gerichtsurteil aus dem Jahr 1908 bestimmte, dass das Vertragsstatut des Vertrages, der die Einheit begründet, auch als „Gesellschaftsstatut" dieser Vereinigung ohne Rechtspersönlichkeit dient. Das anwendbare Recht auf eine solche Vereinigung wird daher nach Art. 7 RAG[118] bestimmt. Dieses Urteil verweist im Falle einer englischen *partnership*, die ebenso keine Rechtspersönlichkeit besitzt, nach Art. 7 RAG auf das Vertragsstatut des Gesellschaftsvertrages, um über die Gültigkeit desselben urteilen zu können[119].

Yamada versucht einen Kompromiss. Er lehnt die Verweisung auf das Vertragsstatut zwar ab und befürwortet eine Verweisung auf das Recht der Gründung. Er ist aber auch der Ansicht, dass das Vertragsstatut, das nach dem Parteiwillen bestimmt wird, und das Gründungsrecht, das objektiv bestimmt wird, sich nicht ausschließen, denn die Parteien wählen in der Regel einen bestimmten Ort aus, um die Vereinigung an diesem Ort zu gründen. Diese Wahl des Gründungsortes scheint ihm gleichbedeutend mit einer Bestimmung des Vertragsstatuts nach dem Parteiwillen[120].

2.3.2. Rechtliche Stellung in Japan

Die rechtliche Stellung einer Personengruppe oder Vermögensmasse, die nicht juristische Person ist, ist in Japan weithin dieselbe wie die einer juristischen

117 *Kawakami*, Kaisha ni kan suru kokusai shihô mondai [IPR-Probleme von Gesellschaften], in Shiritsu (Nihon shiritsu gakkai), Nr. 7, S. 121-122; *Kawakami*, Kokusai shihô-jô ni okeru shôji kaisha [die Handelsgesellschaft im IPR], in Kôbe Shôdai sôritsu sanjû shûnen kinen bunshû, S. 701; *Kawakami*, Gaikoku hôjin no shihô-jô no ichi, S. 41.

118 Siehe spätere Erläuterung im Kapitel über die Kollisionsnormen bei vertraglichen Schuldverhältnissen.

119 DG Tokyo vom 26.4.1908, Shinbun, Nr. 572, S. 13.

120 *Yamada*, Kokusai shihô, S. 217. *Yamada* bezieht sich auch auf das Haager Abkommen von 1956 über die Anerkennung der Rechtspersönlichkeit von ausländischen Gesellschaften, anderen Personenverbindungen und Stiftungen, das ebenso auf das Gründungsrecht als Gesellschaftsstatut bei nicht rechtsfähigen Vereinigungen verweist (*Yamada*; Kokusai shihô, S. 218).

Person. Einschränkungen bestehen bei der Möglichkeit der Registergerichtseintragung und der Grundbesitzeintragung. Ansonsten aber gibt es im wesentlichen keine Unterschiede[121]. Das Vermögen einer nicht rechtsfähigen Gesellschaft gilt als unteilbar[122]. Ebenso ist es einer solchen Vereinigung möglich, Grundbesitz durch einen Vertreter eintragen zu lassen. Eine direkte Eintragung auf den Namen der nicht rechtsfähigen Vereinigung ist aufgrund der fehlenden Rechtsfähigkeit nicht möglich. Allerdings kann die Vereinigung Ansprüche, die Dritte gegen den Vertreter auf das auf den Namen des Vertreters eingetragene Vermögen erheben, abweisen[123]. Auch genießt die nicht rechtsfähige Vereinigung in Japan die Parteifähigkeit, wenn sie dieses in ihrem Heimatland ebenso tut, ansonsten kann sie in Japan die Parteifähigkeit im Rahmen des vorher besprochenen Art. 29 ZPG erhalten und so gegebenenfalls ihre Interessen vertreten[124]. Dies gilt insbesondere auch für *partnerships* des angloamerikanischen Rechtes, denen die Parteifähigkeit zugesprochen wird[125].

Yamada befürwortet diese rechtliche Stellung, da man auf diese Weise den Vertrag, und somit den Parteiwillen, der diese Vereinigung ins Leben gerufen hat, anerkennt und dieser Vertrag somit in Japan Auswirkungen haben kann[126].

2.4. Verkehrsschutz

Die Bestimmungen des Verkehrsschutzes ermöglichen es, eine eventuell beschränkte Geschäftsfähigkeit einer natürlichen Person oder beschränkte Rechts- oder Geschäftsfähigkeit einer juristischen Person in Japan dadurch zu umgehen, dass die Rechts- bzw. Geschäftsfähigkeit der ausländischen Person nach japanischem Recht beurteilt wird, um zum Schutz der japanischen Wirtschaft das Rechtsgeschäft entgegen eventuellen durch die beschränkte Fähigkeit bedingten Mängel aufrecht erhalten zu können. In der Regel behandelt die japanische Lehre die Bestimmungen des Verkehrsschutzes hauptsächlich für Rechtsgeschäfte mit ausländischen natürlichen Personen. Die folgende Darstellung bezieht sich daher zunächst darauf. Die Regelungen, die ausländische juristische Personen betreffen, werden gesondert am Ende dieses Abschnitts behandelt.

---

121 *Yamada*, Kokusai shihô, S. 241; *Endo Hiroshi* u. and., S. 70.
122 OGH vom 14.2.1965, Minshû, Bd. 11, Nr. 12, S. 1943.
123 DG Tokyo vom 19.1.1984, Hanrei Jihô, Nr. 1125, S. 129.
124 *Yamada*, Kokusai shihô, S. 241.
125 *Münzel*, S. 550.
126 *Yamada*, Kokusai shihô, S. 241.

2.4.1. *Inhalt des Verkehrsschutzes*

Die Einschränkung der Anwendung des ausländischen Rechtes zur Bestimmung der Geschäftsfähigkeit im Rahmen des Verkehrsschutzes betrifft solche Fälle, in denen der Gesetzgeber das inländische Rechtsgeschäft zum Schutz der inländischen Wirtschaft schützen möchte (*naikoku torihiki hogo shugi* 内国取引保護主義). Das heißt, auch in Japan kann dann das Heimatrecht einer natürlichen Person nicht angewendet werden, wenn die Gültigkeit eines Rechtsgeschäfts erhalten oder erlangt werden soll. Neben dem Schutz eines Rechtsgeschäfts kann aber auch der Schutz einer einzelnen Person Gegenstand des Verkehrsschutzes sein, wenn deren Interessen in einem Rechtsgeschäft eventuell mitgeschützt werden sollen[127].

Der Gesetzgeber schränkt in Art. 3 Abs. 2 und 3 RAG die Regel zur Bestimmung des anwendbaren Rechts für Personen ein. Wenn in Japan ein Rechtsgeschäft mit einem Ausländer abgeschlossen wird, dann kann die Geschäftsfähigkeit dieses Ausländers nach den Bestimmungen des japanischen Rechtes festgelegt werden, um das Rechtsgeschäft in Japan wirksam werden zu lassen oder dessen Wirksamkeit zu erhalten. Die Geschäftsfähigkeit dieses Ausländers entscheidet sich also entsprechend den Bestimmungen des japanischen Rechtes.

2.4.2. *Meinungen der Rechtslehre*

Die Lehre diskutiert diese Kollisionsnorm kontrovers. Die Diskussion betrifft die Anwendung dieser Norm in Japan, als einseitige Kollisionsnorm, und eventuell außerhalb Japans als bilateralisierte Kollisionsnorm. Diskutiert wird aber auch, in welchem Maß und unter welchen Vorraussetzungen diese Norm in Japan angewendet werden muss.

2.4.2.1. Vornahme des Rechtsgeschäftes in Japan

Die erste Bedingung der Anwendung dieser Kollisionsnorm ist, dass das Rechtsgeschäft in Japan getätigt wird. Es ist jedoch offen, unter welchen Voraussetzungen ein Rechtsgeschäft zwischen Parteien, die sich in verschiedenen Staaten aufhalten, als inländisch angesehen werden kann, so dass der Verkehrsschutz seine Wirkungen entfalten kann. Nach traditioneller Ansicht muss dies vor dem Hintergrund des Art. 9 RAG[128] gesehen werden,

---

127 *Torii*, Torihiki hogo shugi, in *Sawaki / Akiba* (Hrsg.), Sôten, S. 44.

128 Art. 9 RAG bestimmt den Handlungsort bei Willenserklärungen, die an im Ausland lebende Personen gerichtet sind. Danach gilt als Handlungsort einer Willenserklärung der Ort, an dem diese Willenserklärung abgesendet wurde (Abs.1), bei Vertragsschluss

der den Handlungsort eines Rechtsgeschäftes im internationalen Rechtsverkehr definiert. Voraussetzung für die Entfaltung der Wirkungen des Verkehrsschutzes ist, dass der Handlungsort in Japan liegt. Ein Geschäft gilt nur dann als inländisch, wenn entsprechend den Bestimmungen des Art. 9 Abs. 1 RAG der Anbietende ein Angebot oder eine Willenserklärung in Japan absendet. Ist der Ort der Absendung eines Vertragsangebotes zur Zeit der Annahme desselben durch den Empfänger jedoch nicht bekannt, so ist nach Art. 9 Abs. 2 RAG das Geschäft dann inländisch, wenn der Anbietende in Japan residiert[129].

Eine andere Lehrmeinung, vertreten durch *Atobe*, *Tameike*, *Yamada* und *Yamaguchi*, lehnt die Anlehnung an Art. 9 RAG zur Bestimmung des Geschäftes als inländisch ab, da es sich nicht um ein inländisches Geschäft handelt, wenn die ausländische Partei sich im Ausland aufhält[130]. Eine richterliche Entscheidung, die die Frage eindeutig klären könnte, liegt bislang nicht vor.

Das Gesetz enthält keine Angaben, unter welchen weiteren Kriterien, bei welcher Staatsbürgerschaft, oder bei welcher Art von Rechtsgeschäften, das ausländische Recht nicht angewendet werden kann. Genauso wenig bestimmt das Gesetz näher, ob beispielsweise guter oder schlechter Glaube des Partners, zu vermutende Kenntnis des einen Partners von eventuellen Beschränkungen der Geschäftsfähigkeit des anderen durch dessen Heimatrecht tatsächlich Einfluss auf Anwendung des Verkehrsschutzes haben. Nach Ansicht von *Yamada Saburô* und *Tameike* sind diese Fragen ohne Belang für den Verkehrsschutz, da vom Gesetz nicht vorgesehen[131]. *Atobe* und *Kuwata* hingegen sind der Ansicht, dass in bestimmten Fällen von einer Anwendung des japanischen Rechtes abgesehen werden sollte, so z.B. in Fällen, in denen die eine Partei über die beschränkte Rechtsfähigkeit der anderen Partei informiert war oder davon hätte wissen müssen[132].

---

gilt ebenso der Ort, an dem der Anbietende das Angebot abgesendet hat; ist dieser Ort zur Zeit der Annahme nicht bekannt, so gilt der Wohnort des Anbietenden als Ort der Handlung (Abs. 2).

129 *Egawa*, Zensho, S 152; *Kubo*, Gairon, S. 120; *Sanekata*, Gairon, S. 131.

130 *Atobe*, Hôrei dai san jô no kitei ni tsuite, S. 525; *Yamaguchi*, Nôryoku no junkyohô, S. 3; *Tameike*, Kôgi, S. 264; *Yamada*, Kokusai shihô, S. 188. Diese Meinung ist heute die herrschende Meinung (*Sano*, Shizenjin [die natürliche Person], in *Kidana / Matsuoka* (Hrsg.), Kihonhô kokusai shihô, S. 25).

131 *Yamada Saburô*, S. 475; *Tameike*, Kôgi, S. 264.

132 *Atobe*, Hôrei dai san jô no kitei ni tsuite, S. 522; *Kuwata*, Kôza II, S. 320.

2.4.2.2. Beschränkte Rechts- oder Geschäftsfähigkeit auch nach japanischem Recht

Nach dem Wortlaut des Gesetzestextes kann das Rechtsgeschäft im Rahmen des Verkehrsschutzes nur dann erhalten werden, wenn die ausländische Partei, zwar nach dem eigenen Heimatrecht nicht oder nur beschränkt geschäftsfähig ist, aber nach japanischem Recht voll geschäftsfähig wäre. Ist die ausländische Partei auch nach japanischem Recht nicht voll geschäftsfähig, kann der Verkehrsschutz seine Wirkungen nicht entfalten. In der Lehre wird diese Einschränkung auf die volle Geschäftsfähigkeit nach japanischem Recht jedoch kritisiert. Die Lehre befürwortet eine Anlehnung an das japanische Recht auch im Hinblick auf die Form der Beschränkung und deren Auswirkung auf die Geschäftsfähigkeit. Das heißt, in Japan soll keine Form der Beschränkung der Geschäftsfähigkeit anerkannt werden, die umfassender ist als solche Formen der Beschränkung, die das japanische Recht selbst kennt. Folglich soll somit das von einer nach dem japanischen Recht beschränkt geschäftsfähigen Person abgeschlossene Rechtsgeschäft Gültigkeit behalten, wenn die betroffene Form der Beschränkung nach dem japanischen Recht keine Auswirkungen auf die Gültigkeit des Rechtsgeschäftes hat[133]. Ebenso soll ein Rechtsgeschäft wirksam bleiben, wenn der Ausländer durch betrügerische Mittel seine Geschäftsfähigkeit vortäuscht[134].

2.4.2.3. Schutz des ausländischen Rechtsverkehrs

Es gilt, dass der Verkehrsschutz und die daraus resultierende erweiterte Anwendung des japanischen Rechts eine Ausnahmeregelung zu der allgemeinen Anknüpfungsnorm des Art. 3 Abs. 1 RAG ist. So bleibt die Frage einer einseitigen oder allseitigen Anwendung dieser Kollisionsnorm offen, mit anderen Worten, was geschieht, wenn ein Japaner im Ausland oder ein Ausländer in einem anderen als in seinem Heimatland ein Rechtsgeschäft abschließt und an dem Ort des Geschäftes dieselbe Ausnahmeregelung durch den Verkehrsschutz wie in Japan besteht, und der Japaner bzw. der Ausländer nach dem Recht dieses Staates geschäftsfähig ist, es nach japanischem Recht bzw. nach dem Heimatrecht des Ausländers aber nicht wäre.

Kubo und *Yamaguchi* sind der Ansicht, dass die Regeln des Art. 3 Abs. 2 RAG einseitige Kollisionsnormen sind, so dass die Kollisionsnormen in Art. 3 Abs. 1 RAG allgemeingültig sind, somit der Japaner auch im Ausland davon betroffen ist, und die Geschäftsfähigkeit nicht durch das

---

133 *Kubo*, Gairon, S. 121-122; *Sanekata*, Gairon, S. 131; *Kawakami*, Yôkô, S. 75; *Kuwata*, Kôza II, S. 324 ff.

134 *Yamada*, Kokusai shihô, S. 189.

Ortsrecht hergestellt werden kann. Daher ist ein solches Rechtsgeschäft ungültig, obwohl der Japaner nach Ortsrecht wohl geschäftsfähig wäre, es aber nach japanischem Recht nicht ist[135]. Diese Haltung wird von *Yamada* als unpraktisch und unlogisch kritisiert[136].

Ein anderer Teil, vertreten durch *Atobe* und *Egawa*, denkt, dass eine derartige Kollisionsnorm auch im Ausland als Ausnahme angesehen wird, was aber kein Hindernis für die Anwendung sei[137]. Dieser Meinung nach beruht die Anwendung auch ausländischer Regeln auf Gegenseitigkeit. Allerdings wird nicht klar, ob ausländische Regeln auch dann angewendet werden sollen, wenn der Inhalt des Schutzes im Ausland anders gestaltet ist als der in Japan[138].

Ein weiterer Ansatz, von *Hayata*, überlässt dem IPR des Handlungsortes selbst, inwiefern im Rahmen eines Verkehrsschutzes das lokale Recht angewendet und dadurch das Rechtsgeschäft in diesem Land geschützt werden soll[139]. Dementsprechend ist ein Rechtsgeschäft in Japan ungültig, wenn das Recht des *loci actum* keine Notwendigkeit oder Möglichkeit kennt, im Rahmen des Verkehrsschutzes für den Erhalt oder die Herstellung der Wirksamkeit eines dort getätigten inländischen Rechtsgeschäftes angewendet zu werden. Die letzte Sichtweise scheint auch für *Yamada* angebracht und nützlich, da hier die Interessen aller beteiligten Staaten und deren Rechtsordnungen am besten vertreten werden können[140].

Diese Fragen werden in der Lehre zwar diskutiert, aber sie haben in der praktischen Rechtsanwendung durch die Gerichte in Japan bisher keine Bedeutung erlangt.

2.4.3. Vermögensrechtliche und personenrechtlichen Rechtsgeschäfte

Das Gesetz unterscheidet zwischen der Geschäftsfähigkeit bei vermögensrechtlichen Rechtsgeschäften (*zaisan-teki kôi nôryoku* 財産的行為能力) und der Geschäftsfähigkeit bei personenrechtlichen Rechtsgeschäften (*mibun-teki kôi nôryoku* 身分的行為能力).

Die Anwendung japanischen Rechtes, um den Mangel der Geschäftsfähigkeit einer natürlichen, nicht japanischen Person zu beheben, ist bei

---

135 *Kubo*, Kokusai shihô-ron, S. 185; *Yamaguchi*, Nôryoku no junkyohô, S. 26.

136 *Yamada*, Kokusai shihô, S. 189.

137 *Atobe*, Hôrei dai san jô no kitei ni tsuite, S. 525; *Egawa*, Zensho, S. 324.

138 *Yamada*, Kokusai shihô, S.190.

139 *Hayata* in *Yamada / Hayata* (Hrsg.), Enshû kokusai shihô, S. 66 - 67.

140 *Yamada*, Kokusai shihô, S. 190. *Yamada* kritisiert eine allgemeine Allseitigkeit des Art. 3 Abs. 2 RAG, wie sie etwa bei den Kollisionsnormen des WG und SG besteht, nach denen die Geschäftsfähigkeit nach dem Recht am Ort der Handlung beurteilt werden muss (*Yamada*, Kokusai shihô, S. 189.

personenrechtlichen Rechtsgeschäften und familien- und erbrechtlichen Fragen nicht möglich. Eine Behebung des Mangels ist auch nicht möglich, wenn es sich um Rechtsgeschäfte handelt, die sich auf im Ausland befindliche Liegenschaften beziehen (Art. 3 Abs. 3 RAG).

Die Behebung durch die Anwendung japanischen Rechts ist nur bei vermögensrechtlichen Rechtsgeschäften möglich. Hierbei handelt es sich vor allem um Geschäfte, die von Minderjährigen oder beschränkt Geschäftsfähigen aufgrund von geistiger Behinderung o.ä. oder von verheirateten Frauen getätigt werden. Bei letzteren scheint es, dass deren Geschäftsfähigkeit in kaum einem Land mehr beschränkt ist; sollte dennoch durch ein ausländisches Gesetz eine Beschränkung der Geschäftsfähigkeit einer verheirateten Frau in Japan bestehen, so könnte die Anwendung dieses ausländischen Gesetzes aufgrund des *ordre public* nach Art. 33 RAG in Japan verhindert werden[141].

2.4.4. Sonderregeln für Scheck und Wechsel

Schecks und Wechsel sind nicht von den Bestimmungen des Art. 3 RAG betroffen. Die Fähigkeit, einen Wechsel oder einen Scheck auszustellen, wird im Art. 76 SG und Art. 88 WG geregelt und unterliegt somit nicht den allgemeinen kollisionsrechtlichen Bestimmungen der Geschäftsfähigkeit.

Art. 76 Abs. 1 SG und Art. 88 Abs. 1 WG bestimmen, dass das anwendbare Recht zur Bestimmung der Geschäftsfähigkeit des Scheck- oder Wechselausstellers, oder bei einem Wechselversprechen, des Versprechenden, das Heimatrecht dieser Person ist. Sollte dieses Heimatrecht auf ein anderes Recht verweisen, so sind die Bestimmungen dieses anderen Rechts anzuwenden.

Zusätzlich gilt: wenn der Unterzeichner nach seinem Heimatrecht zwar keine Scheck- bzw. Wechselfähigkeit besitzt, sie jedoch in dem Land, in dem er unterzeichnet hat, besäße, er den Wechsel rechtskräftig ausgestellt hat (Art. 76 Abs. 2 SG, Art. 88 Abs. 2 WG).

---

141 *Yamada*, Kokusai shihô, S. 184. Art. 3 RAG beschränkt sich bei der Geschäftsfähigkeit auf Fragen der Voll- oder Minderjährigkeit (*Yamada*, Kokusai shihô, S. 185). Anders ist es bei Personen, die für geschäftsunfähig oder nur beschränkt geschäftsfähig erklärt werden. Hier finden Art. 4 RAG (Geschäftsunfähigkeit) und Art. 5 RAG (Eingeschränkte Geschäftsfähigkeit) Anwendung. Es gilt, dass die Gründe für die Geschäftsunfähigkeits- und die Quasigeschäftsunfähigkeitserklärung entsprechend den im Heimatrecht der betroffenen Person bestehenden Gründen entschieden werden, die Auswirkungen der Erklärung jedoch nach dem Recht des Ortes der Erklärung.

2.4.5. Verkehrsschutz bei juristischen Personen

Der Umfang der Rechtsfähigkeit einer juristischen Person wird durch das Gesellschaftsstatut bestimmt[142]. Doch auch bei der juristischen Person stellt sich die Frage, ob ein in Japan abgeschlossenes Rechtsgeschäft, das wegen nur beschränkter Rechtsfähigkeit der abschließenden ausländischen Gesellschaft, beschränkter Vertretungsmacht des Vertreters der Gesellschaft oder aus anderen Gründen nach dem Gesellschaftsstatut ungültig ist (hier insgesamt als Beschränkung der Rechtsfähigkeit bezeichnet), wie zum Beispiel im Fall der *Ultra-Vires*-Doctrine des angloamerikanischen Rechtes[143], trotzdem analog Art. 3 Abs. 2 RAG gilt, und dieses Rechtsgeschäft geschützt wird. Weder das RAG noch andere Gesetze enthalten Bestimmungen zum Verkehrsschutz im Fall von Rechtsgeschäften mit ausländischen Gesellschaften, d.h. die volle Anerkennung der Rechtsfähigkeit einer juristischen Person trotz einer eventuellen bestehenden Beschränkung derselben, um ein von ihr abgeschlossenes Rechtsgeschäft zum Wohl der japanischen Partei zu schützen. Eine Lösung ergibt sich daher in Analogie zu den Bestimmungen des Verkehrsschutzes bei natürlichen Personen.

Hierbei muss auch der oben erläuterte Art. 36 ZG beachtet werden, da die Rechtspersönlichkeit und damit die Rechtsfähigkeit in Japan auch mit der Anerkennung der ausländischen juristischen Person zusammenhängt. Hierbei ist nach Ansicht von *Okamoto* der Begriff der Handelsgesellschaft so großzügig wie möglich auszulegen, d.h. das Kriterium zur Bestimmung der Handelsgesellschaft entscheidet sich danach, ob die juristische Person Handelsgeschäfte vornimmt oder nicht. Schließt die juristische Person Handelsgeschäfte ab, so ist sie auch Handelsgesellschaft, so dass die im Ausland erworbene Rechtsfähigkeit auch in Japan Gültigkeit hat[144].

Als Anhaltspunkt kann in diesem Zusammenhang ebenso der oben beschriebene Fall der Gesellschaft, die dauerhaft in Japan Geschäfte abschließen möchte und bei der die Rechtsfähigkeit *de facto* immer nach japanischem Recht beurteilt wird, dienen.

---

142 *Wagatsuma*, Shintei minpô sôsoku, S. 196.

143 Acts beyond the scope of powers of a corporation, as defined by its charter or law or laws of state of incorporation. The term has a broad application and includes not only acts prohibited by the charter, but acts which are in excess of powers granted and not prohibited by the charter, and generally applied either when a corporation has no power whatever to do an act, or when the corporation has the power but exercises it irregularly. Act is ultra vires when corporation is without authority to perform it under any circumstances or for any purpose. By doctrine of ultra vires a contract made by a corporation beyond the scope of its corporate powers is unlawful. (Black's Law Dictionary, S. 1522).

144 *Okamoto*, Shihô, Nr. 9, S. 124.

Okamoto ist auch der Ansicht, dass selbst im Fall einer ausländischen Gesellschaft, die aufgrund eines in Japan widerrechtlichen Gesellschaftsobjektes nach Art. 90 ZG (Prinzip von Treu und Glauben) oder Art. 33 RAG (*ordre public*) entsprechend Art. 484 HG[145] aufgelöst werden, oder zumindest in Japan nicht anerkannt werden sollte, das abgeschlossene Rechtsgeschäft unter bestimmten Vorraussetzungen erhalten werden kann, indem die Rechtsfähigkeit der Vereinigung für das betroffene Rechtsgeschäft aufrecht erhalten wird. Seiner Ansicht nach kann dies aber nur dann geschehen, wenn der Vertragspartner guten Glaubens ist, und auch das Rechtsgeschäft selbst nicht widerrechtlich ist[146].

Nach *Kidana*, *Matsuoka* und *Watanabe* kann die Anwendung fremden Rechts eingeschränkt werden, wenn der Schutz des inländischen Geschäftes nach Art. 3 Abs. 2 RAG Vorrang hat[147]. Beschränkungen der Rechtsfähigkeit, die durch das fremde Recht begründet werden, sollten also nicht beachtet werden, wenn das Rechtsgeschäft in Japan dadurch seine Gültigkeit verlieren könnte. Das heißt aber, dass das auf die juristische Person anwendbare Recht außer Acht gelassen werden kann, oder muss, um über deren Rechtsfähigkeit zu entscheiden. Die Rechtsfähigkeit entscheidet sich folglich nach dem Recht des Abschlussortes. Nimmt man entsprechend eine einseitige Kollisionsnorm sowohl bei Art. 3 Abs. 2 RAG als auch bei Art. 36 Abs. 2 ZG an, dann besitzen in Japan Japaner und Ausländer die gleichen Rechte[148]. Somit entscheidet nach dieser Ansicht *de facto* in Japan immer japanisches Recht über die Rechtsfähigkeit einer juristischen Person, auch über die einer nicht japanischen Person, im Verhältnis zu Dritten. Das Gesellschaftsstatut regelte dann nur Fragen des Innenverhältnisses.

Orimo erwägt, dass auch ohne Bezug auf die genannten Artikel ein Unterschied zwischen natürlichen und juristischen Personen bestehen muss, so dass der Umfang der Rechtsfähigkeit einer juristischen Person wohl durch das auf sie anwendbare Recht bestimmt wird; wenn sie aber im Ausland, also auch in Japan aktiv wird, muss ihre Rechtsfähigkeit auch nach den Regeln dieses anderen Landes beurteilt werden[149].

Dieser Standpunkt ist in der Rechtslehre stark umstritten.

---

145 Nach Art. 484 HG kann eine ausländische Gesellschaft mit widerrechtlichem Gesellschaftsobjekt durch gerichtlichen Beschluss aufgelöst werden.

146 *Okamoto*, Shihô, Nr. 9, S. 125.

147 *Kidana / Matsuoka / Watanabe*, S. 110.

148 *Yamada*, Gaikoku kaisha, S. 1815 ff.; *Kitagawa*, Kabushiki kaisha no hôri, S. 276 ff., *Okamoto*, Shihô, Nr. 9, S. 126.

149 *Orimo*, Kakuron, S. 56 ff.

Beispielsweise *Okamoto* lehnt diese Interpretation ab und spricht sich für eine uneingeschränkte Bewertung der Rechtsfähigkeit nach den Bestimmungen der auf sie anwendbaren Rechtsordnung aus[150].

Bisher hatten die japanischen Gerichte nicht die Möglichkeit, diese verschiedenen Fragen zu beantworten, so dass die genauen Regeln des Verkehrsschutzes für juristische Personen offen bleiben.

Es wird in diesem Zusammenhang auch die Frage aufgeworfen, welche Konsequenz ein durch die beschränkte Rechtsfähigkeit der juristischen Person mangelhaftes Rechtsgeschäft hat, das z.B. zwischen einem Dritten und einer in Liquidation befindlichen juristischen Person abgeschlossen wird, wenn der Dritte nicht von der Liquidation der juristischen Person informiert war. Wie die Frage in Japan allerdings im konkreten Fall entschieden wird, scheint nicht festzustehen[151].

2.5. Beschränkungen nach dem Ausländerrecht

Eine ausländische Person ist im Prinzip einer japanischen gleichgestellt, es sei denn, Gesetze, Verordnungen oder internationale Übereinkommen bestimmen anders (Artikel 2 ZG[152]). In einigen Fällen wird jedoch zusätzlich die Gegenseitigkeit berücksichtigt[153]. Doppelstaatler werden ebenso gemäß dem Ausländerrecht behandelt[154]. Auch wenn eine allgemeine wirtschaftliche

---

150 *Okamoto*, Gaikoku kaisha ni okeru torihiki hogo, S. 125.

151 *Yamada*, Kokusai shihô, S. 210.

152 In der japanischen Lehre ist strittig, ob eine ausländische Person die Rechte als „natürliche Rechte" besitzt (*kyôyû* 享有) oder ob sie vom Gesetzgeber per IPR und Kollisionsnormen zugestanden werden, d.h. vom anwendbaren Recht abhängen (*junkyohô ni yoru* 準拠法に依る). Die meisten Autoren benutzen aber den Begriff *kyôyû*, wie auch der Gesetzestext des Art. 2 ZG, so dass man von einem „Besitzen" ausgehen kann, was auch dadurch bestätigt wird, dass die Rechtsfähigkeit ausländischer juristischer Personen in Japan wie oben beschrieben nur anerkannt aber nicht zugestanden wird (*Yamada*, Kokusai shihô, S. 166).

153 So z.B. mit Süd-Korea, mit dem 1956 ein Abkommen abgeschlossen wurde, dass die gegenseitige Anerkennung von Privatrechten der Staatsbürger des einen Landes auf dem Gebiet des anderen Staates sichert. (Abkommen vom 22. Juni 1956 über die rechtliche Zusammenarbeit zwischen Japan und Korea (*Nikkan hôteki chii kyôtei* 日韓法的地位協定). In der Praxis ist die Bedingung der Gegenseitigkeit, bis auf wenige Ausnahmen, wie etwa das Gesetz über staatliche Haftung (GSE), beinah bedeutungslos (*Yamada*, Kokusai shihô, S. 164 ff., *Hiroe*, Kokusai shihô S. 164).

154 Im Falle des Doppelstaatlers, der nicht die japanische, sondern nur ausländische Staatsangehörigkeiten besitzt, besteht kein Zweifel, diesen den Bestimmungen des Ausländerrechtes zu unterwerfen (*Yamada*, Kokusai shihô, S. 167). Aber auch bei Doppelstaatlern, die auch die japanische Staatsangehörigkeit besitzen, wird im Prinzip nach dem Sinn des Ausländerrechts geurteilt. (DG Kôbe vom 2.5.1960, Gyôsaishû, Bd.

Geschäftsfreiheit für Ausländer in Japan anerkannt wird[155], gelten dennoch Beschränkungen in der Handlungsfreiheit einer ausländischen Person im Rahmen des Ausländerrechts zum Schutz der nationalen Wirtschaft durch das Verbot, Rechtsgeschäfte in den hiernach beschriebenen Bereichen abzuschließen.

Das Ausländerrecht wird in den folgenden Bereichen jeweils durch die genannten Gesetze bestimmt: im Verkehrswesen [Schifffahrtsgesetz (SFG), Luftfahrtgesetz (LFG), *Japan Air Lines* Gesetz, Seetransportgesetz (STG)], im Telekommunikationsbereich [*Nippon Telegraph and Telephone* Gesetz (NTTG)], im Bereich der Ausbeutung von Rohstoffen [Gesetz für die Regeln des ausländischen Fischereigewerbes (GRAFG), Bergbaugesetz (BBG)], in finanzwirtschaftlichen Bereichen [Bankgesetz (BankG), Gesetz für das Versicherungsgewerbe (GVersG)], im Bereich des geistigen Eigentums [Patentgesetz (PatentG), Gebrauchsmustergesetz (GbMG), Geschmacksmustergesetz (GsMG), Warenzeichengesetz (WZG), Urheberrechtsgesetz (URG)][156].

2.5.1. Immobilien / Liegenschaften

Japan folgte in seiner Geschichte im allgemeinen der Tendenz, den Besitz von Liegenschaften durch Ausländern einzuschränken[157]. Heute gilt nach Art.

11, Nr. 5, S. 1533).

155 *Iwasawai*, Gaikokujin no jinken [Menschenrechte des Ausländers], in *Sawaki / Akiba* (Hrsg.), Sôten, S. 37.

156 Fragen, die die Einreise, den Aufenthalt und Ausreise, bzw. Abschiebung von Ausländern in Japan betreffen, werden im Rahmen dieser Arbeit nicht vorgestellt, siehe dazu *Behaghel*, ZJapanR, Heft. 4, S. 77 ff.

157 Art. 11 der Kaiserlichen Verordnung Nr. 18 von 1873 über das Eigentum und die Verpfändung von Grund und Boden (*chisho shichi-ire kaki-ire kisoku* 地所質入書入規則). Nach diesem Gesetz war es Ausländern weder möglich, Grundstücke zu besitzen, zu verpfänden, noch hypothekarisch zu belegen. Nach einer Reform 1899 wurde es Ausländern möglich, Grundstücke zu verpfänden oder hypothekarisch zu belasten, vom Eigentum waren sie aber weiterhin ausgeschlossen. Mit dem Gesetz Nr. 51 von 1910 über das Eigentum an Grundstücken für Ausländer (*gaikokujin no dochi shoyû-ken ni kansuru hôritsu* 外国人ノ土地所有権ニ関スル法律) änderte sich die Rechtslage. Es wurde das Prinzip der Gegenseitigkeit eingeführt, so dass Ausländern, die aus Staaten kamen, deren Gesetze das Eigentum an Grundstücken für Ausländer, insbesondere Japaner, erlaubten, auch in Japan Grundstücke erwerben konnten. Das Gesetz trat allerdings nie in Kraft. Ein Gesetz aus dem Jahre 1925, Gesetz Nr. 42 über Ausländer und Grund und Boden (GAGB) (*gaikokujin dochi-hô* 外国人土地法), das 1926 in Kraft trat, ermöglicht seither den Erwerb von Liegenschaften durch Ausländer in Japan und stellt den Ausländer dem Japaner im Prinzip gleich (Art. 1 GAGB). Gemäß Art. 4 GAGB kann für Belange der nationalen Sicherheit und Verteidigung der Erwerb bestimmter Liegenschaften durch Ausländer jedoch eingeschränkt oder

22 DAG, dass Nicht-Residenten in Japan den Erwerb von Liegenschaften oder von Rechten daran beim Finanzministerium anmelden müssen. Ansonsten ist der Erwerb von Liegenschaften durch Ausländer, außer für Belange der nationalen Sicherheit, nicht eingeschränkt.

2.5.2. Eigentum an Schiffen und Flugzeugen

Gemäß Art. 1 Schifffahrtsgesetz (SFG) (*senpaku-hô* 船舶法) und Art. 4 Luftfahrtgesetz (LFG) (*kôkû-hô* 航空法) geht das Attribut „japanisches Schiff oder Flugzeug" einher mit dem daran bestehenden Eigentum einer japanischen Person. Anders ausgedrückt kann nur eine japanische Person Eigentümer eines japanischen Schiffes oder Flugzeuges sein[158].

Nach dem Seetransportgesetz (STG) (*kaijô unsô-hô* 海上運送法) kann eine ausländische Person ein Schiff von einer japanischen Person (natürliche oder juristische Person) übereignet bekommen oder es mieten bzw. chartern. In beiden Fällen bedarf es jedoch der Genehmigung des Transportministeriums (*un'yu daijin* 運輸大臣) (Art. 44 Abs. 2 STG). Das Gesetz erlaubt derartiges aber im Prinzip nur für Schiffe für den internationalen Verkehr, nicht für den nationalen.

2.5.3. Bergbauindustrie und Recht auf Roherze

Nach Art. 17 und 87 des Bergbaugesetzes (BBG) (*kôgyô-hô* 鉱業法) haben ausländische Personen in Japan nicht das Recht, Bergbau zu betreiben oder Roherze zu fördern, es sei denn, internationale Übereinkommen bestimmen anderes. Bisher gibt es aber kein solches Übereinkommen[159]. Nach dem DAG Art. 25 Abs. 3 ist es unter der Voraussetzung der Genehmigung durch das zuständige Ministerium möglich, Bergbaurechte durch Residenten[160] und

---

verboten werden.

Nach 1945 wurde im Rahmen des Wiederaufbaus und des Schutzes der japanischen Wirtschaft und der nationalen Ressourcen eine Verordnung (*gaikokujin no zaisan shutoku ni kansuru seimei* 外国人の財産取得に関する政令) erlassen, die den Erwerb von Liegenschaften durch Ausländer einer Genehmigung durch das Ministerium unterstellte. Diese Verordnung wurde aber im Rahmen der Liberalisierung der Wirtschaft, die 1979 auch das Devisen- und Außenhandelskontrollgesetz (DAKG) betraf, aufgehoben (*Yamada*, Kokusai shihô, S. 167 ff.).

158 RGH vom 10.4.1903, Keiroku, Bd. 9, S. 501.

159 *Yamada*, Kokusai shihô, S. 169.

160 Der Begriff des Nicht-Residenten umfasst nach Art. 26 DAG eine natürliche Person, die nicht in Japan ansässig ist, juristische Personen ausländischen Rechtes, die ihren Hauptsitz außerhalb Japans haben, japanische Unternehmen, deren Aktien oder

Nichtresidenten gemeinsam auszubeuten oder an Nicht-Residenten zu übereignen.

2.5.4. *Fischerei*

Nach dem Gesetz für die Regeln des ausländischen Fischereigewerbes (GRAFG *gaikokujin gyogyô no kisei ni kansuru hôritsu* 外国人漁業の規制に関する法律[161]) ist es Ausländern grundsätzlich nicht möglich, Fischerei in den Hoheitsgewässern Japans zu betreiben (Art. 3 GRAFG).

2.5.5. *Gesellschaftsanteile*

Der Besitz an Aktien japanischer Gesellschaften ist im Prinzip uneingeschränkt möglich, es sei denn, besondere Gesetze schränken diesen ein oder verbieten ihn. Ein völliges Verbot betrifft die Telefongesellschaft NTT (*Nippon Telegraphe and Telephone* für den nationalen Markt), da gemäß Art. 5 NTTG (*denden-hô* 電電法) Ausländern der Besitz von Aktien verboten ist. Ähnlich, wenn auch weniger strikt, ist es bei der japanischen Fluggesellschaft *Japan Airlines* (JAL), bei der per Gesetz (Art. 2 JAL Gesetzes) (*Nihon kôkû kabushiki kaisha-hô* 日本航空株式会社法) der Ausländeranteil der Aktien ein Drittel nicht übersteigen darf[162].

Ansonsten bedarf der Erwerb von Anteilen, Aktien, Anleihen o.ä. an Gesellschaften, die nach dem japanischen Recht gegründet werden, in bestimmten Fällen der Anmeldung beim zuständigen Ministerium gemäß den Bestimmungen des Art. 27 DAG. Direktinvestitionen in Japan durch eine ausländische Person müssen bei den jeweilig betroffenen Ministerien unter bestimmten Umständen angemeldet werden, wobei gegebenenfalls auch eine Genehmigung erforderlich sein kann.

2.5.6. *Amtshaftung gegenüber Ausländern*

Ein Entschädigungsanspruch im Rahmen der Amtshaftung gegenüber dem Staat oder anderen Körperschaften öffentlichen Rechts besteht nur dann, wenn das Heimatrecht des Ausländers einem Japaner in dem betreffenden Staat den gleichen Entschädigungsanspruch zuerkennt (Art. 6 Gesetz über staatliche

---

Gesellschaftsanteil zu mindestens 50 % im Besitz ausländischer juristischer oder natürlicher Personen befinden und japanische Unternehmen deren Geschäftsführer, Verwaltungsratsmitglieder oder Vertretungsberechtigte hauptsächlich nicht in Japan ansässige Personen sind.

161 Gesetz Nr. 60 vom 14. Juli 1967 i.d.F. des Gesetzes Nr. 1995-76.

162 *Yamada*, Kokusai shihô, S. 169.

Entschädigung (GSE *kokka baishô-hô* 国家賠償法)). Mehrere richterliche Entscheidungen bejahen den Grundsatz der Gegenseitigkeit. Allerdings beschränken sie die Entschädigung auf das Maß des in dem anderen Land möglichen Rahmens, insbesondere wenn die Staatshaftung in diesem anderen Land gesetzlich beschränkt ist[163].

Nach den Bestimmungen dieses Gesetzes kann ein Anspruch auf Entschädigung dann geltend gemacht werden, wenn der Staat oder eine andere Körperschaft öffentlichen Rechtes in der Ausübung der öffentlichen Gewalt oder durch öffentliche Bauten (Mangel in der Instandhaltung oder durch die Erstellung selbst) einen Schaden verursacht (Art. 1 und 2 GSE). Die Ansprüche werden durch die Bestimmungen des ZG oder andere Gesetze, die die Haftung der öffentlichen Hand einräumen, begründet.

2.5.7. Ansprüche aus unlauterem Wettbewerb

Ausländer können Ansprüche (Unterlassung, Schadensersatzansprüche), die durch das Gesetz zur Verhütung des unlauteren Wettbewerbs (UVWG) (*fusei kyôsô hôshi-hô* 不正競争防止法) begründet sind, nur dann in Japan geltend machen, wenn die ausländische Person in Japan residiert, ein Unternehmen betreibt oder der Heimatstaat des Ausländers dem Pariser Verbandsübereinkommen zum Schutze gewerblichen Eigentums von 1883 (PVÜ)[164] beigetreten ist (Art. 3 UVWG).

Ein Ausländer aus einem Staat, der dem Übereinkommen nicht beigetreten ist, kann dann Ansprüche auch aus dem UVWG geltend machen, wenn er in einem anderen Staat als seinem Heimatstaat, der jedoch Mitgliedstaat des PVÜ ist, residiert oder ein Unternehmen betreibt (Art. 3 PVÜ). Andere ausländische Personen können keine Ansprüche, die durch unlauteren Wettbewerb begründet sind, geltend machen.

2.5.8. Urheberrecht

Der Schutz des japanischen Urheberrechts ist auf Japaner beschränkt (Art. 6 URG). Als Mitglied der Revidierten Berner Übereinkunft von 1886 (RBÜ)[165] und des Welturheberrechtsübereinkommens von 1953[166] besteht für den Ausländer in Japan der annähernd gleiche Schutz wie für Japaner, unabhängig

163 DG Ôsaka vom 25.2.1971, Hanrei Jihô, Nr. 643, S. 17; DG Ôsaka vom 25.4.1973, Hanrei Jihô, Nr. 720, S. 40; DG Tokyo vom 14.5.1957, Kamin, Bd. 8, Nr. 5, S. 931; DG Tokyo vom 31.5.1976, Hanrei Jihô, Nr. 843, S. 67.

164 Japan trat dem Übereinkommen 1899 bei.

165 Beitritt 1899.

166 Beitritt 1956.

davon ob das Werk zuerst in oder außerhalb Japans veröffentlicht wurde[167]. Dieses gilt auch für Amerikaner, deren Rechte in besonderen Amerikanisch -Japanischen Übereinkommen[168] oder dem Übereinkommen der Vereinten Nationen geregelt wurden. Durch den Beitritt der USA zum Berner Übereinkommen von 1886 jedoch haben die Bestimmungen dieses Übereinkommens Priorität auch im Rechtsverkehr zwischen Japan und den Vereinigten Staaten von Amerika gegenüber dem der Vereinten Nationen (Art. 17 Übereinkommen der Vereinten Nationen) erhalten.

2.5.9. Gewerbliche Immaterialgüter

Die Wirksamkeit des Schutzes von gewerblichen Immaterialgütern eines Ausländers in Japan hängt davon ab, ob der Ausländer einen Wohnsitz oder einen Aufenthaltsort in Japan hat oder das Heimatland des Ausländers einem Japaner gleichwertigen Schutz bietet. (Art. 25 Patentgesetz (PatentG), Art. 55 Gebrauchsmustergesetz (GbMG), Art. 68 Geschmacksmustergesetz (GsMG) und Art. 77 Warenzeichengesetz (WZG)).

Außerdem bietet Japan als Mitglied des PVÜ gemäß Art. 2 PVÜ Ausländern aus einem Mitgliedsstaat denselben Schutz wie Japanern. Ein Ausländer, der nicht in einem Mitgliedstaat beheimatet ist, kann sich auf das Übereinkommen berufen, sobald er einen Aufenthaltsort in einem Mitgliedsstaat hat oder in einem Mitgliedsstaat ein industrielles oder wirtschaftliches Gewerbe ausübt (Art. 3 PVÜ).

2.5.10. Weitere Einschränkungen

Ein Ausländer kann weder den Beruf des Notars (Art. 12 Abs. 2 Notargesetz (*kôshônin-hô* 公証人法[169])), noch den des Lotsen ausüben (Art. 5 Nr. 1 Lotsengesetz (*mizusakinin-hô* 水先人法))[170]. Nur im Falle der gegenseitigen Einräumung kann ein Ausländer den Beruf des Patentanwalts in Japan ausüben (Art. 1 Patentanwaltsgesetz (*benrishi-hô* 弁理士法))[171].

---

167 *Yamada*, Kokusai shihô, S.171.

168 Bilaterales Übereinkommen von 1906, das jedoch durch den Zweiten Weltkrieg seine Gültigkeit verlor. Daher galt zwischen 1941 und 1989 (Beitritt der USA zum Berner Übereinkommen) nur das Übereinkommen der Vereinten Nationen zwischen Japan und den USA.

169 Gesetz Nr. 1908-53, i.d.F. des Gesetzes Nr. 2001-129.

170 *Yamada*, Kokusai shihô, S. 172.

171 Der Zugang zum Beruf des Rechtsanwaltes ist nicht durch die Staatsbürgerschaft eingeschränkt. Allerdings berechtigt ein im Ausland erworbener Titel nicht zur Ausübung in Japan. Zu den genauen Bestimmungen der Ausübung des

Ein Ausländer kann in Japan weder ein kabelloses noch ein elektronisches Telekommunikationsgewerbe betreiben (Art. 5 Gesetz über elektrische Wellen[172] (*denpa-hô* 電波法) und Art. 11 Gesetz über das Betreiben elektronischer Kommunikation (*denki tsûshin jigyô-hô* 電気通信事業法[173])). Diese Verbote wurden 1997 aufgehoben[174].

Ebenso ist es nur japanischen Schiffen und Flugzeugen erlaubt, im Inlandsverkehr Passagiere oder Güter zu transportieren, es sei denn, eine spezielle ministerielle Genehmigung liegt vor (Art. 3 und 23 SFG, Art. 127 - 129 LFG).

Ausländern ist es auch nicht möglich, im Bankgewerbe tätig zu werden, es sei denn aufgrund einer ministeriellen Genehmigung (Art. 4 und 47 BankG). Entsprechend sind die Beschränkungen im Versicherungsgewerbe, wo eine ausländische Person der Genehmigung durch das Finanzministerium bedarf, um ein Versicherungsgewerbe ausüben zu können (Art. 185 Gesetz über das Versicherungsgewerbe GVersG *hokengyô-hô* 保険業法[175]). Dieser Genehmigungspflicht beim Finanzministerium unterliegen jedoch auch Japaner (Art. 3 GVersG).

2.6. Zusammenfassung

Für dieses Kapitel kann festgehalten werden, dass die Liberalisierung der letzten Jahre ihre konkreten Früchte gezeigt hat, indem bestimmte neue Bereiche Ausländern zugänglich wurden und die Formalitäten für Direktinvestitionen vereinfacht wurden.

Es ist jedoch bedauerlich, dass der japanische Gesetzgeber nicht die Gelegenheit der Reform des RAG von 1989 nutzte, um solche Kollisionsnormen festzulegen, die bisher weder in dem alten Gesetz noch von der Rechtsprechung geregelt werden konnten, insbesondere was den Bereich der juristischen Personen betrifft. So bleibt eine gewisse Unsicherheit bestehen, die der Vorhersehbarkeit einer rechtlichen Lösung und somit dem Anspruch einer

---

Rechtsanwaltsberufes durch Ausländer unter ihrem ausländischen Titel in Japan siehe *Bölicke*, ZJapanR, Heft 5, S.92 ff.

172 Gesetz Nr. 131 vom 2. Mai 1950 i.d.F. des Gesetzes Nr. 70-1996.

173 Gesetz Nr. 86 vom 25. Dezember 1984 i.d.F. des Gesetzes Nr. 82-1995.

174 Gesetze Nr. 1997-98, 99 und 100.

175 Gesetz Nr. 105 vom 7. Juni 1995. Das Gesetz löst das ehemalige Gesetz Nr. 184-1949 betreffend ausländischer Versicherungsgesellschaften ab. Die Einschränkungen bezieht sich vor allem auf das Verbot, japanische Schiffe, Flugzeuge oder Vermögen, das in Japan liegt zu versichern, es sei denn durch ministerielle Genehmigung. Die Einschränkung besteht nicht, wenn der ausländische Versicherer eine Zweigstelle in Japan hat (Art. 186 GVersG).

weitreichenden Rechtssicherheit nicht gerecht wird, da die Anknüpfung einer Gesellschaft nicht eindeutig gelöst ist. Dies kann, wie geschildert, zu offenen Fragen führen, insbesondere beim Ausländerrecht, die dann nicht nach rechtlich eindeutigen Prinzipien, sondern je nach Interessenlage gelöst werden.

Die Praxis ist von dieser Unsicherheit nur wenig betroffen, so dass der Handel mit Japan dadurch letztlich wenig beeinträchtigt wird. Ausländer können in Japan Gesellschaften gründen und beteiligen sich in immer größerer Zahl am japanischen Handel.

3. Rechtsgeschäft

Das folgende Kapitel erörtert die allgemeinen Kollisionsnormen des Rechtsgeschäfts (*hôritsu kôi* 法律行為). Traditionell unterscheidet man beim Rechtsgeschäft zwischen den Kollisionsnormen, die den Inhalt betreffen, und solchen Kollisionsnormen, die die Form betreffen[1].

Ein allgemeines Prinzip, das für alle Arten von Rechtsgeschäften einheitliche Kollisionsnormen aufstellen würde, besteht im japanischen Recht nicht. So wird ein Rechtsgeschäft, das eine Sache betrifft, entsprechend den Kollisionsnormen des Sachenrechts behandelt, ein Vertrag entsprechend dem Kollisionsrecht des Schuldrechts, insbesondere des Vertragsrechts, und eine Eheschließung entsprechend den Kollisionsnormen, die die Eheschließung betreffen.

3.1. Inhalt

Orimo und *Yamada* sind der Ansicht, dass das auf das Rechtsgeschäft anwendbare Recht über die Gesetzmäßigkeit und Möglichkeit dessen Gegenstandes entscheiden sollen[2]. Eingeschränkt soll dieses Recht auch bei anderen Bedingungen, die das Rechtsgeschäft beeinflussen, anwendbar sein, wie beispielsweise das Bestehen von Bedingungen allgemein aber auch zu beachtende Fristen des Rechtsgeschäftes. Große Teile der Lehre sind in diesem Fall der Ansicht, dass das Recht des Erfüllungsortes ebenso hilfsweise in Betracht gezogen werden soll, da dort Fristen berechnet oder das Bestehen einer Bedingung bemessen und ausgelegt wird[3].

Im Rahmen der den Inhalt eines Rechtsgeschäftes betreffenden Kollisionsnormen werden neben den allgemeinen Erwägungen solche Normen diskutiert und erörtert, die die Willenserklärung und die Stellvertretung betreffen.

3.1.1. Willenserklärung

Die Willenserklärung (*ishi hyôji* 意思表示), als elementarer Bestandteil des Rechtsgeschäftes, entscheidet über dessen Entstehen und hat daher eine sehr enge Verbindung mit demselben. Nach herrschender Meinung gilt, dass das auf die Willenserklärung anwendbare Recht das Geschäftsrecht selbst ist[4]. Das

---

1 *Yamada*, Kokusai shihô, S. 244; *Tameike*, Kôgi, S. 299.

2 *Orimo*, Kakuron, S. 63; *Yamada*, Kokusai shihô, S. 246 und S. 300.

3 *Egawa*, Zensho, S. 184; *Kubo*, Gairon, S. 140; *Kawakami*, Yôkô, S. 82; *Orimo*, Kakuron, S. 66; *Sanekata*, Gairon, S. 161; *Yamada*, Kokusai shihô, S. 300.

4 *Yamada*, Kokusai shihô, S. 245; *Tameike*, Kôgi, S. 299.

Geschäftsrecht entscheidet somit über das Bestehen von eventuellen Willensmängeln, die das Geschäft beeinträchtigen könnten. Im Geltungsbereich des Geschäftsrechtes liegt aber auch die Entscheidung darüber, ob eine rechtsgeschäftliche Erklärung Gültigkeit hat oder nicht. Es befindet über den Zeitpunkt des Wirksamwerdens der Erklärung, entweder bereits nach Absendung, oder erst bei Ankunft oder über die Notwendigkeit einer Empfangsbestätigung für die Gültigkeit einer Erklärung. Ebenso bestimmt das Geschäftsrecht, ob die Zustimmung eines Dritten für die Gültigkeit des Geschäftes notwendig ist. Es besteht diesbezüglich größtenteils Einklang in der Lehre[5].

Kritisiert wird diese Verweisung auf das Geschäftsrecht von *Yamada*, *Sawaki* und *Kawakami*, da sie in bestimmten Fällen zu unangemessenen Lösungen führt. Sie diskutieren daher andere Anknüpfungspunkte[6]. *Sawaki* nennt den Ort der Willenserklärung[7], und *Kawakami* den Ort des gewöhnlichen Aufenthaltes oder des Gewerbes des Erklärenden, die einen besseren Schutz der Parteiinteressen ermöglichen, da die Parteien das Recht ihres gewöhnlichen Aufenthaltes oder ihres Gewerbeortes besser kennen[8]. Allerdings bedeute dies nach *Yamada*, dass die Willenserklärung zumindest bis zu einem gewissen Grad unabhängig von dem verbundenen Rechtsgeschäft gesehen werden müsste, denn die Wirksamkeit der Willenserklärung oder das Bestehen eventueller Mängel muss dann unabhängig vom Geschäftsrecht, und somit unabhängig vom Geschäft, beurteilt werden. Die Unterscheidung soll aber so gering wie möglich gehalten werden. Auch *Sawaki* lehnt die vom Rechtsgeschäft gänzlich eigenständige Anknüpfung der Willenserklärung ab[9].

---

5 *Tameike*, Kôgi, S. 300; *Egawa*, Zensho, S. 148; *Kubo*, Gairon, S. 140; *Orimo*, Kakuron, S. 62; *Sanekata*, Gairon, S. 161.

6 *Yamada*, Kokusai shihô, S. 245. (Er nennt als Beispiel eine ständige Handelsbeziehung zwischen einem japanischen und englischen Kaufmann. Nach japanischem Recht, Art. 509 HG, gilt bei einem Vertragsangebot im Falle der ständigen Handelsbeziehung, dass bei einem eventuellen Verzug der Annahme des Angebots, das Geschäft als abgeschlossen gilt. Sollte der Japaner nun in sein Angebot eine Rechtsanwendungsklausel für japanisches Recht einschließen, würde diese Klausel gültig, ohne ausdrückliches Einverständnis des Engländers.) Dieses Beispiel ist aber fraglich. Die stillschweigende Annahme des Art. 509 HG bezieht sich nur auf die üblichen Geschäftsbereiche, eine Rechtsanwendungsklausel ist aber nicht unbedingt als „üblicher Geschäftsbereich" zu sehen, wenn erstmalig nach langer Handelsbeziehung eine solche Klausel in den Vertrag aufgenommen werden soll. *Yamada* schlägt in diesem Zusammenhang keine alternative Anknüpfung vor, sondern äußert nur Zweifel, obwohl er den unmittelbaren Zusammenhang zwischen Rechtsgeschäft und Willenserklärung anerkennt.

7 *Sawaki* in Festschrift Kubo, S. 206 ff.

8 *Kawakami*, Yôkô, S. 81.

9 *Sawaki* in Festschrift Kubo, S. 207.

Wenn das Rechtsgeschäft an den Ort des Geschäftsabschlusses angeknüpft werden kann, ist diese Eigenständigkeit auch nicht notwendig. Wenn diese einheitliche Anknüpfungsmöglichkeit nicht besteht und auf verschiedene Rechtsordnungen verwiesen werden muss, kann jedoch nicht geklärt werden, wie eventuell widersprüchliche Auswirkungen einer uneinheitlichen Anknüpfung eingeschränkt werden sollen.

Die Rechtsprechung hatte bisher nicht die Möglichkeit, die Anknüpfung der Willenserklärung genauer zu bestimmen.

3.1.2. Stellvertretung

Kommt ein Rechtsgeschäft durch Stellvertretung (*dairi* 代理) zustande, muss geprüft werden, nach welchem Recht die Stellvertretung, ihr Entstehen und ihre Wirkung gegenüber dem Vertretenen und dem Dritten beurteilt werden soll. Auch in Japan gilt, dass bei der Stellvertretung eine Person, der Stellvertreter (*dairinin* 代理人) anstelle des Vertretenen (*honnin* 本人) eine Willenserklärung an einen Dritten (*daisansha* 第三者) abgibt oder von einem Dritten entgegennimmt. Das Geschäft gilt als für den Vertretenen abgeschlossen. Es bleibt aber auch zu klären, welches Recht zwischen den einzelnen Personen Anwendung findet, vor allem um zu bestimmen, ob das Geschäft von dem Vertretenen übernommen werden muss.

Das Haager Überkommen von 1978[10] über das anwendbare Recht bei der Stellvertretung ist bisher für Japan nicht in Kraft getreten, so dass die Bestimmungen nur Einfluss auf die Lehre hatten, aber bisher noch nicht in das positive japanische Recht aufgenommen wurden[11].

Die Möglichkeit der Stellvertretung, die unmittelbar mit dem Entstehen des Rechtsgeschäfts zusammenhängt, wird entsprechend den Bestimmungen des Geschäftsrechtes entschieden, z.B. beim Kauf entsprechend dem Recht, das auf den Kauf anwendbar ist, nach Art. 7 RAG, oder bei sachenrechtlichen Geschäften entsprechend Art. 10 RAG. Die Lehrmeinungen sind sich in dieser Hinsicht weitgehend einig[12]. Genauer zu erörtern bleiben aber die verschiedenen Beziehungen innerhalb der Stellvertretung, das heißt die Beziehung zwischen Stellvertreter und Vertretenem, zwischen Stellvertreter

---

10 Haager Übereinkommen über das auf Vertreterverträge und die Stellvertretung anzuwendende Recht vom 14.3.1978.

11 *Takakuwa Akira*, Dairi no junkyohô ni kansuru jôyaku no gaiyô [Vorstellung des Übereinkommens betreffend das anwendbare Recht auf die Vertretung], Jurisuto, Nr. 648 (1977), S. 112.

12 *Egawa*, Zensho, S. 148; *Kubo*, Gairon, S. 140; *Kawakami*, Yôkô, S. 82; *Orimo*, Kakuron, S. 66; *Sanekata*, Gairon, S. 161; *Tameike*, Kôgi, S. 300; *Kidana / Matsuoka / Watanabe*, S. 124.

und Drittem und zwischen Vertretenem und Drittem. Der Schutz des Vertretenen und Erwägungen des Verkehrsschutzes machen diese genauere Erörterungen notwendig, und lassen bisweilen eine unterschiedliche Anknüpfung der verschiedenen Rechtsbeziehungen notwendig erscheinen[13].

Bei der gesetzlichen Stellvertretung ist die herrschende Meinung, dass das anwendbare Recht entsprechend dem Recht ermittelt werden muss, nach dem die gesetzliche Vertretung begründet wird, wie zum Beispiel bei der Stellvertretung eines Minderjährigen, die auch in Japan unabhängig vom Parteiwillen kraft Gesetzes begründet wird[14]. So gelten beispielsweise für die Eltern-Kind-Beziehung die Bestimmungen des Art. 21 RAG[15] und bei der Vormundschaft die Bestimmungen des Art. 24 RAG[16], um das anwendbare Recht zu ermitteln. Die Frage der Anknüpfung der gesetzlichen Vertretung von juristischen Personen wird entsprechend dem Gesellschaftsstatut geregelt. Außerhalb der gesetzlichen Vertretung jedoch bleibt die Frage der Anknüpfung offen und soll hier in den verschiedenen Beziehungen diskutiert werden.

3.1.2.1. Innenverhältnis

Die Anknüpfung der Beziehung zwischen Stellvertreter und Vertretenem (*nin'i dairi* 任意代理) wird in der japanischen Lehre kontrovers diskutiert. Ein Teil der Lehre vergleicht das Bestehen und den Umfang der Stellvertretung mit einer Bevollmächtigung (*juken kôi* 授権行為 oder *i'nin* 委任), das kollisionsrechtlich wie ein schuldrechtlicher Vertrag behandlet wird. Ein anderer Teil befürwortet die Anwendung des Rechtes des Wirkungsortes (*kôka-chi-hô* 効果地法).

Wird die Stellvertretung als Bevollmächtigung gesehen, kann diese wiederum entweder als unbenannter Vertrag angesehen und eigenständig angeknüpft werden oder aber, was in der Regel geschieht, einem Auftrag, einem Dienstvertrag oder sogar einem Gesellschaftsvertrag angegliedert

---

13 *Nishi,* I'nin dairi, S. 54; *Yamada*, Kokusai shihô, S. 247; *Tameike*, Kôgi, S. 300.

14 *Tameike*, Kôgi, S. 300; *Orimo*, Kakuron, S. 65; *Yamada*, Kokusai shihô, S. 248; *Sano Hiroshi*, Hôtei dairi [gesetzliche Vertretung], in *Ikehara / Hayata* (Hrsg.), Hyakusen, 3. Aufl., S. 56.

15 Nach Art. 21 RAG wird das anwendbare Recht auf das Eltern-Kind-Verhältnis nach einer Anknüpfungsleiter ermittelt, wobei zuerst auf das gemeinsame Heimatrecht der Eltern, auf das Heimatrecht des Kindes und anschließend auf das Recht des Aufenthaltsortes des Kindes verwiesen wird.

16 Die Vormundschaft wird an das Heimatrecht des Mündels angeknüpft, befindet ein Ausländer sich in Japan, kann die Vormundschaft japanischem Recht unterliegen, wenn diese in Japan eintritt.

werden. Das heißt, das Recht, das den Hauptvertrag bedingt, bedingt auch die Stellvertretung sowie den Umfang dieser Stellvertretung. Dadurch können die Bestimmungen des Art. 7 RAG (Anknüpfung nach Parteiwille, wenn nicht bestimmt, an den stillschweigenden Parteiwillen, wenn der nicht bestimmbar sein sollte, an den Abschlussort) bei Auftrag oder Dienstvertrag, im Fall der Stellvertretung einer juristischen Person somit die Bestimmungen des Gesellschaftsstatuts Anwendung finden[17]. Nach *Orimo* und *Nishi* ist dieses Recht aber nur für das Entstehen, den Umfang und das Erlöschen der Stellvertretung anzuwenden. Das Bestehen einer Substitutionsmacht des Stellvertreters ist dem Recht des Wirkungsortes zu unterwerfen[18].

Den allgemeinen Kollisionsnormen der Stellvertretung entgegengesetzt diskutiert *Nishi* weitergehend die allgemeine Notwendigkeit des Schutzes des Dritten oder des Verkehrsschutzes, wodurch es sinnvoller scheint, nicht das eventuell von den Parteien gewählte Recht anzuwenden, sondern das Recht des Ortes, an dem die Stellvertretung wirksam ist oder sein soll[19].

3.1.2.2. Außenverhältnis

Das Verhältnis zwischen Stellvertreter und Drittem wird nach herrschender Meinung dem Geschäftsrecht unterstellt. Handelt es sich um einen Schuldvertrag gilt das Schuldstatut, bei einem Rechtsgeschäft, das eine Liegenschaft betrifft, wird auf die *lex rei sitae* verwiesen[20].

Die Rechtslage scheint schwieriger in dem Verhältnis zwischen Drittem und Vertretenem. Mehrere verschiedene Anknüpfungen werden in der japanischen Lehre diskutiert. In Anlehnung an das oben genannte wird eine Anwendung des Geschäftsrechts erörtert[21].

Da dem Dritten das Recht, das die Bevollmächtigung bedingt, eventuell unbekannt ist, diskutieren *Ikehara*, *Orimo* und *Kawakami* auch eine Anknüpfung an den Handlungsort (Gebrauchsortsrecht (*dairi kôi-chi-hô* 代理行為地法)). Bei dieser Anknüpfungsnorm kann man annehmen, dass der Dritte

---

17 *Yamada*, Kokusai shihô, S. 248; *Egawa*, Zensho, S. 185; *Kubo*, Gairon, S. 141; *Sawaki*, Nyûmon, S. 183; *Sanekata*, Gairon, S. 162; *Tameike*, Kôgi, S. 301; *Sakurada*, Kokusai shihô, S. 178.

18 *Orimo*, Kakuron, S. 65; *Nishi*, I'nin dairi, S. 55. Andere Mitglieder der Lehre haben sich bisher nicht zu dem Problem der Substitutionsmacht des Stellvertreters geäußert, ebenso scheint es keine Rechtsprechung zu geben, die Fragestellung genauer erläutern könnte.

19 *Nishi*, I'nin dairi, S. 55.

20 *Kidana / Matsuoka / Watanabe*, S. 125; *Sakurada*, Kokusai shihô, S. 177; *Sawaki*, Nyûmon, S. 183; *Tameike*, Kôgi, S. 302; *Yamada*, Kokusai shihô, S. 249.

21 *Kidana / Matsuoka / Watanabe*, S. 125; *Tameike*, Kôgi, S. 302; *Yamada*, Kokusai shihô, S. 249.

das anwendbare Recht kennt, und somit dem Drittschutz sowie den Interessen des Verkehrsschutzes ausreichend genüge getan wird[22].

Ein weiterer Ansatz befürwortet eine Verweisung auf das Recht, das die Bevollmächtigung regiert. Ist aber der Handlungsort Japan, dann soll aus Interesse des Verkehrsschutzes entsprechend Art. 3 Abs. 2 RAG japanisches Recht Anwendung finden. Dieser Standpunkt stützt sich auf das unten genannte Urteil des DG Kôbe[23] und folgt dem Prinzip der Verweisung auf das Vollmachtsrecht mit Einschränkung durch den Verkehrsschutz.

Da der Stellvertreter im internationalen Verkehr in der Regel als gewerblicher Stellvertreter handelt, diskutiert *Sawaki* als weitere Möglichkeit die Anknüpfung an den Ort, an dem der Stellvertreter seinen gewerblichen Sitz hat (Gewerbeortsrecht (*eigyô-jo jozai-chi-hô* 営業所所在地法)). Seiner Ansicht nach ist das Recht seines Gewerbesitzes das mit der Stellvertretung am engsten verbundene, das den Schutzinteressen des Vertretenen, des Dritten sowie den Erwägungen des Verkehrsschutzes gerecht wird[24].

Ein Urteil des DG Kôbe aus dem Jahre 1959[25] stellt dazu, nachdem es die Anknüpfung dieses Rechtsverhältnisses durch den Parteiwillen, analog nach Art. 7 RAG diskutiert hat, folgendes fest:

> „in diesem Fall [der Anknüpfung durch den Parteiwillen] ... ist es für den Dritten nicht einfach zu ersehen, ob eine rechtskräftige Stellvertretung besteht, daher um den Anforderungen des internationalen Handels ... gerecht zu werden, sowie den Schutz des Dritten zu gewährleisten, ist es besser in einem Fall, in dem entschieden werden muss, ob der Vertretene durch die Stellvertretung gegenüber dem Dritten verpflichtet wurde, in Analogie des Art. 3 Abs. 2 RAG [Verkehrsschutz] das Recht des Ortes, an dem das Rechtsgeschäft getätigt wird[26], auf die Stellvertretung anzuwenden."

In diesem einzigen Urteil, das sich bisher mit dieser Frage auseinandergesetzt hat, sprechen sich die Richter, im Gegensatz zu großen Teilen der Lehre, für die Anwendung des Geschäftsrechtes mit einer möglichen Einschränkung

---

22 *Ikehara* in *Ikehara / Hayata* (Hrsg.), Hyakusen, 3. Aufl., S. 58; *Orimo*, Kakuron, S. 65; *Kawakami*, Yôkô, S. 38. Nach Ansicht von *Yamada*, *Kidana*, *Matsuoka* und *Watanabe* wird diese Auffassung mehr und mehr geteilt, *Yamada*, Kokusai shihô, S. 249; *Kidana / Matsuoka / Watanabe*, S. 126.

23 DG Kôbe vom 2.9.1959, Kamin, Bd. 10, Nr. 9, S. 1849.

24 *Sawaki*, Nyûmon, S. 184.

25 DG Kôbe vom 2.9.1959, Kamin, Bd. 10, Nr. 9, S. 1849; *Doi*, Kihon hanrei, Nr. 52.

26 Das Urteil spezifiziert nicht, ob es sich auf den Ort bezieht, an dem die Stellvertretung erfolgt, oder auf den Ort, an dem das durch die Stellvertretung zustande gekommene Hauptgeschäft erfüllt wird.

durch das Recht am Wirkungsort im Rahmen des Verkehrsschutzes aus. Da es aber nur ein erstinstanzliches Urteil ist, ist seine Wirkung für Japan nur eingeschränkt zu bewerten.

Ebenso wird die Begrifflichkeit und die genaue Bedeutung des Handlungsortsrechts diskutiert. *Nishi* unterscheidet in diesem Fall einmal das Wirkungsortsrecht (*dairi-ken kôka-chi-hô* 代理権効果地法) und das Anwendungsortsrecht (*dairi-ken kôshi-chi-hô* 代理権行使地法)[27]. *Egawa* löst die Frage der Definition des Handlungsortes unter Heranziehung des Betriebssitzes des Stellvertreters. Hat der Stellvertreter einen solchen Betriebssitz, so ist der Handlungsort der Ort dieses Betriebssitzes, existiert solch ein Betriebssitz nicht, so ist der Handlungsort der Ort, an dem die Stellvertretung ausgeführt wird[28]. Eine weitere Definition für den Handlungsort wird für den Fall erörtert, wenn die Stellvertretung an einem entfernten Ort stattfindet, aber der Stellvertreter über keinen Betriebssitz verfügt. In diesem Fall gilt der Absendeort (*hasshin-chi* 発信地) als Handlungsort mit den folgenden Einschränkungen: bei einem eine Sache betreffenden Rechtsgeschäft ist der Handlungsort der Ort der Belegenheit, bei einem Konnossement ist es der Ort der Annahme des Konnossements und bei öffentlichen Aufträgen der Ausführungsort dieses öffentlichen Auftrags[29].

Nach *Yamada* sollte aber dann die Anknüpfung an den Handlungsort ausgeschlossen werden und stattdessen das Vollmachtsrecht angewendet werden, wenn der Dritte von der Bevollmächtigung Zeugnis hat, das heißt den Bevollmächtigungsvertrag gesehen hat, und somit über die Vollmacht sowie deren Umfang Kenntnis erhalten konnte[30].

Ein weiterer wichtiger Punkt der Stellvertretung betrifft die Geschäftsfähigkeit des Stellvertreters, auch wenn in Japan wie in Deutschland nach § 165 Deutsches Bürgerliches Gesetzbuch (BGB) die Wirkung der Stellvertretung nach Art. 102 ZG durch die mangelnde Geschäftsfähigkeit des Stellvertreters nicht beeinträchtigt wird. Normalerweise gilt, dass die Geschäftsfähigkeit des Stellvertreters entsprechend dessen Heimatrecht entschieden werden muss[31]. Da die eventuell fehlende Geschäftsfähigkeit des Stellvertreters für den Dritten zu einer nicht vertretbaren Rechtsunsicherheit führen kann, gilt nach herrschender Meinung aber auch, außer für *Nishi*, dass die Fähigkeit des Stellvertreters nach dem Vollmachtsrecht beurteilt werden muss, aus Gründen des Verkehrsschutzes kann auch das Gebrauchsortsrecht Anwendung finden[32].

---

27 *Nishi*, Kôbe Hôgaku Zasshi, Bd. 9, S. 207.

28 *Egawa*, Zensho, S. 310.

29 *Ikehara* in *Ikehara / Hayata* (Hrsg.), Hyakusen 3. Aufl., S. 59.

30 *Yamada*, Kokusai shihô, S. 250.

31 *Nishi*, Kôbe Hôgaku Zasshi, Bd. 9, S. 223.

32 *Egawa*, Zensho, S. 185; *Kubo*, Gairon, S. 141; *Orimo*, Kakuron, S. 66; *Sanekata*,

3.1.2.3. Vertretungsmacht des Kapitäns

Die Vertretungsmacht des Kapitäns wird nach der herrschenden Meinung sowohl in der Frage der Möglichkeit als auch in der Frage des Umfangs durch das Flaggenrecht des Schiffes bestimmt, dies in Fällen der gesetzlichen Vertretung ebenso wie bei vertraglicher Stellvertretung durch Bevollmächtigung[33].

3.1.2.4. Anscheinsvertretung und Vertretung ohne Vertretungsmacht

Handelt der Stellvertreter ohne Vollmacht oder jenseits seiner Vollmacht, das heißt, nicht entsprechend den Vereinbarungen zwischen Vertreter und Vertretenem, Vertretung ohne Vertretungsmacht (*muken dairi* 無権代理) oder Anscheinsvertretung (*hyôken dairi* 表見代理), oder handelt es sich um einen Fall, in dem zwischen den beiden Parteien kein Recht vereinbart wurde, gilt der Schutz des Dritten als das oberste kollisionsrechtliche Ziel[34]. Findet in solch einem Fall das Handlungsortsrecht auf die Stellvertretung Anwendung und entspricht das in Stellvertretung abgeschlossene Rechtsgeschäft dem Rahmen dieser Stellvertretung sowie den dort geltenden Bestimmungen, so gilt das Geschäft als für den Vertretenen abgeschlossen. Fällt aber nach diesem Handlungsortsrecht das abgeschlossene Rechtsgeschäft nicht in den Rahmen der Stellvertretung, so ist die Rechtslage ungewiss, da die Übernahme durch den Vertretenen nicht gewährleistet ist.

Es ist hierbei entscheidend, nach welchem Recht beurteilt werden soll, ob beispielsweise eine Genehmigung durch den Vertretenen notwendig ist, ob der Vertretene eventuell gegenüber dem Dritten für das Übertreten der Vollmacht durch den Vertreter haftet, oder ob dem Dritten ein eventuelles Erlöschen der Stellvertretung entgegengehalten werden kann. Die Lehre diskutiert dazu verschiedene Ansätze.

Kawakami, *Kubo* und *Sanekata* sind der Ansicht, dass die Haftung des Vertretenen gegenüber dem Dritten entsprechend dem Recht, das zwischen Vertretenem und Stellvertreter gilt, das heißt nach dem Geschäftsrecht, beurteilt werden muss, da dieses die Stellvertretung selbst bedingt[35].

Egawa schließt sich dieser Auffassung an, allerdings mit der Einschränkung, dass gegenüber dem Dritten die Haftung durch das Recht, das auf die

---

Gairon, S. 163; *Yamada*, Kokusai shihô, S. 251. *Nishi* ist der Ansicht, dass die Geschäftsfähigkeit nach dem Heimatrecht beurteilt werden muss (*Nishi*, Kôbe Hôgaku Zasshi, Bd. 9, S. 228).

33 *Yamada*, Kokusai shihô, S. 251; *Nishi*, Kôbe Hôgaku Zasshi, Bd. 9, S. 207.

34 *Münzel*, S. 556.

35 *Kubo*, Gairon, S. 141; *Sanekata*, Gairon, S. 136; *Kawakami*, Yôkô, S. 38.

Stellvertretungserklärung durch den vermeintlichen Stellvertreter anwendbar ist, die Haftung bestätigt wird; jedoch im Fall der Übertretung der Vertretungsmacht durch den Stellvertreter muss das Stellvertretungsrecht eine derartige Haftung gegenüber dem Dritten ebenso anerkennen[36].

Eine dritte Lösung besteht nach *Orimo*, *Ikehara* und *Sakurada* ausschließlich in dem Recht des Handlungsortes, um die Haftung des Vertretenen zu begründen[37]. Eine weitere Anknüpfungsmöglichkeit schlagen *Yamada*, *Tameike*, *Kidana*, *Matsuoka* und *Watanabe* vor. Ihrer Meinung nach soll die Haftung des Vertretenen entsprechend dem Vollmachtsrecht entschieden werden. Aus Verkehrsschutzgründen aber soll alternativ auch das Gebrauchsortsrecht Anwendung finden. Die beiden Kollisionsnormen sollen auch die Notwendigkeit der Genehmigung bedingen. Das heißt, einfach ausgedrückt, nach diesem Ansatz soll der Vertretene immer dann haften, wenn es entweder das Vollmachtsrecht oder das Gebrauchsortsrecht so verlangen[38].

Nach *Sawaki* ist die Beziehung des Anscheinsvertreters oder Vertreters ohne Vollmacht als eine Geschäftsführung ohne Auftrag zu qualifizieren. In diesem Fall findet Art. 11 RAG Anwendung mit der Verweisung auf die *lex loci delicti*[39].

Die Rechtsprechung hat die Anknüpfung wie folgt bestimmt: der erste Fall, ein Urteil des OG Ôsaka aus dem Jahre 1962[40], bezieht sich auf einen Anscheinsvertreter, ein japanisches Transportunternehmen mit Sitz in Tokyo, das in seiner Firma den Namen eines dänischen Transportunternehmens benutzte. In diesem Fall wurden Waren von Kanada nach Japan transportiert, waren aber bei der Ankunft in Japan zerstört. Der Versender hatte einen dänischen Reeder beauftragt, die Waren nach Japan zu transportieren, dieser Chartervertrag unterstand kanadischem Recht. Die Versicherung des Empfängers zahlte dessen Schaden, subrogierte ihn und wendete sich gegen das japanische Transportunternehmen, da der Name dieses Unternehmens Teile des Namens des dänischen Reeders benutzte. Der Versicherer behauptete, dass aufgrund des Transportvertrags das japanische Unternehmen als Frachtführer haftete. Sollte das japanische Unternehmen nicht selbst Frachtführer sein, so haftete es nach Art. 23 HG, nach dem ein Unternehmer, der den Namen eines anderen Unternehmers trägt, für Schäden, die der andere Unternehmer, dessen Namen er führt, verursacht, aufkommen muss. Die Anwendung japanischen

---

36 *Egawa*, Zensho, S. 185.

37 *Orimo*, Kakuron, S. 65; *Ikehara* in *Ikehara / Hayata* (Hrsg.), Hyakusen, 3. Aufl., S. 58; *Sakurada*, Kokusai shihô, S. 178.

38 *Yamada*, Kokusai shihô, S. 252; *Tameike*, Kôgi, S. 247; *Kidana / Matsuoka / Watanabe*, S. 126.

39 *Sawaki*, Nyûmon, S. 184.

40 OG Ôsaka vom 6.4.1962, Kamin, Bd. 13, 4, S. 563.

Rechts wurde mit Art. 11 RAG (Geschäftsführung ohne Auftrag, Delikt, anwendbares Recht: *lex loci delicti*) und dem *ordre public* begründet.

Das Gericht folgte diesen Ausführungen nicht und sprach sich für die Anwendung des Geschäftsrechtes aus, hier kanadisches Recht, als Recht des Transportvertrages. Allerdings sollte dieses Urteil nur sehr bedingt für die Bestimmung der Kollisionsnormen im Falle der Anscheinsvertretung oder Vertretung ohne Vertretungsmacht herangezogen werden, auch wenn das in der japanischen Lehre geschieht. Das Gericht stellte in der Tat fest, dass erstens keinerlei Beweis für eine Beziehung zwischen dem dänischen Transporteur und dem japanischen Beklagten erbracht wurde, und somit das Bestehen einer Vertretung nicht angenommen werden konnte, und zweitens, dass auch kein Transportvertrag zwischen dem japanischen Empfänger oder dem kanadischen Versender und dem japanischen Beklagten nachgewiesen werden konnte. Somit konnte das Gericht den Ausführungen des Klägers nicht folgen. Der Kläger begründete die Anscheinsvollmacht ausschließlich durch den gleichen Namen. Für die Anwendung japanischen Rechtes bezog sich die klagende Partei allerdings weder auf das Recht des Handlungsortes, noch auf das Recht des Sitzes des vermeintlichen Vertreters, noch auf Erwägungen des Verkehrsschutzes, so dass das Gericht nicht zwischen diesen Verweisungsmöglichkeiten und dem Geschäftsrecht hatte entscheiden müssen, sondern bezog sich auf den *ordre public*, gegen den für das Gericht kein Verstoß vorlag, und außerdem auf eine Geschäftsführung ohne Auftrag und somit Deliktsrecht. Da ein Vertrag aber wohl bestand, war es schwierig für das Gericht, diesen zu ignorieren.

Ein anderes Urteil des DG Tokyo von 1964[41] bezog sich auf das Recht des Handlungsortes, um über die Haftung zu bestimmen. In diesem Fall war der Handlungsort Japan, da hier das Geschäft zwischen Anscheinsvertreter und dem Dritten zustande kam.

In einem Urteil des DG Kôbe von 1959[42] wurde nicht an den Handlungsort, Abschlussort des Geschäftes zwischen Drittem und Anscheinsvertreter, angeknüpft, sondern das Gericht wendete nach Art. 3 Abs. 2 RAG (Verkehrsschutz) analog japanisches Recht an, um die Vertretungsmacht des Anscheinsvertreters herzustellen, da seiner Meinung nach keine Vollmachtserteilung nachzuweisen war. Wäre diese nachzuweisen gewesen, wäre das von den Parteien gewählte Recht oder das Ortsrecht angewendet worden.

Nach Ansicht *Ikeharas* ist die Anknüpfung an den Handlungsort die billigste Lösung in Anbetracht der verschiedenen Interessen des internationalen Handels, d.h. der Schutz der Parteien sowie der Verkehrsschutz. Außerdem

---

41 DG Tokyo vom 15.10.1964, Kamin, Bd. 15, Nr. 10, S. 2447.

42 DG Kôbe vom 2.9.1959, Kamin, Bd. 10, Nr. 9, S. 1849.

besteht auch im Falle der Anknüpfung an den Handlungsort die Möglichkeit, bestimmte Wirkungen dieses Handlungsortsrechtes durch den *ordre public* abzuschwächen[43]. Es bleibt aber die Frage, welcher Ort bei bestimmten an mehrere Orte anknüpfbaren Rechtsgeschäften als Handlungsort angesehen werden kann, wie beispielsweise im Fall des Konnossementes. *Saito* schlägt hier vor, dass der Handlungsort der Ort ist, an dem das Konnossement ausgestellt wird, wenn die Ausstellung durch einen Namensvertreter (*naita gashinin* 名板貸人) geschieht, der dadurch auch haftet[44]. *Tanaka* dagegen ist der Ansicht, dass aus Rücksicht auf den Schutz der Parteien und den Verkehrsschutz Handlungsort derjenige Ort ist, an dem das Konnossement erhalten wird[45]. Eine herrschende Meinung scheint nicht zu bestehen.

3.2. Form

3.2.1. Geschäftsrecht, ersatzweise Ortsrecht

Nach Art. 8 Abs. 1 RAG unterliegen die Formerfordernisse eines Rechtsgeschäftes dem Recht, das die Wirkungen des Rechtsgeschäfts bestimmt. Nach Abs. 2 gilt, dass die Formerfordernisse auch dann erfüllt sind, wenn sie, unabhängig von den Bestimmungen des in Abs. 1 genannten Rechtes, den Erfordernissen entsprechen, die an dem Ort, an dem das Rechtsgeschäft vorgenommen wird, gelten. Die Bestimmungen des Abs. 2 sind nicht anwendbar, wenn das Rechtsgeschäft ein Sachenrecht oder andere registrierungspflichtige Rechte betrifft oder begründet. Sachenrechte sowie Verpflichtungen zu öffentlichen Registrierungen unterliegen Art. 10 RAG, nach dem derartige Verpflichtungen durch das Recht des Ortes, an dem die Sache belegen oder registriert ist, bedingt werden.

3.2.2. Geschäftsrecht

Wie erwähnt, unterliegen nach Art. 8 Abs. 1 RAG die Formbedingungen des Rechtsgeschäftes dem Geschäftsrecht. Vor der Reform des RAG 1989 war dieser Artikel von allgemeiner Bedeutung und betraf alle Arten von Rechtsgeschäften.

Seit der Reform des RAG von 1989 jedoch gilt, dass Art. 8 RAG sich nur noch auf vermögensrechtliche Rechtsgeschäfte bezieht, da die Anknüpfung der

---

43 *Ikehara* in *Ikehara / Hayata* (Hrsg.), Hyakusen, 3. Aufl., S. 59.

44 *Saito*, Shôgai hanrei kenkyû [Forschungen zu Urteilen mit Auslandskontakt], Jurisuto, Nr. 271 (1963).

45 *Tanaka*, Shôgai hanrei kenkyû [Forschungen zu Urteilen mit Auslandskontakt], Jurisuto, Nr. 323 (1965)

Formerfordernisse bei familienrechtlichen Rechtsgeschäften seither durch Art. 22 RAG geregelt wird[46].

In der Lehre ist der Geltungsbereich dieser Norm strittig. Diese Diskussion wird durch das japanische Wort für Wirkung (*kôryoku* 効力), das auch „Wirksamkeit" bedeuten kann[47], hervorgerufen. Für einen Teil der Lehre sind nur die Wirkungen der Willenserklärung betroffen; für einen anderen Teil der Lehre aber ist die Wirksamkeit des Rechtsgeschäftes als solches ebenso betroffen.

Orimo und *Tameike* denken, dass beispielsweise die Notwendigkeit von Steuermarken für Beweispapiere (Formerfordernisse) eher vom Steuerrecht, also öffentlichem Recht, eines Staates abhängt, und somit nicht von den Bestimmungen des Art. 8 RAG, Privatrecht, betroffen ist. Betroffen sind daher nur solche Formerfordernisse, die die Willensäußerung unmittelbar betreffen[48]. Dagegen geben *Yamada* und *Egawa* zu bedenken, dass in vielen Rechtsgeschäften, speziell bei solchen, die sich auf Sachen beziehen, notarielle Beglaubigungen oder Eintragungen und öffentliche Registrierungen notwendig sind, da sie, wenn nicht berücksichtigt, die Gültigkeit des Rechtsgeschäftes beeinträchtigen können. Sie sind daher der Ansicht, dass derartige Bestimmungen ebenso von den Formerfordernissen, die in Art. 8 RAG erwähnt werden, betroffen sind wie die Form der Willenserklärung selbst[49].

Ein Urteil des OGH aus dem Jahre 1978 diskutierte diese Fragestellung in einem Fall, der ein Pfandrecht, das in Hongkong vereinbart wurde, an Rechten, hier ein Festgeldkonto, die in Japan lagen und nach japanischem Recht begründet wurden, betraf[50]. Die Frage war, ob in diesem Fall, d.h. ein

---

46 *Saitô*, Hôritsu kôi no hôshiki [die Form des Rechtsgeschäftes], in *Kidana / Matsuoka* (Hrsg.), Kihonhô kokusai shihô, S. 54.

47 Das Wort „Wirksamkeit" wird normalerweise eher mit dem Wort *yûkô* 有効 wiedergegeben, weswegen diejenigen, die sich gegen eine allgemeine allumfassende Interpretation wehren, diese Auslegung von „*kôryoku*" als „unsinnig" (*Tameike*, Kôgi, S. 305) bezeichnen; allerdings ist die Diskussion so unsinnig nicht, da z.B. der Ausdruck "*yûkô no aru*" 有効のある mit „wirksam sein" zu übersetzen ist (*Sakurada*, Kokusai shihô, S. 181).

48 *Orimo*, Kakuron, S. 74 ff. *Orimo* unterschiedet zwischen inneren und äußeren Formerfordernissen, äußere sind solche wie die Notwendigkeit von Steuermarken, innere Formerfordernisse betreffen die Form der Willenserklärung. *Tameike* sieht für die Formerfordernisse nach Art. 8 ebenso nur solche, die die Willenserklärung betreffen. *Tameike*, Kôgi, S. 304 ff.

49 *Yamada*, Kokusai shihô, S. 256; *Egawa*, Zensho, S. 185.

50 OGH, 20.4.1978, Minshû Bd. 32, S. 616; *Doi*, Kihon hanrei, Nr. 56, *Dôgauchi*, Saiken-shichi [Forderungspfändung], in *Ikehara / Hayata* (Hrsg.), Hyakusen, 3. Aufl., S. 108. In diesem Fall bürgte eine Person C mit einem Pfandrecht an einem Festgeldkonto für einen Kredit des Gläubigers A an Firma X. Da X nicht zahlte, versuchte Gläubiger A gegen Bürge C das Pfandrecht geltend zu machen. Das Geld

Pfandrecht an einem Festgeldkonto, eher die Bestimmungen des Art. 8 RAG oder Art. 10 RAG Anwendung finden sollten. Mit anderen Worten ausgedrückt, sollten die Formerfordernisse für die Errichtung des Pfandrechtes nach dem Ortsrecht, an dem das Pfandrecht an einer Sache besteht, also in Anwendung von Art. 10 Abs. 1 RAG, erfüllt werden, hier nach dem Recht von Hongkong, oder in Anwendung von Art. 8 Abs. 1 RAG nach dem Geschäftsrecht der Forderung, die Gegenstand des Pfandrechts war, hier nach japanischem Recht:

> „Art. 10 Abs. 1 RAG bestimmt das Recht, das Sachen, Mobilien und Immobilien, betrifft sowie von anderen Registrierungspflichten unterworfene Rechte entsprechend dem Belegenheitsort dieser Sache; dies kann durch das unmittelbare Interessensverhältnis zwischen Ort und Sache erklärt werden; ein Pfandrecht ist wohl an die Sache gebunden, aber der Zweck dieses Rechtsgeschäftes ist ein vermögensrechtlicher, daher immateriell und nicht bindbar an einen Ort; vielmehr bestimmt es das objektive Recht, und übt unmittelbaren Einfluß darauf aus, daher ist das anwendbare Recht das Recht, das auf das seinen Gegenstand bildende Rechtsverhältnis anwendbar ist".

Der OGH hat in diesem Urteil die Abgrenzung zwischen Art. 8 RAG und Art. 10 RAG verdeutlicht, indem er sich auf den Zweck des Rechtsgeschäftes bezieht; ist dieser ein vermögensrechtlicher, wird das anwendbare Recht nicht nach Art. 10 RAG ermittelt, sondern es wird in Anlehnung an Art. 7 RAG auf das anwendbare Recht auf das zugrundeliegende Rechtsverhältnis verwiesen.

---

wurde jedoch aufgrund von Bestimmungen des DAKG nicht überwiesen. Gleichzeitig erhielt ein japanischer Gläubiger B, der ebenso eine Forderung gegen C hatte, per Gerichtsentscheid das Recht, seine Forderung durch das Festgeldkonto zu befriedigen. Das Urteil erging zwischen den Gläubigern A und B. Das Pfandrecht wurde in Hongkong entsprechend den dortigen gesetzlichen Formbestimmungen bestellt. Allerdings gilt in Japan nach Art. 467 ZG, dass der Übertrag einer als Inhaberpapier ausgestellten Forderung Dritten und dem Schuldner nur dann entgegen gehalten werden kann, wenn dieser Forderungsübertrag dem Schuldner mitgeteilt und dieser zugestimmt hat. Gläubiger B verlangte daher vor Gericht, dass das Pfandrecht an dem Festgeldkonto zugunsten von A ihm nicht entgegengehalten werden könnte, da keine Zustimmung des Schuldners X vorlag. B berief sich auf die Anwendung japanischen Rechtes als das Recht, das entsprechend Art. 8 Abs. 1 RAG das Festgeldkonto bestimmte. A hingegen gab an, dass ein Pfandrecht ein Sachenrecht wäre und daher entsprechend den Bestimmungen des Art. 10 Abs. 1 RAG an den Ort der Bestellung angeknüpft werden müsse, hilfweise bezog er sich auf Art. 8 Abs. 2 RAG, wonach die Formerfordernisse entsprechend dem Ortsrecht des Rechtsgeschäftes geregelt werden müssen.

Der hilfsweise Bezug auf Art. 8 Abs. 2 RAG, Formerfordernisse entsprechend Ortsrecht des Rechtsgeschäftes, wurde vom OGH mit folgenden Worten abgelehnt:

> „Die Mitteilung an und die Zustimmung [durch den Schuldner] bedingen die Forderungsübertragung in ihrer Gültigkeit und können daher nicht mit den Formerfordernissen des Art. 8 Abs. 2 RAG in Verbindung gebracht werden."

Diese Lösung scheint angebracht, da die Anknüpfung an das Recht des Geschäftsortes nur die Formerfordernisse betreffen kann, nicht jedoch die inhaltlichen Erfordernisse. Das Urteil ist aber auch insofern überraschend, als das anwendbare Recht auf das Rechtsverhältnis Gläubiger A, Schuldner X und Bürge C nicht an den Abschlussort Hongkong angeknüpft wurde, sondern, da kein besonderes Recht vereinbart wurde, an den stillschweigenden Parteiwillen, der sich nach Ansicht des Gerichtes auf Japan bezog. Die Anknüpfung an das Geschäftsrecht, was die Informationspflicht gegenüber dem Schuldner oder Dritten betrifft, um einen Forderungsübergang wirksam gegenüber dem Dritten geltend machen zu können, ist für die Bedürfnisse des internationalen Handels befriedigend, da nur entsprechend dem Geschäftsrecht eventuell bestehende Erfordernisse beachtet werden müssen. Andererseits ist aber der Schuldner oder Dritte nur bedingt geschützt. In diesem konkreten Fall war der Dritte durch die Anwendung des japanischen Rechts, das eine Informationspflicht vorsah, geschützt. Sollte der Schutz des Dritten oder Schuldners für das Gericht ebenso ausschlaggebend gewesen sein, was es nicht ausdrücklich erwähnt, dann wäre eine Verweisung auch an das Ortsrecht des Dritten oder ersetzten Schuldners wünschenswert gewesen.

3.2.2.1. Ortsrecht

In oben genanntem Fall hat der OGH die Anknüpfung an das Ortsrecht abgelehnt, da die nicht beachteten Bedingungen materiellrechtliche und nicht formelle Bedingungen darstellten. Ansonsten aber wird die Anknüpfungsmöglichkeit nach Art. 8 Abs. 2 RAG in der Lehre zum Vorteil der Parteien diskutiert und als Hilfsmittel gesehen, einem Rechtsgeschäft Wirksamkeit zu verleihen[51].

---

[51] *Saitô Akira*, Hôritsu kôi no hôshiki [die Form des Rechtsgeschäftes], in *Kidana / Matsuoka* (Hrsg.), Kihonhô kokusai shihô, S. 55.

Nach allgemeiner Auffassung der japanischen Rechtslehre ist die Anknüpfung nach Art. 8 Abs. 2 RAG eine selbständige Kollisionsnorm. Daher genügt die Ortsform, auch wenn sie nach dem eigentlich anwendbaren Geschäftsrecht als nicht ausreichend angesehen wird[52].

Im Falle eines Rechtsgeschäftes, das zwischen Personen geschlossen wird, die sich in zwei verschiedenen Staaten befinden, gilt nach Art. 9 RAG der Ort als Geschäftsort, von dem die Willenserklärung abgesendet wird. Da aber in solchem Falle beide Parteien eine Willenserklärung abgeben, sagt *Egawa*, dass zur Bestimmung der Formerfordernisse das Ortsrecht beider Parteien gesehen werden sollte[53]. Nach Ansicht *Yamadas* und *Matsuokas* ist diese Vorgehensweise aber nicht vorteilhaft für Parteien im internationalen Rechtsverkehr, daher sollen die Formerfordernisse des Angebotes nach dem Recht des Ortes, an dem das Angebot abgegeben wird, beurteilt werden, die Formerfordernisse der Annahme nach dem Recht des Ortes, an dem die Annahme abgegeben wird[54].

3.2.3. Scheck und Wechsel

Nach Art. 89 Abs. 1 WG und Art. 78 Abs. 1 SG gilt der Ort der Unterschrift als Anknüpfungspunkt für die Formerfordernisse. Bei Schecks gilt auch ersatzweise das Recht des Ortes, an dem der Scheck eingelöst wird (Art. 78 Abs. 1 Teilsatz 2 SG). Außerdem gilt nach Art. 89 Abs. 2 WG und Art. 78 Abs. 2 SG, dass im Falle eines internationalen Schecks oder Wechsels, der entsprechend den genannten Kollisionsnormen Formmängel aufweist, durch ein späteres Scheck- oder Wechselgeschäft, das keinen Formmangel aufweist, abgelöst wird, der Formmangel des vorherigen Geschäftes ohne Auswirkungen auf die Wirkungen des späteren Geschäftes bleibt. Dieses soll die internationale Umlauffähigkeit von Schecks und Wechseln schützen[55]. Eine weitere

---

52 *Kawakami*, Gairon, S. 60; *Kubo*, Kokusai shihô, S. 140.

53 *Egawa*, Zensho, S. 188: Theorie der beiden Ortsrechte (*sôhô kôi-chi-setsu* 双方行為地説).

54 *Matsuoka*, in *Kidana / Matsuoka / Watanabe*, S. 134; *Yamada*, Kokusai shihô, S. 258: Theorie des jeweiligen Ortsrechts (*kakuhô kôi-chi-setsu* 各方行為地説). *Tameike* erwähnt daneben andere Theorien, die ebenso diskutiert werden, wie etwa die Theorie der alternativen Anknüpfung (*takuitsu-setsu* 択一説), wonach entweder an den Ort des Angebots oder an den Ort der Annahme angeknüpft wird, wobei die Formbedingungen nach einem der beiden Möglichkeiten ausreichen, um dem Rechtsgeschäft Gültigkeit zu verleihen. *Tameike* selbst ist jedoch der Ansicht, dass die Theorie des jeweiligen Ortsrechts und der alternativen Anknüpfung sich ergänzen und befürwortet daher eine kombinierte Anwendung der beiden Theorien, um die Lücken der jeweils anderen Theorie zu schließen (*Tameike*, Kôgi, S. 309 ff.).

55 *Yamada*, Kokusai shihô, S. 262.

Ausnahme zu oben genannten Kollisionsnormen besteht bei Schecks oder Wechseln zwischen Japanern, die im Ausland ausgestellt werden. In diesem Fall müssen trotzdem die japanischen Formvorschriften beachtet werden (Art. 89 Abs. 3 WG, Art. 78 Abs. 3 SG).

3.2.4. Folgen des Formmangels

Die unmittelbare Folge des Formmangels hängt von dem anwendbaren Recht ab. Das japanische IPR ermöglicht eine breit gefächerte Anknüpfung durch die Anknüpfung erst an das Geschäftsrecht und ersatzweise an das Ortsrecht. Sollte aber nach den Bestimmungen beider Rechtsordnungen ein schadhafter Formmangel bestehen, so kann das Rechtsgeschäft im Prinzip nur aufgehoben und für nichtig erklärt werden[56].

Eine richterliche Entscheidung zu den Folgen und Auswirkungen eines Formmangels gibt es bisher jedoch außer dem oben diskutierten Urteil des OGH von 1978 nicht.

3.3. Zusammenfassung

Die Anknüpfung des Rechtsgeschäfts wird nur, was die Formerfordernisse betrifft, gesetzlich geregelt. Art. 8 RAG bestimmt hierbei, auf das Geschäftsrecht, ersatzweise auf das Recht des Abschlussortes zu verweisen. Bezüglich des Inhaltes gibt es keine allgemeingültigen Kollisionsnormen. Die Anknüpfung wird in der Lehre diskutiert, jedoch ohne einheitliche Lösung.

Als das auf die Willenserklärung anwendbare Recht wird hierbei entweder das Geschäftsrecht oder das Heimatrecht des Erklärenden diskutiert. Bei der Stellvertretung wird als eine eigenständige Kollisionsnorm eine Verweisung auf das Geschäftsrecht, das Wirkungsortsrecht des Stellvertreters oder das Gebrauchsortsrecht diskutiert. Ein erstinstanzliches und in der Lehre stark kritisiertes Urteil bestimmt den Wirkungsort vor dem Hintergrund des Verkehrsschutzes als Anknüpfungspunkt.

Aufgrund der fehlenden allgemeinen gesetzlichen Prinzipien und der nur sehr wenigen Urteile sind die verschiedenen Lehrmeinungen zwar sehr wichtig, jedoch zu unterschiedlich, um eine Lösung anzubieten, die diese offenen Fragen mit ausreichender Rechtssicherheit beantworten könnte.

---

[56] *Tameike*, Kôgi, S. 312; *Yamada*, Kokusai shihô, S. 262.

4. Schuldrecht

Das folgende Kapitel behandelt die Kollisionsnormen, die das Schuldrecht (*saiken-hô* 債権法) betreffen. Das Kapitel umfasst die Bereiche des Vertragsrechtes (*keiyaku-hô* 契約法), das Recht der gesetzlichen Schuldverhältnisse (*hôtei saiken kankei-hô* 法定債権関係法), das das Deliktsrecht (*fuhô kôi-hô* 不法行為法), das Quasideliktrecht (*jun-fuhô kôi-hô* 準不法行為法) oder Quasivertragsrecht (*jun-keiyaku-hô* 準契約法) umfasst.

4.1. Vertrag

Der Vertrag als Grundlage von Verpflichtungen zwischen Parteien steht auch in Japan im Zwiespalt zwischen dem rechtlichen Schutz der privaten Interessen dieser Parteien und dem rechtlichen Schutz der öffentlichen Interessen. In einem Land wie Japan, das lange als verschlossen galt und seine Wirtschaft zu schützen suchte, ist der Bereich des internationalen Vertragsrechtes insbesondere von Bedeutung, da eine Analyse des Kollisionsrechts in diesem Bereich ermöglicht zu untersuchen, inwieweit der japanische Gesetzgeber und der japanische Richter versuchen, sich über zwingende Rechtsnormen oder *ordre public* in die internationalen Verpflichtungen von Japanern zum Schutz nationaler Interessen „einzumischen".

Eine umfassende Antwort auf diese Fragen übersteigt den Rahmen dieser Arbeit, da neben kulturellen und historischen Aspekten auch ausführliche statistische Untersuchungen und Vergleiche mit anderen Ländern zusätzlich beachtet werden müssten. Dennoch ermöglicht vielleicht auch die bloße Erörterung der Kollisionsnormen, auf die sich diese Arbeit beschränkt, einen ersten Eindruck von Antworten auf diese Fragestellung zu vermitteln.

In Japan, wie auch in den meisten anderen Industriestaaten, hat sich in den letzten Jahren das Vertragsrecht zum Schutz der schwächeren Vertragspartei weiterentwickelt, wodurch bei bestimmten Vertragstypen die subjektive Anknüpfung zum Teil durch zwingende Rechtsnormen und *ordre public* eingeschränkt wurde. Dies gilt insbesondere im Bereich von Arbeitsverträgen und Verbraucherverträgen, aber auch bei Adhäsionsverträgen (*fugô keiyaku* 附合契約) wie Versicherungsverträgen und Bankverträgen, deren Kollisionsnormen nach einer allgemeinen Vorstellung der vertragsrechtlichen Kollisionsnormen im einzelnen erörtert werden sollen.

4.1.1. Rechtsquellen

4.1.1.1. Internationale Rechtsquellen

Auch wenn Japan Mitglied vieler internationaler Organisationen, wie WTO, internationaler Währungsfond oder UNESCO, etc. ist, so ist die Anzahl der internationalen Übereinkommen, denen Japan im Bereich des internationalen Vertragsrechts beigetreten und die von Japan ratifiziert wurden, nur sehr gering. So hat Japan das Haager Übereinkommen von 1955 betreffend das auf internationale Kaufverträge über bewegliche Sachen anwendbare Recht bisher nicht ratifiziert. Ebenso wurden weder das Wiener Übereinkommen von 1980 über den internationalen Warenkauf, das Hamburger Übereinkommen von 1978 über die internationale Beförderung auf See noch das New Yorker Übereinkommen von 1974 über die Verjährungsfrist beim internationalen Kauf von Japan ratifiziert. Ein vergleichbares zurückhaltendes Verhalten kann bei den Übereinkommen der Haager Konferenz, der Japan seit 1904 beiwohnt, beobachtet werden. 1964 hat Japan das Übereinkommen von 1961 über die Form letztwilliger Verfügungen und 1977 das Übereinkommen über Unterhaltsfragen von 1956 und 1986 das Übereinkommen von 1973 ratifiziert. Auch ratifiziert wurde etwa das Haager Übereinkommen über die Zustellung gerichtlicher und außergerichtlicher Schriftstücke im Ausland von 1965. Andere Übereinkommen in dem hier erörterten Bereich wurden bisher jedoch nicht unterzeichnet[1].

Im Bereich des Seehandelsrechts hat Japan 1957 das Übereinkommen von Den Haag über das Schiffskonnossement von 1924 ratifiziert, sowie 1992 das Brüsseler Protokoll von 1968 (Visby-Regeln), das das vorher genannte Übereinkommen abgeändert hat. Die Bestimmungen dieser Verträge sind durch die Bestimmungen des Gesetzes über den internationalen Seetransport von Waren (GISW) in das japanische Recht aufgenommen worden.

4.1.1.2. Nationale Rechtsquellen

Japanische Rechtsquellen, die Kollisionsnormen im Vertragsbereich beinhalten, befinden sich im RAG. Der wichtigste Artikel ist hier Art. 7, andere Artikel erläutern zusätzlich verschiedene Aspekte eines internationalen Schuldverhältnisses, wie Art. 9 RAG, der die Anknüpfung an den Geschäftsort in solchen Fällen näher definiert, bei denen ein Rechtsgeschäft zwischen Parteien

---

1 *Baum Harald*, Vertrautes und weniger Vertrautes - einige rechtsvergleichende Überlegungen zum japanischen internationalen Privat- und Verfahrensrecht, in *Heinrich Menkhaus* (Hrsg.), Das japanische am japanischen Recht, Iudicium Verlag, München, 1994, S. 180.

zustande kommt, die sich an verschiedenen Orten aufhalten[2]. Ebenso muss der oben erörterte Art. 8 RAG genannt werden, der die Anknüpfung der Form eines Rechtsgeschäftes bestimmt. Durch den *ordre public* nach Art. 33 RAG kann die Anwendung der Bestimmungen eines fremden Rechts verhindert werden.

Art. 7 RAG bezieht sich nur auf schuldrechtliche Rechtsgeschäfte, Rechtsgeschäfte, die Sachenrechte betreffen, werden nach Art. 10 RAG an den Belegenheitsort angeknüpft. Persönlichkeitsrechtliche Geschäfte, werden nach Art. 13 und ff. RAG angeknüpft, so dass nach allgemeiner Ansicht in der Tat nur vertragliche Schuldverhältnisse von den Bestimmungen des Art. 7 RAG betroffen sind[3].

Materiellrechtliche Bestimmungen anderer Gesetze können durch Sonderanknüpfung als zwingende Normen für bestimmte Vertragsarten Anwendung finden, wie im Bereich des Immobilienkaufs oder der Immobilienmiete. Ähnlich verhält es sich mit dem japanischen Zinsfestsetzungsgesetz, dessen Bestimmungen in Darlehensverträgen Anwendung finden können, oder mit dem Arbeitsstandardgesetz (ASG), dem Gewerkschaftsgesetz (GewerkG) bei Arbeitsverträgen oder dem Basisgesetz zum Verbraucherschutz[4] oder das Gesetz zum Verbrauchervertrag[5] bei Verträgen mit Verbrauchern. Da die genannten Gesetze jedoch über keine spezifischen Kollisionsnormen verfügen, werden sie hier nicht näher vorgestellt.

Außerdem bestimmt Art. 6 AMG, dass eine große Anzahl an internationalen Verträgen zur Genehmigung bei verschiedenen Organen der japanischen Verwaltung, in der Regel der japanischen Wettbewerbsbehörde[6], vorgelegt werden müssen, ebenso nach Art. 23 DAG bei der Bank von Japan[7].

Internationale vertragliche Schuldverhältnisse werden im japanischen IPR subjektiv nach dem Prinzip der Parteiautonomie (*tôjisha jichi no gensoku* 当事者自治の原則) angeknüpft. Haben die Parteien keine ausdrückliche

2 Zum Anlass des 100-jährigen Bestehens des RAG und insbesondere dessen Artikel 7, der von der Reform 1989 nicht betroffen war, gibt *Sakurada* in *Sakurada*, Nenpô 2, S. 1 ff. einen Abriss der rechtsgeschichtlichen Entwicklung dieses Artikels und seiner Interpretation durch die japanischen Gerichte.

3 *Sano*, Hôritsu kôi, S. 39; *Tameike*, Kôgi, S. 343.

4 Basisgesetz zum Verbraucherschutz (*shôhi-sha hogo kihonhô* 消費者保護基本法), Gesetz Nr. 1968-78.

5 Gesetz zum Verbrauchervertrag (*shôhi-sha keiyaku-hô* 消費者契約法), Gesetz Nr. 2000-61.

6 Kommission für den lauteren Handel (*Kôsei Torihiki Iinkai* 公正取引委員会), hier im Text entweder als *Kôsei Torihiki Iinkai* oder als japanische Wettbewerbsbehörde bezeichnet.

7 Bank von Japan (*Nippon Ginkô* 日本銀行).

Rechtswahl getroffen, wird an den stillschweigenden Parteiwillen (*mokuji no ishi* 黙示の意思) angeknüpft. Liegt keine subjektive Anknüpfung vor, so wird das Schuldverhältnis objektiv angeknüpft (*kyakkan-teki renketsu* 客観的連結). Eine Sonderanknüpfung im Rahmen von *ordre public* oder zwingenden Rechtsnormen versucht, bestimmte Wirkungen der erstgenannten Kollisionsnormen zu korrigieren.

4.1.2. Subjektive Anknüpfung – Parteiautonomie

Der folgende Abschnitt soll die Grundlagen der Anknüpfung im Rahmen der Parteiautonomie, das Für und Wider dieser Anknüpfung, sowie ihre genaue Bedeutung in Japan diskutieren. Er betrifft somit auch die Fragestellung, welches Recht und eventuell welche Art von Recht die Parteien wählen können, oder ob eine spätere Änderung des bereits bestimmten Rechts möglich ist.

4.1.2.1. Theoretische Begründung

In ihrer theoretischen Begründung der Parteiautonomie bezieht sich die japanische Lehre auch auf die Diskussionen, die in Europa und in Nord-Amerika durch Gelehrte wie *Batiffol*, *Ehrenzweig*, *Francescakis* oder *Neumayer* und viele andere geführt wurden und werden. In Anlehnung oder Kritik an dieses europäische oder amerikanische Gedankengut werden die verschiedenen Aspekte der subjektiven Anknüpfung von den verschiedenen japanischen Gelehrten diskutiert[8].

Das Prinzip der Parteiautonomie wird im allgemeinen einmal dadurch begründet, dass die Parteien durch ihre Willenserklärung die schuldrechtliche Verpflichtung überhaupt erst begründen. Es handelt sich um eine künstliche, vom Menschen geschaffene Verbindung, die durch die Vertragsfreiheit und die schuldrechtliche Anerkennung einer Willenserklärung möglich wird. So denken *Tameike* und *Sano*, dass die Parteien selbst bestimmen können, durch welches und nach welchem Recht diese Verpflichtung begründet und ausgelegt werden soll[9].

Als einen weiteren Grund nennen die Autoren die materielle Schwierigkeit, eine schuldrechtliche Verpflichtung nach objektiven Kriterien anzuknüpfen. Die verschiedenen Rechtsnormen, mit denen der Vertrag eine sehr enge Verbindung hat, wie beispielsweise der Abschlussort, der Ort der Belegenheit

8 Für eine weitergehende Darstellung in deutscher Sprache siehe *Nishitani*, Recht in Japan, S. 39 ff.

9 *Tameike*, Kôgi, S. 332; *Sano*, Hôritsu kôi, S. 40.

des Vertragsgegenstandes, der Ort des Geschäftssitzes der Vertragsparteien, der Erfüllungsort, lassen die Rechtsordnung mit der engsten objektiven Verbindung nur sehr schwer bestimmen, um so den Vertrag einem objektiv anwendbaren Recht unterwerfen zu können. Diese Schwierigkeit wird in Anbetracht der verschiedenen möglichen Vertragsformen verstärkt. Daher sind *Orimo*, *Yamada* und *Tameike* der Ansicht, dass die Parteien selbst bestimmen sollen, mit welcher Rechtsordnung ihr Vertrag die engste Verbindung haben soll[10].

In Verbindung mit den genannten materiellen Schwierigkeiten, ein vertragliches Schuldverhältnis objektiv anzuknüpfen, erwägt *Matsuoka*, dass die Anknüpfung nach dem Willen der Parteien auch für das Gericht die „einfachste" ist. Außerdem garantiert die subjektive Anknüpfung auch die größtmögliche Rechtssicherheit für die Parteien, so dass die Erwartungen der verschiedenen Parteien und der Schutz der Parteiinteressen nicht kompromittiert werden, da den Parteien bekannt ist, welches Recht ihr Schuldverhältnis bestimmt[11].

4.1.2.2. Materiellrechtliche oder kollisionsrechtliche Rechtswahl

Nach Art. 7 Abs. 1 RAG entscheiden die Parteien über das auf den Vertrag anwendbare Recht. Eine grundsätzliche Anfechtung der Parteiautonomie scheint es in der japanischen Lehre nicht zu geben. Es wird aber diskutiert, ob es sich um eine materiellrechtliche Rechtswahl (*jisshitsu hôteki shitei* 実質法的指定) handelt, in welchem Fall die Wirkung einer Rechtswahl aus dem materiellen Recht erwächst und somit die Anwendung zwingenden inländischen Rechts durch die Rechtswahl eines ausländischen Rechtes nicht eingeschränkt werden kann; oder ob es sich stattdessen um eine kollisionsrechtliche Rechtswahl (*teishoku hôteki shitei* 抵触法的指定) handelt, die es ermöglicht, sich über die zwingenden Rechtsnormen der *lex fori* oder eines anderen objektiv anwendbaren Rechtes hinwegzusetzen, während dafür im Gegenzug die zwingenden Vorschriften des gewählten Rechtes gelten.

Die Frage, ob materiellrechtliche oder kollisionsrechtliche Rechtswahl gilt, wird anhand eines Urteils des DG Tokyo von 1983[12] zu einer Clause Paramount (*shijô yakkan* 至上約款) diskutiert. In diesem Fall erörterte das Gericht, ob eine Klausel des Konnossementes, die den Transportvertrag amerikanischem Recht unterstellt, die Haftungsbegrenzungen des Brüsseler

10 *Orimo*, Kakuron, S. 115; *Yamada*, Kokusai shihô, S. 284; *Tameike*, Kôgi, S. 331.

11 *Matsuoka*, in *Kidana / Matsuoka / Watanabe*, S. 116.

12 DG Tokyo vom 24.1.1983, Kaiji-hô Kenkyû-kai Zasshi 海事法研究会雑誌 (Zeitschrift), Nr. 63, S. 18; *Doi*, Kihon hanrei, Nr. 44, S. 88.

Übereinkommen von 1924 über Seetransport einschließt. Für die japanische Lehre ist der kollisionsrechtliche oder materiellrechtliche Wert einer Rechtswahl (wie im Falle einer solchen Clause Paramount) strittig[13]. In dem Urteil des DG Tokyo jedoch entschieden die Richter, dass auch andere Bestimmungen des amerikanischen Rechtes, die eine Haftungsbegrenzung im Seetransport in bestimmten Fällen ausschließen, ebenso Anwendung finden, da eine allgemeine Verweisung auf dieses Recht, einschließlich des einschränkungsaufhebenden Gesetzes Vertragsgegenstand der kollisionsrechtlichen Vereinbarung war.

Nach dem genannten Urteil ist die Rechtswahl als eine kollisionsrechtliche Rechtswahl zu verstehen. Dies entspricht auch dem Inhalt früherer Entscheidungen in der japanischen Rechtsprechung[14].

4.1.2.3. Rechtswahl und Willensmängel bei Allgemeinen Geschäftsbedingungen

Besondere Aufmerksamkeit verdient in diesem Zusammenhang die subjektive Anknüpfung von allgemeinen Geschäftsbedingungen, in Japan als Adhäsionsvertrag bezeichnet (*fugô keiyaku* 附合契約). In der Regel handelt es sich um Verträge mit Banken oder Versicherungen, Verträge zwischen Unternehmern und Verbrauchern oder Transportverträge, bei denen der Unternehmer seinem Vertragspartner nur ein vorgefertigtes Vertragsformular ohne Verhandlungsspielraum zur Verfügung stellt. Bei dieser Vertragsform wird in Japan das Prinzip der Rechtswahlfreiheit teilweise kritisiert, da eine ausgewogene und billige Anwendung dieses Prinzips für einige Mitglieder der Rechtslehre nicht gewährleistet ist[15].

---

13 Für die kollisionsrechtliche Verweisung: *Takakuwa*, in *Ikehara / Hayata* (Hrsg.), Hyakusen, 3. Aufl., S. 79; *Nomura*, in *Sawaki / Akiba* (Hrsg.), Sôten, S. 130 ff; *Yamada*, Kokusai shihô, S. 285 und 299 ff, allerdings mit der Einschränkung, dass bestimmte Sachverhalte von einem Nebenstatut beherrscht werden, wie beispielsweise beim Bestehen von Zinsbeschränkungen oder Leistungsmöglichkeiten, die am Leistungsort nach dem dortigen Recht anerkannt werden. Gegen die kollisionsrechtliche Verweisung: *Ishiguro*, Kokusai unsô hoken keiyaku [der internationale Transportversicherungsvertrag], in Gendai keiyaku-hô taikei [System des modernen Vertragsrechtes], Bd. 8, S. 247 ff.

14 *Altenburger*, S. 22 ff.

15 *Satô*, Kokusai-teki fugô keiyaku [der internationale Adhäsionsvertrag], in *Sawaki / Akiba* (Hrsg.), Sôten, S. 125. *Satô* selbst befürwortet die Anerkennung einer Rechtswahl durch allgemeine Geschäftsbedingungen, um die Vorhersehbarkeit der anwendbaren rechtlichen Bestimmungen und somit die Rechtssicherheit insgesamt zu gewährleisten (*Satô*, Kokusai-teki fugô keiyaku [der internationale Adhäsionsvertrag], in *Sawaki / Akiba* (Hrsg.), Sôten, S. 125).

Kubo kritisiert die Möglichkeit einer subjektiven Anknüpfung in diesem Zusammenhang aufgrund der unterschiedlichen wirtschaftlichen Stärke der Vertragsparteien. Er befürwortet die Anknüpfung an den Ort des Geschäftssitzes[16]. *Orimo* dagegen ist der Ansicht, dass auch im Falle eines Adhäsionsvertrages die Rechtswahlfreiheit anerkannt werden muss. Aber zum Schutz der wirtschaftlich schwächeren Partei muss diese Freiheit gegen Missbrauch eingeschränkt werden[17]. *Matsuoka* schlägt vor, die Parteiwahl nur dann anzuerkennen, wenn diese Rechtswahl den gleichen Schutz für die wirtschaftlich schwächere Partei gewährt, wie das Recht, das nach einer objektiven Anknüpfung anwendbar wäre. Ist aber der Schutz durch dieses andere Recht größer als der Schutz durch das gewählte Recht, so soll dieses andere Recht angewendet werden[18]. Voraussetzung hierbei ist natürlich, dass ein anderes Recht objektiv ermittelt werden kann, das den Schutz der schwächeren Vertragspartei bestimmt.

Die Rechtsprechung scheint jedoch den Zweifeln der Lehre nicht zu folgen. Beispielsweise für die Vereinfachung von Buchungsvorgängen und des Geschäftsverkehrs sieht die Rechtsprechung keinen Grund, einem Unternehmen nicht zu erlauben, einheitliche Vertragsformulare zu verwenden und allein deswegen das Prinzip der Parteiautonomie zu missachten. So ist der einheitliche Tenor der Rechtsprechung, eine subjektive Anknüpfung der AGB aufgrund des Prinzips der Parteiautonomie anzuerkennen, wenn eine eindeutige Rechtswahlklausel vorhanden ist, es sei denn, die guten Sitten oder der *ordre public* sollten dem entgegenstehen[19].

4.1.2.4. Randfragen der subjektiven Anknüpfung

Diese Randfragen der subjektiven Anknüpfung sollen verschiedene Aspekte, die durch die subjektive Anknüpfung entstehen, erörtern, wie etwa die Wandelbarkeit des Vertragsstatuts, die kollisionsrechtliche Teilverweisung oder *dépeçage* sowie die Frage, ob nur das Recht eines Staates Anwendung finden kann und ob die Möglichkeit einer Versteinerungsklausel besteht.

---

16 *Kubo*, Kokusai shihô [IPR], Yûshindô Zensho, Tokyo, 1954, S. 164.

17 *Orimo*, Kakuron, S. 125.

18 *Matsuoka*, Kokusai torihiki to kokusai shihô, S. 269.

19 So bei Arbeitsverträgen: DG Tokyo vom 22.12.1973, Hanrei Jihô, Nr. 726, S. 25; OG Tokyo vom 28.8.1974, Rôminshû, Bd. 25, Nr. 4/5, S. 354; aber auch bei Transport- und Versicherungsverträgen und Verträgen mit Banken wird das Prinzip der Parteienautonomie anerkannt (*Yamada*, Kokusai shihô, S. 288), z.B. bei Festgeldvertrag: OGH vom 20.4.1978, Minshû, Bd. 32, Nr. 3, S. 616.

a) Wandelbarkeit des Vertragsstatuts

Im Rahmen der subjektiven Anknüpfung muss geprüft werden, zu welchem Zeitpunkt eine Rechtswahlklausel zwischen den Parteien vereinbart werden muss, zum Zeitpunkt des Vertragsabschlusses oder zu irgendeinem anderen Zeitpunkt nach Vertragsabschluss. Nach allgemeiner Ansicht gilt, dass die Rechtswahl zum Zeitpunkt des Vertragsabschlusses stattfinden sollte[20]. Es kann aber der Fall eintreten, dass die Parteien entweder bei Vertragsabschluss keine Rechtswahl treffen und dies zu einem späteren Zeitpunkt tun oder die getroffene Wahl nachträglich abändern möchten, d.h. die nachträgliche Änderung des Vertragsstatuts (*keiyaku junkyohô no jigo-teki henkô* 契約準拠法の事後的変更).

Generell sind bei einer Änderung des Vertragsstatuts der Parteiwille sowie der Schutz der Parteiinteressen und Interessen des internationalen Handels als entscheidend anzusehen. In Anlehnung auch an Art. 3 Abs. 2 EVÜ sprechen sich daher *Matsuoka* und *Takasugi* für eine Anerkennung einer späteren Änderung des anwendbaren Rechts aus, solange die Rechte Dritter durch diese Veränderung nicht beeinträchtigt werden[21]. *Matsuoka* diskutiert auch die Bedingung des genannten römischen Übereinkommens, nach der der Vertrag durch die Änderung des anwendbaren Rechts nicht in seiner Gültigkeit beeinträchtigt wird. Diese Bedingung scheint jedoch der Lehre in Japan für die Anerkennung der Wandelbarkeit des Vertragsstatuts nicht entscheidend[22].

Eine Rechtsprechung, die die Wandelbarkeit des Vertragsstatuts ablehnen würde, liegt nicht vor[23]. Allerdings gibt es Urteile, die in diesem Zusammenhang erwähnt werden können, die jedoch in der Regel keine echte von den Parteien vereinbarte nachträgliche Änderung des Vertragsstatuts betreffen. In einem Fall – Vertrag ohne Rechtswahl zum Zeitpunkt des Vertragsabschlusses – waren sich die Parteien über eine nachträgliche Rechtswahl nicht einig, so dass das Gericht aufgrund der fehlenden Rechtswahl an den Ort des Vertragsabschlusses anknüpfte, welches nach dem Gesetz (Art. 7 Abs. 2 RAG) anwendbar war[24]. In einem anderen Fall haben sich die Parteien während der

---

20 *Sawaki*, Tôjisha no chiji - meiji no shitei [Parteiautonomie - die ausdrückliche Verweisung], in *Ikehara / Hayata* (Hrsg.), Hyakusen, 2. Aufl., S. 69; *Tameike*, Kôgi, S. 344.

21 *Matsuoka*, Kokusai torihiki-hô to kokusai shihô, S. 175; *Takasugi*, Tôjisha jichi, S. 73; *Tameike*, Kôgi, S. 345.

22 *Matsuoka*, Keiyaku junkyohô no jigo-teki henkô [nachträgliche Änderung des auf den Vertrag anwendbaren Rechtes], in *Sawaki / Akiba* (Hrsg.), Sôten, S. 123.

23 *Sawaki*, Tôjisha no chiji - meiji no shitei [Parteiautonomie - die eindeutige Verweisung], in *Ikehara / Hayata* (Hrsg.), Hyakusen, 2. Aufl., S. 69.

24 DG Sapporo vom 29.3.1974, Hanrei Jihô, Nr. 750, S. 86 (in diesem Fall hatte eine Partei während der Gerichtsauseinandersetzung versucht, amerikanisches Recht auf

gerichtlichen Auseinandersetzung auf ein Recht geeinigt, dieses Recht war aber auch das Recht des Vertragsabschlussortes, welches mangels Rechtswahl der Parteien von vornherein anwendbar gewesen wäre. Die Parteien stimmten dieser „Wahl" durch das Gericht zu, und der Fall wurde dann nach diesem Recht gelöst[25].

b) *dépeçage*

Nach der Wandelbarkeit des Vertragsstatuts fragt sich, ob ein Vertrag einem einzigen Recht unterstellt werden muss, oder ob verschiedene Teile des Vertrages verschiedenen Rechtsordnungen unterstellt werden können, *dépeçage* oder kollisionsrechtliche Teilverweisung (*bunkatsu shitei* 分割指定).

Nach traditioneller Ansicht der japanischen Lehre ist eine Anwendung verschiedener Rechtsordnungen für verschiedene Teile des Vertrages nicht zulässig[26]. Diese Tendenz scheint sich aber in den letzten Jahren umgekehrt zu haben[27].

Nach Ansicht *Matsuokas* ist der *dépeçage* für einen zufriedenstellenden internationalen Rechtsverkehr notwendig und dessen Wirkungen sollten anerkannt werden[28]. *Tameike* begründet den *dépeçage* damit, dass jeder Vertrag in verschiedene Einzelverträge aufgeteilt werden könnte, wobei jeder Einzelvertrag einer anderen Rechtsordnung unterstellt wird. Da die Parteien selbst entscheiden können, ein einzelnes oder mehrere Geschäfte abzuschließen, kann man ihnen seiner Meinung nach auch nicht verbieten, einen Vertrag mehreren Rechtsordnungen zu unterstellen[29].

Die Rechtsprechung, ein Urteil des DG Tokyo aus dem Jahre 1977[30], hat im Fall eines Versicherungsvertrags anerkannt, dass bestimmte Klauseln dieses Vertrages dem englischen Recht unterstehen, der Vertrag aber insgesamt dem japanischen Recht. Durch die Anerkennung in der Rechtslehre und aufgrund dieses Urteils nimmt man an, dass japanisches Recht den *dépeçage* ermöglich.

---

den Vertrag anzuwenden. Die Anwendung amerikanischen Rechtes wurde aber von der anderen Partei abgelehnt.

25 DG Tokyo vom 29.11.1956, Kamin, Bd. 7, Nr. 11, S. 3430 . Hätten die Parteien nicht zugestimmt und sich auf ein anderes Recht geeinigt, muss man davon ausgehen, dass dann dieses Recht anwendbar gewesen wäre (*Matsuoka*, Keiyaku junkyohô no jigo-teki henkô [nachträgliche Änderung des auf den Vertrag anwendbaren Rechtes], in *Sawaki / Akiba* (Hrsg.), Sôten, S. 124; *Kawamata*, Tôjisha jichi, S. 75; *Sawaki* in *Ikehara / Hayata* (Hrsg.), Hyakusen, 2. Aufl., S. 29).

26 *Altenburger*, S. 90.

27 *Takasugi*, Tôjisha jichi, S. 73.

28 *Matsuoka*, Kokusai torihiki to kokusai shihô, S. 174.

29 *Tameike*, Kôgi, S. 344.

30 DG Tokyo vom 30.5.1977, Hanrei Jihô, Nr. 880, S. 79.

c) Recht eines Staates – „freies Recht" – internationales Recht

Bei der subjektiven Anknüpfung eines Vertrages ist ebenso zu erörtern, ob die Parteien das Recht eines Staates, wie es zu einem bestimmten Zeitpunkt besteht, bestimmen können, d.h. ob dieses Recht so anwendbar ist, wie es zum Zeitpunkt des Vertragsabschlusses war, „Versteinerung" (*kasekika* 化石化), oder ob eventuelle Änderungen beachtet werden müssen. Auch könnten die Parteien eine Verweisung nicht auf das Recht eines Staates wählen, sondern auf allgemeine universelle Prinzipien des internationalen Völkerrechts oder auf die Regeln und Bräuche der *lex mercatoria*. Diese Problematik kann insbesondere im Verhältnis zwischen privatrechtlichen Personen und Staaten oder anderen öffentlich-rechtlichen Institutionen von großer Bedeutung sein.

Im Rahmen der Parteiautonomie sind bestimmte Vertreter der japanischen Rechtslehre der Ansicht, dass eine derartige Versteinerung möglich sein müsste, da es den Parteien obliegt, die Regeln für ihren Vertrag festzulegen[31]. In Japan jedoch gilt, dass eine „Versteinerungsklausel" (*kasekika jôkô* 化石化条項) nach dem Standpunkt von *Egawa* nicht anerkannt wird. Dies ist zugleich die herrschende Meinung der Lehre in Japan, da die Versteinerung zu dem Resultat führen würde, dass ein Recht anwendbar wäre, das es in der Realität aber nicht mehr gibt, man denke beispielsweise an das Recht des russischen Kaiserreiches vor 1917[32].

Anders verhält es sich mit Regeln des internationalen Handelsgewohnheitsrechts. Es spricht nichts gegen eine Anwendung von internationalem Handelsgewohnheitsrecht wie etwa der *lex mercatoria* oder den *Incoterms* der Internationalen Handelskammer in Paris, jedoch unter der Voraussetzung, dass keine zwingenden Rechtsnormen oder Erwägungen des *ordre public* dagegen sprechen[33]. Eine zweite Vorraussetzung für die Anwendung der *lex mercatoria* besteht darin, dass es sich um konkrete Regeln handelt; eine einfache Berufung auf die *lex mercatoria*, als allgemein gültige international bekannte und gebräuchliche Rechtsnorm ist nach Ansicht von *Yamate* nicht möglich. Angewendet werden können daher nur die Regeln, die durch internationale Übereinkommen wie der UNCITRAL, durch das Bestehen von festen Regeln wie die *Incoterms* oder die Regeln für das Akkreditiv in ausreichender Weise präzis definiert wurden[34].

---

31 Etwa *Sawaki* nach *Takasugi*, Tôjisha jichi, S. 73. *Takasugi* erwähnt den Vorteil der Versteinerungsklausel bei Verträgen zwischen einem Unternehmen und einem Staat, die dem Recht des Staates unterliegen, da der Staat eventuell Vorteile durch Abänderung seines Rechtes erlangen könnte (*Takasugi*, Tôjisha jichi, S. 73).

32 *Egawa*, Zensho, S. 208; *Tameike*, Kôgi, S. 345.

33 *Matsuoka*, Kokusai torihiki to kokusai shihô, S. 168-169.

34 *Yamate*, Lex mercatoria ni tsuite [zur *lex mercatoria*], Tôhoku Gakuin Daigaku

In einem Urteil von 1988 bestätigt das DG Tokyo die Möglichkeit, Regeln des internationalen Handelsgewohnheitsrechts anzuwenden. Es handelte sich um eine Akkreditivforderung, die entsprechend den internationalen Regeln für Akkreditive, herausgegeben von der Internationalen Handelskammer in Paris in der Version von 1974, ausgestellt war. Die Berufung auf diese Regeln wurde als gültig angesehen[35].

4.1.2.5. Das Rechtswahlstatut

Die Rechtswahlklausel kann kollisionsrechtlich verschiedenartig behandelt werden. Es besteht die Möglichkeit einer Verweisung etwa auf die *lex fori*, auf das Heimatrecht der Vertragsparteien oder auf die *lex loci actum*. Die traditionell herrschende Meinung in Japan ist aber, dass die Wirksamkeit der Rechtswahl von der *lex fori* bestimmt wird[36].

Die subjektive Anknüpfung der Rechtswahlklausel könnte zu widersprüchlichen Ergebnissen führen und scheint daher unangebracht. Andererseits gilt das Prinzip der Parteiautonomie, so dass eine objektive Anknüpfung für die Rechtswahlklausel nur sehr schwer zu vertreten ist. *Yamada* und *Sawaki* sprechen sich für eine Anwendung des von den Parteien bestimmten Rechtes aus, um über die Gültigkeit der Rechtswahlklausel zu bestimmen[37]. Diese zweite Meinung wird in den letzten Jahren als die eher gültige angesehen[38].

4.1.2.6. Ungültige Rechtswahl

Nach Art. 7 Abs. 1 RAG gilt, wie oben beschrieben, dass auf einen schuldrechtlichen Vertrag das von den Vertragsparteien gewählte Recht angewendet wird. Es gilt nun die Gültigkeit der Rechtswahlklausel und die Folgen einer eventuellen Ungültigkeit der subjektiven Anknüpfung zu diskutieren, d.h. die Anknüpfung von Willensmängeln bei der Vertragsentstehung, wie Zwang oder Betrug, die auch in Japan zur Auflösung des Vertrages führen. Nach der herrschenden Meinung wird das Bestehen von Willensmängeln bei der Rechtswahl nach dem Ortsrecht eines Verfahrens oder nach dem Recht des

---

Ronshû, Nr. 34, S. 134.

35 DG Tokyo vom 29.5.1988, Kinhan, Nr. 781, S. 38. Die japanische Bankenvereinigung (*Zenkoku ginkô kyôkai* 全国銀行協会) hat dieses Regelwerk erst 1993 im Juli mit Wirkung vom 1.1.1994 an angenommen (*Hiroe*, Kokusai torihiki ni okeru kokusai shihô, S. 19).

36 *Egawa*, Zensho, S. 210; *Orimo*, Kakuron, S. 129; *Tameike*, Kôgi, S. 332.

37 *Yamada*, Kokusai shihô, S. 284; *Sawaki*, Nyûmon, S. 182.

38 *Sano*, Hôritsu kôi, S. 43.

Abschlussortes entschieden[39]. Nach einer Nebenmeinung von *Sakurada* muss die Gültigkeit einer Vertragsstatutsklausel entsprechend dem gewählten Recht, oder entsprechend dem darauf anwendbaren Recht, wenn es sich um ein anderes als das Vertragsstatut handelt, entschieden werden[40].

Da das japanische IPR die nachträgliche Abänderung des Vertragsstatuts anerkennt, kann die ungültige Rechtswahl auch durch eine nachträgliche Einigung der Parteien behoben werden.

Ist die Rechtswahlklausel ungültig, so muss der Vertrag nach *Orimo* nach Art. 7 Abs. 2 RAG an den Abschlussort angeknüpft werden[41], *Tameike* ist der Ansicht, dass in diesem Fall, wenn keine Einigung zwischen den Parteien erzielt werden kann, nach einer Anknüpfungsleiter erst entsprechend dem stillschweigenden Parteiwillen angeknüpft werden soll und dann nach Art. 7 Abs. 2 RAG an den Abschlussort[42].

4.1.2.7. Einschränkung der Parteiautonomie – Gesetzesumgehung und Einschränkung der Auswahl an anwendbaren Rechtsordnungen

Neben dem Bestehen von *ordre public* und zwingenden Rechtsnormen als materielle Einschränkungen, die später erörtert werden sollen, diskutiert die japanische Lehre verschiedene Gründe und Möglichkeiten, wie und warum eine subjektive Anknüpfung durch die Parteien eingeschränkt werden sollte.

a) Einschränkung als Vorbeugung gegen Gesetzesumgehung

Die Notwendigkeit der Einschränkung der Parteiautonomie begründet sich durch die Möglichkeit der Gesetzesumgehung (*hôritsu kaihi* 法律回避), d.h. um für ihre Interessen ungünstige Rechtsnormen zu umgehen, wählen die Parteien ein „günstiges Recht“ als Vertragsstatut.

Nach *Orimo* und *Egawa* ist die Theorie der Gesetzesumgehung jedoch unlogisch, da sie voraussetzt, dass eine bestimmte Rechtsordnung auf jeden Fall Anwendung finden müsste. Diese allgemein gültige Anknüpfung nach objektiven Kriterien kann im Rahmen einer wirksamen Parteiautonomie aber so nicht angenommen werden, denn nach dem Prinzip der subjektiven

39 *Egawa*, Zensho, S. 210; *Orimo*, Kakuron, S. 129; *Tameike*, Kôgi, S. 332; *Sano*, Hôritsu kôi, S. 43.

40 *Sakurada*, Kokusai shihô, S. 209. Er beruft sich hierbei auf Art. 2 Abs. 3 des Haager Übereinkommens betreffend das auf internationale Kaufverträge über bewegliche Sachen anzuwendende Recht von 1955.

41 *Orimo*, Kakuron, S. 131.

42 *Tameike*, Kôgi, S. 334.

Anknüpfung gibt es ein solches auf jeden Fall anwendbares Recht nicht[43]. Ein Beispiel in der Rechtsprechung, das den Begriff der Rechtsumgehung begründen und auch überhaupt definieren könnte, besteht bisher in Japan nicht.

b) Einschränkung der Auswahl an anwendbaren Rechtsordnungen

Nach herrschender japanischer Meinung gilt, dass nur im Falle einer Auslandsberührung überhaupt ein fremdes Recht als Vertragsstatut zur Anwendung berufen werden kann[44]. Hierbei diskutiert die Lehre, welche Rechtsordnungen bei Auslandsberührung für eine Rechtswahl zur Verfügung stehen.

Kawakami und *Sanekata* vertreten die Ansicht, dass die Anzahl der Rechtsordnungen, zwischen denen die Parteien das Vertragsstatut auswählen können, eingeschränkt werden soll, eine quantitative Einschränkung (*ryô-teki seigen* 量的制限). Sie denken, dass diese auswählbaren Rechtsordnungen durch objektive Anknüpfung vorbestimmt werden sollen. Sie schlagen eine Verweisung auf das Heimatrecht der Vertragsparteien, das Wohnsitzrecht der Parteien oder das Recht des Abschlussortes oder des Erfüllungsorts vor. Die Parteien wählen unter diesen Möglichkeiten das anwendbare Recht[45].

Kritisiert wird diese Lehrmeinung von *Egawa* und *Orimo* vor dem Hintergrund, dass eine Einschränkung der Rechtswahl, fast ein „Rechtswahlboykott", schwer zu begründen ist, wenn man die bestehenden Schwierigkeiten, einen Vertrag objektiv anzuknüpfen, sowie die Vielzahl der verschiedenen anwendbaren Rechtsordnungen je nach Sachverhalt des Rechtsgeschäftes, die dann gegebenenfalls außerhalb der „erlaubten Rechte" liegen könnten, bedenkt [46]. *Yamada* kritisiert diese Theorie des „Rechtswahlboykotts", da bei der subjektiven Anknüpfung die Parteien über die Rechtswahl entscheiden. Gesetzliche Kollisionsnormen für eine objektive Anknüpfung, und dabei gesetzlich vorbestimmte Anknüpfungspunkte, kommen nur dann zum Tragen, wenn die Parteien keine Rechtswahl getroffen haben, und der Vertrag objektiv angeknüpft werden muss. Eine objektive Anknüpfung kann seiner Meinung nach aber nicht gleichzeitig mit einer subjektiven Anknüpfung bestehen, denn die subjektive Anknüpfung bedingt sich in diesem Fall ausschließlich durch den Willen der Parteien, nicht aber durch objektive Kriterien[47].

---

43 *Orimo*, Kakuron, S. 119; *Egawa*, Zensho, S. 213 f.

44 *Egawa*, Zensho, S. 211; *Yamada*, Kokusai shihô, S. 126.

45 *Kawakami*, Yôkô, S. 99; *Sanekata*, Kokusai shihô-jô ni okeru tôjisha no gensoku, Hôgaku, Bd. 1, Nr. 12, S. 125 f.

46 *Egawa*, Zensho, S. 213; *Orimo*, Kakuron, S. 120.

47 *Yamada*, Kokusai shihô, S. 287.

Nach dem oben genannten Urteil des DG Tokyo von 1983[48] rechtfertigt sich dieser Standpunkt auch deswegen, weil in der bisherigen japanischen Rechtsprechung eine kollisionsrechtliche Verweisung angenommen wird. Gälte eine materiellrechtliche Verweisung, könnte die Überlegung angestellt werden, ob die Verweisung im Rahmen der subjektiven Anknüpfung nicht bis zu einem gewissen Grad eingeschränkt werden könnte. Das RAG sieht aber nicht derartiges vor, und die Frage ist bisher auch nicht ausdrücklich von der Rechtsprechung in Japan in diesem Sinne behandelt worden.

Neben der Überlegung, die Rechtswahlmöglichkeit der Parteien einzuschränken, indem man, wie hier beschrieben, die Anzahl der wählbaren Rechtsordnungen verringert, wird sowohl in der Lehre als auch in der Rechtsprechung das Bestehen von *ordre public* (*kôjo* 公序) und zwingenden Rechtsnormen (*kyôkô hôki* 強行法規) erörtert und bisweilen in der Rechtsprechung auch angewendet. So gilt, dass ein von den Parteien bestimmtes Recht dann keine Anwendung findet, wenn seine Anwendung zu Ergebnissen führt, die in der japanischen Rechtsordnung nicht akzeptiert werden können und somit auf japanisches Recht als die *lex fori* zurückgegriffen werden muss, um eine Lösung zu finden. Allerdings gibt es Fälle, in denen die japanische Rechtsnorm ohne weitere Prüfung, ob eine ausländische Rechtsnorm Anwendung finden könnte, angewendet wird. Eine vorherige Überprüfung der Ergebnisse der fremden, eventuell anwendbaren Rechtsnorm findet nicht statt und ist ohne Belang. Solche unmittelbar anwendbaren Normen können als zwingende Rechtsnormen bezeichnet werden[49]. Doch zuvor einige Bemerkungen zur objektiven Anknüpfung.

4.1.3. Objektive Anknüpfung

Im folgenden Abschnitt soll die Rechtslage erörtert werden, wenn die Vertragsparteien keine ausdrückliche Rechtswahl getroffen haben. Hierbei gibt es in Japan zwei Ansätze, das Rechtsgeschäft anzuknüpfen. Einen bestimmt das Gesetz, Anknüpfung an den Abschlussort, der andere, Anknüpfung an den stillschweigenden Parteiwillen[50], hat sich als Kritik der Anknüpfung an den

---

48 DG Tokyo vom 24.1.1983, Kaiji-hô Kenkyû-kai Zasshi (Zeitschrift), Nr. 63, S. 18; *Doi*, Kihon hanrei, Nr. 44, S. 88, Urteil zur Clause Paramount, siehe 4.1.2.2.

49 *Sawaki*, Rikkyô Hôgaku, Nr. 9, S. 161. (Mehrere Beispiele in der Rechtsprechung: RGH vom 17.3.1917, Minroku, Bd. 23, S. 378; DG Kôbe vom 16.9.1917, Shinbun, Nr. 1329, S. 23), aber auch zwingende Rechtsnormen in der Rechtspraxis wie etwa durch das Antimonopolgesetz (AMG) und das DAG, was Melde- und Genehmigungspflichten bei bestimmten internationalen Verträgen betrifft.

50 Nach herrschender japanischer Auffassung ist die Anknüpfung an den stillschweigenden Parteiwillen eine subjektive Anknüpfung. Da diese Kollisionsnorm,

Abschlussort in der Lehre entwickelt und findet inzwischen Anerkennung in der Rechtsprechung.

4.1.3.1. Gesetzliche Anknüpfung an den Abschlussort

Nach Art. 7 Abs. 2 RAG wird der Vertrag an den Abschlussort angeknüpft, wenn die Parteien keine Rechtswahl getroffen haben. Diese Form der Anknüpfung wird in der japanischen Lehre jedoch stark kritisiert. Außerdem bleibt offen, welcher Ort als Abschlussort angenommen werden muss, wenn Parteien, die sich an verschiedenen Orten befinden, einen Vertrag schließen. Diese zweite Fragestellung soll hier im Anschluss dargestellt werden.

a) Gesetzliche Grundlage

Nach Art. 7 Abs. 2 RAG gilt, dass ein Vertrag, bei dem die Parteien keine Rechtswahl vorgenommen haben, nach dem Leitsatz *locus regit actum* (*basho wa kôi wo shihai suru* 場所は行為を支配する) dem Recht des Abschlussortes unterliegt. Nach heutiger Rechtsaufassung beschränkt sich die Anwendung dieser Kollisionsnorm auf solche Fälle, in denen ein stillschweigender Parteiwille, wie im nächsten Abschnitt erläutert, nicht ermittelt werden kann oder von den Parteien nicht vorgebracht wird und die Parteien in einem Prozess die Anknüpfung an den Abschlussort annehmen[51].

Man kann nicht gänzlich ausschließen, dass ein japanischer Richter, ohne den stillschweigenden Parteiwillen zu suchen, direkt das Recht des Abschlussortes anwendet, wie dies auch in der Vergangenheit geschah, so z.B. durch das OG Ôsaka[52] in einem Fall eines Mietvertrages einer in Indonesien von Ausländern verschiedener Nationalitäten gegründeten Vereinigung und deren Anspruch einer Mietkautionsrückforderung. Auf den Mietvertrag wurde indonesisches Recht angewendet, als das Recht des Abschlussortes des Gründungsvertrages der Vereinigung, der über diese Frage entscheiden musste. Einen Versuch der Anknüpfung an den stillschweigenden Parteiwillen unternahm das Gericht für den Gründungsvertrages nicht, jedoch für den Mietvertrag und das Depot der Mietkaution, hier an japanisches Recht, da diese Verträge nach japanischem Recht geformt waren, aber ohne eindeutige Rechtswahlklausel[53].

---

wie hiernach beschrieben, in der Regel jedoch subjektive und objektive Anknüpfungspunkte verbindet, wird sie in dieser Arbeit im Rahmen der objektiven Anknüpfung erörtert.

51 *Sawaki* in *Ikehara / Hayata* (Hrsg.), Hyakusen, 2. Aufl., S. 28; *Kawamata* in *Ikehara / Hayata* (Hrsg.), Hyakusen, 2. Aufl., S. 70.

52 OG Ôsaka vom 5.8.1969, Kômin, Bd. 22, Nr. 4, S. 543.

53 *Matsuoka*, in *Ikehara Hayata* (Hrsg.), Hyakusen, 2. Aufl., S. 75.

Eine Erwähnung verdient auch ein Fall von Staatsanleihen. Der RGH entschied 1934 in einem Urteil bezüglich öffentlicher Anleihen, die in Frankreich ausgegeben wurden[54], dass in analoger Anwendung des Art. 7 Abs. 2 RAG hier französisches Recht angewendet werden muss. Eine ausdrückliche Rechtswahl der Parteien lag nicht vor. Die Anleihen waren in englischer Sprache abgefasst und in englischen Pfund ausgestellt. Es gab keine näheren Angaben über den Abschlussort, so entschied das Gericht, den Ausgabe- und Auszahlungsort als den Abschlussort anzusehen, beide lagen in Frankreich, und wendete französisches Recht an[55].

b) Bestimmung des Abschlussortes bei Vertragsparteien, die sich an verschiedenen Orten aufhalten

Wenn eine Willenserklärung zwischen Personen abgegeben wird, die sich an Orten aufhalten, die unterschiedlichem Recht unterliegen, dann ist nach Art. 9 Abs. 1 RAG das anwendbare Recht auf diese Willenserklärung das Recht des Ortes ist, an dem die Willenserklärung abgegeben wurde. Nach Abs. 2 gilt, dass im Falle des Zustandekommens eines Vertrages der Ort der Abgabe des Angebotes als Abschlussort zu sehen ist. Ist dieser Ort nicht bekannt, gilt der Wohnort des Angebotsabsenders als Abschlussort.

Wenn das Angebot durch die Annahme verändert wird, so gilt es als neues Angebot und der Abschlussort ist dann der Ort der Abgabe der veränderten Annahme[56]. Diese Auffassung wird auch von der Rechtsprechung geteilt[57].

Die Anknüpfung an den Abschlussort ist aufgrund ihres Zufallscharakters für den Vertrag Gegenstand doktrinaler Auseinandersetzungen in Japan. Verträge werden an irgendwelche Orte angeknüpft, die jedoch nur bedingt mit der Erfüllung der vertraglichen Verpflichtungen in einer näheren Verbindung stehen. Die Anwendung dieses Rechtes kann deshalb als unangebracht für die Parteiinteressen erscheinen.

---

54 RGH vom 27.12.1934, Minshû, Bd. 13, Nr. 24, S. 2386.

55 Diese Anknüpfung wird aber von *Nishi* kritisiert, da nach französischem Recht die Tatsache, dass die Anleihen in Pfund ausgestellt waren, in der Entscheidung berücksichtigt hätte werden müssen. Die französische Rechtslage sah seiner Meinung nach in solchem Fall eine Aufteilung des anwendbaren Rechtes vor (*Nishi* in *Ikehara / Hayata* (Hrsg.), Hyakusen, 2. Aufl., S. 81).

56 *Yamada*, Kokusai shihô, S. 294 und *Saitô Akira*, Ihô-chi-sha kan no ishi hyôji [Willenserklärungen zwischen Personen, die sich an Orten aufhalten, die unterschiedlichem Recht unterliegen], in *Kidana / Matsuoka* (Hrsg.), Kihonhô Kokusai shihô, S. 56.

57 DG Ôsaka vom 11.11.1964, Hanrei Jihô, Nr. 395, S. 44; DG Tokyo vom 18.4.1977, Hanrei Jihô, Nr. 850, S. 3.

Daher wird auch in Japan für bestimmte Teile der Lehre eine Anknüpfung an das Recht mit der engsten Verbindung als vorteilhafter angesehen[58].

Für *Ishiguro* ist die Anknüpfung an den stillschweigenden Parteiwillen gleichbedeutend mit der Anknüpfung an das Recht mit der engsten Verbindung[59].

4.1.3.2. Anknüpfung an den stillschweigenden Parteiwillen

Bei der Anknüpfung an den stillschweigenden Parteiwillen (*mokuji no ishi* 黙示の意思) ermittelt der Richter die Rechtsordnung, die die Parteien als Vertragsstatut „stillschweigend" bestimmen wollten. Die Anknüpfung kann je nach Art und Inhalt des Vertrages anhand von verschiedenen Vertragselementen und Berührungspunkten, bei denen Einigkeit zwischen den Parteien besteht, durchgeführt werden. Solche Berührungspunkte können sein Vertragssprache, Ort der Erfüllung der charakteristischen Leistung, Schiedsgerichtsklauseln oder Gerichtstandsvereinbarungen oder Bezugnahme auf bestimmte Handelsbräuche. Im Rahmen dieser Anknüpfung werden daher alle subjektiven und objektiven Elemente eines Vertrages analysiert, um eine angemessene und billige Anknüpfung zu ermöglichen[60]. Diese Form der Anknüpfung ist im Gesetz nicht vorgesehen. In Anlehnung an Art. 7 Abs. 1 RAG hat sie sich als Kritik der Lehre an der strikten formellen Anknüpfung an den Ort des Vertragsabschlusses entwickelt - die Anknüpfung an den stillschweigenden Parteiwillen wird seit langem von *Orimo*, *Tameike* und *Yamada* und anderen gefordert[61] - und hat auch ihren Niederschlag in der Rechtsprechung gefunden.

Erstmalig[62] wurde die Anknüpfung an den stillschweigenden Parteiwillen 1978 auch in einem Urteil des OGH anerkannt[63]. Das Urteil betraf ein Festgeldkonto zwischen der Tokyoter Niederlassung einer thailändischen Bank und einem Auslandschinesen. Zur Bestimmung des anwendbaren Rechtes stellt das Gericht fest:

---

58 *Sano*, Hôritsu kôi, S. 46.

59 *Ishiguro*, Kokusai shihô, S. 270 ff.

60 *Orimo*, Kakuron, S. 130; *Yamada*, Kokusai shihô, S. 293; *Sakarada*, Kokusai shihô, S. 210; *Sano*, Hôritsu kôi, S. 45; *Altenburger*, S. 100.

61 *Orimo*, Kakuron, S. 130; *Sano*, Hôritsu kôi, S. 45; *Tameike*, Kôgi, S. 346; *Yamada*, Kokusai shihô, S. 294; *Sakarada*, Kokusai shihô, S. 211; *Matsuoka*, Kokusai torihiki to kokusai shihô, S. 201; *Kawamata*, Tôjisha jichi, S. 74..

62 Gerichte unterer Instanzen hatten diese Form der Anknüpfung bereits vorher anerkannt: OG Ôsaka vom 18.10.1962, Kamin, Bd. 13, Nr. 10, S. 2094; DG Tokyo vom 22.4.1977, Hanrei Jihô, Nr. 863, S. 100.

63 OGH vom 20.4.1978, Minshû, Bd. 32, Nr. 3, S. 616.

„...die Anknüpfung in diesem Fall muss nach Art. 7 RAG entsprechend dem Willen der Parteien entschieden werden, eine ausdrückliche Willenserklärung der Parteien aber kann nicht erkannt werden, jedoch das Festgeldkonto zwischen der Niederlassung in Tokyo und dem Auslandschinesen, damals wohnhaft in Japan, wurde in Yen geführt, weiterhin fand der Vertrag in der Tokyoter Niederlassung ... als gewöhnliches Bankgeschäft ... in der Form eines gewöhnlichen Adhäsionsvertrages statt, [d.h. im Rahmen der allgemeinen Geschäftsbedingungen der Bank]; neben diesen Gegebenheiten benötigt eine ausländische Bank eine ministerielle Genehmigung, um im Inland dem Bankgeschäft nachgehen zu können, daraus ergibt sich, dass die Parteien japanisches Recht als das Recht des Sitzes der Niederlassung als anwendbares Recht für diesen Vertrag stillschweigend vereinbart haben ..."

Das Gericht ermittelte den stillschweigenden Parteiwillen, oder die stillschweigende Vereinbarung der Parteien anhand von verschiedenen Berührungspunkten, die es erlauben konnten, den Vertrag in billiger und gerechter Weise einem Recht zu unterwerfen, mit dem eine faktische Verbindung bestand und das durch die Parteien nicht von der Anwendung ausgeschlossen wurde.

Zahlreiche andere Urteile knüpfen ebenso an den stillschweigenden Parteiwillen an[64]. Wenn die Anknüpfung an den stillschweigenden Parteiwillen

---

64 Hier einige wenige Beispiele: DG Tokyo vom 1.10.1997, Hanrei Times, Nr. 979, S. 144: Dieser Fall betrifft eine Auseinandersetzung zwischen japanischen Arbeitnehmern und einer deutschen Luftfahrtgesellschaft. Die Richter unterwarfen das Arbeitsverhältnis deutschem Recht, da es deutschem Tarifrecht unterlag, und somit deutschem Arbeitsrecht. Als weitere Elemente wurden der Ort des Vertragsabschlusses in Deutschland gesehen sowie die Gehaltsabrechnung in DM. Die Ausschreibung der Stelle in Japan als eine in Japan stationierte Stelle, sowie die Durchführung eines Vorstellungsgespräches in Japan wurden nicht als ausreichend angesehen, japanisches Recht als das von den Parteien stillschweigend vereinbarte Recht anzuerkennen. OG Tokyo vom 26.9.1990, Mutaishû, Bd. 22, Nr. 3, S. 613: der Fall betraf eine Zusatzvereinbarung zu einem Lizenzvertrag zwischen einer japanischen Partei und einer Gesellschaft aus Taiwan über ein Patent, dessen Benutzung in Japan eingeräumt wurde. Der Hauptvertrag war in Tokyo unterzeichnet und in japanischer Sprache verfasst. Die Zusatzvereinbarung war wohl im Ausland unterzeichnet aber ebenso in japanischer Sprache abgefasst. Die Richter befanden daher, dass die Parteien die Zusatz- vereinbarung stillschweigend japanischem Recht unterworfen haben. Ein Urteil des DG Tokyo vom 4.3.1969, Hanrei Times, Nr. 235, S. 236 verweist auf japanisches Recht bei einem Kreditvertrag zwischen zwei in den USA lebenden Japanern, da das Auszahlungs- datum und das Rückzahlungsdatum nach dem japanischen Kalender angegeben wurden.

nach Kriterien wie Vertragsprache, Datumsangaben nach einem bestimmten Kalender, etwa dem traditionellen japanischen oder chinesischen Kalender, oder Verweisungen an Tarifabkommen getroffen wird, ist der subjektive Charakter der Anknüpfung unbestreitbar. Allerdings ist eine solche Anknüpfung sehr kritisch zu sehen, wenn die Anknüpfung an den stillschweigenden Parteiwillen ihren subjektiven Charakter zwar suggeriert, bisweilen aber aufgrund einer Verbindung von subjektiven Elementen und objektiven Elementen[65] oder nur nach objektiven Anknüpfungspunkten[66] angeknüpft wird. Eine Anknüpfung an das Recht mit der engsten Verbindung kann daher in mancher Hinsicht „ehrlicher" erscheinen, da es nicht den Versuch unternimmt, den vermeintlichen Willen der Parteien zu suchen[67].

Tameike ist der Ansicht, dass für den Fall einer nicht ausdrücklichen Rechtswahl durch die Parteien der Richter immer erst an den stillschweigenden Parteiwillen anknüpfen soll, bevor er der gesetzlich festgelegten objektiven Anknüpfung an den Abschlussort folgt. Für *Tameike* ist bei einem

---

65 Einige Beispiele entscheiden sich bei der Anknüpfung an den stillschweigenden Parteiwillen nach subjektiven Elementen und objektiven Elementen. So etwa: bei dem Urteil des DG Yokohama vom 29.10.1920, Hyôron, Bd. 8, S. 4, das einen Transportvertrag zwischen zwei ausländischen Parteien dem englischen Recht unterstellt, da der Vertrag in englischer Sprache abgefasst war (subjektives Element), und das transportierende Schiff unter englischer Flagge fuhr (objektives Element); ebenso ein Urteil des DG Tokyo vom 21.4.1961, Kamin, Bd. 12, Nr. 4, S. 820, das ein Konnossement dem amerikanischen Recht unterwirft, da es auf das amerikanische Seewarentransportrecht verweist (subjektives Element) und der Aussteller des Konnossements in den USA seinen Geschäftssitz hat (objektives Element).

66 Hier einige wenige Beispiele: DG Maebashi, Geschäftsstelle Kiryû vom 9.4.1962, Kamin, Bd. 13, Nr. 4, S. 695, das einen Immobilienverkauf dem japanischen Recht unterstellt, da die Vertragsparteien, ein Japaner und ein Ausländer, einen Vertrag in Japan über ein in Japan belegenes Grundstück abgeschlossen haben, ohne eine ausdrückliche Rechtswahl getroffen zu haben; Das OG Ôsaka vom 5.8.1969, Kômin, Bd. 22, Nr. 4, S. 543, entschied ebenso in ähnlichem Fall; DG Tokyo vom 14.5.1969, Kamin Bd. 20, Nr. 5/6, S. 342, das bei einem in den USA zwischen Amerikanern abgechlossenen Arbeitsvertrag für eine in Japan zu erbringende Arbeit auf das amerikanische Recht verweist; DG Akita vom 23.1.1971, Kamin, Bd. 22, Nr. 1/2, S. 52 das bei einem Ölkauf an das Flaggenrecht anknüpft, da es sich um ein Seehandelsgeschäft handelt.

67 Diese Gefahr besteht insbesondere deswegen, weil die Auslegung des „stillschweigenden" Parteiwillens umfassender ist als nach dem deutschen EGBGB oder dem EVÜ, so dass auch eine Anknüpfung an den „hypothetischen" Parteiwillen bisweilen eingeschlossen ist und somit aufgrund des weiten Ermessensspielraums des Richters eine größere Rechtsunsicherheit für die Parteien entsteht. (*Nishitani*, Recht in Japan, S. 44). *Ishiguro* geht sogar soweit, die Anknüpfung an das Recht mit der engsten Verbindung als eine Anknüpfung in der Form einer Anknüpfung an den stillschweigenden Parteiwillen darzustellen (*Ishiguro*, Kokusai shihô, S. 270 ff.).

Arbeitsvertrag der Ort, an dem die Arbeit verrichtet wird, als der Ort zu sehen, an den die Parteien den Vertrag stillschweigend anknüpfen wollen. Bei einem Liegenschaften betreffenden Vertrag verweist der stillschweigenden Parteiwillen auf die *lex rei situae*[68]. Diese Auffassung ähnelt dem Prinzip einer Verweisung auf das Recht mit der engsten Verbindung oder das Recht des Ortes, an dem die charakteristische Leistung erbracht wird, mit dem Vorteil, dass dabei das geltende Recht oder die gegenwärtige Praxis nicht geändert werden müsste.

Sanekata ist der Ansicht, dass immer dann an den stillschweigenden Partiewillen angeknüpft werden sollte, wenn der Eindruck besteht, dass die Parteien nicht nach Art. 7 Abs. 2 RAG an den Abschlussort anknüpfen wollten. Die von ihm vorgeschlagen Anknüpfungselemente, um den stillschweigenden Parteiwillen zu ermitteln, sind allerdings objektive Elemente, wie der Geschäftssitz der Vertragsparteien, deren Staatsangehörigkeit oder der Ort der Belegenheit des Vertragsobjektes[69].

Die Anknüpfung an den stillschweigenden Parteiwillen wird aber unter anderem aufgrund von Erwägungen der Unvorhersehbarkeit der Anknüpfung und der daraus entstehenden Rechtsunsicherheit von *Sano* kritisiert. Bei einer Anknüpfung an den stillschweigenden Parteiwillen kann das Vertragsstatut nicht immer eindeutig ermittelt werden und räumt dem Richter einen Ermessensspielraum ein, der zu einer gewissen Rechtsunsicherheit führt, die im Fall einer objektiven Anknüpfung nicht bestünde[70].

Sakurada warnt ebenso vor der Gefahr einer Umwandlung der Anknüpfung an den stillschweigenden Parteiwillen in eine objektive Anknüpfung, begründet durch den Willen, die objektive Anknüpfung an den Abschlussort, der oft in keinem Zusammenhang mit dem Vertrag steht, „absterben zu lassen". Somit würde die Anknüpfung an den stillschweigenden Parteiwillen gleichbedeutend einer Verweisung auf das Recht mit der engsten Verbindung werden. Auch für ihn führt dies jedoch zu einer größeren Rechtsunsicherheit der Parteien und ist daher zu vermeiden. Eine Anknüpfung an den stillschweigenden Parteiwillen sollte nur dann stattfinden, wenn die Umstände des Vertrages den Eindruck vermitteln, dass die Parteien stillschweigend den Vertrag einem bestimmten Recht unterstellen wollten[71].

Matsuoka gibt zu bedenken, dass der stillschweigende Parteiwille im Streitfall beispielsweise über das Zustandekommen und die Gültigkeit eines Vertrages auf ein anderes Recht verweisen kann, als wenn die Parteien über mangelhafte Erfüllung und die dadurch bedingte Schadensersatzforderung

---

68 *Tameike*, Kôgi, S. 348.

69 *Sanekata*, Gairon, S. 216 ff.

70 *Sano*, Hôritsu kôi, S. 46.

71 *Sakurada*, Nenpô 2, S. 16 ff.

streiten [72]. Eine Lösung könnte das Prinzip der kollisionsrechtlichen Teilverweisung bieten, das wie oben beschrieben auch in Japan akzeptiert wird. Dies ließe aber immer noch genügend Ermessensspielraum und somit Unklarheit über das anwendbare Recht.

Matsuoka kritisiert auch die fehlende Klärung der Frage, wann und unter welchen Voraussetzungen ein Anknüpfungselement die Wirkung des stillschweigenden Parteiwillens hat, und wann unter Beibehaltung der gesetzlich bestimmten Anknüpfung an das Recht des Abschlussortes verwiesen werden muss[73].

4.1.3.3. Verweisung an das Recht mit der engsten Verbindung

Die Anwendung des Rechtes mit der engsten Beziehung wird in der japanischen Lehre diskutiert, auch wenn eine solche Kollisionsnorm bisher in gesetzlichen Bestimmungen und in der Rechtsprechung nur außerhalb des wirtschaftlich relevanten IPR Niederschlag gefunden hat[74]. Es handelt sich hierbei um das Konzept des angloamerikanischen Rechts der *most significant relation* (*mottomo jûyô na kankei* 最も重要な関係) oder der engsten Verbindung (*mottomo missetsu na kankei* 最も密接な関係), das beispielsweise auch in Art. 4 EVÜ verwendet wird.

Akiba ist der Ansicht, dass bereits heute sehr viele kollisionsrechtliche Fragestellungen im japanischen IPR durch eine Anknüpfung an das Recht mit der engsten Verbindung gelöst werden, in dem verschiedene Anknüpfungsleitern diese Form der Anknüpfung ermöglichen, wenn auch beschränkt auf das familienrechtliche Kollisionsrecht. Der Entwurf des *Hôrei* aus dem Jahre 1890 sah auch im Bereich des Vertragsrechtes eine Anknüpfungsleiter zuerst an den Parteiwillen vor, anschließend, wenn keine Rechtswahl vorlag, eine Verweisung auf das gemeinsame Heimatrecht, wenn es dieses nicht gab, eine Verweisung auf das Recht mit der engsten Verbindung (Art. 5 dieses Entwurfs). *Akiba* sieht aber nicht nur rein geographische Gegebenheiten als Anknüpfungspunkte, sondern auch kulturelle, religiöse oder sprachliche, um die engste Verbindung an ein Recht in einer Rechtsbeziehung zu finden[75].

---

72 *Matsuoka*, Kokusai torihiki to kokusai shihô, S. 203.

73 *Matsuoka*, Kokusai torihiki to kokusai shihô, S. 204.

74 Der Begriff des "Rechtes des Ortes mit der engsten Verbindung" (*mottomo missetsu naru kankei [aru tsuchi] no hôritsu* 最モ密接ナル関係アル[地ノ]法律) wurde erstmals in dem Reformgesetz des RAG von 1989 in Art. 14 zur Anknüpfung der allgemeinen Ehewirkungen und Art. 31 (personelle Rechtsspaltung) verwendet (*Schmitt Monika*, Die Reform des japanischen IPR, S. 18).

75 *Akiba*, in *Sawaki / Akiba* (Hrsg.), Sôten, S. 58. *Akiba* ist aber auch der Ansicht, dass selbst bei einer Verweisung auf das Recht mit der engsten Verbindung der Schutz des

Nach Ansicht *Matsuokas* jedoch ist eine Anwendung des Rechtes mit der engsten Verbindung fragwürdig, wenn diese engste Verbindung nicht genauer definiert ist. Das Römische Übereinkommen ist seiner Meinung nach in dieser Hinsicht zwar vorbildlich, indem es die Vermutung aufstellt, dass die engste Verbindung mit dem Ort besteht, an dem der Schuldner der charakteristischen Leistung des Vertrags seinen Sitz oder seinen gewöhnlichen Aufenthalt hat. Für den Fall des Kaufvertrages ist *Matsuoka* der Ansicht, dass die Verweisung auf das Recht des Wohnortes oder auf das Recht des Sitzes des Verkäufers eine angemessene Lösung ist. Die Anknüpfung an den Ort der charakteristischen Leistung ist aber in Fällen von Bank- oder Versicherungsleistungen aufgrund von verschiedenen schutzwürdigen Elementen, wie etwa das Interesse der Vertragsparteien oder das Vertragsobjekt, wenn es sich um eine Liegenschaft handelt, sehr viel komplexer, und diese Form der Anknüpfung somit auch fragwürdiger. Ebenso verhält es sich seiner Meinung nach mit Immobilientransaktionen oder Miet-, Verbraucher- oder Adhäsionsverträgen oder Verträgen im Rahmen von allgemeinen Geschäftsbedingungen, denn bei all diesen Vertragstypen soll entweder die schwächere Vertragspartei geschützt werden oder besteht ein örtliches Schutzinteresse, wie insbesondere im Fall von Liegenschaften. *Matsuoka* ist daher der Ansicht, dass es notwendig ist, das Recht der engsten Verbindung nach den verschiedenen Vertragstypen genau zu definieren, wie das zum Teil in der Lehre bereits geschehen und in bestimmten internationalen Übereinkommen (EVÜ, CISG) auch verwirklicht wurde, wie etwa die Anknüpfung des Verbrauchervertrages an den gewöhnlichen Aufenthaltsort des Verbrauchers, des Immobilienvertrages an den Ort der Belegenheit oder des Kaufvertrages an den Ort des Gewerbesitzes des Verkäufers. Sollten mehrere Vertragstypen sich überschneiden, wie zum Beispiel der Verkauf einer Sache an einen Verbraucher durch einen Unternehmer im Ausland, so soll in einer Anknüpfungsleiter erst auf das Wohnortsrecht des Verbrauchers verwiesen werden, besteht aber eine engere Verbindung zu einem anderen Recht, so soll dieses Anwendung finden[76].

4.1.4. Einschränkung der Wirkungen des Vertragsstatuts durch den ordre public

In der japanischen Rechtsprechung gibt es bisher nur sehr wenige Beispiele, in denen die Wirkungen eines Rechtes, das im Rahmen von wirtschaftsrelevanten Kollisionsnormen bestimmt wurde, insbesondere im Bereich des Schuldrechtes, aufgrund von *ordre public* für ungültig erklärt wurden und das Schuld-

Verbrauchers, Arbeitnehmers oder des Geschädigten mit berücksichtigt werden müssen, um Missbrauch vorzubeugen (*Akiba*, in *Sawaki* / *Akiba* (Hrsg.), Sôten, S. 58).

76 *Matsuoka*, Kokusai torihiki kokusai shihô, S. 224 ff.

verhältnis an das japanische Recht angeknüpft wurde. Die Rechtsprechung zum *ordre public* im IPR betrifft fast ausschließlich familienrechtliche Angelegenheiten wie Heirat, Scheidung oder die Bestimmung der Abstammung.

Ein 1969 zum Schuldrecht ergangenes Urteil des DG Tokushima behandelt das Erlöschen einer vertraglichen Leistungsverpflichtung durch Verjährung[77]. Der Fall betraf das Honorar eines New Yorker Rechtsanwaltes, der für ein japanisches Unternehmen 1963 und 1964 tätig geworden war. Die japanische Mandantin hatte jedoch das Honorar nicht beglichen. Als der Rechtsanwalt das Honorar einforderte, hielt ihm die japanische Mandantin eine zweijährige Verjährungsfrist von Anwaltsforderungen gegenüber seinen Mandanten nach Art. 172 ZG entgegen. Der Rechtsanwalt forderte dagegen die Berücksichtigung einer sechsjährigen Verjährungsfrist nach dem Recht des Staates New York. Die japanische Mandantin behauptete, eine derart lange Verjährungsfrist verstieße gegen den japanischen *ordre public* nach Art. 30 RAG (heute Art. 33 RAG). Das Gericht entschied, dass in Anwendung des Art. 7 Abs. 2 RAG New Yorker Recht, Recht des Abschlussortes, auf das Schuldverhältnis anzuwenden wäre, da keine anderslautende Parteivereinbarung vorlag. Das Gericht folgte nicht der japanischen Mandantin in deren Ausführungen, nach denen die längere Verjährungsfrist gegen den japanischen *ordre public* verstoße. Das Gericht urteilte:

> „... öffentliche Ordnung und Gute Sitten des Art. 30 RAG sind nicht im Sinne des ZG zu verstehen, von der Anwendung des ausländischen Rechtes ist dann abzusehen, wenn das Ergebnis der Anwendung des ausländischen Gesetzes die inländische privatrechtliche öffentliche Sicherheit [78] verletzt oder der [japanischen] Idee einer Rechtsordnung widerspricht ..."

Das Gericht urteilte daher, dass die verlängerte Verjährungsfrist für vertragliche Schuldverhältnisse nach dem Recht des Staates New York nicht die oben genannten Bedingungen erfüllte, und entschied zu Gunsten des Rechtsanwaltes. Wichtig bei diesem Urteil ist auch, dass das Gericht entschied, die Verjährung nach dem Vertragsstatut zu beurteilen und nicht, wie nach

77 DG Tokushima vom 16.12.1969, Hanrei Times, Nr. 254, S. 209.

78 Das Gericht verwendet hier den Begriff "*shihô-teki shakai seikatsu no anzen* 私法的社会生活の安全" - wörtlich: die Sicherheit des privatrechtlichen gesellschaftlichen Lebens. Das Gericht verwendet nicht den Begriff der öffentlichen Ordnung und Guten Sitten (*ôyake no chitsujo mata wa zenryô no fûzoku* 公ノ秩序又ハ善良ノ風俗) nach Art. 33 RAG.

angloamerikanischer Auffassung, als Prozessrecht zu qualifizieren[79].

Ein Urteil aus dem Jahre 1917 stand gegen diese Lösung. Es entschied damals, dass die Verjährungsfrist von öffentlichem Interesse ist, so dass eine verlängerte Verjährungsfrist nach ausländischem Recht in Japan aufgrund des *ordre public* für ungültig zu erklären war[80].

Die Lehre insgesamt kritisierte die alte Haltung und begrüßte das jüngere Urteil. Allerdings bleiben Stimmen in der Lehre, die die Gefahr einer Verletzung des *ordre public* bei Verjährungsfristen dann für möglich halten, wenn die Verjährungsfristen entweder überverhältnismäßig kurz oder lang sind[81].

Ein weiterer das vertragliche Schuldrecht betreffender Fall wurde 1993 vor dem DG Tokyo[82] verhandelt. Es handelte sich dabei um einen Spielkasino-Betreiber aus Las Vegas (Nevada, USA), der dort ordnungsgemäß ein Spielkasino betrieb. Er ermöglichte seinen Kunden, gegen Darlehen zu spielen, die später auch außerhalb des Bundesstaates Nevada bezahlt werden konnten. Diese Möglichkeit räumte er auch japanischen Kunden ein, die dann nach ihrer Rückkehr aus den USA bei einem japanischen Partner des Betreibers eventuelle Darlehen zurückzahlen konnten. Der Partner nahm das Geld in Verwahrung und händigte es dem Betreiber aus. Der Verwahrer in Japan bekam jedoch Bedenken an der Legalität dieser Vorgehensweise, da in Japan Glücksspiele verboten sind, und übergab die bereits erhaltenen Gelder der Polizei, die sie wiederum dem japanischen Staat überreichte. Der amerikanische Betreiber klagte anschließend gegen den japanischen Staat auf der Grundlage der ungerechtfertigten Bereicherung auf Herausgabe der Gelder. Der japanische Staat wiederum berief sich auf den illegalen Charakter der Spielschulden und behauptete, dass die vertraglichen Beziehungen zwischen den japanischen Kunden, dem Verwahrer und dem Betreiber nicht etwa dem Recht des Bundesstaates Nevada unterliegen, sondern durch die Bestimmungen des *ordre public* (Art. 30 RAG, nach neuer Fassung des RAG Art. 33) dem japanischem Recht, so dass der Vertrag aufgrund des gesetzwidrigen Vertragsgegenstandes ungültig wäre, und das Geld nicht ausgehändigt werden müsste.

Das Gericht stellte zu der Frage der Auswirkungen des *ordre public* folgendes fest:

> „die Frage, ob durch die Anwendung der Vorbehaltsklausel von der Anwendung des ausländischen Rechtes abgesehen wird, richtet sich

---

79 *Aizawa Yoshiharu*, in *Ikehara / Hayata* (Hrsg.), Hyakusen, 3. Aufl., S. 115.

80 RGH vom 17.3.1917, Minroku, Bd. 23, S. 378.

81 *Aizawa Yoshiharu*, in *Ikehara / Hayata* (Hrsg.), Hyakusen, 3. Aufl., S. 115; *Yamada*, Kokusai shihô, S. 339.

82 DG Tokyo vom 29.1.1993, Hanrei Jihô, Nr. 1444, S. 14; Hanrei Times, Nr. 818, S. 56.

> nicht danach, ob die ausländischen Normen der inländischen Rechtordnung entsprechen, sondern danach, ob die Anerkennung oder Ablehnung der Ansprüche und Einreden in Anwendung des ausländischen Rechtes die inländische Ordnung des gesellschaftlichen Lebens[83] verletzen."

In diesem Fall befand das Gericht, dass die Auswirkungen des ausländischen Rechts auf die Ordnung des „gesellschaftlichen" Lebens in Japan nicht ausreichend waren, um von der Anwendung des Rechts des Bundesstaates Nevada abzusehen, auch wenn die Rechte, die aus dieser schuldrechtlichen Verbindung entstanden sind, so in Japan nicht existieren. Die Verträge mit den japanischen Kunden waren somit gültig, der Tatbestand der ungerechtfertigten Bereicherung gegenüber dem japanischen Staat war gegeben und folglich musste der Staat das in Verwahrung genommene Geld zurückbezahlen.

Ein weiterer Fall, der 1994 vor dem OG Tokyo[84] verhandelt wurde, betraf die Frage, ob aufgrund von Erwägungen des *ordre public* der Vertreter, Geschäftsführer, einer amerikanischen juristischen Person für Schulden gegenüber einem japanischen Kläger haftbar gemacht werden kann, obwohl die amerikanische juristische Person und der japanische Kläger vertraglich eine „Kreuz-Schiedsgerichtsklausel"[85] vereinbart hatten. Der Kläger gab vor, dass die Anwendung amerikanischen Rechtes abgewendet werden müsse, da zwar nach amerikanischem Recht auch Haftungsansprüche aus unerlaubter Handlung vor einem Schiedsgericht verhandelt werden können, dies aber den durch die japanische Verfassung garantierten Ausschließlichkeitsanspruch der japanischen Gerichte unterlaufen würde und gegen den *ordre public* verstoße. Das OG folgte in diesem Fall den Ausführungen des Erstinstanzgerichts[86]. Das Gericht räumte die Möglichkeit einer Verletzung des *ordre public* durch eine

83 Das Gericht verwendet hier den Begriff "*shakai seikatsu no chitsujo* 社会生活の秩序" - wörtlich: die Ordnung des gesellschaftlichen Lebens. Das Gericht verwendet ebenso nicht den Begriff der öffentlichen Ordnung und Guten Sitten (*ôyake no chitsujo mata wa zenryô no fûzoku* 公ノ秩序又ハ善良ノ風俗) nach Art. 33 RAG und Art. 90 ZG. Nach japanischer Rechtsprechung sind Darlehen, die dazu dienen, Spielschulden zu bezahlen, in Anwendung des Art. 90 ZG ungültig (OGH vom 4.9.1986, Hanrei Jihô, Nr. 1215, S. 47).

84 OG Tokyo vom 30.5.1994, Hanrei Times, Nr. 878, S. 277, LB Nr. 089031. Dieses Urteil wurde 1997 vom OGH bestätigt, OGH vom 4.9.1997, Minshû, Bd. 51, Nr. 8, S. 3657

85 Nach dieser Klausel galt, dass wenn die japanische Seite Klage erhebte, dies in New York entsprechend dem Recht des Staates New York geschehen musste, klagte die amerikanische Seite, musste sie dies in Tokyo entsprechend den Regeln des japanischen Rechtes tun.

86 DG Tokyo vom 25.3.1993, Hanrei Jihô, Nr. 816, S. 233.

zu weitgehende Kompetenz eines Schiedsgerichtes nach fremden Recht ein, aber nur in solchen Fällen, die außerhalb des in Art. 786 und 787 ZPG[87] festgelegten Rahmens liegen. Nach Art. 786 und 787 ZPG können die Parteien dann eine Schiedsvereinbarung treffen, wenn sie das Recht haben, über die Sache einen Vergleich abzuschließen, oder bei zukünftigen Streitfällen, wenn eine konkrete rechtliche Beziehung zugrunde liegt.

In diesem konkreten Fall entschied das Gericht, dass keine Verletzung des *ordre public* durch die Anwendung des amerikanischen Rechts vorlag und der sich daraus ergebenden weitreichenderen Schiedsgerichtsbarkeit. Es war der Ansicht, dass auch eventuelle Mängel in der Vertragsanbahnung in den Bereich der rechtlichen Beziehung zwischen den Parteien hineinreichen, so dass auch hier eine schiedsgerichtliche Regelung nicht den *ordre public* in Japan verletzt.

Ein Sonderfall in der Frage des *ordre public*, der nur schwer zwischen *ordre public* und zwingende Rechtsnormen eingeordnet werden kann, betrifft Arbeitsverträge. Dieser Bereich soll aber noch gesondert dargestellt werden.

4.1.5. Einschränkung des Vertragsstatuts durch zwingende Rechtsnormen

Neben den Erwägungen des *ordre public* kann der japanische Richter aber auch direkt japanisches Recht anwenden, ohne zu prüfen, ob ein anderes Recht Anwendung findet. Die wirtschaftlich schwächere Parteien soll durch zwingende Rechtsnormen, die in jedem Fall zur Anwendung kommen sollen, geschützt werden, d.h. ohne Bezug zu den Wirkungen des von den Parteien gewählten Rechts. Als wirtschaftlich schwächere Parteien gelten allgemein Verbraucher, Arbeitnehmer oder Versicherungsnehmer. Nach Ansicht *Yamadas* sollen dabei die gesetzlichen Schutznormen, die am gewöhnlichen Aufenthaltsort des Verbrauchers oder Versicherungsnehmers und am gewöhnlichen Erfüllungsort des Arbeitnehmers gelten, in deren vertraglichen Beziehungen Anwendung finden[88].

Derartige zwingende Normen können jedoch auch in solchen Bereichen einer Volkswirtschaft bestehen, die der Gesetzgeber besonders schützen möchte, oder wenn der Schutz der Volkswirtschaft oder die Interessen des Staates auf dem Spiel stehen könnten. Man denke an Technologie-

---

87 Es handelt sich um Art. 786 des Gesetzes über öffentliche Mahnverfahren und Schiedsverfahren (*Kôji saikoku tetsuzuki oyobi chûsai tetsuzuki ni kansuru hôritsu* 公示催告手続及ビ仲裁手続ニ関スル法律, Gesetz Nr. 1890-29 i.d.F. des Gesetzes Nr. 1996-109). Das Gesetz wird dem ZPG angehängt, so dass die Artikel als ZPG-Artikel gezählt werden.

88 *Yamada*, Tôjisha jichi no gensoku no gendai-teki igi [die gegenwärtige Bedeutung des Prinzips der Parteiautonomie], in *Sawaki / Akiba* (Hrsg.), Sôten, S. 122.

exportverbote, Beschränkungen im internationalen Devisenhandel, die Antimonopolgesetzgebung oder das Verbot von Indexklauseln[89]. Die Anwendung solcher Normen im Inland kann fraglich erscheinen, wenn die Parteien ein anderes Recht als das des betroffenen Staates gewählt haben. Durch Anmeldungsformalitäten bestimmter internationaler Rechtsgeschäfte kann jedoch die Anwendung auch im Inland sicher gestellt werden, so beispielsweise in Japan durch Bestimmungen des Antimonopol- oder des Devisenkontrollrechtes. Es stellt sich jedoch auch die Frage, inwiefern derartige Schutzbestimmungen eines dritten Staates Anwendung finden können, das heißt beispielsweise, wird ein japanisches Gericht ein Rechtsgeschäft deshalb für ungültig erklären, weil es die Devisenkontrollbestimmungen etwa von Malaysia verletzt, aber eigentlich amerikanisches Recht zwischen den Parteien Anwendung finden soll.

Die Anwendung von zwingenden Rechtsnormen gestaltet sich sehr komplex, denn für bestimmte Teile der japanischen Rechtslehre ist eine Anwendung von zwingenden Rechtsnormen fragwürdig, da es sich sehr oft nicht um Privatrecht, sondern um öffentliches Recht handelt, das somit nicht in den Bereich des IPR hineinreichen sollte. Die zweite Fragestellung knüpft an diese erste an. Wenn inländische zwingende Rechtsnormen eventuell im Inland zu vertreten sind, ist zu klären, ob auch ausländische zwingende Rechtsnormen vom inländischen Richter beachtet werden müssen, und wenn ja, in welchem Umfang. Daneben steht aber auch die Frage, inwieweit eine inländische zwingende Rechtsnorm im internationalen Rechtsverkehr überhaupt berücksichtigt werden soll.

4.1.5.1. Zwingende Rechtsnormen in der Rechtsprechung

Zwingende Rechtsnormen werden in Japan umfangreich diskutiert, dennoch gibt es bisher nur sehr wenige Urteile, die sich auf zwingende Rechtsnormen entsprechend der oben genannten Definition berufen. Das heißt, nur selten wendet der japanische Richter japanisches Recht auf einen Vertrag an, ohne vorher zu überprüfen, ob ein fremdes Recht anwendbar wäre, zu welchen Wirkungen die Anwendung dieses Rechtes führen würde, und abschließend ob die Wirkungen dieses fremden Rechts den *ordre public* verletzten, so dass japanisches Recht anstelle des fremden Rechtes anzuwenden wäre.

Ein Urteil des DG Tokyo aus dem Jahre 1965 betraf die Kündigung eines Arbeitsverhältnisses. Nach diesem Urteil muss bei einer Kündigung dann in jedem Fall japanisches Recht angewendet werden, wenn die Arbeit regelmäßig in Japan verrichtet wird[90]:

---

89 *Yamada*, Kokusai shihô, S. 289; *Nishi*, Kôza III, S. 688.

90 DG Tokyo vom 26.4.1965, Hanrei Times, Nr. 210, S. 174; Rôminshû, Bd. 16, Nr. 2, S. 308.

„... die Wirksamkeit einer Kündigung muss entsprechend der japanischen Arbeitsgesetzgebung beurteilt werden, wenn der Ort der Leistung eines Arbeitsverhältnisses Japan ist, in solchem Fall muss von der Anwendung des Art. 7 RAG abgesehen werden. ... es ist daher angebracht, dass das Prinzip, nach Art. 7 RAG das anwendbare Recht für einen Arbeitsvertrag zu bestimmen, durch das Arbeitsrecht als *ordre public* ... eingeschränkt wird"

Die Berufung auf den *ordre public* dient in diesem Urteil nicht dazu, das von den Parteien bestimmte Recht nicht anzuwenden, sondern rechtfertigt die alleinige Anwendung japanischen Rechts als zwingendes Recht für bestimmte Bereiche des Arbeitsrechtes, sobald das Arbeitsverhältnis in Japan erfüllt wird[91]. Es gibt Teile der Lehre, die diese Interpretation bezweifeln und die Ansicht vertreten, dass dieses Urteil nur auf Grund von Erwägungen des *ordre public* die Anwendung des ausländischen Rechts, hier amerikanisches Recht, ablehne; würde das Ergebnis einer Anwendung des amerikanischen Rechts dem Ergebnis einer Anwendung japanischen Rechtes gleichkommen, so wäre japanisches Recht nicht angewendet worden[92]. Kritisiert wird das Urteil aber auch, da es nicht genauer spezifiziert, welche japanischen Gesetze im Rahmen einer Sonderanknüpfung als zwingendes Recht beachtet werden müssen[93].

4.1.5.2. Gesetze, die aufgrund ihrer Natur zwingendes Recht sind, DAG (DAKG), AMG

Es besteht wenig Zweifel in Japan, dass bestimmte Gesetze als eine zwingenden Rechtsnorm gesehen werden können, denn sie begründen Wirkungen in Japan unabhängig von dem durch die Vertragsparteien gewählten Recht. Es handelt sich hierbei im wirtschaftlich relevanten Bereich hauptsächlich um Bestimmungen des Antimonopolgesetzes (AMG), des Devisen- und Außenhandelsgesetzes (DAG), bzw. Devisen- und Außenhandelskontrollgesetzes (DAKG), oder andere finanzrechtliche Bestimmungen wie das Verbot von Gleitklauseln oder Wucherzinsen[94]. *Kidana* betont

---

91 *Nishitani*, Recht in Japan, S. 67 ff. Aber auch für *Nishitani* ist fraglich, ob dieses Urteil im Sinne einer „Eingriffsnorm" zu verstehen ist.

92 *Tameike*, Kôgi, S. 359. *Tameike* wirft diese Frage nur auf, beantwortet werden kann sie nicht, da keine Rechtsprechung vorliegt, die eine eindeutige Anwendung von zwingenden Rechtsnormen ohne eine Berufung auf den *ordre public* bestätigen könnte.

93 *Yamamoto*, Kokusai keiyaku to kyôkô hôki, S. 121.

94 *Yamada*, Kokusai shihô, S. 289; *Nomura*, in *Matsuoka* (Hrsg.), Gendai kokusai torihiki-hô kôgi, S. 139; *Altenburger*, S. 64. Die meisten Urteile jedoch, die sich auf die Qualität dieser Sachnormen als zwingende Rechtsnormen beziehen, handeln von Verträgen ohne Rechtswahl oder von Verträgen, die gemäß Parteiwillen dem

allerdings, dass es keine gesetzliche Regelung gibt, die kartellrechtlichen Bestimmungen unabhängig von dem von den Parteien gewählten Recht eine unmittelbare und zwingende Wirkung garantiert. Für *Kidana* ergibt sich diese unmittelbare und zwingende Wirkung aus Sinn und Zweck des Gesetzes, insbesondere des AMG, die somit zu einer eingeschränkten Anwendung des Vertragsstatutes führen kann[95].

Der öffentlich-rechtliche Charakter der oben genannten Gesetze gestaltet ihre Anerkennung im Rahmen des IPR als zwingende Rechtsnormen schwierig, zumal da selbst japanische Gerichte, wie hiernach beschrieben, eine privatrechtliche Wirkung aufgrund der Anwendung dieser Normen nur selten anerkennen.

Im Rahmen des AMG sind nach Art. 3 und 19 AMG unfaire Handelsbeschränkungen und unlautere Handelspraktiken verboten. Nach Art. 6 Abs. 1 sind internationale Verträge und Vereinbarungen, die oben genanntes zum Ziel haben, verboten.

Nach Art. 6 Abs. 2 AMG muss eine internationale Vereinbarung innerhalb von 30 Tagen nach Vertragsabschluss bei der *Kôsei Torihiki Iinkai* (公正取引委員会) angemeldet werden. Diese Vorschrift betrifft seit 1992 exklusive Technologietransferverträge und Generalvertreterverträge, die die Gültigkeitsdauer eines Jahres überschreiten, internationale Joint Ventures, außer wenn der japanische Partner ein Klein- oder mittelständisches Unternehmen ist, und Vereinbarungen zu Im- oder Exportbeschränkungen, zu Verpflichtungen zum gemeinsamen Einkauf oder Verkauf. Enthält die Vereinbarung Klauseln, die den Wettbewerb gefährden können, kann das Wirksamwerden des Vertrages durch die Behörde verboten werden. Die genauen Kriterien zur Begutachtung sind in Richtlinien, die von der Behörde erstellt wurden, festgelegt[96].

Interessant ist in diesem Zusammenhang jedoch auch die privatrechtliche Wirkung der Anwendung dieser zwingenden Rechtsnormen. In einer Entscheidung des OGH von 1965[97] wurde diese genauer diskutiert. Der Fall betraf eine Forderungsabtretung. Ein amerikanischer Zessionar machte nach der Forderungsabtretung seine Forderung bei dem zedierten japanischen Schuldner der Forderung geltend. Allerdings war zu jener Zeit eine

---

japanischen Recht unterstellt waren (OG Tokyo vom 29.10.1960, Kômin, Bd. 13, Nr. 3, S. 696; DG Ôsaka vom 30.6.1961, Kamin, Bd. 12, Nr. 6, S. 1552; DG Tokyo vom 28.8.1965, Hanrei Jihô, Nr. 430, S. 17).

95 *Kidana*, Kokusai kôgyô shoyû-ken no kenkyû, S. 281.

96 *Sano* in *Matsuoka* (Hrsg.), Gendai kokusai torihiki-hô kôgi, S. 242. Es empfiehlt sich außerdem, genauere Informationen für jeden zu verhandelnden Vertrag bei der *Kôsei Torihiki Iinkai* zu dieser Frage einzuholen, um eventuelle spätere Schwierigkeiten frühst möglich auszuräumen (*Rodatz*, ZJapanR, Heft 5. S. 84 ff.).

97 OGH vom 23.12.1965, Minshû, Nr. 19, Nr. 4, S. 2306.

Forderungsabtretung mit Auslandskontakt nach Art. 30 und 31 DAKG genehmigungspflichtig. Diese Genehmigung war zwischen Zedent und Zessionar nicht beantragt worden, und somit die Zession in Japan unwirksam. Der japanische Schuldner verweigerte die Zahlung. Das Gericht war jedoch der Ansicht, dass die Forderungsabtretung nicht an sich unwirksam war, da auch das japanische Recht das Institut der Forderungsabtretung kennt. Zudem wäre es ein Verstoß gegen das Prinzip von Treu und Glauben nach Art. 90 ZG, wenn ausschließlich aufgrund eines devisenrechtlichen Verbotes eine geschuldete Leistung verfiele. Seiner Ansicht nach war die Genehmigungspflicht nach dem DAKG nur eine vorübergehende Maßnahme zum Aufbau der japanischen Wirtschaft. Daher sind Handlungen, die von der Genehmigungspflicht betroffen sind, nur schwebend unwirksam, bis die Genehmigung durch die zuständige Behörde erteilt wird.

Eine ausführliche Erörterung der Wirkungen zwischen internationalprivatrechtlichen Verpflichtungen und japanischen öffentlich-rechtlichen zwingenden Rechtsnormen hat das Gericht jedoch vermieden, sehr zum Bedauern der Lehre[98].

Eine ähnliche Situation ergab sich in dem Fall Novo, der das AMG betraf. Das dänische Unternehmen Novo schloss einen exklusiven Vertriebsvertrag mit dem japanischen Unternehmen Amano. Der Vertrag wurde entsprechend den Bestimmungen des Art. 6 AMG der *Kôsei Torihiki Iinkai* gemeldet, die darin einige wettbewerbsschädigende Klauseln beanstandete und Amano Vorschläge zur Veränderung unterbreitete. Amano nahm die Vorschläge an, da sie im Interesse des Unternehmens waren. Der dänische Vertragspartner wurde jedoch von der Vertragsänderung ausgeschlossen, da er ohne Niederlassung in Japan außerhalb der Kompetenz der japanischen Wettbewerbsbehörde lag[99]. Novo legte vor dem OG Tokyo Berufung gegen die Entscheidung der japanischen Wettbewerbsbehörde ein. Das OG lehnte die Berufung ab, da Novo gegenüber der Entscheidung der *Kôsei Torihiki Iinkai* ein Dritter ohne eigenem Rechtsschutzinteresse und außerdem der Vertrag in seinen privatrechtlichen Verpflichtungen nicht betroffen wäre. Novo legte gegen

---

98 *Orimo*, Tôjisha jichi no gensoku, S. 258.

99 *Kôsei Torihiki Iinkai* vom 12.1.1970, Shinketsushû, Bd. 16, S. 134 (Novo-Fall). Die besondere Schwierigkeit bedingt sich hierbei auch durch die Praxis der *gyôsei shidô* 行政指導, einer anleitenden Verwaltungsmaßnahme japanischer Behörden, so auch der *Kôsei Torihiki Iinkai*. Im Rahmen von *gyôsei shidô* erlässt die Behörde eine Stellungnahme, die jedoch ohne juristische Wirkung für den Adressaten bleibt. Eine zwingende Wirkung für den Adressaten ergibt sich erst durch die Annahme der Stellungnahme durch den Adressaten selbst. Es ist allerdings nicht unüblich, dass der Adressat an der Ausarbeitung der Stellungnahme beteiligt ist und somit bereits vor dem Erlass über den Inhalt mit der Verwaltung verhandelt (siehe dazu, *Pape Wolfgang*, Gyôsei shidô und das AMG, Köln, Carl Heymann Verlag, 1980).

dieses Urteil Revision vor dem OGH ein und verlangte Schadensersatz sowie die Aufhebung des Vertrages wegen Unmöglichkeit der Leistung aufgrund gesetzlicher Bestimmungen. Der OGH lehnte ab und folgte den Ausführungen des OG Tokyo[100].

Die *Kôsei Torihiki Iinkai* hat nach vehementer Kritik im In- und Ausland[101] seither ihre Praxis verändert und beteiligt auch den ausländischen Vertragspartner an den Verhandlungen, wenn ein Vertrag sich wettbewerbsschädigend auswirken kann. Jedoch ist dabei offen, ob sich die Position der japanischen Gerichte verändern wird. Bisher scheinen sie eine privatrechtliche Auswirkung der genannten zwingenden Gesetze abzulehnen.

4.1.5.3. Wirkungen zwingender japanischer Gesetze auf Rechtsverhältnisse im Ausland

Die strikt territoriale Anwendung von zwingenden Rechtsnormen erscheint vor dem Hintergrund stärkerer Verflechtung von Unternehmen sowie dem Anwachsen des grenzüberschreitenden Rechtsverkehrs bisweilen fragwürdig. Ein internationales Rechtsgeschäft vermag zwar keine direkten Wirkungen in einem bestimmten Staat herbeizuführen, die Wirkungen in einem anderen Staat könnten jedoch den Parteien bestimmte Vorteile verschaffen, die aufgrund von zwingenden Rechtsnormen des ersten Staates eigentlich nicht möglich sind. Um eine eventuelle Ungleichbehandlung der Unternehmen in verschiedenen Staaten zu vermeiden, sollte geprüft werden, ob eine japanische zwingende Rechtsnorm auch dann in Japan Anwendung finden kann, wenn ein internationaler Vertrag nur im Ausland erfüllt werden soll. Man denke in diesem Zusammenhang an Regelungen aus den Richtlinien der *Kôsei Torihiki Iinkai* zu bestimmten wettbewerbsbeschränkenden Vertragsklauseln. Unter Vorbehalt des oben Beschriebenen finden diese Richtlinien in Japan Anwendung. Wie steht es aber, wenn ein japanischer Unternehmer einem ausländischen Partner wettbewerbsbeschränkende Klauseln aufbürden möchte, und der Vertrag keine direkten Wirkungen in Japan hat? Die Wettbewerbsbeschränkung betrifft nicht den japanischen Markt, dennoch erlangt die japanische Partei einen Wettbewerbsvorteil, der letztlich Auswirkungen auf den japanischen Markt hat.

Diese Fragestellung wird in Japan kontrovers diskutiert. Unter Berufung auf Art. 98 der Verfassung und Art. 2 des Strafgesetzes (StrG) wird eine territoriale Anwendung der zwingenden Rechtsnormen verfochten. Die verschiedenen Leistungen eines internationalen Rechtsgeschäftes sollen

---

[100] OGH vom 28.11.1975, Minshû, Bd. 29, Nr. 10, S. 1592 (Novo-Fall).

[101] *Münzel*, S. 582.

zwischen den verschiedenen Staaten, in denen sie erfüllt werden sollen, aufgeteilt und eventuelle Wirkungen dieser verschiedenen Leistungen entsprechend den Bestimmungen in dem jeweiligen Staat beurteilt werden. Auf der anderen Seite wird unter Berufung auf die inländische Wettbewerbsordnung eine Anwendung auch japanischer Bestimmungen auf ausländische Geschäfte gefordert, sobald ein solches Geschäft eine Wirkung auch auf die japanische Wettbewerbslage haben sollte[102].

In einer Entscheidung Nihon Kôgaku der *Kôsei Torihiki Iinkai* zu Art. 19 AMG (Verbot des unlauteren Wettbewerbes)[103] hat die Behörde festgestellt, dass ein Verstoß gegen Art. 19 AMG dann vorliegt, wenn Auswirkungen die inländische Wirtschaft, aber auch den japanischen internationalen Wirtschaftsverkehr betreffen. Somit wurde eine rein territoriale, auf Japan beschränkte Anwendung des AMG ausdrücklich ausgeschlossen. Sobald Auswirkungen auch auf die internationale Stellung japanischer Unternehmer durch einen Verstoß gegen die Bestimmungen des AMG bestehen, die im Prinzip „nur" die internationale Wettbewerbsfähigkeit dieses Unternehmers betreffen können, kann, wenn diese Benachteiligung der internationalen Wettbewerbsfähigkeit durch einen Verstoß gegen das AMG begründet sein sollte, durch eine Anwendung des japanischen AMG eventuell für Abhilfe gesorgt werden.

In einem weiteren Fall, Fall Mie von 1972, der ebenso Art. 19 AMG betraf, hatten fünfzehn ausländische und zwei inländische Schifffahrtsgesellschaften geheime Absprachen für den Auslandsverkehr getroffen. Die *Kôsei Torihiki Iinkai* war dennoch der Ansicht, dass die Bestimmungen des AMG Anwendung fanden, auch wenn die Absprache sich auf das Ausland bezog, da die japanischen Unternehmen durch diese Absprachen ihre eigene Stellung verbessert sahen. Die Behörde war auch hier der Ansicht, dass die Bestimmung des Art. 19 AMG nicht nur auf japanische Unternehmen, sondern auch auf ausländische Unternehmen Anwendung finden kann[104].

Die japanische Wettbewerbsbehörde befürwortet somit ausdrücklich auch eine extraterritoriale Anwendung des japanischen AMG. Daher muss bei internationalen Verträgen die Wirkung des Vertrags nicht nur im Inland, sondern auch im Ausland geprüft werden, um die Konformität mit dem AMG gewährleisten zu können[105].

Man muss diese Lösung für einen ausgeglichenen und gerechten Welthandel begrüßen. Diese Entscheidung ist aber auch insofern sehr interessant, als die japanische Wettbewerbsbehörde sich hier berechtigt sieht, die japanische

---

102 *Yamamoto*, Kokusai keiyaku to kyôkô hôki, S. 128.

103 *Kôsei Torihiki Iinkai* vom 3.9.1952, Shinketsushû, Bd. 4, S. 38.

104 *Kôsei Torihiki Iinkai* vom 18.8.1972, Shinketsushû, Bd. 19, S. 57.

105 *Sano*, in *Matsuoka* (Hrsg.), Gendai kokusai torihiki-hô kôgi, S. 243.

Gesetzgebung gleichermaßen gegenüber in- und ausländischen Unternehmen anzuwenden, was im oben beschriebenen Fall Novo noch anders gehandhabt wurde.

Es liegen keine Entscheidungen von Behörden oder Gerichten vor, die in der Anwendung anderer als der hier besprochenen zwingenden Rechtsnormen ebenso eine extraterritoriale Wirkung im Ausland anerkennen. Die Frage wäre beispielsweise im Fall von Dumping sehr interessant. Bisher gibt es aber nur wenige Fälle einer Dumping-Überprüfung durch das japanische Finanzministerium. Die Fälle betrafen dann auch nur den japanischen Markt[106].

4.1.5.4. Anwendung ausländischer zwingender Rechtsnormen in Japan

Neben der extraterritorialen Anwendung japanischer zwingender Rechtsnormen muss geprüft werden, ob Wirkungen auch ausländischer unmittelbar anwendbarer Normen in Japan nicht nur beachtet werden müssen, sondern eventuell auch eingeklagt werden können.

Dieser Abschnitt betrifft im Prinzip nur zwingende Normen des Rechtes eines Drittstaates, das heißt weder die zwingenden Normen des japanisches Rechtes als *lex fori*, noch die zwingenden Normen nach dem Vertragsstatut, dessen zwingende Normen im Prinzip im Rahmen der kollisionsrechtlichen Verweisung auf jeden Fall zur Anwendung kommen sollten.

Die Anerkennung ausländischer zwingender Normen in Japan wird in der Lehre ebenso im Rahmen der Sonderanknüpfung diskutiert[107]. Insbesondere verschiedene internationale Übereinkommen, die eine Anerkennung von zwingenden Normen eines Drittstaates zum Schutz von wirtschaftlich schwächeren Parteien oder ganz allgemein anerkennen, werden hierbei zu Rate gezogen[108]. Es scheint, dass die japanische Lehre eine Anwendung

---

106 *Sano*, in *Matsuoka* (Hrsg.), Gendai kokusai torihiki-hô kôgi, S. 252.

107 *Yamada*, Kokusai shihô, S. 289; *Orimo*, Tôjisha jichi no gensoku, S. 186 ff. Für *Yokoyama* kann diese Fragestellung nur im Rahmen einer Sonderanknüpfung gelöst werden, da durch die Anwendung des ausländischen Rechtes ein Vertrag aufgrund des Widerspruchs zu einer zwingenden Norm dieses Rechtes im Ausland entweder ungültig wird, da ungesetzlich, oder aber die Leistung des Vertrages unmöglich wird. Die genaue Wirkung des ausländischen Rechtes kann aber nur von diesem Recht selbst entschieden werden. Die Anwendung dieses Rechtes und die Beurteilung der Sachlage nach diesem Recht kann durch eine Sonderanknüpfung an dieses Recht ermöglicht werden, wenn zwischen dem Vertrag und dem ausländischen Staat eine „enge Verbindung" (*missetsu na kanrensei* 密接な関連性) besteht, die die Anwendung des ausländischen Rechtes ermöglicht. Somit kann die Frage öffentliches Recht oder Privatrecht bisweilen umgangen werden (*Yokoyama* in *Sawaki* / *Akiba* (Hrsg.), Sôten, S. 24).

108 Hier können beispielsweise das Europäische Schuldvertragsübereinkommen von 1980

ausländischer zwingender Rechtsnormen nicht ausschließt, wenn aufgrund einer Sonderanknüpfung eine solche zur Anwendung kommen sollte. Dies kann sein bei Verbraucher- oder Arbeitsverträgen, bei denen neben dem Vertragsstatut auch das Wohnortsrecht des Verbrauchers oder das Ortsrecht des Erfüllungsortes Anwendung finden kann, wenn diese Rechtssysteme es fordern, und die Bestimmungen dieser Rechtssysteme nicht gegen den japanischen *ordre public* verstoßen[109]. *Okamoto* befürwortet ausdrücklich die Anerkennung fremder zwingender Normen für eine effektivere internationale wirtschaftliche Zusammenarbeit, die durch eine Anerkennung der ausländischen zwingenden Rechtsnormen im Bereich etwa der Devisenkontrolle oder des Arbeitsrechtes vereinfacht wird[110].

Die japanische Rechtsprechung ist bisher aber nicht der wohlwollenden Anerkennung gefolgt. Ein Urteil des DG Tokyo von 1967[111] hielt die Anwendung einer zwingenden ausländischen Norm für abdingbar. Es handelte sich bei hier um einen Forderungsübergang, der nach koreanischem Recht, Ortsrecht des Schuldners, aufgrund einer zwingenden Norm ungültig gewesen wäre, aber von dem Gericht anerkannt wurde. Dieses Urteil entspricht im Prinzip der Auslegung des japanischen Rechtes, das bei der eigenen Norm im Devisenkontrollbereich nur eine schwebende Unwirksamkeit anerkannte (siehe oben das Urteil des OGH von 1965) und somit keinen Grund hatte, in einem ähnlichen Fall ausländischen Normen mit denselben Zielen eine stärkere Wirkung zuzusprechen.

Andere Urteile, die Information über die Anwendung von ausländischen zwingenden Rechtsnormen geben könnten, liegen nicht vor.

4.1.5.5. Kritik an zwingenden Rechtsnormen aufgrund ihres öffentlich-rechtlichen Charakters

Die Kritik an der Anwendung von zwingenden Rechtsnormen im Rahmen des IPR aufgrund ihres öffentlich-rechtlichen Charakters stellt sich besonders im Falle von ausländischen zwingenden Rechtsnormen, da ausländisches öffentliches Recht in der Regel nicht im Inland angewendet wird[112]. Es ist für einige Vertreter der Rechtslehre in Japan nicht selbstverständlich, dass

---

oder das Haager Übereinkommen über bestimmte Arten von Verbraucherkäufen der 14. Haager Konferenz von 1980 genannt werden.

109 *Yamada*, Kokusai shihô, S. 290.

110 *Okamoto*, Dôshisha Hôgaku, Bd. 25, S. 106.

111 DG Tokyo vom 11.7.1967, Hanrei Times, Nr. 210, S. 206.

112 *Kidana / Matsuoka / Watanabe*, S. 8. Hierbei wird unterschieden zwischen Verwaltungs- und Strafrecht, das nicht angewendet wird, anders Arbeits- und Wettbewerbsrecht.

aufgrund einer Norm des öffentlichen Rechts eines fremden Staates der Wille der Parteien, ein anderes Recht als das Recht dieses fremden Staates anwenden zu wollen, nicht beachtet werden sollte, vor allem wenn die Interessen des ausländischen Staates nicht dieselben sind wie die des eigenen[113].

Kubo erörtert die Fragestellung von zwingenden Rechtsnormen im Rahmen des oben beschriebenen Adhäsionsvertrages, bei dem er eine subjektive Anknüpfung für unangebracht hält[114].

Orimo sieht eine Differenzierung von privatrechtlichen und öffentlich-rechtlichen zwingenden Rechtsnormen. Bei privatrechtlichen zwingenden Rechtsnormen greift der Staat nicht direkt ein, sondern stellt den Parteien nur Mittel zur Verfügung, die sie im Notfall gegen die andere Partei einsetzen können, man denke an Schutzbestimmungen bei Adhäsionsverträgen. Bei den öffentlich-rechtlichen zwingenden Rechtsnormen jedoch versucht der Staat direkt einzugreifen, wodurch sich ihre Anwendung im Rahmen des IPR schwieriger begründen lässt[115]. Nach *Orimo* sind beispielsweise Schutzbestimmungen für Arbeitnehmer in Arbeitsverhältnissen öffentlich-rechtliche zwingende Rechtsnormen. *Orimo* denkt, dass hierbei dem Staat selbst eingeräumt werden muss, inwieweit er seine zwingenden Rechtsnormen im internationalen Rechtsverkehr angewendet haben möchte. Fordert das Gesetz dieses Staates seine eigene Anwendung, muss es angewendet werden[116]. Diese Ansicht von *Orimo* wird jedoch eher als eine Mindermeinung in der japanischen Lehre gesehen[117].

Tameike befürwortet eine Anknüpfung nach dem Prinzip des englischen Rechtes des „*proper law*", wodurch eine Anknüpfung an ein anderes Recht, das eine engere Beziehung zu dem Sachverhalt innehat, begründet wird. Die Frage des öffentlich-rechtlichen Charakters von zwingenden Rechtsnormen stellt sich für ihn daher nicht[118].

Die Mehrheit der japanischen Lehre hat sich mit der Frage des öffentlich-rechtlichen Charakters der zwingenden Rechtsnormen nur sehr begrenzt auseinandergesetzt, wobei die oben beschriebenen zwingenden Rechtsnormen in den Bereichen des Finanz- und Monopolrechts in der Regel nicht hinterfragt, sondern als schlichte Realität dargestellt werden[119]. Dies ist insofern verwunderlich, da diese zwingenden Rechtsnormen in der Recht-

---

113 *Yokoyama* in *Ikehara / Hayata* (Hrsg.), Hyakusen, 3. Aufl., S. 41.

114 Siehe Abschnitt 4.1.3.2.

115 *Orimo*, Tôjisha jichi no gensoku, S. 289 ff.

116 *Orimo*, Tôjisha jichi no gensoku, S. 302.

117 *Tameike*, Kôgi, S. 342.

118 *Tameike*, Kôgi, S. 343.

119 *Yamada*, Kokusai shihô, S. 289; *Nomura*, in *Matsuoka* (Hrsg.), Gendai kokusai torihiki-hô kôgi, S. 139.

sprechung kaum aufgenommen werden und somit durchaus Diskussionsbedarf besteht, um die genaue Wirkung solcher Normen in Japan zwischen den Parteien bestimmen zu können und dem Anspruch der Rechtssicherheit auch in diesem Bereich gerecht werden zu können, da bisher, wie beschrieben, die privatrechtliche Wirkung nicht anerkannt wird. Das heißt aber im Gegenzug für die Vertragsparteien, dass ein Vertrag wohl gültig ist, somit die vereinbarte Leistung erbracht werden muss, gleichzeitig jedoch schwebend unwirksam oder gar unmöglich ist, da im Widerspruch zu gesetzlichen Bestimmungen stehend. Es ist wahrscheinlich dem japanischen Pragmatismus zu verdanken, dass diese Rechtslage keine größere Schwierigkeit in der Praxis bereitet.

4.1.6. Anwendungsbereich des Vertragsstatuts

4.1.6.1. Zustandekommen des Vertrages

Es ist gesetzlich geregelt, dass das Zustandekommen des Vertrages von dem Vertragsstatut abhängt (Art. 7 RAG). Das Angebot und die Annahme des Angebots tragen zur Entstehung des Vertrages bei und werden nach der herrschenden Meinung an das Vertragsstatut angeknüpft[120]. Das Vertragsstatut entscheidet über die Notwendigkeit und formale Bedingungen des Angebots, der Annahme des Angebots sowie eventuelle Mängel der Annahme. Das Vertragsstatut entscheidet über die eventuell notwendige Auflösung des Vertrages, wenn Willens- oder Formmängel das Zustandekommen des Vertrages verhindern[121]. Nach einer Mindermeinung können Angebot und Annahme des Angebots aber auch eigenständig angeknüpft werden[122].

Die kollisionsrechtliche Auslegung des Stillschweigens (*chinmoku* 沈黙) auf ein Angebot ist in der japanischen Lehre strittig[123]. *Kawakami* ist der Ansicht, dass die Wirkung des Schweigens nach dem Heimatrecht der anderen anbietenden Vertragspartei beurteilt werden sollte[124]. *Yamada* spricht sich für eine Anknüpfung an den Ort des gewöhnlichen Aufenthaltes oder

---

120 *Sakurada*, Kokusai shihô, S. 213.

121 *Yamada*, Kokusai shihô, S. 299.

122 *Yamada*, Kokusai shihô, S. 299 (die Anknüpfung wird im Kapitel über die allgemeine Anknüpfung von Rechtsgeschäften erläutert).

123 Japan ist kein Mitglied der UN-Kauf-Konvention, wodurch die Frage bisher von Bedeutung bleibt. Art. 19 der Konvention legt fest, dass das Schweigen nicht als Zustimmung gesehen werden kann. *Sono* schließt sich dieser Regelung an, da im Falle unterschiedlicher Auslegungen des Schweigens keine der Parteien sicher sagen kann, nach welchem Recht das Stillschweigen beurteilt werden soll (*Sono* in *Sawaki* / *Akiba* (Hrsg.), Sôten, S. 127).

124 *Kawakami*, Yôkô, S. 81.

Geschäftssitz des Schweigenden aus[125]. Nach *Sawaki* hängt die Auslegung des Stillschweigens von dem Recht an Ort ab, an dem die Willenserklärung abgegeben wird, hier der Ort des Stillschweigens[126]. *Tameike* befürwortet eine Anknüpfung an das Vertragsstatut und bei Anfechtung der vermeintlichen Zustimmung eine Anknüpfung an das Recht des gewöhnlichen Aufenthaltsortes, wie in Art. 8 Abs. 2 EVÜ[127].

Das Vertragsstatut entscheidet auch über die Möglichkeit und die Gesetzmäßigkeit des Vertragszwecks[128]. Dies gilt auch für den Inhalt einer Willenserklärung[129].

Nicht vom Vertragsstatut abhängig ist die Form des Rechtsgeschäftes sowie die Geschäftsfähigkeit der Vertragsparteien. Die Form des Rechtsgeschäftes wird eigenständig nach den Bestimmungen des Art. 8 RAG, wie oben im Rahmen des Kapitels über die Anknüpfung des Rechtsgeschäftes (Kapitel 3.2.) beschrieben, an das Vertragsstatut, ersatzweise an den gewöhnlichen Aufenthaltsort des Erklärenden oder dessen Sitz oder Geschäftsort angeknüpft. Die Geschäftsfähigkeit der Vertragsparteien unterliegt entsprechend Art. 3 RAG, wie oben beschrieben (Kapitel 2.1 und 2.2.2) dem Heimatrecht bei natürlichen Personen, dem Sitz- und/oder Gründungsrecht bei juristischen Personen[130].

Sawaki kritisiert die beschriebene Kollisionsnorm. Er ist der Ansicht, dass auch der Inhalt einer Willenserklärung im Rahmen der Vertragsanbahnung, vom Vertragsstatut unabhängig angeknüpft werden sollte. Er schlägt das Ortsrecht der Erklärung vor. Die unabhängige Anknüpfung soll eine Gesetzesumgehung verhindern, durch die die Willenserklärung und somit ein Vertrag überhaupt zwar zustande kommen kann, aber am Erklärungsort eigentlich unmöglich oder ungesetzlich wäre, oder aufgrund von Willensmängeln nach diesem Recht ungültig wäre[131].

4.1.6.2. Wirkungen des Vertrages

Nach herrschender Meinung gilt, dass auch die Wirkungen eines Vertrages, wie beispielsweise die Verteilung der Risiken oder die Einrede der gleichzeitigen Erfüllung sich nach dem Vertragsstatut bestimmen. Dies entspricht dem Bedürfnis der Vertragsparteien nach Rechtssicherheit.

---

125 *Yamada*, Kokusai shihô, S. 246.
126 *Sawaki* in Festschrift Kubo, S. 206.
127 *Tameike*, Kôgi, S. 352.
128 *Yamada*, Kokusai shihô, S. 299.
129 *Tameike*, Kôgi, S. 352.
130 *Yamada*, Kokusai shihô, S. 299.
131 *Sawaki* in Festschrift Kubo, S. 210.

Allerdings steht es den Parteien frei, im Rahmen der kollisionsrechtlichen Teilverweisung verschiedene Bereiche des Vertrages jeweils einem anderen Recht zu unterwerfen[132].

Nach Ansicht *Yamadas* muss das Vertragsstatut auch auf akzessorische Verpflichtungen (*fuzui-teki kyûfu gimu* 付随的給付義務), die aus dem vertraglichen Schuldverhältnis entstehen, Anwendung finden. Das heißt, sofern keine andere Vereinbarung zwischen den Parteien besteht, soll dieses Recht auch beispielsweise auf die Frage von Verzugszinsen Anwendung finden, da eine autonome Anknüpfung nicht gegeben ist, allerdings innerhalb der gesetzlichen Einschränkungen der *lex fori*[133].

4.1.6.3. Nebenstatut

Auch in Japan wird die Frage des Nebenstatuts (*hojo junkyohô* 補助準拠法) erörtert. Unter Nebenstatut wird ein Recht verstanden, das in bestimmten Fällen einen Aspekt der Erfüllung des Vertrags genauer definiert, ohne aber den Vertrag insgesamt oder auch nur teilweise zu bestimmen. Als Beispiel könnte man die Bezahlung in Fremdwährung nennen, wobei das Recht der entsprechenden Währung als *lex pecuniae* über die Währung und das Währungssystem entscheidet, aber auf den Vertrag als solchen keinen Einfluss hat. Ähnlich ist es beispielsweise mit den gesetzlichen Bestimmungen von Geschäftszeiten, Feiertagen oder ähnlichem, die ebenso von dem Recht des Erfüllungsortes bestimmt werden, ohne dass jedoch dieses Recht zwingenderweise auf den Vertrag als solchen anwendbar wäre.

Eine Anwendung des Nebenstatuts kann aber nach *Tameike* und *Sawaki* von den Parteien durch anderslautende Vereinbarungen bis zu einem bestimmten Grad umgangen werden, d.h. soweit die entsprechenden gesetzlichen Bestimmungen dies zulassen[134].

4.1.7. Anknüpfung einzelner Vertragstypen

Es sollen abschließend die Kollisionsnormen einiger benannter Verträge besonders erörtert werden. Es handelt sich um solche Vertragstypen, die im internationalen Wirtschaftsverkehr eine Rolle spielen.

---

132 *Yamada*, Kokusai shihô, S. 300; *Tameike*, Kôgi, S. 353.

133 *Yamada*, Kokusai shihô, S. 300.

134 *Sawaki*, Nyûmon, S. 189; *Tameike*, Kôgi, S. 354.

4.1.7.1. Kauf[135]

Weder das RAG noch andere Gesetze enthalten spezifische Kollisionsnormen für den Kaufvertrag (*baibai keiyaku* 売買契約). Daher gelten die allgemeinen Regeln des RAG, wonach die Parteien das anwendbare Recht bestimmen. Liegt keine ausdrückliche Rechtswal vor, wird an den stillschweigenden Parteiwillen angeknüpft[136].

Haben die Parteien kein Recht bestimmt und liegt auch kein stillschweigender Parteiwille vor, müssen verschiedene Kollisionsnormen je nach Kaufobjekt unterschieden werden, die nachfolgend erläutert werden. Im Vorfeld ist zu beachten, dass Japan bisher keines der internationalen Übereinkommen, die den internationalen Kauf entweder materiellrechtlich oder kollisionsrechtlich näher bestimmen, wie beispielsweise das Übereinkommen von 1964 zur Vereinheitlichung des internationalen Kaufrechts oder das UN-Übereinkommen CISG, ratifiziert hat und somit die Anwendung der darin enthaltenen Regeln nicht sichergestellt ist, auch wenn Japan an der Ausarbeitung der Übereinkommen beteiligt war[137] und bestimmte Vertreter der Lehre sich in der Regel immer auf die in diesen Übereinkommen bestimmten Regeln und Normen beziehen[138].

Im Fall des Immobilienkaufs wird angenommen, dass der stillschweigende Parteiwille auf die *lex rei situae* verweist. Dies wird von der Lehre so diskutiert[139] und auch in der Rechtsprechung so anerkannt[140].

Wird der Einzelhandelskaufvertrag an den stillschweigenden Parteiwillen angeknüpft, gilt das Recht des Gewerbesitzes, oder das Recht des Geschäftsortes oder im Falle eines öffentliches Marktes das Recht des Marktortes[141].

Im Falle der Veräußerung von registrierpflichtigen Gütern jedoch gelten für die Anknüpfung die Bestimmungen des Art. 10 RAG, die die Veräußerung dem Recht, in dem die Registrierung stattfinden muss, in der Regel das Recht der Belegenheit, unterwirft; somit ist auch der Kaufvertrag, der die Übereignung eines solchen registrierpflichtigen Gutes zum Objekt hat, dem

---

135 In Japan trägt, wie auch in Deutschland, der Schuldner das Risiko (Art. 536 ZG). Es gibt aber Fälle, in denen nach Art. 534 und 535 ZG das Risiko vom Gläubiger getragen wird, nämlich dann, wenn es sich um Rechte an einer spezifizierten Sache (*tokutei-butsu* 特定物) handelt.

136 *Kawakami*, Kokusai baibai-hô, S. 126.

137 *Sono / Yamate*, Kokusai baibai-hô, S. 17.

138 *Takakuwa*, in *Matsuoka* (Hrsg.), Gendai kokusai torihiki-hô kôgi, S. 21 ff; *Tameike*, Kôgi, S. 356.

139 *Sawaki*, Nyûmon, S. 190; *Matsuoka*, Kokusai torihiki to kokusai shihô, S. 355.

140 DG Maebashi, Geschäftsstelle Kiryû vom 9.4.1962, Kamin, Bd. 13, Nr. 4, S. 695.

141 *Sawaki*, Nyûmon, S. 190; *Matsuoka*, Kokusai torihiki to kokusai shihô, S. 355; *Sano*, Hôritsu kôi, S. 48.

Recht dieser Registrierung unterworfen, es sei denn, die Parteien haben anderes vereinbart.

In einem deutsch-japanischen Liefervertrag, der weder Immobilien noch registrierpflichtige Rechte betraf, wurde, da die Parteien keine Rechtswahl getroffen hatten, nach Art. 7 Abs. 2 RAG an den Abschlussort angeknüpft[142].

Das auf den Kauf anwendbare Recht bestimmt nach Ansicht von *Tameike* das Zustandekommen des Vertrags und dessen Gültigkeit sowie Wirkungen, wie beispielsweise das Wiederkaufsrecht oder auch Einreden, die durch dingliche Rechte an der verkauften Sache begründet sind (in Japan z.B. Art. 510 ZG)[143]. *Kawakami* befürwortet die Anwendung der Kollisionsnorm des Art. 7 RAG für das Zustandekommen des internationalen Kaufvertrages. Jedoch unterliegen seiner Meinung nach die Wirkungen des Vertrages eher dem Recht des Erfüllungsortes[144]. Nach japanischer Auffassung unterliegt auch der Risikoübergang dem auf den Kaufvertrag anwendbaren Recht, da der Risikoübergang als ein Aspekt des Kaufvertrages gesehen wird[145].

4.1.7.2. Schiedsgerichtsklausel

Ein Urteil des OGH von 1997[146] erläutert die Rechtslage der internationalen Schiedsgerichtsklauseln (*chûsai keiyaku* 仲裁契約) innerhalb des japanischen IPR. Die kollisionsrechtliche Behandlung der Schiedsgerichtsklausel ist gesetzlich nicht bestimmt. Das Gericht bestätigt in diesem Urteil, dass die Schiedsgerichtklausel ein privatrechtlicher Vertrag ist, entgegen früherer Urteile, die sie als eine prozessrechtliche Vereinbarung, nicht aber als eigentlichen Vertrag ansahen[147]. Bei einer Qualifizierung als prozessrechtliche Vereinbarung wurde die Schiedsgerichtsklausel der *lex fori* unterworfen. Die Qualifizierung als materiellrechtlicher Vertrag hingegen wurde bereits vor dem Urteil in der Lehre vertreten[148]. Aufgrund der Qualifikation als materiellrechtlicher Vertrag behält die Schiedsklausel ihre Gültigkeit, selbst wenn der Hauptvertrag ungültig sein sollte[149].

---

142 DG Tokyo vom 27. Mai 1998, Hanrei Jihô, Nr. 1668, S. 89.

143 *Tameike*, Kôgi, S. 356. Art. 510 verbietet die Aufrechnung einer Schuld mit einem gepfändeten oder beschlagnahmten Recht des eigenen Schuldners.

144 *Kawakami*, Kokusai baibai-hô, S. 131.

145 *Orimo*, Kakuron, S. 101; *Sakurada* in *Sawaki / Akiba* (Hrsg.), Sôten, S. 115; *Yamada*, Kokusai shihô, S. 273.

146 OGH vom 4.9.1997, Minshû, Bd. 51, Nr. 8, S. 3657, Revision des Urteils OG Tokyo vom 30.5.1994, Hanrei Times, Nr. 878, S. 277. Deutsche Übersetzung und Kommentar siehe *Nishitani*, ZJapanR, Heft 6, S. 185 ff.

147 *Iwasaki*, in *Ikehara / Hayata* (Hrsg.), Hyakusen, 3. Aufl., S. 240.

148 *Yoshino*, Kokusai chûsai keiyaku to sono junkyohô, S. 78; *Kawakami*, Kôza III, S. 856.

149 *Münzel*, S. 553.

Folglich kann die Schiedsgerichtsklausel ebenso wie andere Verträge nach Art. 7 RAG angeknüpft werden. Dies bedeutet, die materielle Gültigkeit und die Wirkung der Schiedsgerichtsklausel werden entsprechend diesem anwendbaren Recht entschieden. Die Form wird nach Art. 8 RAG angeknüpft[150].

Das Gericht bestätigt in o.g. Urteil, dass die Schiedsklausel nach den Bestimmungen des Art. 7 RAG angeknüpft wird, und dies eventuell unabhängig von dem Hauptvertrag. Die Gültigkeit des Hauptvertrags bedingt daher nicht direkt die Gültigkeit der Schiedsgerichtsklausel. Ist der Hauptvertrag nach dem Vertragsstatut ungültig, bleibt die Schiedsklausel gültig, wenn sie nach dem auf sie anwendbaren Recht gültig ist, wobei durch kollisionsrechtliche Teilverweisung das Vertragsstatut nicht zwingenderweise das auf die Klausel anwendbare Recht sein muss. (Zu Problemen zwischen *ordre public* und Schiedsgerichtsklausel, siehe oben Erläuterungen zum *ordre public* in Abschnitt 4.1.4.).

Liegt keine ausdrückliche Rechtswahl durch die Parteien vor, so kann die Klausel nach dem stillschweigenden Parteiwillen angeknüpft werden. *Kawakami* befürwortet hier, dass an das Recht mit der engsten Verbindung angeknüpft wird. Das Kriterium für die engste Verbindung ist für ihn neben dem Schiedsgerichtsort oder dem Abschlussort der Schiedsklausel auch in dem Vertragsgegenstand und dessen eventueller kollisionsrechtlicher Anknüpfung zu sehen. Sollten zu viele divergierende Berührungspunkte vorliegen, schlägt er eine Anknüpfung an den Ort des Schiedsgerichts vor[151].

Nach einem Urteil des DG Tokyo von 1953 kann als Hinweis für den stillschweigenden Parteiwillen auch das Hauptvertragsstatut angenommen werden[152].

Kann die Klausel nicht an den stillschweigenden Parteiwillen angeknüpft werden, so wird sie nach Art. 7 Abs. 2 RAG eventuell unter Anwendung des Art. 9 RAG (Vertragsabschluss zwischen Parteien, die sich an verschiedenen Orten aufhalten) an den Ort des Vertragsabschlusses angeknüpft. Es gibt aber auch Stimmen in der Lehre, nach denen die Klausel in diesem Fall an die *lex fori* anzuknüpfen ist[153]. Da aber die *lex fori* bereits als Berührungspunkt für eine Anknüpfung an den stillschweigenden Parteiwillen dient, wird die Notwendigkeit einer solchen Anknüpfung anhand von Art. 7 Abs. 2 RAG sich

---

150 *Iwasaki*, in *Ikehara / Hayata* (Hrsg.), Hyakusen, 3. Aufl., S. 241; *Kawakami*, Kôza III, S. 856. Die Anknüpfung der formellen Gültigkeit entsprechend Art. 8 RAG wurde auch einem Urteil des DG Yokohama vom 30.5.1980, JCA Journal, 1981, Nr. 2, S. 24 anerkannt.

151 *Kawakami*, Kôza III, S. 854.

152 DG Tokyo vom 10.4.1953, Kamin, Bd. 4, Nr. 4, S. 502.

153 *Iwasaki*, in *Ikehara / Hayata* (Hrsg.), Hyakusen, 3. Aufl., S. 241

in der Praxis nur sehr selten stellen. Bisher gibt es kein Beispiel solch einer Anwendung in der Rechtsprechung.

Nach Ansicht von *Kawakami* bestimmt das anwendbare Recht über Entstehung, Inhalt, Wirkung und Gültigkeit der Schiedsklausel. Die Wirkung einer Schiedseinrede wird jedoch von der *lex fori* bedingt[154]. Diese Anknüpfung ist aber heute durch die Entwicklung der japanischen Rechtsprechung des OGH fraglich, da die Wirkung einer Schiedseinrede hier nach dem anwendbaren Recht auf die Klausel beurteilt wurde und nicht nach der *lex fori* des Ortes, an dem die Schiedseinrede geltend gemacht wurde.

4.1.7.3. Darlehen, Akkreditiv, Scheck und Wechsel, Wertpapiere

a) Darlehen

Das Darlehen (*shôhi taishaku* 消費貸借), dessen kollisionsrechtliche Anknüpfung gesetzlich nicht gesondert bestimmt ist, wird nach Ansicht von *Tameike* ebenso entsprechend dem Willen der Parteien angeknüpft. Liegt keine Rechtswahl der Parteien vor, so muss das Darlehen an den stillschweigenden Parteiwillen angeknüpft werden. Dieser kann sich durch den Ausgabeort erschließen. Liegen mehrere Ausgabeorte vor oder handelt es sich um Anleihen der öffentlichen Hand, sollte auch der Auszahlungsort als Anhaltspunkt dienen[155]. Erwähnt werden kann in diesem Fall das oben diskutierte Urteil des RGH von 1934[156], das im Fall von französischen Staatsanleihen auf französisches Recht verwies, auch wenn hier in der Lehre diskutiert wird, ob es sich um eine Anknüpfung an den stillschweigenden Parteiwillen oder nach Art. 7 Abs. 2 RAG (Abschlussort) handelt. *Tameike* ist der Ansicht, dass diese Anknüpfung gerechtfertigt ist, da sie auch der Rechtsprechung des internationalen ständigen Gerichthofs in seiner Entscheidung über die serbischen und brasilianischen Staatsanleihen von 1929, der jeweils das nationale Recht der Aussteller anwendete, folgt.

Liegt bei Bankdarlehen oder bei Sparkonten keine ausdrückliche Rechtswahl vor, gilt der Gewerbeort der Bank als Berührungspunkt für eine Anknüpfung an den stillschweigenden Parteiwillen. Unter Gewerbeort ist entweder der Sitz des Bankunternehmens oder der Sitz der Zweigstelle, wenn das Geschäft mit einer Zweigstelle abgeschlossen wurde, zu verstehen. Dieses Recht bestimmt auch die Festsetzung der Zinsen, es sei denn, eine anderslautende Parteivereinbarung liegt vor[157]. Offen ist, inwiefern in

---

[154] *Kawakami*, Kôza III, S. 857.
[155] *Tameike*, Kôgi, S. 356.
[156] RGH vom 27.12.1934, Minshû, Bd. 13, Nr. 24, S. 2386.
[157] *Tameike*, Kôgi, S. 357.

internationalen Fällen das japanische Zinsfestsetzungsgesetz[158] Anwendung finden kann. Da das Zinsfestsetzungsgesetz hauptsächlich zum Schutz der wirtschaftlich schwächeren Partei wirken soll[159], scheint eine Anwendung zum Wohle einer Partei im internationalen Handel sehr fraglich, insbesondere dann, wenn es sich bei dieser Partei um ein ausländisches Unternehmen oder um einen Staat handelt[160]. Im Fall von Verbraucherverträgen sollte die Anwendung des Zinsfestsetzungsgesetzes daher möglich sein.

Durch die Liberalisierung des DAG von 1997 besteht eine eventuelle Genehmigungspflicht bei Darlehensverträgen zwischen Japanern und Ausländern nicht mehr[161].

b) Akkreditiv

Es bestehen keine gesonderten gesetzlichen Bestimmungen zur Anknüpfung des Akkreditivs (*shin'yô-jô* 信用状). Es unterliegt somit den Bestimmungen des Art. 7 RAG. Die kollisionsrechtliche Behandlung wurde in der Rechtsprechung näher bestimmt, bleibt aber weiterhin Gegenstand doktrinaler Auseinandersetzungen. In einem Urteil des DG Tokyo von 1977[162] entschied das Gericht, dass ein Akkreditiv als schuldrechtlicher Vertrag dem Prinzip der Parteiautonomie unterworfen ist. Haben die Parteien keine Rechtswahl getroffen, führte das Gericht aus, dient der Geschäftssitz der ausstellenden Bank im Rahmen des stillschweigenden Parteiwillens als Anknüpfungspunkt. Ein anderer Anknüpfungspunkt ist der Ort, an dem das Akkreditiv eingelöst werden soll. Wenn diese beiden Orte nicht derselben Rechtsordnung unterliegen und keine ausdrückliche Parteivereinbarung vorliegt, wird nach Art. 7 Abs. 2 an den Abschlussort angeknüpft. In Anlehnung an Art. 9 Abs. 1 RAG gilt hierbei der Geschäftsort der ausstellenden Bank als Abschlussort, da das Schuldverhältnis zwischen den Parteien erst durch die Ausstellung des Akkreditivs begründet wird.

Neben dieser gerichtlichen Bestätigung der Anwendung der gesetzlichen Kollisionsnorm für vertragliche Schuldverhältnisse bei dem Akkreditiv werden

---

158 Nach dem Zinsfestsetzungsgesetz (*Risoku seigen-hô* 利息制限法), Gesetz Nr. 1954-100, i.d.F. des Gesetzes Nr. 1999-155, wird der Maximalzinssatz bei einer Hauptschuld unter JP¥ 100.000 auf 20 %, bei einer Hauptschuld ab 100.000 JP¥ aber unter JP¥ 1.000.000 auf 18 % und bei einer Hauptschuld ab JP¥ 1.000.000 auf 15 % festgesetzt. Höhere Zinssätze sind ungültig (Art. 1). Zuviel bezahlte Beträge werden mit der Hauptschuld aufgerechnet (OGH vom 18.11.1964, Minshû, Bd. 18, Nr. 9, S. 1868).

159 OGH 18.11.1964, Minshû, Bd. 18, Nr. 9, S. 1868.

160 *Nomura*, in *Matsuoka* (Hrsg.), Gendai kokusai torihiki-hô kôgi, S. 120.

161 *Misonou*, Jurisuto, Nr. 1119, S. 64.

162 DG Tokyo vom 18.4.1977, Hanrei Jihô, Nr. 850, S. 3.

verschiedene andere Anknüpfungspunkte in der Lehre erörtert, so etwa die Anknüpfung an den Ort der bestätigenden Bank oder an Zahlungsorte. Die häufigste Kritik richtet sich gegen die Anknüpfung an den stillschweigenden Parteiwillen, da hier nur nach objektiven Kriterien angeknüpft wird, und somit die behauptete subjektive Anknüpfung zweifelhaft erscheint[163].

In der Praxis scheinen auch bei japanischen Banken die einheitlichen Regeln für das Dokumenten-Akkreditiv der Internationalen Handelskammer in Paris (Uniform Customs and Practice for documentary Credits - UCP) mehr und mehr Anwendung zu finden, sofern sich die Parteien darauf beziehen[164]. Da diese Regeln aber nicht die Gesamtheit des Akkreditivs materiellrechtlich regeln, sondern nur Teilbereiche, bleibt für die nicht geregelten Teilbereiche die Frage der Anknüpfung weiterhin den Kollisionsnormen des nationalen Rechts unterworfen. Außerdem haben die UCP keine Gesetzeskraft, so dass die Parteien nur im Rahmen einer ausdrücklichen Rechtswahl auf die UCP verweisen können. Besteht eine derartige Rechtswahl nicht, muss das anwendbare Recht nach den bestehenden Kollisionsnormen ermittelt werden.

c) Scheck und Wechsel

Japan hat das Genfer Übereinkommen über Bestimmungen auf dem Gebiet des internationalen Wechselprivatrechts vom 7.6.1930 und das Genfer Übereinkommen über die Bestimmungen des internationalen Scheckprivatrechts vom 19.3.1931 ratifiziert, so dass das darin enthaltene Kollisionsrecht in Japan entsprechend Anwendung findet.

aa) Scheck

Wie bereits oben erläutert, wird die Fähigkeit, einen Scheck auszustellen, entsprechend dem Heimatrecht des Ausstellers entschieden. Verweist dieses Recht auf das Recht eines anderen Staates, so gilt das Recht dieses anderen Staates (Art. 76 Abs. 1 SG). Hat der Scheckaussteller jedoch nach dem aus Abs. 1 hervorgehenden Recht nicht die Fähigkeit, einen Scheck auszustellen, wohl aber nach dem Recht des Ausstellungsortes, so gilt das Recht dieses Ortes (Art. 76 Abs. 2 SG). Das Recht des Ortes, an dem der Scheck zahlbar ist, entscheidet über die Fähigkeit der Person, auf die der Scheck gezogen wird (Art. 77 Abs. 1 SG). Ist der Scheck nach diesem in Art. 77 Abs. 1 SG bestimmten Recht ungültig, da die Person nicht die Fähigkeit hat, den Scheck zu bezahlen, so können dennoch die Verpflichtungen, die durch andere Unter-

163 *Sugie*, Shin'yô-jô no junkyohô [das anwendbare Recht des Akkreditivs] in *Sawaki / Akiba* (Hrsg.), Sôten, S. 135.

164 *Okano*, in *Matsuoka* (Hrsg.), Gendai kokusai torihiki-hô kôgi, S. 103.

schriften auf dem Scheck hervorgehen, aber nach dem Recht, das auf diese Unterschrift anwendbar ist, dieser Grund der Ungültigkeit nicht bekannt ist, nicht dadurch ungültig werden.

Die Form des Schecks ist dem Ortsrecht der Unterzeichung unterworfen, jedoch genügen die Anforderungen des Rechtes des Zahlungsortes (Art. 78 Abs. 1 SG). Ist der Scheck nach diesem in Abs. 1 bestimmten Recht ungültig, aber weitere Scheckerklärungen auf dem Scheck nach dem Ortsrecht der späteren Unterzeichnungen gültig, so kann die Gültigkeit dieser weiteren Scheckerklärungen durch die Ungültigkeit der früheren Scheckerklärung nicht umgangen werden (Art. 78 Abs. 2 SG). Ein Scheck, der von einem Japaner im Ausland ausgestellt wird, ist gegenüber einem anderen Japaner außerdem gültig, wenn der Scheck den japanischen Formbestimmungen entspricht (Art. 78 Abs. 3 SG)[165].

Die Wirkungen einer Scheckerklärung richten sich nach dem Recht des Ortes, an dem die Erklärung abgegeben wird (Art. 79 Abs. 1 SG). Die Frist für Rückgriffsforderungen richtet sich nach dem Recht des Ortes, an dem der Scheck ausgestellt ist (Art. 79 Abs. 2 SG).

Der Scheckprotest, dessen Frist und Form, sowie andere Handlungen, die zum Erhalt und zur Ausübung der Scheckrechte notwendig sind, sind dem Recht des Ortes unterworfen, an dem diese Handlungen vorgenommen werden müssen (Art. 81 SG).

Das Recht des Zahlungsortes findet Anwendung für die Bestimmung der Maßnahmen, die bei Verlust oder Diebstahl des Schecks ergriffen werden müssen (Art. 80 Abs. 8 SG).

bb) Wechsel

Wie bereits oben erwähnt, richtet sich die Wechselfähigkeit nach dem Heimatrecht des Wechselerklärenden. Verweist das Heimatrecht auf ein anderes Recht, so ist dieses andere Recht anwendbar (Art. 88 Abs. 1 WG).

Hat der Wechselerklärende jedoch nach dem aus Abs. 1 hervorgehenden Recht nicht die Wechselfähigkeit, wohl aber nach dem Recht des Erklärungsortes, ist die Wechselerklärung gültig (Art. 88 Abs. 2 WG)[166].

Die Formbedingungen des Wechsels sowie des Wechselversprechens unterliegen dem Ortsrecht der Unterschrift (Art. 89 Abs. 1 WG). Allerdings können durch das in Abs. 1 bestimmte Recht bestehende Formmängel nicht dazu dienen, die Verbindlichkeit späterer Wechselerklärungen zu umgehen

---

165 Eine Beschränkung dieser Möglichkeit auf das Inland wie in Art. 62 des deutschen Scheckgesetzes besteht nicht.

166 Eine Schutzbestimmung für den Inländer im Ausland wie in Art. 91 Abs. 2 Satz 2 des deutschen Wechselgesetzes besteht im japanischen WG nicht.

(Art. 89 Abs. 2 WG). Für Wechselverbindlichkeiten, die Japaner gegenüber anderen Japanern im Ausland eingehen, genügen außerdem zur Gültigkeit die japanischen Formvorschriften (Art. 89 Abs. 3 WG)[167].

Die Wirkungen des Wechsels sowie des Wechselversprechens des Ausstellers und des Annehmenden werden von dem Recht des Zahlungsortes bestimmt (Art. 90 Abs. 1 WG). Die Wirkungen der übrigen Wechselerklärungen richten sich nach dem Ortsrecht der Erklärung[168]. Die Frist für Rückgriffsrechte aller Wechselverpflichteten jedoch unterliegt dem Recht des Ausstellungsortes des Wechsels (Art. 90 Abs. 2 WG).

Das Recht des Ausstellungsortes eines Wechsels entscheidet darüber, ob der Inhaber eines Wechsels die zugrundeliegende Forderung erwirbt (Art. 91 WG).

Das Recht des Zahlungsortes bestimmt über die Möglichkeit der Teilannahme und der Teilzahlung eines Wechsels (Art. 92 Abs. 1 WG). Dieses Recht findet in diesem Fall auch Anwendung bei einem Wechselversprechen (Art. 92 Abs. 2 WG). Das Recht des Zahlungsortes bestimmt auch über die Maßnahmen, die im Fall von Verlust oder Diebstahl ergriffen werden müssen (Art. 94 WG).

Der Wechselprotest sowie andere Handlungen, die zur Ausübung und Erhaltung der Wechselrechte notwendig sind, werden dem Recht des Ortes unterworfen, an dem die Handlungen vorgenommen werden müssen (Art. 93 WG).

d) Schuldverschreibung, Wertpapier, Eurobond, Staatsanleihe

Eine besondere Darlehensform ist die Ausgabe von Schuldverschreibungen (*saiken* 債券), Eurobonds (*yûro-sai* ユーロ債) oder andere Formen derartiger Wertpapiere (*shôken* 証券).

Eine gesonderte kollisionsrechtliche Regelung besteht für die genannten Darlehensformen nicht. Handelt es sich um Inhaberpapiere oder Verträge

---

167 Eine Beschränkung dieser Möglichkeit auf das Inland wie in Art. 92 des deutschen Wechselgesetzes besteht nicht.

168 Das Ortsrecht eines Wechselversprechens entscheidet auch über dessen Wirkungen sowie eventuelle Einreden (DG Ôsaka vom 29.9.1972, Hanrei Times, Nr. 288, S. 364). Allerdings waren bei diesem Urteil Zahlungsort und Ort der Wechselbürgschaftserklärung in Japan. Zu der Frage der Wirkungen und Einreden der Wechselbürgschaft, wenn zwei verschiedene Orte als Anknüpfungspunkte möglich sind, bezog das Gericht in diesem Urteil keine Stellung. Der konkrete Fall bot auch die Möglichkeit, die Bestimmung des Zahlungsortes zu erörtern. Nach englischem Recht, Ort der Ausstellung war England, steht dieser nur dann fest, wenn er auf dem Wechsel vermerkt wird, was hier der Fall war. Die Fragestellung, ob daher nur materielles Recht oder auch Kollisionsrecht gilt, um die Bestimmung des Zahlungsortes zu lösen, bliebt daher weiterhin offen (*Kawamata*, Tegata, S. 89).

werden sie daher entsprechend Art. 7 RAG entweder an den Parteiwillen (ausdrücklich oder stillschweigend) angeknüpft, oder an den Abschlussort der Vereinbarung. Handelt es sich um andere nicht als Inhaberpapiere ausgestellte Wertpapiere, sind *Yamada* und *Tameike* der Ansicht, dass sie als Fahrnis sachenrechtlich nach Art. 10 RAG angeknüpft werden müssen[169]. Das hat insbesondere Auswirkungen auf den Eigentumsübertrag. In einem Urteil des OG Sendai, Zweigstelle Akita[170] wurde diese Frage diskutiert.

Ein Japaner hatte bei einem belgischen Investment Unternehmen in Aktien konvertible, nicht als Inhaberpapier ausgestellte Obligationen an einem belgischen Unternehmen erworben, ohne jemals einen materiellen Schuldschein oder ein anderes Papier zu bekommen. Die Investition erwies sich als Flopp, und der Japaner erlitt einen Schaden in Millionenhöhe. Die diese Investition betreffenden Verträge wurden in Japan abgeschlossen und die damit verbundenen Beträge in Japan bezahlt. Eine ausdrückliche Rechtswahl fand nicht statt.

Nach japanischem Recht (Art. 341 Abs. 8 HG) ist für den rechtmäßigen Erwerb eines nicht auf den Inhaber ausgestellten Wertpapiers der reelle Übergang des Papiers notwendig. Nicht so nach belgischem Recht, nach dem ein solcher Schein nicht zwingend in Papierform ausgestellt werden muss.

Die japanische Partei klagte nun gegen die belgische Partei auf Wandelung des Vertrages wegen Nichterfüllung. Nach Ansicht des japanischen Investors unterlag der Vertrag dem japanischen Recht. Da die Wertpapiere nicht reell übergeben wurden, war der Vertrag nicht erfüllt, somit nichtig. Die belgische Partei sollte den „Kaufpreis" zurückzahlen. Die belgische Partei hielt dagegen, dass die Wertpapiere im Rahmen eines Verwahrungsvertrages bei der belgischen Firma hinterlegt waren, die belgische Firma somit wohl Besitzer, jedoch nicht Eigentümer der Sache war (die Trennung von Besitz und Eigentum wird auch nach japanischem Recht anerkannt (Art. 183 und 184 ZG)) und das Eigentum nach dem Hauptvertrag übergegangen war. Das Gericht unterstellte das vertragliche Verhältnis dem japanischen Recht und gab der belgischen Partei recht, da es der Ansicht war, dass die reelle Übergabe nicht maßgeblich für den Übergang des Eigentums war, solange der Investor regelmäßig über sein Wertpapierkonto informiert wurde und frei darüber verfügen konnte.

Hayakawa bedauert bei diesem Urteil, auch wenn er die Lösung insgesamt für angebracht hält, dass die Gelegenheit nicht genutzt wurde, den Eigentumsübergang bei nicht auf den Inhaber ausgestellten Wertpapieren kollisionsrechtlich genauer zu bestimmen und eventuell dem Ort der Bele-

---

169 *Yamada*, Kokusai shihô, S. 279; *Tameike*, Kôgi, S. 329.

170 OG Sendai, Zweigstelle Akita vom 4. Oktober 2000, Kinhan, Nr. 1106, S. 47; Jurisuto, Nr. 1202 (Sonderausgabe), S. 294.

genheit zu unterstellen, hier Belgien, wie von der Lehre gefordert[171].

Selbst wenn Eurobonds oder andere Schuldverschreibungen nicht in Japan ausgegeben werden, und ein anderes als das japanische Recht als anwendbares Recht dafür gewählt wurde, kommen dennoch Bestimmungen der japanischen Gesetzgebung als zwingendes Recht in jedem Fall zur Anwendung. Es handelt sich hierbei insbesondere um steuerrechtliche Bestimmungen, die hier nicht näher erörtert werden, sowie Bestimmungen des DAG, WVG und des HG, die zum Schutz des japanischen Investors bestehen[172].

Nach Art. 20 Punkt 6 DAG ist die Ausgabe von Schuldverschreibungen einer Person, die in Japan residiert, im Ausland oder deren Ausstellung in Fremdwährung oder die Ausstellung von Schuldverschreibungen eines Nichtresidenten (Ausländers) eine Investition im Sinne dieses Gesetzes, die nach Art. 21 und Art. 22 DAG in bestimmten Fällen genehmigungspflichtig ist. Der entsprechende Antrag muss an den Finanzminister gestellt werden (Art. 55-3 DAG)[173]. Prinzipiell besteht jedoch seit 1997 bei der Ausgabe von Schuldscheinen durch Japaner im Ausland oder Nichtresidenten in Japan keine vorherige Genehmigungspflicht mehr, sondern nur eine nachträgliche Informationspflicht[174].

Einige Bestimmungen des WVG betreffen den internationalen Gebrauch oder Handel von Schuldverschreibungen und Wertpapieren mit Japankontakt. Nach dem WVG müssen Wertpapiere, daher auch Schuldverschreibungen, die in Japan ausgegeben, gezeichnet oder gehandelt werden, nach Art. 4 und 5 WVG beim japanischen Finanzminister angemeldet werden. Außerdem muss im Fall der Ausgabe oder des Handels in Japan ein Prospekt dem Wertpapier beigefügt werden, der nähere Angaben zum Wertpapier beinhaltet (Art. 13 und 15 WVG). Das Prinzip einer *disclosure* für das Wertpapier gilt theoretisch auch für Wertpapiere, die im Ausland ausgegeben werden, außer solchen der Weltbank und der Asia Development Bank (Art. 3 WVG). Die Wirkung dieses Prinzips ist zwar durch die territorial beschränkte Anwendung japanischer Gesetze eingeschränkt, es gilt aber, sobald die Wertpapiere in Japan gehandelt werden. Die Nichtbeachtung dieser gesetzlichen Bestimmungen führt zu zivilrechtlicher Haftung des Ausgebenden. Es ist aber hierbei nicht geklärt, ob es sich um eine Haftung aus unerlaubter Handlung handelt,

---

171 *Hayakawa*, Jurisuto, Nr. 1202 (Sonderausgabe), S. 295 ff.

172 *Tatsuta*, in *Sawaki / Akiba* (Hrsg.), Sôten, S. 102.

173 Durch verschiedene Reformen des Gesetzes sowie durch Verwaltungserlasse hat sich das Genehmigungsverfahren sowie die Genehmigungspraxis seit 1995 jedoch erheblich erleichtert. (*Nomura*, in *Matsuoka* (Hrsg.), Gendai kokusai torihiki-hô kôgi, S. 138). Die Genehmigungspflicht besteht nicht mehr in solchen Fällen, in denen die Transaktion über eine Bank oder eine Wertpapiergesellschaft durchgeführt wird.

174 *Misonou*, Jurisuto, Nr. 1119, S. 64.

die an den Deliktsort angeknüpft wird, hier der Ort, an dem die Informations- und Registrierungspflicht besteht, oder als vertragliche Haftung, die ebenso an den Ort der Informations- und Registrierpflicht angeknüpft wird, aber dann entweder als Abschlussort oder als Erfüllungsort[175]. Diese Unterscheidung kann dann Bedeutung erlangen, wenn je nach anwendbarem Recht und Sachverhalt durch Anknüpfung an den Ort der unerlaubten Handlung oder an den Erfüllungsort oder an den Abschlussort ein anderes vorteilhafteres Recht anwendbar wird.

Nach Ansicht *Tatsutas* sind Betrug, Insidertrading oder andere Rechtsverletzungen im Zusammenhang mit übertragbaren Wertpapieren oder Schuldverschreibungen dann auf jedem Fall den Bestimmungen des japanischen WVG und dessen Straf- und Haftungsvorschriften unterworfen, wenn diese in Japan geschehen, also Japan Handlungsort ist, oder aber der Schaden in Japan eintritt[176].

Weiterhin wird in Japan diskutiert[177], inwiefern die Bestimmungen des Art. 483 HG[178] auf internationale Schuldverschreibungen und Wertpapiere Anwendung finden können, da die Bestimmungen des japanischen HG nur dann angewendet werden können, wenn die Schuldverschreibung dem japanischen Recht unterworfen ist. Ist sie aber ausländischem Recht unterworfen, so finden die Bestimmungen des japanischen HG prinzipiell keine Anwendung. Eine Anwendung des japanischen Rechtes könnte aufgrund des *ordre public* oder im Rahmen einer Sonderanknüpfung zwingender Rechtsnormen dennoch möglich sein. Wieweit aber die Bestimmungen des HG Wirkung im Sinne von zwingenden Rechtsnormen besitzen oder Erwägungen des *ordre public* begründen, ist offen.

Auch die Auswirkungen dieses Artikels werden kontrovers diskutiert. Bezieht er sich nur auf solche ausländische Gesellschaften, die bereits im Rahmen des Art. 479 HG in Japan registriert sind, das ist die Ansicht von *Yamada*[179], oder bezieht er sich auch auf andere ausländische Gesellschaften, wie *Okamoto* denkt[180]. Geklärt scheint die Frage jedoch nicht.

Dieselbe Frage besteht dementsprechend auch für die Gründung von

---

175 *Tatsuta*, in *Sawaki / Akiba* (Hrsg.), Sôten, S. 102.

176 *Tatsuta*, in *Sawaki / Akiba* (Hrsg.), Sôten, S. 102.

177 *Yamada*, Gaikoku kaisha, S. 1860 ff.; *Okamoto*, Dôshisha Hôgaku, Bd. 15, Nr. 1, S. 85 ff.

178 Art. 483 HG definiert die Formalitäten der Ausgabe von Aktien oder Obligationen ausländischer Gesellschaften und deren Verpfändung in Japan und bestimmt, dass diese den Bestimmungen des japanischen HG unterworfen sind. Der Artikel bestimmt weiterhin, dass der erst gemeldete Gewerbeort (*eigyô-jo* 営業所) in Japan als Hauptsitz der Gesellschaft in Japan angenommen wird.

179 *Yamada*, Gaikoku kaisha, S. 1860.

180 *Okamoto*, Dôshisha Hôgaku, Bd. 15, Nr. 1, S. 85.

Investmentgesellschaften, die Schuldverschreibungen verwalten. Nach japanischem Recht unterliegen solche Gesellschaften Auflagen in der Gründung, Verwaltung (Art. 296 ff HG) und Entscheidungsfindung durch die Homologisierung der Entscheidungen der Gesellschafter durch japanische Gerichte (Art. 327 HG). *Nomura* ist aber der Ansicht, dass die Anwendung dieser japanischen Bestimmungen durch vertragliche Vereinbarungen eingeschränkt werden kann, zumindest insofern, da der Gesetzgeber derartiges bisher noch nicht durch das Erlassen eines zwingenden Gesetzes in Form einer zwingenden Rechtsnorm unterbunden hat[181].

Im Fall von öffentlichen Anleihen (*kôsai* 公債) hat der RGH in oben genanntem Urteil von 1934[182] entschieden, dass diese nach Art. 7 Abs. 1 RAG (Parteiwillen) angeknüpft werden. Liegt keine Rechtswahl durch die Parteien vor, so wird nach Art. 7 Abs. 2 RAG an den Ort der Ausgabe der Staatsanleihen angeknüpft. Im konkreten Fall entschied das Gericht, in Francs ausgestellte Anleihen der Stadt Tokyo, die in Frankreich öffentlich ausgeschrieben wurden, den Bestimmungen des französischen *Code Civil* zu unterwerfen, und dessen Interpretation durch die französische *Cour de Cassation* anzuwenden. Die direkte Anknüpfung an den Ausstellungsort wird aber in der Lehre kritisiert, auch die Verweisung auf das von den Parteien bestimmte Recht, da es sich in der Regel um Adhäsionsverträge handelt, die der schwächeren Partei keine Verhandlungsmöglichkeit einräumen. *Nishi* schlägt vor, auch an den stillschweigenden Parteiwillen oder eventuell an andere Orte, etwa Ausgabeort oder Werbungsort, anzuknüpfen, die für den Schutz der Investoren von Interesse sein können[183].

4.1.7.4. Mietvertrag

Im Falle des Mietvertrages gilt ähnliches wie im Falle des Kaufvertrages. Eine gesonderte kollisionsrechtliche Regelung besteht nicht, so dass die Bestimmungen des Art. 7 RAG gelten und nach dem Prinzip der Parteiautonomie angeknüpft wird. Haben die Parteien keine ausdrückliche Rechtswahl getroffen, wird an den stillschweigenden Parteiwillen angeknüpft. Anhaltspunkt ist hier der Belegenheitsort der zu vermietenden Sache[184]. Theoretisch wird, wenn kein stillschweigender Parteiwille ermittelt werden kann, an den Abschlussort angeknüpft. Da jedoch die Anknüpfung an den stillschweigenden Parteiwillen eine Anknüpfung an den Ort der Belegenheit ermöglicht, erübrigt sich im Prinzip eine Anknüpfung nach Art. 7 Abs. 2 RAG an den Abschlussort.

---

181 *Nomura*, in *Matsuoka* (Hrsg.), Gendai kokusai torihiki-hô kôgi, S. 139.

182 RGH 27.12.1934, Minshû, Bd. 13, Nr. 24, S. 2386.

183 *Nishi*, in *Ikehara / Hayata* (Hrsg.), Hyakusen, 3. Aufl., S. 85.

184 *Tameike*, Kôgi, S. 357.

Weiterhin ist zu beachten, dass zwingende Normen am Ort der Belegenheit im Rahmen der Sonderanknüpfung ebenso bestehen und somit die Wirkungen des Vertragsstatuts einschränken können[185].

Ähnlich wie beim Kauf wird auch die Vermietung einer registrierungspflichtigen Sache bei Immobilien dem Recht der Belegenheit und bei Fahrnis dem Recht der Registrierung unterworfen, es sei denn, die Parteien haben eine andere Rechtswahl getroffen. Einreden von Dritten gegenüber einem Mietvertrag an registrierungspflichtigen Sachen unterliegen dem Belegenheitsrecht oder dem Recht der Registrierung, wenn der Mietvertrag ebenso registriert werden muss. In Japan bestehen außerdem zwingende Rechtsnormen bei der Vermietung von Immobilien zum Schutz des Mieters, so dass bei einer Vermietung von Wohnungsimmobilien oder landwirtschaftlichen Nutzflächen japanisches Recht als zwingendes Recht auf jeden Fall zur Anwendung kommt[186].

4.1.7.5. Bürgschaft

Es besteht keine gesonderte gesetzliche Kollisionsnorm für die Bürgschaft. Da die Bürgschaft akzessorisch zu einem anderen Vertrag abgeschlossen wird, könnte der Standpunkt geteilt werden, dass auch die Bürgschaft dem Vertragsstatut unterliegt. Im japanischen Recht gilt jedoch die Eigenständigkeit der Bürgschaft, so dass eine eigene Anknüpfung möglich ist. Diese kann entweder im Rahmen der Parteiautonomie von den Parteien bestimmt werden oder, wenn eine ausdrückliche Vereinbarung nicht vorliegen sollte, durch den stillschweigenden Parteiwillen bestimmt werden. Nach *Tameike* gilt als Berührungspunkt für die Anknüpfung an den stillschweigenden Parteiwillen das Hauptschuldstatut. Kann dieses nicht ermittelt werden, müsste an den Abschlussort angeknüpft werden[187].

Nach *Sawaki* muss das Verhältnis zwischen den verschiedenen Personen, Bürge, Schuldner und Gläubiger der Hauptschuld, im einzelnen erörtert

---

185 *Tameike*, Kôgi, S. 357.

186 *Tameike*, Kôgi, S. 357. Die betreffenden Gesetze sind unter anderem im Bereich der Landwirtschaftsgesetzgebung das Gesetz über landwirtschaftliche Nutzungsflächen (*nô-chi-hô* 農地法, Gesetz Nr. 1952-229, das Bestimmungen zur Übertragung von Rechten an landwirtschaftlichen Nutzungsflächen enthält), oder im Bereich der Mietgesetzgebung das Gesetz über die Vermietung von Flächen und Gebäuden (*shakuchi shakka-hô* 借地借家法, Gesetz Nr. 1991-90), auch wenn diese Gesetze keine ausdrücklichen kollisionsrechtliche Formulierungen enthalten. *Tameike* denkt auch, dass ein Mietrecht an Immobilien, das nach den Bestimmungen des ZG eingetragen wird, als dingliches Recht nach Art. 10 RAG angeknüpft werden muss (*Tameike*, Kôgi, S. 358).

187 *Tameike*, Kôgi, S. 360.

werden und dann entsprechend angeknüpft werden. Seiner Meinung nach kann die Bürgschaft nur bedingt selbständig angeknüpft werden, denn der Gläubiger der Hauptschuld kann gegen den Bürgen nicht mehr Rechte als gegen seinen Schuldner haben, aber auch der Bürge nicht mehr Rechte und Pflichten gegen den Gläubiger der Hauptschuld als der Schuldner, so dass eine unabhängige Anknüpfung die Rechte und Pflichten, die aus dem Hauptvertrag erwachsen, verletzten könnte, wenn auf die Bürgschaft ein anderes Recht als das Vertragsstatut des Hauptvertrages angewendet wird, da Einreden des Bürgen von diesem eigenen Recht der Bürgschaft abhängen könnten[188].

4.1.7.6. Lizenzvertrag und Vertrag über gewerbliches Immaterialgüterrecht

Im Rahmen des intellektuellen Eigentums besteht die Möglichkeit, eigene Rechte, Patente, Marken, Gebrauchs- oder Geschmacksmuster entweder selbst zu benutzen, durch einen Übereignungsvertrag (*jôto keiyaku* 譲渡契約) an einen Dritten zu übertragen oder deren Benutzung durch einen Lizenzvertrag (*jisshi keiyaku* 実施契約) einem Dritten einzuräumen. Da besondere kollisionsrechtliche Bestimmungen nicht bestehen, werden bei diesen Vertragstypen die sachenrechtlichen Aspekte nach Art. 10 RAG und die schuldrechtlichen Aspekte nach Art. 7 RAG angeknüpft[189]. Die sachenrechtlichen Aspekte der Anknüpfung der verschiedenen Güter des intellektuellen Eigentums werden im Rahmen des Sachenrechtes genauer erläutert.

Der Übereignungsvertrag und der Lizenzvertrag werden bezüglich ihrer schuldrechtlichen Aspekten wie gewöhnliche schuldrechtliche Verträge nach Art. 7 RAG angeknüpft. Dadurch gilt nach Art. 7 Abs. 1 RAG, dass der Vertrag subjektiv angeknüpft werden kann. Besteht jedoch keine ausdrückliche Rechtswahl der Parteien, werden nach *Kidana* diese beiden Vertragstypen nicht nach Art. 7 Abs. 2 RAG an den Ort des Vertragsabschlusses angeknüpft, sondern an den stillschweigenden Parteiwillen. Die Anknüpfung an den stillschweigenden Parteiwillen ermöglicht, auf das Recht des Staates, in dem das betroffene Rechtsgut geschützt ist, das Ortsrecht am Sitz des Lizenznehmers, das Ortsrecht am Sitz des Lizenzgebers, das Heimatrecht der Vertragsparteien oder etwa das Recht des Gerichtstandes zu verweisen[190].

Kidana ist aber auch der Ansicht, dass das Recht mit der engsten Verbindung mit dem Vertrag gesucht werden muss, sollten die Parteien keine Rechtswahl getroffen haben. Dieses Recht der engsten Verbindung kann das Recht des Schutzstatutes sein. Das ist jedoch nicht zwingend. Im Fall eines

188 *Sawaki*, Nyûmon, S. 193.
189 *Doi*, Kôgyô shoyû-ken, S. 817.
190 *Kidana*, Kokusai kôgyô shoyû-ken no kenkyû, S. 286.

Markenlizenzvertrages beispielsweise, in dem der Lizenznehmer die Verpflichtung hat, die Warenzeichen in einem anderen Land einzutragen, ist es angebrachter, das Recht dieses anderen Landes anzuwenden. Es empfiehlt sich daher seiner Meinung nach immer, den Vertrag in seinen spezifischen Gegebenheiten genau zu analysieren und dann das Vertragsstatut zu bestimmen[191].

Nach Ansicht *Yamadas* ist im Fall der Verweisung im Rahmen des stillschweigenden Parteiwillens das Recht des Landes, in dem das Rechtsgut geschützt wird, das billigste, da dies in der Regel auch das auf das Rechtsgut anwendbare Recht ist. Allerdings ist von dieser Verweisung dann abzusehen, wenn die Parteien dasselbe Heimatrecht haben, dieses Heimatrecht jedoch ein anderes als das oben genannte Recht ist, denn dann ist dieses Heimatrecht anzuwenden. Ebenso muss seiner Meinung nach eine Ausnahme von der Anwendung des Schutzstaatsrechtes gemacht werden, wenn die Parteien einen besonderen Gerichtsstand vereinbart haben. In diesem Fall ist es angebracht, das Ortsrecht dieses Gerichtsstandes anzuwenden[192].

Ein Vertrag, der ein Nutzungsrecht oder eine Überlassung von Know-how betrifft, kann nach Ansicht von *Doi* nur schuldrechtlich nach Art. 7 RAG angeknüpft werden, da ein solcher Vertrag kein gesetzlich gesichertes Recht betrifft und somit eine eventuelle Anknüpfung sachenrechtlicher Aspekte entfällt[193].

Nach Ansicht von *Doi* und *Kidana* können wettbewerbsrechtliche Probleme nur über den *ordre public* gelöst werden. Auch wenn *Doi* den Begriff der zwingenden Rechtsnorm benutzt, bezieht er sich dennoch nur auf Art. 33 RAG, d.h. den *ordre public*[194]. Wie oben im Rahmen der zwingenden Rechtsnormen beschrieben, hat die japanische Rechtsprechung das Problem der privatrechtlichen Wirkung des Kartellrechts und anderer derartiger öffentlich-rechtlicher zwingender Gesetze nur sehr unzufriedenstellend gelöst. Ein Bezug auf den *ordre public* könnte daher eine Lösung sein.

Ein Urteil des DG Tokyo von 1990[195] folgte der doktrinalen Ansicht der Anknüpfung an den stillschweigenden Parteiwillen. Es knüpfte einen Patentlizenzvertrag ohne Rechtsanwendungsklausel an den stillschweigenden Parteiwillen an. Es bediente sich dabei mehrerer Berührungspunkten wie Vertragssprache (Japanisch), Anwendungsort der Lizenz (Japan) und Abschluss des Vertrages in Tokyo und wendete daraufhin japanisches Recht an. Es bestätigt somit die Anknüpfung an den stillschweigenden Parteiwillen, der

---

191 *Kidana*, Kokusai kôgyô shoyû-ken no kenkyû, S. 276.
192 *Yamada*, Kokusai shihô, S. 339.
193 *Doi*, Kôgyô shoyû-ken, S. 820.
194 *Doi*, Kôgyô shoyû-ken, S. 822; *Kidana*, Kokusai kôgyô shoyû-ken no kenkyû, S. 287.
195 DG Tokyo vom 26.9.1990, Mutaishû, Bd. 22, Nr. 1, S. 613.

nicht unbedingt das Recht des Ortes sein muss, an dem das Schutzrecht registriert ist (hier USA).

4.1.7.7. Transport

Aufgrund der Insellage Japans sind im internationalen Transport nur der See- und Lufttransport von Bedeutung, deren Lage hier kurz erläutert werden soll. Es folgen einige Bemerkungen zu den Kollisionsnormen des Konnossements (*funani shôken* 船荷証券), des Transportvertrages (*unsô keiyaku* 運送契約) und des Chartervertrages (*yôsen keiyaku* 傭船契約), die nicht in Sondergesetzen bestimmt sind.

a) Konnossement

Die Anknüpfung des Konnossements gestaltet sich durch seinen „dinglichen Charakter" schwierig, da es zwar als Beweis für das Eigentum an der versendeten Ware dient, nicht aber den Transport selbst bedingt. Die Ware selbst wird als Sache entsprechend den Bestimmungen des Sachenrechtes angeknüpft. Japan hat 1957 das Übereinkommen von Den Haag über das Schiffskonnossement von 1924 ratifiziert, sowie 1992 das Brüsseler Protokoll von 1968 (Visby-Regeln), das das oben genannte Übereinkommen abgeändert hat. Die Regeln dieses Übereinkommens sowie des Brüssler Protokolls wurden durch das Gesetz über den internationalen Seetransport von Waren (*kokusai kaijô buppin unsô-hô* 国際海上物品運送法[196]) (GISW) in das japanische Gesetzeswerk aufgenommen. Dieses Gesetz regelt nicht die kollisionsrechtlichen Aspekte des Konnossements, sondern materiellrechtliche Fragen. Nach Art. 1 GISW ist der Anwendungsbereich des Gesetzes auf den internationalen Verkehr beschränkt[197]. Das Gesetz verweist in Art. 10 GISW auf die Bestimmungen des Art. 575 ff. HG, die die sachenrechtlichen Wirkungen des Konnossements definieren. Im nationalen Verkehr gelten nur die Bestimmungen des HG. Die Frage der Anknüpfung des Konnossements wird aber auch hier nicht geregelt und bleibt somit den Bestimmungen des RAG unterworfen[198].

Nach herrschender Meinung sollen die Bestimmungen des GISW und des HG nur dann Anwendung finden, wenn das Konnossement dem japanischen

[196] Gesetz Nr. 1957-172 i.d.F. des Gesetzes Nr. 1992-69.

[197] Nach dem Brüsseler Protokoll (Art. 5) findet das Übereinkommen Anwendung, wenn der Transport zwischen zwei Mitgliedsstaaten stattfindet, oder entweder der Verladehafen oder der Entladehafen in einem Mitgliedsstaat liegt. Art. 1 GISW bestimmt aber, dass die Regeln auch dann Anwendung finden sollen, wenn weder Verlade- noch Entladehafen in einem Mitgliedstaat liegen.

[198] *Takakuwa*, Kokusai kaijô buppin unsô keiyaku to tôitsuhô no tekiyô, S. 132.

Recht unterstellt ist[199]. Dies wird auch von der Rechtsprechung so gehandhabt[200].

Nach allgemeiner Auffassung gilt, dass im Falle eines gleichzeitig bestehenden Chartervertrages zwischen dem Verfrachter und dem Inhaber des Konnossements das anwendbare Recht das Vertragsstatut dieses Chartervertrages ist[201]. Gibt es einen solchen Chartervertrag zwischen dem Inhaber des Konnossementes und dem Verfrachter nicht, so ist das Konnossement das einzige Dokument, das die vertragliche Bindung zwischen den beiden Parteien bestätigt. In diesem Fall gilt nach herrschender Meinung, dass das Konnossement nach Art. 7 RAG angeknüpft wird[202]. Diese Anknüpfung wird von der Rechtsprechung bestätigt[203].

Kubo lehnt die subjektive Anknüpfung des Konnossements ab, und befürwortet eine rein objektive Anknüpfung an den Geschäftsort oder den Ort der hauptsächlichen Betätigung des Verfrachters[204]. *Orimo* hingegen befürwortet in jedem Fall eine Anknüpfung an das Vertragsstatut des Transportvertrags aufgrund der ursächlichen Bindung zwischen Transportvertrag und Konnossement[205].

Wenn das Konnossement nicht als eigenständiges Dokument ausgestellt wird, sondern, je nach zu transportierender Warenart, gleichzeitig der Chartervertrag ist, dann ist das anwendbare Recht auf das Konnossement das Vertragsstatut des Chartervertrags[206]. *Yamato* wehrt sich gegen diese Vereinheitlichung der beiden Rechtsgeschäfte[207].

Ein Urteil des DG Tokyo von 1995 und eines des DG Kôbe von 1985 sprachen sich jedoch für eine Verweisung auf das Vertragsstatut der Hauptschuld, Transportvertrag, aus, da das Konnossement in seinen Klauseln auf die Bedingungen des Transportvertrages hinwies[208].

---

199 *Yamato*, Kaishô, S. 769; *Hiratsuka*, in *Ikehara / Hayata* (Hrsg.), Hyakusen, 3. Aufl., S. 82.

200 DG Kôbe vom 14.4.1970, Hanrei Times, Nr. 288, S. 283; DG Kôbe vom 30.3.1983, Hanrei Times, Nr. 504, S. 160; LB, Nr. 064234; DG Tokyo vom 21.4.1961, Kamin, Bd. 12, Nr. 4, S. 820.

201 *Hiratsuka*, in *Ikehara / Hayata* (Hrsg.), Hyakusen, 3. Aufl., S. 82.

202 *Sawaki*, Nyûmon, S. 217; *Hiratsuka*, in *Ikehara / Hayata* (Hrsg.), Hyakusen, 3. Aufl., S. 82.

203 OG Tokyo vom 13.12.1935, Hyôron, Bd. 25, *Shôhô*, S. 250; DG Kôbe vom 14.4.1970, Hanrei Times, Nr. 288, S. 283; DG Kôbe vom 30.3.1983, Hanrei Times, Nr. 504, S. 160; LB, Nr. 064234.

204 *Kubo*, Kokusai shihô, S. 164.

205 *Orimo*, Kakuron, S. 92.

206 *Hiratsuka*, in *Ikehara / Hayata* (Hrsg.), Hyakusen, 3. Aufl., S. 83.

207 *Yamato*, Kaishô, S. 770.

208 DG Tokyo vom 30.10.1995, LB, Nr. 093236; DG Kôbe vom 30.3.1983, Hanrei Times, Nr. 504, S. 160; LB, Nr. 064234.

Nach *Yamato* ist das Konnossement differenziert anzuknüpfen. Die Bedingungen der Ausstellung und der Übergabe des Konnossements unterliegen seiner Meinung nach dem Recht des Ladeorts, da das Konnossement als Beweismittel für das Verladen der Ware dient. Jedoch entscheiden entweder das Ortsrecht der Verladung oder das Vertragsstatut des Haupttransportvertrages über Wirkungen des Konnossements. Die Formvoraussetzungen sind entsprechend Art. 8 RAG (Vertragsstatut und/oder Abschlussort) anzuknüpfen[209].

Haben die Parteien in dem Konnossement keine Rechtswahl getroffen, so gilt, dass an den stillschweigenden Parteiwillen angeknüpft werden muss. Als Berührungspunkte gelten Angaben über eventuelle Gerichtstandsklauseln, Schiedsgerichtsklauseln, verwendete Sprachen. Der Betriebssitz des Ausstellers des Konnossements kann nur bedingt als Berührungspunkt dienen, da dieser bisweilen schwer zu ermitteln ist[210]. Ist die Anknüpfung an den stillschweigenden Parteiwillen nicht möglich, so gilt in Anwendung des Art. 7 Abs. 2 RAG (Anknüpfung an den Abschlussort) der Ausgabeort des Konnossements als Anknüpfungspunkt[211]. Es ist möglich, dass die Parteien das anwendbare Recht später verändern[212].

Nach herrschender Meinung bestimmt das anwendbare Recht über die Gültigkeit und die Wirkungen des Konnossementes, sowie die Rechte des Inhabers an der Ware. Ebenso bestimmt das anwendbare Recht auf das Konnossement, als Beweis des Transportvertrages, die rechtliche Beziehung zwischen Verfrachter und Schiffseigner und/oder Charterer, wenn nicht der Schiffseigner auch gleichzeitig Verfrachter ist, was die Haftung und eventuelle Haftungsbegrenzungen betrifft[213]. Wie oben beschrieben, vertritt *Yamato* eine Nebenmeinung in diesem Zusammenhang, wonach die Ausstellung und die Wirkungen des Konnossements differenziert angeknüpft werden sollten.

---

209 *Yamato*, Kaishô, S. 769 ff.

210 *Hiratsuka*, in *Ikehara / Hayata* (Hrsg.), Hyakusen, 3. Aufl., S. 83. Nach *Hiratsuka* ist diese Lösung auch in der Rechtsprechung in einem Urteil des DG Yokohama, 29.10.1918 (Hyôron, Bd. 8, *Shohô*, S. 4) angewendet worden. Auch DG Tokyo vom 12.4.1961, Kamin, Bd. 12, Nr. 4, S. 820.

211 *Hiratsuka*, in *Ikehara / Hayata* (Hrsg.), Hyakusen, 3. Aufl., S. 83. Nach *Hiratsuka* ist dies auch Lösung in der Rechtsprechung in einem Urteil des DG Kôbe, 16.9.1917.

212 *Hiratsuka*, in *Ikehara / Hayata* (Hrsg.), Hyakusen, 3. Aufl., S. 83.

213 *Takakuwa*, Kokusai kaijô buppin unsô keiyaku to tôitsuhô no tekiyô, S. 132; *Hiratsuka*, in *Ikehara / Hayata* (Hrsg.), Hyakusen, 3. Aufl., S. 83; bestätigt durch DG Tokyo vom 30.10.1995, LB, Nr. 093236.

b) Transportvertrag, Chartervertrag

Es bestehen keine gesonderten gesetzlichen Kollisionsnormen weder für den Transportvertrag noch für den Chartervertrag. Es gelten daher die Bestimmungen des Art. 7 RAG. Entsprechend Art. 7 RAG können die Parteien das Vertragstatut des internationalen Transportvertrags und des internationalen Chartervertrags bestimmen. Liegt keine ausdrückliche Rechtswahl vor, wird an den stillschweigenden Parteiwillen angeknüpft. Ein Urteil, das den Transportvertrag an den stillschweigenden Parteiwillens anknüpft, scheint bisher nicht vorzuliegen.

Da in verschiedenen Fällen der Transportvertrag jedoch „nur" ein Adhäsionsvertrag ist, bei dem für die schwächere Vertragspartei wenig, oder gar kein Verhandlungsspielraum besteht, somit auch keine echte Verhandlung über die Rechtswahl stattfindet, ist für einen Teil der Lehre die Anerkennung einer subjektiven Anknüpfung des Transportvertrages fragwürdig. Dennoch gibt es bisher keine richterlichen Entscheidungen, die eine Einschränkung des Parteiwillen bei der Wahl des Vertragsstatuts erkennen lassen oder die Wirkung des durch Rechtswahl bestimmten Vertragsstatuts durch zwingende Rechtsnormen oder *ordre public* vermindern[214].

Haben die Parteien kein Recht bestimmt und kann auch der stillschweigende Parteiwille nicht ermittelt werden, gilt das Recht des Abschlussortes nach Art. 7 Abs. 2 RAG als anwendbares Recht, was auch in der Rechtsprechung bestätigt wird[215]. *Yamato* befürwortet hier jedoch eine Anknüpfung an den Erfüllungsort des Vertrages, in der Regel der Bestimmungsort oder der Abladeort. Dies ist seiner Meinung nach die allgemeine internationale Tendenz des IPR, die auch hier begründet Anwendung finden kann, da der Bestimmungs- oder Abladeort den Parteien bekannt ist und somit dem Anspruch der Rechtssicherheit genüge getan wird[216].

Der Geltungsbereich des Transportvertragsstatuts entspricht allgemein dem Anwendungsbereich des Vertragsstatuts[217], wie oben im Abschnitt über den Vertrag beschrieben.

Im Bereich der Passagierbeförderung per Schiff ist *Yamato* der Ansicht, dass der Passagierbeförderungsvertrag dem Flaggenrecht untersteht[218]. Gerichtsurteile oder andere Lehrmeinungen zu dieser Frage wurden nicht gefunden. Da die Passagierbeförderung gegebenenfalls auch den Bereich des

---

214 *Nakano*, in *Matsuoka* (Hrsg.), Gendai kokusai torihiki-hô kôgi, S. 59; *Yamato*, Kaishô, S. 760 ff..

215 DG Tokyo vom 10.17.1967, LB, Nr. 070028.

216 *Yamato*, Kaishô, S. 762 ff.

217 *Yamato*, Kaishô, S. 767.

218 *Yamato*, Kaishô, S. 766.

Verbrauchervertrags betreffen kann, könnte eine dem Verbrauchervertrag ähnliche kollisionsrechtliche Lösung ebenso in Erwägung gezogen werden.

Für die Beförderung in der Luft hat Japan das IATA Übereinkommen oder Warschauer Übereinkommen von 1929 unterzeichnet, ebenso die Folgeprotokolle von 1955 von Den Haag, von 1971 von Guatemala und von 1975 von Montréal, so dass diese Regeln im Lufttransport entsprechend in Japan gelten[219].

4.1.7.8. Versicherungsvertrag

Nach herrschender Meinung gilt, dass der Versicherungsvertrag, der gesetzlich nicht gesondert angeknüpft wird, subjektiv angeknüpft werden kann[220]. Nach alter Rechtsprechung war es nicht möglich, den Versicherungsvertrag zu teilen und verschiedene Verpflichtungen des Vertrages unterschiedlichen Rechtsordnungen zu unterwerfen (s.o. *dépeçage* Abschnitt 4.1.2.1), was jedoch nach heutiger Ansicht möglich ist[221].

Nach Ansicht *Yamatos* kann die subjektive Anknüpfung des Versicherungsvertrags aber nur dann anerkannt werden, wenn die Rechtswahl ausdrücklich vereinbart ist. Eine Anknüpfung an den stillschweigenden Parteiwillen lehnt er mit der Begründung ab, dass der Versicherungsvertrag ein Adhäsions- oder Massenvertrag ist. Zur Vereinfachung des Versicherungsgewerbes und in Anbetracht der zahlreichen möglichen objektiven Anknüpfungspunkte, wie etwa Gewerbeort des Versicherers, Wohnort des Versicherten, Abschlussort, Lageort des Vertragsobjektes, usw., befürwortet er eine Anknüpfung an den Gewerbeort des Versicherers[222]. Erfolgt der Abschluss des Versicherungsvertrages über eine Zweigstelle oder Filiale im Ausland, so sollte seiner Meinung auf das Ortsrecht dieser Zweigstelle oder Filiale verwiesen werden[223].

Yamato befürwortet aber auch, dass bestimmte Schutzbestimmungen eines anderen Rechtes, d.h. insbesondere der *lex fori*, die Wirkungen des ausländischen Rechtes einschränken, oder sogar ausschließen können, beispielsweise bei illegalem Versicherungsgut oder einem Versicherungsgut, das dem Prinzip von Treu und Glauben widerspricht, wie Lebensversicherung auf das Leben eines Dritten oder etwa die Versicherung von Waffenschmuggel[224]. Diese Sichtweise hat sich bisher nicht in der Rechtsprechung niedergeschlagen.

---

219 *Nakano*, in *Matsuoka* (Hrsg.), Gendai kokusai torihiki-hô kôgi, S. 70.

220 *Nakano*, in *Matsuoka* (Hrsg.), Gendai kokusai torihiki-hô kôgi, S. 70; *Yamato*, Shihô, Nr. 9, S. 131 ff.

221 *Nakano*, in *Matsuoka* (Hrsg.), Gendai kokusai torihiki-hô kôgi, S. 73 ff.

222 *Yamato*, Shihô, Nr. 9, S. 134 ff.

223 *Yamato*, Shihô, Nr. 9, S. 138.

224 *Yamato*, Shihô, Nr. 9, S. 139.

Allerdings ist der japanische Versicherungsmarkt streng reglementiert, so dass Versicherungsverträge mit ausländischen Versicherungen, die keine Zweigstelle oder Filiale in Japan besitzen, insbesondere mit Verbrauchern, selten sein dürften, und eine Anwendung fremden Rechts auf einen Versicherungsvertrag mit schutzwürdigen Personen wohl nur selten geschieht.

Die Frage der Subrogation des Versicherers in den Rechten des Versicherten wird im Rahmen der Randfragen des Schuldrechtes am Ende dieses Kapitels besprochen.

4.1.7.9. Verbrauchervertrag

In der Gegenwart anerkennt man auch für Verbraucherverträge eine besondere Notwendigkeit, den als schwächer einzustufenden Verbraucher als Vertragspartei in einem Vertrag mit einem wirtschaftlich stärkeren Vertragspartner zu schützen. Die verschiedenen Rechtsordnungen entwerfen entsprechende Normen, die dem Schutz des Verbrauchers dienen sollen. Außerdem versuchen die Gerichte zusätzlich in internationalen Fällen im Rahmen der Sonderanknüpfung der zwingenden Rechtsnormen und des *ordre public* auf den Vertrag das Wohnortrecht des schutzbedürftigen nationalen Verbrauchers anzuwenden[225].

a) Definition des Verbrauchervertrages

In Japan wurde 1968 das Basisgesetz zum Verbraucherschutz[226] verabschiedet. Dieses Gesetz beinhaltet jedoch keine genaue Definition des Begriffs „Verbraucher" und somit auch nicht des Begriffes „Verbrauchervertrag" (*shôhi-sha keiyaku* 消費者契約). Ein neues Gesetz über den Verbrauchervertrag aus dem Jahre 2000[227] definiert den Verbraucher als Einzelperson, wobei die Einzelperson dann nicht als Verbraucher gilt, wenn sie Vertragspartei bei einem Vertrag ist, den sie im Rahmen einer gewerblichen Tätigkeit abschließt. Diese Person wird dann als gewerbetreibende Person bezeichnet (Art. 2 Abs. 1 und 2 des Gesetzes über Verbraucherverträge). Ein Verbrauchervertrag ist ein Vertrag, der zwischen einer Einzelperson und einer gewerbetreibenden Person abgeschlossen wird (Art. 2 Abs. 3 des Gesetzes über Verbraucherverträge)[228].

---

225 *Deguchi*, Kokusai shihô to shôhi-sha · rôdô-sha no hogo, S. 42.

226 Basisgesetz zum Verbraucherschutz (*shôhi-sha hogo kihonhô* 消費者保護基本法), Gesetz Nr. 1968-78.

227 Gesetz über den Verbrauchervertrag (*shôhi-sha keiyaku-hô* 消費者契約法), Gesetz Nr. 61-2000.

228 Arbeitsverträge sind von der Anwendung des Gesetzes ausgeschlossen (Art. 12 Gesetz

Nach Ansicht von *Deguchi* handelt es sich bei Verbraucherverträgen aber auch um solche Verträge, in denen die Verhandlungsfreiheit einer Partei, bedingt durch deren wirtschaftlich schwächere Position, eingeschränkt ist. Zusätzlich hat diese schwächere Partei wenig oder gar keine Möglichkeit, den Vertrag zu beeinflussen, da im Rahmen der allgemeinen Geschäftsbedingungen der einen Vertragspartei vorgefertigte Vertragsformulare benutzt werden. Neben diesen Kriterien, die die Parteien und die Vertragsanbahnung betreffen, sieht *Deguchi* aber auch das Bestehen von gesetzlichen Schutzbestimmungen für eine bestimmte Gruppe von Personen als Bedingung, um von dieser Vertragskategorie sprechen zu können, hier gesetzliche Bestimmungen zum Verbraucherrecht, wie sie auch in Japan seit 1968 bestehen[229].

b) Anknüpfung des Verbrauchervertrages

Die Notwendigkeit einer besonderen Anknüpfung des Verbrauchervertrages wird in Japan diskutiert, da das Prinzip der Privatautonomie zwischen den Vertragsparteien aufgrund ihrer unterschiedlichen wirtschaftlichen Stärke nur bedingt Anwendung finden kann[230]. Es besteht hierbei die Möglichkeit, durch gesetzliche Bestimmungen, zwingende Rechtsnormen, die ihren Anwendungsbereich selbständig bestimmen, eine eventuelle Anknüpfung durch die Parteien ungültig zu erklären, so dass die gesetzlichen Schutzbestimmungen einer Sozial- und Wirtschaftsgesetzgebung unmittelbar angewendet werden können, wenn das entsprechende Gesetz es so verlangt. Es besteht aber auch die Möglichkeit, über Erwägungen des *ordre public* die Ergebnisse des von den Parteien bestimmten Rechtes, oder entsprechend den Kollisionsnormen vom Gericht bestimmten ausländischen Rechtes für ungültig zu erklären und dann japanisches Recht anzuwenden[231].

In Japan existieren bisher keine derartigen Bestimmungen, weder innerhalb der Bestimmungen des IPR, noch innerhalb der gesetzlichen Bestimmungen zum Verbraucherschutz, noch im Rahmen von internationalen Übereinkommen, die eine Anwendung japanischen Rechts aufgrund von zwingende Rechtsnormen oder *ordre public* ermöglichten, was in der Lehre sehr bedauert wird[232]. Auch das Gesetz über Verbraucherverträge enthält keine kollisionsrechtlichen Bestimmungen. In Artikel 1 bestimmt es, dass das Gesetz dem Verbraucherschutz und damit einem gesunden volkswirtschaftlichem

---

über den Verbrauchervertrag).

229 *Deguchi*, Kokusai shihô-jô ni okeru shôhi-sha keiyaku, S. 478

230 *Tameike*, Kôgi, S. 340 ff; *idem*, S. 360; *Yamada*, Kokusai shihô, S. 289.

231 *Deguchi*, Kokusai shihô-jô ni okeru shôhi-sha keiyaku, S. 479.

232 *Deguchi*, kokusai shihô to shôhi-sha • rôdô-sha no hogo, S. 43.

Wachstum dienen soll. Es ist möglich, dass die Gerichte dieses Gesetz daher in der Zukunft als eine zwingende Norm anerkennen, und es somit immer zur Anwendung kommt, wenn ausreichende Anknüpfungspunkte mit Japan bestehen. Das Gesetz selbst bestimmt dies jedoch nicht.

Kubo ist der Ansicht, dass im Falle eines Adhäsionsvertrags oder eines Vertragsabschluss im Rahmen von allgemeinen Geschäftsbedingungen, wie der Verbrauchervertrag, eine Anknüpfung nach Art. 7 Abs. 1 RAG unangebracht ist, da das Prinzip der Privatautonomie aufgrund der wirtschaftlichen Ungleichheit der Parteien nicht angewendet werden kann. Er sieht solche Verträge daher als besondere Vermögensverträge, die als solche angeknüpft werden müssen, wobei die Anknüpfung an den Gewerbeort für eine gesunde wirtschaftliche Entwicklung geschehen sollte[233]. Eine solche Kollisionsnorm mag für den wirtschaftlichen Aufbau Japans von Vorteil sein, verwirklicht aber nur bedingt den Schutzgedanken der schwächeren Vertragspartei.

Matsuoka spricht sich im Falle von Adhäsionsverträgen, so auch bei Verbraucherverträgen, dafür aus, das Prinzip der Parteiautonomie in jedem Fall zu respektieren, und einen solchen Vertrag entsprechend der von den Parteien getroffenen Rechtswahl anzuknüpfen. Sollten allerdings die Interessen der schwächeren Partei durch die Anwendung dieses Rechts zu sehr verletzt werden, und weiterhin nachgewiesen sein, dass in der Tat keine reale Verhandlungsmöglichkeit bestand, dann kann seiner Meinung nach von der Anwendung dieses Rechtes eventuell abgesehen werden[234].

Deguchi befürwortet eine Anknüpfung an den ständigen Aufenthaltsort des Verbrauchers und die dort geltenden zwingenden Normen[235]. Er bezweifelt den Nutzen einer Anknüpfung an das Ortsrecht der charakteristischen Leistung, da in der Regel diese Leistung diejenige ist, für die ein bestimmter Geldbetrag entrichtet werden muss. Und ist es eben auch meist der Verbraucher, der diesen Geldbetrag leistet und somit nicht an das Wohnortrecht des Verbrauchers angeknüpft wird, sondern eher an den Gewerbeort des Unternehmers[236].

Tameike orientiert sich an dem Römischen Übereinkommen von 1980 zum Schuldrecht und befürwortet die Anerkennung des Parteiwillens unter der Berücksichtigung einer Sonderanknüpfung an zwingendes Recht am Wohnort des Verbrauchers[237].

---

233 *Kubo*, Kokusai shihô, S. 143.

234 *Matsuoka*, Fugô keiyaku ni okeru junkyohô yakkan no kôryoku - Amerika no kokusai shihô ni tenkai wo chûshin toshite [die Wirksamkeit einer Rechtsanwendungsklausel in Adhäsionsverträgen – in Anbetracht der Entwicklung des amerikanischen IPR], in Handai Hôgaku, Nr. 72, 73, S. 177 ff (1970).

235 *Deguchi*, Kokusai shihô-jô ni okeru shôhi-sha keiyaku, S. 613.

236 *Deguchi*, Kokusai shihô-jô ni okeru shôhi-sha keiyaku, S. 484.

237 *Tameike*, Kôgi, S. 360.

Die japanischen Gerichte hatten bisher nicht die Möglichkeit, die Anknüpfung eines Verbrauchervertrages zu klären, so dass eine konkrete richterliche Lösung bisher offen ist.

4.1.7.10. Arbeitsvertrag

Der Arbeitsvertrag als schuldrechtliche Verpflichtung, der gesetzlich nicht gesondert angeknüpft wird, unterliegt ebenso wie andere Vertragstypen den Bestimmungen des Art. 7 RAG. Daher können die Parteien nach herrschender Meinung das Vertragsstatut bestimmen[238]. Liegt keine ausdrückliche Rechtswahl der Parteien vor, so muss nach Ansicht von *Tameike* auch hier an den stillschweigenden Parteiwillen angeknüpft werden. Als Anhaltspunkte können Erfüllungsort oder Sitz des Arbeitgebers dienen, im Fall von Arbeitsverträgen mit Gebietskörperschaften sollte der Arbeitsvertrag dem territorialen Recht eines solchen Arbeitgebers unterliegen[239]. Eine Anknüpfung des Arbeitsvertrages außerhalb der gesetzlichen Bestimmungen des RAG, wie etwa nach dem Günstigkeitsprinzip, das bei dem EVÜ besteht, wird von der japanischen Lehre mehrheitlich abgelehnt[240].

Dieser Standpunkt der möglichen subjektiven Anknüpfung wird aber nicht von der gesamten japanischen Lehre geteilt. *Kubo* ist der Ansicht, dass der Arbeitsvertrag, insbesondere bei großen Unternehmen und öffentlichen Einrichtungen, eher einem Adhäsionsvertrag ähnelt und dementsprechend nicht den Bestimmungen des Art. 7 RAG unterworfen werden kann. Seiner Meinung nach sollte der Arbeitsvertrag dem Recht des Sitzes des Arbeitgebers unterliegen. Die Rechtswahl sollte von praktischen Bedürfnissen getragen werden[241]. Die Anknüpfung an den Sitz des Arbeitgebers scheint daher für *Kidana*, *Matsuoka* und *Watanabe* angebracht auch im Hinblick auf das Bedürfnis der Rechtssicherheit sowohl für den Arbeitgeber als auch den Arbeitnehmer[242]. *Orimo* befürwortet eine objektive Anknüpfung an den

---

[238] *Nishitani*, Recht in Japan, S. 55. *Nishitani* gibt einen ausführlichen Abriss der Rechtslage internationaler Arbeitsverträge in Japan in deutscher Sprache, *Nishitani*, Recht in Japan, S. 39 ff.

[239] *Tameike*, Kôgi, S. 358. Diese Kollisionsnorm wurde in einem Urteil des DG Tokyo vom 1. Oktober 1997, Hanrei Times, Nr. 979, S. 144 ff. angewendet. Es handelt sich um einen Arbeitsvertrag einer Stewardess japanischer Staatsangehörigkeit der Lufthansa der aufgrund verschiedener Elemente, Ort von dem die Anweisungen ausgingen, Art und Weise der Gehaltsabrechnung und Zahlungsweise sowie Abschlussort dem deutschen Recht unterstellt wurde, obwohl die Home-base der Stewardess nach Vertrag in Japan lag.

[240] *Nishitani*, Recht in Japan, S. 59 ff.

[241] *Orimo* zitiert nach *Nishitani*, Recht in Japan, S. 52 ff.

[242] *Kidana / Matsuoka / Watanabe*, S. 119 ff.

Arbeitsort, da die zahlreichen Bestimmungen im Bereich des Arbeitsrechts, die seiner Meinung nach einen öffentlich rechtlichen Charakter haben, die Vertragsautonomie weitgehend eingeschränken[243].

Das Arbeitsrecht unterscheidet sich in Japan, wie in den meisten anderen Staaten, von dem allgemein gültigen Schuldrecht. Aus wirtschafts- und sozialpolitischen Gründen wird das Arbeitsrecht jedoch nur territorial angewendet. Wenn der Erfüllungsort eines Arbeitsvertrages in Japan liegt, so gelten die Bestimmungen des japanischen Arbeitsstandardgesetzes (*rôdô kijun-hô* 労働基準法) (ASG) und des Gewerkschaftsgesetzes (*rôdô kumiai-hô* 労働組合法) (GwerkG), auch wenn die Parteien die Anwendung eines anderen Rechts vereinbart haben sollten. Diese Anwendung japanischen Rechts wird nach Ansicht von *Deguchi* durch die Anerkennung der genannten Gesetze als zwingende Rechtsnormen und *ordre public*, ermöglicht. Dies führt dazu, dass bestimmte Schutzbestimmungen des japanischen Rechtes in jedem Fall immer dann Anwendung finden, wenn der Arbeitsort Japan ist[244]. Für *Orimo* ist die Anwendung solcher Normen des japanischen Rechts möglich, solange der Vertrag japanischem Recht untersteht, jedoch zweifelhaft, wenn japanisches Recht keine Anwendung findet, da seiner Meinung nach diese Gesetze als öffentlich-rechtliche Normen im Rahmen des IPR keine Anwendung finden sollten, es sei denn, diese Gesetze sähen es vor[245]. Diese Haltung wird von *Nishitani* kritisiert, da die privatrechtliche und öffentlich-rechtliche Wirkung der entsprechenden Normen differenziert betrachtet werden muss, so enthält etwa die japanische Arbeitsschutzgesetzgebung Normen mit privatrechtlicher Wirkung und öffentlich-rechtlicher Wirkung[246]. Sie ist daher der Ansicht, dass

---

243 *Orimo*, Tôjisha jichi no gensoku, S. 270 ff. *Orimo* hat aber sich später der herrschenden Meinung angeschlossen. *Nishitani* selbst befürwortet die Möglichkeit der subjektiven Anknüpfung vor dem Hintergrund der schwierigen objektiven Anknüpfung, insbesondere da bei bestimmten Arbeitsverträgen Ortswechsel für die Erbringung der Arbeitsleistung nötig sind. Die Rechtswahl kann zwar zum Verlust bestimmter Schutzbestimmungen am Arbeitsort führen, das gewählte Recht kann jedoch ebenso Schutzbestimmungen enthalten, so dass auch nach dem gewählten Recht der Parteien für den Arbeitnehmer Schutz besteht, der bisweilen sogar für den Arbeitnehmer vorteilhafter sein kann als der Schutz am Arbeitsort (*Nishitani*, Recht in Japan, S. 53 ff.).

244 *Deguchi*, Kokusai shihô to shôhi-sha・rôdô-sha no hogo, S. 42.

245 *Orimo*, Tôjisha jichi no gensoku, S. 146 ff.

246 Privatrechtlich bestimmt Art. 20 ASG etwa eine Kündigungsfrist von 30 Tagen, oder die Bezahlung des Lohns von 30 Tagen, wenn die Frist nicht eingehalten wurde. Art. 19 ASG verbietet die Kündigung während dem Mutterschaftsurlaub, während der Krankheit nach einem Arbeitsunfall oder wegen Berufskrankheit, sowie 30 Tage nach dem Ende der entsprechenden Abwesenheit. Als öffentlich-rechtliche Bestimmungen enthält das Gesetz aber auch Strafbestimmungen (Art. 119 ASG) *Nishitani*, Recht in Japan, S. 54.

der öffentlich-rechtliche Charakter nicht ausreicht, um die Anwendung einer Norm auszuschließen, sondern es gilt, die privatrechtlichen Folgen für die Parteien zu untersuchen, und die Norm dann entsprechend anzuwenden[247].

Ein Urteil des DG Tokyo von 1965[248] hat in seiner Entscheidung bezüglich eines Arbeitsvertrages mit einer amerikanischen Fluggesellschaft, der aber in Japan erfüllt wurde, die Bestimmungen des Art. 7 Abs. 1 GewerkG als unbedingt anwendbar erklärt, obwohl die Parteien ihren Vertrag dem Recht Kaliforniens unterstellt hatten. In dem Fall wurde einem Arbeitnehmer gekündigt, da er gewerkschaftlichen Betätigungen nachging. Nach kalifornischem Recht wäre die Kündigung rechtmäßig gewesen, nicht nach japanischem Recht - Art. 7 Abs. 1 GewerkG. Ein Urteil des DG Tokyo von 1969[249], das bei einem in den USA zwischen Amerikanern abgeschlossenen Arbeitsvertrag für eine in Japan zu erbringende Arbeit auf das amerikanische Recht verwies, lehnte die Anwendung japanischen Rechts aufgrund der Verletzung des *ordre public*, hier Art. 1 Abs. 3 ZG, der den Rechtsmissbrauch bei Kündigungen verbietet[250], für den Kündigungsschutz ab.

Die Diskussion um die Anknüpfung eines Arbeitsvertrages bleibt daher bis zu einem gewissen Grad offen, da die Fragen der zwingenden Rechtsnormen, deren Existenz und deren Auswirkungen bisher nicht eindeutig durch die Rechtsprechung geklärt werden konnten. Nach Ansicht *Sawakis* wäre das oben beschriebene Urteil von 1965 ein „epochemachendes", wenn es insofern ausgelegt werden könnte, dass bei konkurrierender möglicher Verweisung auf die *lex fori* durch *ordre public* oder durch zwingende Rechtsnormen, die Anwendung japanischen Rechts hier als eine Anknüpfung aufgrund von zwingenden Rechtsnormen verstanden werden kann. Der Wortlaut des Urteils lässt eine derartige definitive Auslegung aber nicht zu, so dass nach wie vor offen ist, ob japanische Arbeitschutzgesetze tatsächlich als zwingende Rechtsnorm gesehen werden können oder eher im Rahmen des *ordre public* der *lex fori* in ein Arbeitsverhältnis hineinwirken und die Wirkungen des von den Parteien bestimmten Rechts einschränken können[251]. Ebenso bleibt offen,

---

247 *Nishitani*, Recht in Japan, S. 66.

248 DG Tokyo vom 26.4.1965, Hanrei Times, Nr. 210, S. 174; Rôminshû, Bd. 16, Nr. 2, S. 308.

249 DG Tokyo vom 14.5.1969, Kamin Bd. 20, Nr. 5/6, S. 342.

250 Nach japanischem Recht bedarf es für die Kündigung eines Arbeitsvertrages durch den Arbeitgeber keinen Grund. Die Rechtsprechung hat jedoch in Anlehnung an Art. 1 Abs. 3 ZG die Theorie des Rechtsmissbrauchs der Kündigung entwickelt, wonach der Arbeitgeber den Arbeitsvertrag rechtsmissbräuchlich gekündigt hat, wenn kein Grund vorlag. Die Beweispflicht liegt beim Arbeitnehmer (*Nishitani*, Recht in Japan, S. 70).

251 *Sawaki*, Rikkyô Hôgaku, Nr. 9, S. 163 ff. Eine weitergehende Abhandlung des Arbeitsvertrages befindet sich im Abschnitt über zwingende Rechtsnormen. Dort wird auch genanntes Urteil von 1965 diskutiert.

ob im Rahmen der Sonderanknüpfung auch ausländische zwingende Rechtsnormen Anwendung finden können[252].

4.1.7.11. Vertragshändlervertrag

Der Vertragshändlervertrag (*dairi-ten keiyaku* 代理店契約 oder *itte hanbei keiyaku* 一手販売契約) ermöglicht einem Hersteller oder Exporteur, in einem Staat durch einen Vertreter in einem anderen Staat seine Waren oder Dienstleistungen in diesem anderen Staat zu vertreiben. Die verschiedenen Möglichkeiten, dieses zu bewirken, erfordern je nach wirtschaftlicher Sachlage verschiedene Vertragsformen, die gegebenenfalls unterschiedlich angeknüpft werden. Bestimmungen des japanischen Rechts können als zwingende Rechtsnormen Anwendung finden. Ist ausländische Recht anwendbar, kann der *ordre public* dessen Wirkungen einschränken. Eine weitere Differenzierung der Anknüpfung wird durch die vertragliche Gestaltung und durch die Beteiligung verschiedener Personen, die davon betroffen sind, bewirkt. Das heißt im Verhältnis Hersteller oder Exporteur im Ausland und Vertreter in Inland und im Verhältnis Vertreter und Kunde im Inland[253].

Allgemein unterliegt der Vertragshändlervertrag, der gesetzlich nicht gesondert angeknüpft wird, den Bestimmungen des Art. 7 RAG, somit der Parteiautonomie[254]. Die Anknüpfung der einzelnen möglichen Vertragstypen sowie der Vertretung insgesamt wurden bereits in anderen Abschnitten genauer beschrieben, etwa im Abschnitt über die Stellvertretung (Abschnitt 3.1.2.) und in den Abschnitten über die verschiedenen Vertragstypen. Ebenso besteht im Bereich des Vertragshändlervertrages die Möglichkeit, dass der Vertrag bei der *Kôsei Torihiki Iinkai* eingereicht werden muss[255]. Genauere Erläuterungen befinden sich auch im Abschnitt über zwingende Rechtsnormen.

---

252 *Nishitani*, Recht in Japan, S. 68.

253 *Ishiguro*, Kokusai shihô, S. 314; *Fuwa* in *Matsuoka* (Hrsg.), Gendai kokusai torihiki-hô kôgi, S. 145.

254 *Münzel*, S. 555.

255 Die Liberalisierung der vergangenen Jahre hat auch die Genehmigungspflichten deutlich vermindert. In der Regel sind nur noch Verträge mit einer längeren Laufzeit als ein Jahr mit Unternehmen, die eine gewisse Größe sowohl an Umsatz oder Marktanteilen als auch an Arbeitnehmern haben von den Genehmigungspflichten betroffen. Im Zweifelsfall ist es jedoch besser, bereits während den Vertragsverhandlungen die japanische Behörde um genauere Auskunft zu bitten, um so eventuell bestehende Bestimmungen mit in die Vetragsverhandlungen miteinfließen lassen zu können (*Rodatz*, ZJapanR, Heft 5, S. 84 ff.).

4.1.8. Allgemeine Abschlussbemerkung zur Anknüpfung von Verträgen

Abschließend kann zu der Anknüpfung von Verträgen festgehalten werden, dass moderne Tendenzen der Anknüpfung an das Recht der engsten Verbindung, in der Regel durch eine Bezugnahme auf den subjektiven Parteiwillen in der japanischen Rechtsdoktrin ihren Eingang gefunden haben. Dasselbe kann von zwingenden Rechtsnormen zum Schutz bestimmter Kategorien von Vertragsparteien gesagt werden. Es ist zwar bedauerlich, dass der japanische Gesetzgeber weder die Gelegenheit der Reform von 1989 noch die Gelegenheit der Verabschiedung neuer Gesetze, wie etwa das Gesetz zum Verbrauchervertrag, nicht genutzt hat, einige neue Kollisionsnormen, die den Bedürfnissen der modernen Wirtschaft mehr gewachsen wären, in das japanische Kollisionsrecht mitaufzunehmen, wie beispielsweise die Möglichkeit von zwingenden Rechtsnormen bei bestimmten Vertragstypen, wie Verbraucherverträge oder Arbeitsverträge[256]. Es ist ebenso bedauerlich, dass die objektive Anknüpfung an den Abschlussort nicht durch andere Anknüpfungspunkte ersetzt wurde, die eher der Realität der modernen Wirtschaft gerecht würden als der eher aleatorische Abschlussort. Es ist hierbei beachtlich, dass die Rechtsprechung die gesetzlichen Kollisionsnormen weiterentwickelt hat und die von der Lehre entwickelte Anknüpfung an den stillschweigenden Parteiwillen ermöglicht und somit einer Verweisung auf ein Recht mit einer engeren und eventuell billigeren Verbindung zu dem Vertrag zulässt.

Zu bedauern wäre eventuell, dass es für eine genaue Auslegung der wenigen gesetzlichen Bestimmungen bisher nur sehr wenig Urteile in Japan gibt, und somit die vielen Fragen wohl in der Lehre diskutiert werden, aber die tatsächliche Lösung vor einem japanischen Gericht unbekannt bleibt. Ob jedoch eine fehlende gerichtliche Streitkultur ein Manko ist, sei der Begutachtung des Lesers überlassen. Die Anstrengungen in der Lehre sind zu begrüßen und entscheidend, da sie die Weiterentwicklung des IPR ermöglichen. In Anbetracht der sehr oft verschiedenen Lehrmeinungen kann der Beitrag einer einheitlichen Rechtsprechung allerdings notwendig werden, oder die Intervention des Gesetzgebers, um dem Anspruch der Rechtssicherheit gerecht

---

[256] Dieser Punkt wird von *Sakurada* zum Anlass des hundertjährigen Bestehens der gesetzlichen Kollisionsnormen im Schuldrecht besonders gefordert, um der Realität der modernen Wirtschaft gerecht zu werden und eine möglichst große Rechtsicherheit gewährleisten zu können (*Sakurada*, Nenpô 2, S. 17 ff. und S. 54 ff.) Seiner Meinung nach gewährleistet eine „objektive" Anknüpfung auf der allgemeinen Grundlage der „engsten Verbindung" keine ausreichende Rechtssicherheit, da sie im Zweifelsfall nur schwer bestimmbar ist. Eine genauere Definition objektiver Anknüpfungspunkte für bestimmte Vertragstypen scheint ihm angebrachter.

zu werden, auch wenn sich die japanische Vertragspraxis aufgrund der japanischen Pragmatik von dieser fehlenden einheitlichen Rechtsprechung und daher nicht immer eindeutigen Rechtslage nur sehr wenig, wenn überhaupt, stören lässt.

4.2. Quasivertragsrecht

Nach dem Kollisionsrecht der vertraglichen Schuldverhältnisse folgen nun einige Anmerkungen zu den Kollisionsnormen des Quasivertrages (*jun-keiyaku* 準契約), als Teilbereich der gesetzlichen Schuldverhältnisse (*hôtei saiken* 法定債権). Das Quasivertragsrecht betrifft in Japan die Geschäftsführung ohne Auftrag, und die ungerechtfertigte Bereicherung, deren kollisionsrechtliche Anknüpfung hier nun nacheinander erörtert wird.

4.2.1. Rechtsquellen

Art. 11 RAG regelt die Anknüpfung der gesetzlichen Schuldverhältnisse ebenso wie die Anknüpfung von Ansprüchen aus unerlaubter Handlung, die im Anschluss dargestellt werden soll.

4.2.2. Geschäftsführung ohne Auftrag

4.2.2.1. Allgemeine Bemerkungen

Die Geschäftsführung ohne Auftrag (*jimu kanri* 事務管理) begründet sich nicht durch ein vertragliches Verhältnis zwischen zwei oder mehreren Parteien, sondern durch das öffentliche Schutzinteresse der Betroffenen, dem Geschäftsführer und dem Geschäftsherrn erbrachte Leistungen zu entschädigen.

Nach dem japanischen Recht liegt eine Geschäftsführung ohne Auftrag dann vor, wenn eine Person Güter einer anderen Person verwaltet, ohne dass zwischen den Parteien eine rechtliche Verpflichtung, dieses zu tun, besteht. Eine Geschäftsführung ohne Auftrag liegt daher nicht vor, wenn eine Auftragserteilung einer Partei an die andere besteht[257]. Nach einem Urteil des DG Kyôto aus dem Jahre 1957 entscheidet sich die Frage der Anknüpfung entsprechend. Besteht eine Auftragserteilung zwischen den Parteien, so wird nach dieser Auftragserteilung und dem damit einhergehenden Vertrag nach vertragsrechtlichen Kollisionsnormen angeknüpft; liegt eine solche Auftragserteilung zwischen den Parteien nicht vor, gelten die Kollisionsnormen der Geschäftsführung ohne Auftrag zur Bestimmung des

---

257 *Yamada*, Kokusai shihô, S. 303.

anwendbaren Rechts auf dieses Rechtsverhältnis[258].

Die Geschäftsführung ohne Auftrag wird nach Art. 11 RAG an den Geschäftsort angeknüpft. Nach Ansicht *Yamadas* und *Tameikes* begründet sich diese Anknüpfungsnorm durch den öffentlichen Schutzcharakter der Interessen der verschiedenen betroffenen Parteien. Das Nichtbestehen eines Vertrages zwischen den Parteien erfordert daher die Anknüpfung an den Geschäftsort[259].

Entscheidend ist dabei jedoch die genaue Bestimmung des Geschäftsortes der Geschäftsführung ohne Auftrag. *Yamada* und *Tameike* befürworten, die Handlung an den Belegenheitsort des von der Geschäftsführung ohne Auftrag betroffenen Vermögens anzuknüpfen. Liegt das betroffene Vermögen an verschiedenen Orten, so ist anzunehmen, dass verschiedene Handlungen vorliegen. Betrifft die Handlung ein Unternehmen, ist der Handlungsort der Ort des Unternehmenssitzes und die Handlung wird an diesen Ort angeknüpft. Betrifft die Handlung eine Person, so wird an den Aufenthaltsort dieser Person angeknüpft. Bei Verlagerung der genannten Anknüpfungspunkte während der Ausführung der Geschäftsführung ohne Auftrag ist der erste Anknüpfungsort ausschlaggebend[260].

Das auf die Geschäftsführung ohne Auftrag anwendbare Recht bestimmt über deren Bestehen und deren Wirkungen. Es entscheidet somit über verschiedene Aspekte, wie eventuelle Notwendigkeit von Willenserklärungen, Art der Geschäftsführung, Pflicht zur Weiterführung, Ausgleichspflichten des Geschäftsherrn gegenüber dem Dienstleister etc. Da kein Rechtsgeschäft zugrunde liegt, wird die Fähigkeitsfrage hier nicht nach Art. 3 RAG entschieden, sondern ebenso nach dem auf die Geschäftsführung ohne Auftrag anwendbaren Recht beurteilt. Beachtet werden muss, dass bestimmte verbundene Handlungen selbständig als sachenrechtliche Handlungen nach Art. 10 RAG (Anknüpfung an das Recht der Belegenheit) oder als schuldrechtliche Handlungen an Art. 7 RAG (Anknüpfung an Parteiwille oder Abschlussort) angeknüpft werden können[261].

4.2.2.2. Der besondere Fall der Rettung in Seenot

Nach einem Urteil des DG Hiroshima aus dem Jahre 1970 ist die Rettung in Seenot ebenso als Geschäftsführung ohne Auftrag zu sehen, die somit in Anwendung des Art. 11 RAG an das Ortsrecht der Rettung angeknüpft wird[262].

---

[258] DG Kyôto vom 17.10.1957, Kamin, Bd. 8, Nr. 10, S. 1940.

[259] *Yamada*, Kokusai shihô, S. 304; *Tameike*, Kôgi, S. 362.

[260] *Yamada*, Kokusai shihô, S. 304 ff; *Tameike*, Kôgi, S. 362.

[261] *Yamada*, Kokusai shihô, S. 305; *Tameike*, Kôgi, S. 363.

[262] DG Hiroshima vom 27.4.1970, Kamin, Bd. 21, Nr. 3/4, S. 607. Diese Qualifikation entspricht auch der Ansicht der Lehre (*Kawakami*, Yôkô, S. 108). Die Anknüpfung

Anders ist die Lage, wenn die Rettung aufgrund eines Vertrages als Bergung stattfindet, dann unterliegt sie dem Vertragsstatut[263]. Die dargestellte kollisionsrechtliche Behandlung der Rettung in Seenot ist jedoch strittig in der japanischen Lehre.

Yamato kritisiert die beschriebene Differenzierung und befürwortet eine einheitliche Anknüpfung nach den Regeln der Geschäftsführung ohne Auftrag[264].

Die Anknüpfung an den Rettungsort wird aber auch dann kritisiert, wenn beide Schiffe unter derselben Flagge fahren, denn das öffentliche Interesse des Geschäftsortes als Begründung für die Anknüpfung an dieses Recht ist in solchen Fällen zweifelhaft[265].

Eine weitere Anmerkung betrifft die Rettung auf hoher See außerhalb nationaler Gewässer, da hier eine Anknüpfung an ein nationales Recht nicht möglich ist. In diesem Fall scheint die Lehre einig, dass die Rettung dem Flaggenrecht der betroffenen Schiffe unterliegt[266]. Fahren die betroffenen Schiffe unter derselben Flagge, so kann dieses Recht ohne Schwierigkeiten angewendet werden; fahren die betroffenen Schiffe unter verschiedenen Flaggen, so kann nach herrschender Meinung das Bestehen der durch die Rettung entstandenen Rechtsbeziehung nur in dem von den betroffenen Rechtsordnungen gemeinsamen Rahmen bestätigt werden, das heißt in der „Schnittmenge" der in allen Rechtsordnung bestehenden gleichen Normen[267].

Yamato vertritt eine Nebenmeinung, nach der nur auf das Flaggenrecht des rettenden Schiffes verwiesen werden sollte. Eine solche Kollisionsnorm ist besonders dann günstig, wenn ein Schiff mehrere Schiffe rettet, da dann ein einheitliches Recht bestimmt werden kann, aber auch der Anspruch des Rettenden auf Entschädigung gewährleistet ist, dies sowohl in internationalen als auch in territorialen Gewässern[268].

---

kann auch nach dem Brüsseler Übeinkommen über Hilfeleistung und Bergung in Seenot vom 23.9.1910, das auch Japan ratifiziert hat, bestimmt werden. In diesem Fall wird an das Recht des Heimathafens des geretteten Schiffes angeknüpft. Dieses Übereinkommen gilt aber nur im Verkehr zwischen den Mitgliedsstaaten des Übereinkommens. In anderen Fällen wird nach den allgemeinen Regeln des IPR angeknüpft.

263 *Yamada*, Kokusai shihô, S. 306.

264 *Yamato*, Kaishô, S. 794.

265 *Satô Yukio*, in *Ikehara / Hayata* (Hrsg.), Hyakusen, 3. Aufl., S. 91.

266 *Kawakami*, Yôkô, S. 109; *Satô Yukio*, in *Ikehara / Hayata* (Hrsg.), Hyakusen, 3. Aufl., S. 91.

267 *Egawa*, Zensho, S. 316.

268 *Yamato*, Kaishô, S. 796.

4.2.3. Ungerechtfertigte Bereicherung

In Japan beschreibt der Begriff der ungerechtfertigten Bereicherung (*futô ritoku* 不当利得) ähnlich wie in Deutschland eine rechtliche Beziehung, in der eine Person durch Arbeit oder Vermögen einer anderen Person ohne rechtliche Grundlage einen Vorteil verschafft, wobei die eine Person als Geschädigter Anspruch auf Erstattung der Bereicherung der anderen Person, des Bevorteilten, hat.

Nach Art. 11 RAG wird die ungerechtfertigte Bereicherung an den Geschäftsort der Bereicherung angeknüpft. Als Geschäftsort zu verstehen ist entweder der Ort, an dem die Handlung vorgenommen wurde, die zu der Bereichung geführt hat, oder der Ort, an dem die Bereicherung eingetreten ist[269]. Ist der Schaden an einem anderen Ort eingetreten als die Bereicherung, oder befinden sich die betroffenen Güter am Ende der Handlung an einem Ort, an dem ein anderes Recht gilt, als an dem Ort, an dem sie sich zu Beginn der Handlung befanden, so sind nach Ansicht von *Orimo* alle diese Orte als Geschäftsort zu verstehen[270].

Statt der oben genannten Anknüpfung an den Geschäftsort schlägt *Kawakami* eine Verweisung auf das Recht des Ortes, an dem die Sache, an der eine Handlung als ungerechtfertigte Bereicherung vorgenommen wurde, belegen ist, oder eine Anknüpfung an das Rechtsgeschäft, wenn die ungerechtfertigte Bereicherung durch ein Rechtsgeschäft begründet wurde, vor. Das heißt, seiner Meinung nach wird im Fall einer widerrufenen Schenkung an das Recht der Schenkung angeknüpft, im Falle der *condictio indebiti* an das Rechtsgeschäft der Bezahlung, im Fall einer Bereicherung durch die Arbeit eines anderen an den Ort der Belegenheit der Sache, an der die Arbeit erbracht wurde[271].

Kubo befürwortet das Prinzip einer allgemeinen Anknüpfung an den Ort der Bereicherung, lehnt diese Anknüpfungsnorm aber dann ab, wenn der ungerechtfertigten Bereicherung eine rechtsgeschäftliche Beziehung zugrunde liegt, die entweder als Vertrag nicht zustande kam, oder wohl als Vertrag zustande kam, der Vertrag aber nichtig war. Seiner Meinung nach müssen die Rechte und Pflichten der Parteien in diesem Fall nach dem die rechtliche Beziehung beherrschenden Recht bestimmt werden[272]. Diese Auffassung widerspricht aber der herrschenden Meinung im materiellen nationalen Recht, wonach Rückforderungen aus nicht zustande gekommenen vertraglichen Bindungen im Rahmen der ungerechtfertigten Bereicherung zurückgefordert

---

269 *Yamada*, Kokusai shihô, S. 312.
270 *Orimo*, Kakuron, S. 165 ff.
271 *Kawakami*, Yôkô, S. 109 ff.
272 *Kubo*, Gairon, S. 185.

werden müssen[273]. *Kamikawa* meint jedoch hierzu, dass die rechtliche Lösung dieser Frage im internen Rechtsverkehr und im internationalen Rechtsverkehr nicht zwingendermaßen dieselbe sein muss[274].

Die Rechtsprechung hat sich bisher für eine Verweisung auf das Ortsrecht der ungerechtfertigten Bereicherung ausgesprochen und qualifiziert eine Handlung dann als eine ungerechtfertigte Bereicherung, wenn zwischen den Parteien kein Vertrag besteht, oder ein früher geschlossener Vertrag ungültig ist. Ein bekannter Fall betraf einen Immobilienverkauf in Japan, der nicht zustande kam, während der Käufer aber bereits verschiedene Kosten bezahlt hatte. Das Gericht bestimmte japanisches Recht als anwendbar, da Japan Zahlungsort war, und der Verkäufer somit aufgrund einer ungerechtfertigten Bereicherung nahc japanischem Recht eine Rückzahlungspflicht gegenüber dem Käufer hat[275]. Ein anderer Fall betraf eine Bereicherung, die sich durch einen schwebend unwirksamen aber letztlich wegen fehlender behördlicher Genehmigung ungültigen Chartervertrag begründete. Der Rückzahlungsanspruch aufgrund ungerechtfertigter Bereicherung wurde japanischem Recht unterworfen, Ortsrecht des Geschäftes, das heißt der Ort der geplanten Benutzung des vermeintlich gecharterten Schiffes[276].

Das anwendbare Recht entscheidet über die Entstehung der ungerechtfertigten Bereichung sowie über deren Wirkungen. Es entscheidet dementsprechend, unter anderem, über die eventuellen Voraussetzungen für das Bestehen eines anspruchsberechtigenden Schadens, Vorraussetzungen für einen Rückforderungsanspruch und den Beweis des Kausalitätszusammenhangs zwischen der Bereicherung einerseits und der Handlung andererseits[277].

Es entscheidet nicht über die Unterscheidung zwischen der ungerechtfertigten Bereicherung und dem eventuell zugrundeliegenden Rechtsgeschäft. Nach Ansicht *Orimos* entscheidet das Vertragstatut, ob dieser Vertrag besteht. Ähnlich ist es bei der Übertragung von Eigentum. Das Sachenstatut entscheidet hier, ob Eigentum übergegangen ist; anschließend muss seiner Meinung nach durch das Geschäftsrecht geprüft werden, ob eine ungerechtfertigte Bereichung vorliegt[278].

---

273 *Wagatsuma*, Shintei minpô sôsoku, S. 390.
274 *Kawakami*, Yôkô, S. 60.
275 DG Maebashi, Geschäftsstelle Kiryû vom 9.4.1962, Kamin, Bd. 13, Nr. 4, S. 695.
276 DG Ôsaka vom 30.6.1961, Kamin, Bd. 12, Nr. 6, S. 1552.
277 *Yamada*, Kokusai shihô, S. 316; *Orimo*, Kakuron, S. 166.
278 *Orimo*, Kakuron, S. 166 ff.

4.3. Unerlaubte Handlung

Der folgende Abschnitt hat die Kollisionsnormen im Bereich der unerlaubten Handlung (*fuhô kôi* 不法行為) zum Gegenstand. Einer allgemeinen Erläuterung der Kollisionsnormen folgt eine Erläuterung der kollisionsrechtlichen Anknüpfung in einigen speziellen Bereichen, wie der Produkthaftung und Ansprüchen aus intellektuellem Eigentum.

4.3.1. Rechtsquellen

Die Anknüpfung der unerlaubten Handlung wird in Art. 11 RAG bestimmt. Außerdem hat Japan internationale Übereinkommen unterzeichnet, die im Bereich des internationalen Seehandels Anwendung finden und im Abschnitt über unerlaubte Handlung auf hoher See vorgestellt werden.

4.3.2. Gesetzliche Kollisionsnorm

Entsprechend den gesetzlichen Bestimmungen wird die unerlaubte Handlung an das Gesetz des Handlungsortes, *lex loci delicti* (*fuhô kôi-chi-hô* 不法行為地法) (Art. 11 Abs. 1 RAG) angeknüpft. Das in Abs. 1 bestimmte Recht wird jedoch dann nicht angewendet, wenn die anspruchsbegründende Handlung nach japanischem Recht nicht unerlaubt ist (Art. 11 Abs. 2 RAG). Weiterhin gilt, dass, selbst wenn die anspruchsbegründende Handlung nach japanischem Recht ebenso unerlaubt ist, der Anspruch auf Schadensersatz nicht über das nach japanischem Recht zuerkannte Maß hinausgehen kann (Art. 11 Abs. 3 RAG).

Die gesetzliche Anknüpfung an den Deliktsort lässt auch in Japan die Lösung des Distanzdelikts offen. Es ist zu klären, ob die unerlaubte Handlung an den Ort, an dem die anspruchsbegründende Handlung getätigt wurde (Handlungsort *kôdô-chi* 行動地), oder ob sie an den Ort angeknüpft werden kann, an dem der Schaden eintritt (Erfolgsort *kekka hassei-chi* 結果発生地). Es besteht aber auch ein Disput über die Auswirkungen der Absätze 2 und 3 des Art. 11 RAG, der im Anschluss an eine Vorstellung des Geltungsbereiches des Deliktsstatuts erörtert wird. Neben der gesetzlichen Kollisionsnorm werden in der Lehre andere kollisionsrechtlichen Lösungen diskutiert, die hier zuerst erörtert werden sollen.

4.3.3. Andere in der Lehre diskutierte kollisionsrechtliche Lösungen

Orimo schlägt vor, die unerlaubte Handlung differenziert zu betrachten, indem verschiedene Deliktsarten unterschieden werden, die jeweils gemäß spezifischer Charakteristika anzuknüpfen sind[279]. Diskutiert wird in der Lehre auch eine Anknüpfung an das Recht der engsten Verbindung als Kritik der strikten Anknüpfung an die *lex loci delicti*. Dies soll die schwierige Anknüpfung des Distanzdelikts lösen, aber auch ermöglichen, eventuell das gemeinsame Recht der Parteien, wenn vorhanden, das eine engere Beziehung zu dem Schaden haben kann als das Ortsrecht der Handlung, anzuwenden[280].

Nakano erwägt, den Parteien die Möglichkeit einzuräumen, selbst das anwendbare Recht zu bestimmen, nach dem ihr Konflikt gelöst werden soll[281].

Yokoyama beurteilt die allgemeinen Anwendung der *lex loci delicti* im Hinblick auf die Vielfältigkeit der Anspruchsgrundlagen der unerlaubten Handlung als sehr fragwürdig. Eine Anknüpfung an das Recht mit einer sehr engen Verbindung mit dem Fall scheint ihm daher angebrachter. Da die meisten Fälle außerdem zwischen Versicherungen ausgehandelt werden, scheint ihm die Einbeziehung des Gewerbeortes des Versicherers ebenso als entscheidender Anknüpfungspunkt für die Bestimmung des anwendbaren Rechtes zum Wohle der Rechtssicherheit[282].

Eine Anwendung dieser anderen Anknüpfungsmöglichkeiten ist bisher in der Rechtsprechung nur sehr eingeschränkt geschehen, so dass nach geltendem Recht die unerlaubte Handlung in Japan weiterhin hauptsächlich der *lex loci delicti* unterliegt. Wohl aber wurde im Rahmen der Bestimmung der Handlungsortes das Konzept einer engen Beziehung, wie unten beschrieben mitherangezogen. Die starre Anwendung der *lex loci delicti* könnte somit in Japan Differenzierungen erfahren, die zur Anwendung von Rechtsnormen führen könnte, die eine engere Verbindung mit den von dem Schaden betroffenen Parteien haben können.

4.3.4. Anwendungsbereich des Deliktsstatuts

4.3.4.1. Deliktsfähigkeit

Nach der heute herrschenden Meinung entscheidet das Deliktsstatut über die Deliktsfähigkeit (*fuhô kôi nôryoku* 不法行為能力) einer Person. Das Heimatrecht einer natürlichen Person oder das Recht der Gründung oder des Sitzes

279 *Orimo*, Kakuron, S. 174 ff.

280 *Sakurada*, Kokusai shihô, S. 220.

281 *Nakano* in *Sawaki / Akiba* (Hrsg.), Sôten, S. 140. In einem Urteil des DG Chiba vom 24. Juli 1997, Hanrei Jihô, Nr. 1639, S. 86 (Skiunfall in Kanada zwischen zwei Japanern) hat das Gericht japanisches Recht angewendet, das zwar auch das Heimatrecht der Parteien war, aber von den Parteien auch als anwendbares Recht vorgeschlagen wurde. Das Gericht folgte dieser „Rechtswahl".

282 *Yokoyama*, Nenpô 2, S. 69 ff.

einer juristischen Person finden zur Bestimmung der Deliktsfähigkeit keine Anwendung[283]. Die Interessen der Gesellschafter bei einer Vertretung der juristischen Person gegenüber Dritten, die eine Anknüpfung an das Gesellschaftsstatut rechtfertigten, werden wohl gesehen, der Schutz des öffentlichen Interesses, das durch die unerlaubte Handlung gestört wird, wird jedoch höher eingestuft, so dass eine Anwendung des Deliktsstatuts angebrachter scheint. Dieses Prinzip gilt ohne Unterscheidung sowohl bei juristischen als auch bei natürlichen Personen[284].

Davon unabhängig können dennoch bei einer juristischen Person nach einer Schadensersatzleistung der juristischen Person oder ihres Vertreters entsprechend dem Gesellschaftsstatut im Innenverhältnis Regressansprüche geltend gemacht werden[285].

Eine Mindermeinung nach *Kawakami* fordert die Anwendung des Gesellschaftsstatuts bei juristischen Personen und des Heimatrechts bei natürlichen Personen zur Bestimmung der Deliktsfähigkeit. Er ist der Ansicht, dass das Deliktsstatut über die Voraussetzungen und die Wirkungen einer unerlaubten Handlung entscheidet, das Gesellschaftsstatut jedoch muss darüber befinden, inwiefern für die unerlaubte Handlung die juristische Person oder die verantwortliche Einzelperson, natürliche Person, haftet[286].

Ein Urteil des DG Ôsaka aus dem Jahre 1990[287] bestätigt die Anknüpfung an das Deliktsstatut, nicht nur um die Deliktsfähigkeit einer juristischen Person zu bestimmen, sondern auch inwiefern der Vertreter der juristischen Person diese durch eine von ihm verursachte unerlaubte Handlung haftbar macht.

Vor dem Hintergrund der weiter unten erläuterten Abs. 2 und 3 des Art. 11 RAG, die ein höhere Haftung nach ausländischem Recht, als es das japanische Recht vorsieht, nicht anerkennen, wird in der Lehre die Anwendung des Deliktsstatut statt des Gesellschaftsstatuts bei einer japanischen juristischen Person bei einem Verfahren in Japan relativiert. Denn sollte die Deliktsfähigkeit nach dem Deliktsstatut eine weitreichendere Wirkung haben, als sie das japanische Recht vorsieht, kann die Haftung auf das in Japan übliche Maß beschränkt werden, was sowohl die Ursache der Haftung als auch den Schadensersatzanspruch betrifft, so dass zumindest bei einer japanischen Gesellschaft eine Anwendung des Gesellschaftsstatuts, wie von *Kawamura*

---

283 *Yamada*, Kokusai shihô, S. 212; *Orimo*, Kakuron, S. 57; *Tameike*, Kôgi, S. 289; *Kawamura* in *Ikehara / Hayata* (Hrsg.), Hyakusen, 3. Aufl., S. 51.

284 *Yamada*, Kokusai shihô, S. 212; *Kawamura* in *Ikehara / Hayata* (Hrsg.), Hyakusen, 3. Aufl., S. 51.

285 *Kawamura* in *Ikehara / Hayata* (Hrsg.), Hyakusen, 3. Aufl., S. 51.

286 *Kawakami*, Gaikoku kaisha no naikoku eigyô, S. 46.

287 DG Ôsaka vom 6.12.1990, Hanrei Times, Nr. 760, S. 246.

gefordert, *de facto* eintritt[288]. Für eine nicht-japanische Gesellschaft kann das Verfahren in Japan mit japanischem Recht als Deliktsstatut dann vorteilhaft sein, wenn die Haftungsbeschränkungen nach japanischem Recht weitreichender sind als die des Gesellschaftsstatuts.

4.3.4.2. Andere Anwendungsbereiche des Deliktsstatuts

Das Deliktsstatut entscheidet über die Notwendigkeit von Vorsatz und Fahrlässigkeit als Anspruchsgrundlage für eine Haftung aus unerlaubter Handlung, d.h. die Notwendigkeit eines Fehlers oder Mangels oder das Bestehen einer Absicht des Handelnden. es befindet ebenso über die Bewertungskriterien, nach denen eine Fahrlässigkeit oder der Vorsatz beurteilt werden, sowie über das Bestehen anderer subjektiver Rechtsverletzungen. Ob das verletzte Recht, das den Anspruch aus unerlaubter Handlung begründet, tatsächlich existiert, muss als Vorfrage zur unerlaubten Handlung geklärt werden[289].

Entsprechend dem Deliktsstatut wird auch entschieden, welche Handlungen zur Schadensvermeidung als von der Haftung befreiend anerkannt werden. Auch die Notwendigkeit einer Rechtsverletzung zur Anerkennung der Haftung für eventuelle Schäden und der kausale Zusammenhang zwischen Schaden und Handlung wird entsprechend dem Deliktsstatut entschieden[290].

4.3.5. Spezielle Vorbehaltsklauseln

Die Wirkung des ausländischen Rechts als *lex loci delicti* wird in Japan in zweifacher Weise eingeschränkt. Eine erste Einschränkung wird durch Art. 11 Abs. 2 RAG begründet, wonach nur dann in Japan Anspruch auf Schadensersatz aufgrund einer unerlaubten Handlung nach ausländischem Recht besteht, wenn die im Ausland begangene anspruchsbegründende Handlung auch in Japan als solche angesehen wird. Eine zweite Einschränkung nach Art. 11 Abs. 3 RAG bestimmt, dass der Schadensersatz oder Rechtsschutz gegenüber einer im Ausland begangenen Handlung nicht über das japanische Maß hinausgehen darf.

Egawa und *Kubo* bewerten diese Wirkungsbeschränkungen als eine besondere Vorbehaltsklausel (*tokubetsu ryûho jôkan* 特別留保条款), die von der Vorbehaltsklausel des *ordre public* nach Art. 33 RAG unterschieden werden muss. Art. 33 RAG würde auch dann eingreifen, wenn eine Handlung nach japanischem Recht nicht als unerlaubte Handlung betrachtet werden

---

288 *Kawamura* in *Ikehara / Hayata* (Hrsg.), Hyakusen, 3. Aufl., S. 51.
289 *Yamada*, Kokusai shihô, S. 322; *Tameike*, Kôgi, S. 375.
290 *Yamada*, Kokusai shihô, S. 322; *Tameike*, Kôgi, S. 375.

könnte, oder es notwendig wäre, dass der japanische Staat Schadensersatzleistungen erbringen müsste, da ein Schadensersatzanspruch aus unerlaubter Haftung nicht ohne Rückgriff auf den *ordre public* erfüllt werden kann. Im Falle des Art. 11 Abs. 2 RAG geht es aber ihrer Meinung nach nur darum, dass eine Handlung neben dem ausländischen auch nach japanischem Recht als unerlaubte Handlung gelten muss, um in Japan gegen den Urheber der unerlaubten Handlung Schadensersatzansprüche geltend machen zu können[291].

Sakurada sieht die Notwendigkeit einer derartigen besonderen Vorbehaltsklausel jedoch nicht, da seiner Meinung nach Art. 33 RAG als allgemeine Vorbehaltsklausel die Interessen des japanischen Rechtes ausreichend garantiert[292].

4.3.5.1. Unerlaubte Handlung auch nach japanischem Recht

Die genaue Bedeutung dieses Artikels zur Wirkung des japanischen Rechts bei der Begehung einer unerlaubten Handlung im Ausland ist strittig.

Nach herrschender Meinung[293] gilt eine sehr strikte Auslegung des Art. 11 Abs. 2. *Egawa* und *Tameike* befürworten eine Überprüfung der Voraussetzungen einer unerlaubten Handlung nach japanischem Recht zusätzlich zu der Überprüfung des fremden Rechtes, um einen Schadensersatzanspruch in Japan anzuerkennen[294]. Auch *Yamada* befürwortet eine überlagerte Anwendung des ausländischen und des japanischen Rechtes. Wenn eine Handlung keine unerlaubte Handlung nach japanischem Recht ist, so besteht auch keine Notwendigkeit, Schadensersatz zu leisten. Ein Schadensersatzanspruch aufgrund unerlaubter Handlung in Japan kann daher nur dann anerkannt werden, wenn er sowohl nach der *lex loci delicti* als auch nach dem japanischen Recht begründet ist[295].

Andere Teile der Lehre fordern eine weniger strikte Auslegung des Abs. 2. *Kubo* ist der Ansicht, der hier verwendete Ausdruck „unerlaubt" (*fuhô* 不法) bedeutet eine subjektive Rechtsverletzung, wie etwa Vorsatz oder Fahrlässigkeit[296], d.h. besteht keine subjektive Rechtsverletzung, besteht auch keine Notwendigkeit, die unerlaubte Handlung nach japanischem Recht zu beurteilen. Im Gegensatz dazu genügt für *Orimo* und *Sanekata* nach diesem Artikel eine allgemeinen Rechtsverletzung, um im Rahmen der unerlaubten Handlung

---

291 *Kubo*, Gairon, S. 69; *Egawa* nach *Yamada*, Kokusai shihô, S. 324.

292 *Sakurada*, Kokusai shihô, S. 222.

293 *Tanaka*, in *Ikehara / Hayata* (Hrsg.), Hyakusen, 3. Aufl., S. 101.

294 *Egawa*, Zensho, S. 23; *Tameike*, Kôgi, S. 377.

295 *Yamada*, Kokusai shihô, S. 323.

296 *Kubo*, Gairon, S. 190.

Schadensersatzansprüche geltend machen zu können[297]. *Tanaka* kritisiert eine solche Auslegung aufgrund fehlender Präzision. Das Gesetz definiert für ihn nicht mit ausreichender Deutlichkeit, welche Prinzipien des japanischen Rechtes gelten sollen, um einen Schadensersatz nach ausländischem Recht anzuerkennen oder nicht anzuerkennen[298].

Ein Urteil des DG Tokyo aus dem Jahre 1953[299] befürwortet eine sehr wortgetreue und somit sehr weite Interpretation des Art. 11 Abs. 2 RAG. Ein Japaner, der ein Patent in Japan und in Mandschukuo besaß, lizenzierte dieses in Japan und benutzte es selbst in der Mandschurei. Ein Händler, Dritter zu dem Lizenzvertrag, kaufte Produkte, die unter Lizenz in Japan hergestellt wurden und vertrieb diese Produkte als Parallelimport in der Mandschurei. Der japanische Patentinhaber verklagte diesen Dritten auf Schadensersatz. Das Gericht bestimmte, dass in Anwendung von Art. 11 Abs. 2 RAG ein Schadensersatzanspruch nur dann besteht, wenn er auch nach dem japanischen Recht anerkannt wird. Allerdings gilt, dass ausländische Patente, in diesem Fall das Patent in der Mandschurei, grundsätzlich in Japan nicht geschützt werden. Da diese Schutzmöglichkeit des ausländischen Patentes in Japan nicht besteht, ist der Parallelimport von Waren, die mit Hilfe dieses Patentes hergestellt werden, in ein fremdes Land keine Handlung, die einen Schadensersatzanspruch in Japan begründen kann.

Das Urteil folgt der Interpretation der herrschenden Meinung zur Frage der Anwendung des japanischen Rechtes, um eine unerlaubte Handlung zu definieren, und fordert neben dem Bestehen einer unerlaubten Handlung nach der *lex loci delicti* auch das Bestehen einer unerlaubten Handlung nach japanischem Recht.

4.3.5.2. Begrenzung des Schadensersatzes

Auch die Wirkung des japanischen Rechtes auf die Bestimmung des Schadensersatzes wird kontrovers diskutiert, insbesondere was die Auswirkungen der Bestimmungen des japanischen Rechtes auf die Berechnung des Schadens betrifft, d.h. inwiefern nach japanischen Kriterien Schadensersatzansprüche (*songai baishô* 損害賠償), entgangener Gewinn (*isshitsu rieki* 逸失利益) und Schmerzensgeld (*isharyô* 慰謝料) berechnet werden sollen. Diese Frage wird nach dem Abschnitt über die Anknüpfung von Ansprüchen aus Arbeitsunfällen eingehend diskutiert.

Nach herrschender Meinung gilt allgemein, dass bei Ansprüchen von

297 *Orimo*, Kakuron, S. 185; *Sanekata*, Gairon, S. 235.

298 *Tanaka*, in *Ikehara / Hayata* (Hrsg.), Hyakusen, 3. Aufl., S. 101.

299 DG Tokyo vom 12.6.1953, Kamin, Bd. 4, Nr. 6, S. 847.

Ausländern, die sich durch japanisches Recht begründen, der Schadensersatz um so mehr an japanische Standards angepasst werden soll, je mehr der Lebensmittelpunkt des Geschädigten sich tatsächlich in Japan befindet[300]. Diese Auffassung erklärt sich durch die Tatsache, dass die meisten Ausländer in Japan aus Staaten kommen, deren Lebensstandard deutlich niedriger ist als der in Japan. Für solche Ausländer berechnet sich der Schadensersatz dann eher nach dem Niveau des Heimatrechtes des Geschädigten. So verlockend die Auffassung sein mag, lässt sich eine gewisse Fragwürdigkeit aufgrund des Anscheins der Fremdenfeindlichkeit nicht vermeiden, die zudem dem Gleichheitsgrundsatz der japanischen Verfassung von 1947 (Art. 14) widerspricht.

Kubo, *Orimo*, *Sanekata* und *Kawakami* sind der Ansicht, dass die Schadensersatzansprüche aus unerlaubter Handlung, die sich durch ausländisches Recht begründen, entsprechend japanischen Kriterien eingeschränkt werden müssen. Die Einschränkungen des Art. 11 Abs. 3 RAG betreffen daher nur die Art und Weise der Schadensersatzleistung[301]. *Egawa* und *Yamada* fordern, dass nicht nur die Art und Weise der Schadensersatzleistung, sondern auch die Höhe derselben an den Richtlinien des japanischen Rechtes orientiert werden müssen, wenn man dem Sinn des Art. 11 RAG insgesamt folgt[302]. Im Fall von beispielsweise *punitive damages* (*chôbatsu-teki songai baishô* 懲罰的損害賠償) nach amerikanischem Recht ist *Nakano* der Ansicht, dass diese in Japan in Anwendung des Art. 11 Abs. 3 RAG nicht bezahlt werden müssen[303].

Ein Urteil des OGH von 1997[304] bestätigt die Unwirksamkeit von *punitive damages* in Japan. Das Gericht stellte fest, dass die *punitive damages*, die gegen eine Person bei besonders schwerer Fahrlässigkeit oder Bösgläubigkeit von einem Gericht verhängt werden können, wohl der Abschreckung dienen, aber nicht mit dem Schadensersatz unmittelbar zusammenhängen. Nach dem OGH gilt bei der unerlaubten Handlung, die im Rahmen des bürgerlichen Rechtes verhandelt wird, dass der Schädiger dem Geschädigten Schadensersatz leisten soll, um den Schaden zu beheben. Darüber hinaus gehende Strafen, die einen anderen Zweck als den Schadensersatz verfolgen, können nicht im Rahmen des Privatrechts verhandelt werden, sondern nur im Rahmen des öffentlichen Rechts, Strafrecht oder Verwaltungsrecht, und widersprechen so dem *ordre public*. Folglich haben *punitive damages*, die durch ein

---

300 *Hayakawa* in *Sawaki / Akiba* (Hrsg.), Sôten, S. 145.

301 *Kubo*, Gairon, S. 191; *Orimo*, Kakuron, S. 186; *Sanekata*, Gairon, S. 235; *Kawakami*, Yôkô, S. 107.

302 *Egawa*, Zensho, S. 238; *Yamada*, Kokusai shihô, S. 324.

303 *Nakano* in *Kidana / Matsuoka* (Hrsg.), Kihonhô kokusai shihô, S. 72.

304 OGH vom 11.7.1997, Hanrei Times, Nr. 958, S. 93. Für eine Erläuterung zu diesem Urteil in deutscher Sprache siehe *Kono*, ZJapanR, S. 128 ff.

zivilrechtliches Gericht verhängt werden, und nicht dem Schadensersatz dienen, in Japan keine Wirkung. *Sakurada* begrüßt diese Unwirksamkeit der *punitive damages* aufgrund des *ordre public*, wenn die vom Gericht bestimmte Summe tatsächlich nicht einer Schadensersatzleistung dient[305]. *Kono* wehrt sich gegen eine strikte Ablehnung der Anerkennung der *punitive damages*, da die amerikanischen Gerichte bisweilen einen Teil der Schadenersatzansprüche (*compensatory damages*) in Form von *punitive damages* abgelten. Es sollte somit im Einzelfall immer geprüft werden, ob der Schadensersatz das in Japan üblichen Maß nicht übersteigt und kein Verstoß gegen den *ordre public* vorliegt[306].

4.3.6. Definition des locus delicti

Die unerlaubte Handlung unterliegt gemäß Art. 11 RAG der *lex loci delicti*. Dabei klärt das Gesetz jedoch nicht, was unter dem Ort der unerlaubten Handlung (*fuhô kôi-chi* 不法行為地) zu verstehen ist, insbesondere im Fall des Distanzdeliktes, bei dem die anspruchsbegründende Handlung nicht in dem Staat geschieht oder vorgenommen wird, in dem der Schaden entsteht, d.h. Handlungsort und Erfolgsort in zwei oder mehr verschiedenen Staaten liegen.

Nach dem Gesetz ist der Ort der unerlaubten Handlung der Ort, an dem sich die die Verbindlichkeit begründenden Tatsachen zugetragen haben. Es werden daher in der Lehre in Japan hauptsächlich zwei Ansätze diskutiert. Der erste Ansatz orientiert sich an dem Ort, an dem der Schaden als Folge einer unerlaubten Handlung entstanden ist (Grundsatz des Erfolgsortes *kekka hassei-chi-setsu* 結果発生地説). Ein zweiter Ansatz bezieht sich auf den Ort, an dem die Handlung geschah oder vorgenommen wurde, die den Schaden verursacht hat (Grundsatz des Handlungsortes *kôdô-chi-setsu* 行動地説).

Egawa und *Kawakami* sprechen sich für eine Anknüpfung an den Ort der Handlung aus, da das Willenselement des Handelnden und dessen Vorhersehbarkeit in der Beurteilung der unerlaubten Handlung besonders betont werden sollten[307]. Dem setzen *Kubo* und *Sanekata* entgegen, dass das Hauptaugenmerk der unerlaubten Handlung auf der Befriedigung des Schadensersatzes liegt, so dass eine Anknüpfung an den Ort der Schadensverwirklichung angebrachter ist, da nur diese garantiert, dass der tatsächlich entstandene Schaden ersetzt wird[308].

---

305 *Sakurada Yoshiaki,* Chôbatsu-teki songai baishô wo mei-zuru gaikoku hanketsu no shikô [die Vollstreckung eines ausländischen Urteils, das zu *punitive damages* verurteilt], Jurisuto, Nr. 1135, S. 293.

306 *Kono*, ZJapanR, S. 131 ff.

307 *Egawa*, Zensho, S. 233; *Kamikawa*, Yôkô, S. 106.

308 *Kubo*, Gairon, S. 188; *Sanekata*, Gairon, S. 233.

Als Kompromiss der beiden Ansätze und in Anbetracht der wachsenden Diversität von deliktischen Haftungsursachen schlagen *Yamada*, *Orimo*, *Sawaki* und *Tameike* vor, den *loci delicti* differenziert zu definieren. Handelt es sich um Verschuldenshaftung (*kashitsu sekinin* 過失責任), schlagen sie vor, an den Ort der Handlung anzuknüpfen, da die Handlung eines Individuums als Ursache für den Schaden ermittelt werden kann. Handelt es sich aber um eine nicht schuldhafte Haftung oder Gefährdungshaftung (*mu-kashitsu sekinin* 無過失責任) befürworten sie eine Anknüpfung an den Ort, an dem der Schaden auftritt[309]. *Ishiguro* ist der Ansicht, dass als Handlungsort der Ort ermittelt werden muss, der mit der die Verpflichtung begründenden Tatsache die sozial engste Verbindung aufweist[310].

Das DG Tokyo[311] stellte im Jahre 1991 im Fall einer negativen Feststellungsklage gegen ein im Ausland anhängiges Verfahren auf Unterlassung der Benutzung von gewerblichem Eigentum fest, dass im behandelten Fall das japanische Recht Anwendung findet, da zwar nicht alle, aber wesentliche den Schaden verursachenden Elemente in Japan lokalisierbar waren. In diesem Fall hatte ein amerikanisches Unternehmen behauptet, ein japanisches Unternehmen hätte widerrechtlich Know-how dieses amerikanischen Unternehmens benutzt und somit dessen Wettbewerbsstellung erheblich geschwächt. Es verklagte das japanische Unternehmen auf der Grundlage der ungerechtfertigten Bereicherung in den USA. Das japanische Verfahren war eine negative Feststellungsklage gegen das Verfahren in den USA. Die Technologie war über Zwischenpersonen, die als frühere Beschäftigte Zugang zu der Technologie des amerikanischen Unternehmens hatten, durch Technologietransfer- und Assistenzverträge in die Hände des japanischen Unternehmens gelangt. Die Verhandlungen zu diesen Verträgen sowie die Unterzeichnung der Verträge und erläuternder Vorträge fanden in Japan statt. Aufgrund dieser verschiedenen Ereignisse, die sich auf Japan bezogen, waren die Richter der Ansicht, dass das auf diese unerlaubte Handlung anwendbare Recht, die den vermeintlich unberechtigten Gebrauch der amerikanischen Technologie betraf, das japanische war, da die anspruchsbegründenden Tatsachen, hier die Tatsache der Bereicherung, hauptsächlich in Japan stattfanden[312].

---

309 *Yamada*, Kokusai shihô, S. 325; *Orimo*, Kakuron, S. 180; *Sawaki*, Nyûmon, S. 190; *Tameike*, Kôgi, S. 376.

310 *Ishiguro*, Kokusai shihô, S. 321.

311 DG Tokyo vom 24.9.1991, Hanrei Jihô, Nr. 1429, S. 80; Hanrei Times, Nr. 769, S. 280.

312 Das Gericht stellte aber fest, dass kein unberechtigter Gebrauch vorlag, da das amerikanische Unternehmen die Besonderheit der eigenen Technologie nicht nachweisen konnte und somit ein Schutzbedürfnis nicht bestand. Neben der kollisionsrechtlichen Bedeutung ist dieses Urteil auch für Fragen des internationalen Prozess-

Diese Rechtsprechung folgt daher am ehesten dem Ansatz *Ishiguros* mit der Suche nach einer möglichst engen örtlichen Verbindung, die sich durch verschiedene Aspekte, hier Verhandlungen, Vorträge, Vertragsabschlüsse, kennzeichnet, zur Anknüpfung der unerlaubten Handlung[313]. Es handelt sich jedoch nur um ein erstinstanzliches Urteil, so dass die Frage der Anknüpfung beim Distanzdelikt in der Rechtsprechung bisher nur unzureichend geklärt ist.

4.3.7. Verschiedene Bereiche des Deliktsrechts

4.3.7.1. Produkthaftung

Die Produkthaftung (*seizôbutsu sekinin* 製造物責任) stellt einen besonderen Bereich im Rahmen der unerlaubten Handlung dar, da in Produkthaftungsfällen der Ort der Handlung nur sehr schwierig definiert werden kann und somit eine Verpflichtungen begründende Handlung ebenfalls nur sehr schwierig lokalisiert werden kann.

Im Rahmen des Produkthaftungsgesetzes (*seizôbutsu sekinin-hô* 製造物責任法)[314] bestehen keine besonderen Bestimmungen für den internationalen Rechtsverkehr. Die Anknüpfung der Produkthaftung muss daher nach den allgemeinen Bestimmungen des RAG gelöst werden.

Japan hat zwar an der Konferenz von Den Haag zur Vorbereitung eines internationalen Übereinkommens teilgenommen. Das Übereinkommen von 1973 zur Bestimmung des anwendbaren Rechtes bei der Produkthaftung ist aber bis heute von Japan nicht ratifiziert worden[315]. *Yamada* befürwortet eine Anknüpfung entweder an den gewöhnlichen Aufenthaltsort des Verbrauchers zum Schutz der Interessen desselben oder eine Anknüpfung an den Ort, an dem das Produkt auf den Markt gebracht wurde, zum Schutz der Interessen des Unternehmers, die man nicht vernachlässigen kann[316].

Bei der Produkthaftung muss auch geprüft werden, ob eventuelle Haftungsansprüche nicht durch vertragliche Verpflichtungen abgegolten

---

rechtes von Belang, da es die Möglichkeit einer negativen Feststellungsklage gegen ein im Ausland anhängiges Verfahren sowie den prozessualen Schutz von Betriebsgeheimnissen in Japan diskutiert (*Heath Christopher*, Wettbewerbsrecht und internationales Privat- und Zivilprozessrecht, GRUR, 1998, Heft 1, S. 64).

313 *Kashiwagi* in *Ikehara / Hayata* (Hrsg.), Hyakusen, 3. Aufl., S. 97.

314 Gesetz Nr. 1994-85. Das Gesetz trat am 1. Juli 1995 in Kraft.

315 *Yamada*, Kokusai shihô, S. 327. Dieses Übereinkommen normiert eine Anknüpfungsleiter, die zuerst an den Wohnort des Endverbrauchers, an den Ort des Schadens, an den Ort der hauptsächlichen Geschäftstätigkeit des Herstellers und zuletzt an Erwerbsort des schadenbringenden Produkts anknüpft.

316 *Yamada*, Kokusai shihô, S. 328.

werden könnten. Handelt es sich um Ansprüche, die durch ein vertragliches Verhältnis begründet werden, gelten die Bestimmungen des Art. 7 RAG. Handelt es sich um einen aus deliktischer Haftung begründeten Anspruch, muss nach den Bestimmungen des Art. 11 RAG an den Ort der den Anspruch begründenden Handlung angeknüpft werden.

Die japanische Lehre lehnt jedoch mehrheitlich eine Anknüpfung nach Art. 7 RAG (Prinzip der Parteiautonomie) aufgrund einer vertraglichen Verbindung, die zwischen Hersteller über verschiedene Vertriebspartner mit dem Endverbraucher bestehen könnte, ab, da eine direkte vertragliche Verbindung zwischen dem Hersteller und dem Endverbraucher nicht besteht. So bleibt, um Haftungsansprüche gegenüber dem Hersteller geltend machen zu können, nur der Weg über die unerlaubte Handlung im Rahmen der Produkthaftung[317]. Besteht jedoch eine direkte vertragliche Verbindung, schlägt *Kawamata* in Anlehnung an das Übereinkommen der Haager IPR Konferenz über die Anknüpfung der Produkthaftung von 1973 Art. 1 Abs. 2, das in diesem konkreten Fall zwar seine Anwendung ausschließt, aber auf die Kollisionsnormen der *lex fori* zur Anknüpfung vertraglicher Verpflichtungen verweist, vor, analog gemäß Art. 7 RAG nach dem Prinzip der Parteiautonomie anzuknüpfen[318].

Nach herrschender Meinung in Japan muss der Fall der Produkthaftung als Sonderfall gesehen werden, da ein besonderes Verhältnis zwischen den Parteien geschaffen wird, das weder ein vertragliches noch eine deliktisches ist. Daher kann die Produkthaftung nicht nach den Prinzipien der unerlaubten Handlung an den Erfolgsort angeknüpft werden. Zudem kann der Erfolgsort zufällig und aleatorisch sein, so dass der eigentliche Sinn des IPR, eine Anknüpfung an ein Recht zu ermöglichen, das mit dem Sachverhalt eine sehr enge Bindung hat, nicht als erreicht angesehen werden kann[319], ebenso wenig scheint eine Anknüpfung durch Rechtswahl der Parteien angebracht, da keine vertragliche Verbindung besteht, bei der die Parteien eine Rechtswahl hätten treffen können[320].

Auch wenn die Lehre mehrheitlich eine Anknüpfung nach den Bestimmungen des RAG nach dem Grundsatz des Erfolgsortes ablehnt, so gibt es bisher jedoch keine mehrheitliche Meinung, an welchen Ort die Fragen der

---

317 *Yamada*, Kokusai shihô, S. 327; *Kidana, Matsuoka, Watanabe*, S. 147.

318 *Kawamata* in *Sawaki / Akiba* (Hrsg.), Sôten, S. 139.

319 *Kawamata* in *Sawaki / Akiba* (Hrsg.), Sôten, S. 139.

320 *Yamada*, Kokusai shihô, S. 328; *Kawamata* in *Sawaki / Akiba* (Hrsg.), Sôten, S. 139; *Tameike*, Kôgi, S. 379; Contra: *Matsuoka* in *Matsuoka* (Hrsg.), Gendai kokusai torihiki-hô kôgi, S. 228; *Nakano* in *Kidana / Matsuoka* (Hrsg.), Kihonhô kokusai shihô, S. 73.

Produkthaftung angeknüpft werden sollen[321]. Wie erwähnt, sieht das Produkthaftungsgesetz keine besonderen Bestimmungen für den internationalen Rechtsverkehr vor.

Neben dem Verweis auf von Japan nicht ratifizierte internationale Übereinkommen werden verschiedene Ansätze nebeneinander diskutiert, die sich entweder an dem Grundsatz des Handlungsortes oder dem des Erfolgsortes oder einer Verbindung der beiden Ansätze orientieren. Kein Standpunkt hat sich bisher in der Lehre durchsetzen können. Um somit den Interessen sowohl zum Schutz der Verbraucher, aber auch des Herstellers, der nicht wissen kann, an welchen Orten sein Produkt vertrieben werden wird, gerecht zu werden, wird eine Anknüpfung an den Wohnort des Verbrauchers als auch an Geschäftssitz des Unternehmers diskutiert, aber auch eine Anknüpfung an den Ort des Vertriebes, da hier ein Händler das Produkt dem Endverbraucher anbietet und somit spätestens hier geprüft werden sollte, ob eine ausreichende Sicherheit gewährleistet ist. Der Schutz des geschädigten Endverbrauchers sollte bei dieser Anknüpfungsnorm eine besondere Rolle bekommen. Für *Yamada* wäre es aber unbillig, einen der oben genannten Anknüpfungspunkte zu bevorzugen, um eine Anknüpfung nach Art. 11 RAG an den Ort der anspruchsbegründenden Tatsache zu ermöglichen[322]. Aufgrund der schwierigen Rechtslage der Anknüpfung scheint für einige Vertreter der Lehre die Möglichkeit einer Rechtswahl am angebrachtesten, solange die Interessen der verschiedenen Parteien nicht unbillig geschädigt werden[323]. Die Rechtsprechung hat bisher nicht die Möglichkeit gehabt, diese Frage zu klären, so dass die kollisionsrechtliche Lage der Produkthaftung, weder nach Gesetz oder Rechtsprechung noch nach der Rechtslehre in Japan bislang eindeutig bestimmt werden kann.

4.3.7.2. Anknüpfung von Ansprüchen aus Arbeitsunfällen

Eine weitere Fragestellung im Rahmen der unerlaubten Handlung ist der Arbeitsunfall eines ausländischen Arbeitnehmers in Japan oder eines in Japan angestellten Arbeitnehmers im Ausland, wobei die Berechnung des entstandenen Schadens, des Schmerzensgeldes (*isharyô* 慰謝料) und des entgangenen Gewinns (*isshitsu rieki* 逸失利益) besonders untersucht werden soll. Auch diese Fragestellung wird kollisionsrechtlich nicht besonders von den im nationalen Rechtsverkehr relevanten Gesetzen näher bestimmt. Die kollisionsrechtlichen Fragen müssen daher nach den allgemeinen Bestimmungen des

321 *Kawamata* in *Sawaki / Akiba* (Hrsg.), Sôten, S. 139; *Tameike*, Kôgi, S. 379.

322 *Yamada*, Kokusai shihô, S. 328.

323 *Matsuoka* in *Matsuoka* (Hrsg.), Gendai kokusai torihiki-hô kôgi, S. 228; *Nakano* in *Kidana / Matsuoka* (Hrsg.), Kihonhô kokusai shihô, S. 73.

RAG gelöst werden.

Bei einem Arbeitsunfall ist zu klären, ob er als Unfall dem Ortsrecht des Unfalls oder als Vertragsverletzung dem Vertragsstatut des Arbeitsvertrags unterliegt. Bisher wird in der japanischen Rechtsprechung eine Verweisung auf das Ortsrecht des Unfalls bevorzugt[324], wobei gleichzeitig eine Verweisung auf das Vertragsstatut diskutiert wird[325].

Nach dem japanischen Arbeitsrecht wird die Entschädigung eines Arbeitnehmers durch Bestimmungen des Arbeitsstandardgesetzes (ASG) (Art. 75 ff.) sowie durch das Gesetz über die Versicherung zur Entschädigung von Arbeitnehmern[326] geregelt. Durch diese Gesetze hat der japanische Staat die Versicherung zur Entschädigung von Arbeitnehmern (*rôdô-sha kasai hoshô hoken* 労働者災害補償保険) eingerichtet, die Schadensersatzansprüche japanischer Arbeitnehmer gegenüber deren Arbeitgeber bei Arbeitsunfällen befriedigt. Nach dem Gesetz ist die Abwicklung eines Schadens durch diese Versicherung für den Arbeitgeber haftungsbefreiend. Die Haftung im Rahmen dieser Versicherung ist allerdings begrenzt. Es besteht jedoch auch bei einem Arbeitsunfall die Möglichkeit, nach Art. 709 ZG (Voraussetzung und Wirkung der unerlaubten Handlung) Schadensersatzansprüche geltend zu machen, wenn die allgemeinen Haftungsvoraussetzungen im Rahmen des Art. 709 ZG bestehen[327]. Dies gilt insbesondere dann, wenn die Schadenssumme höher ist, als der von der oben genannten Versicherung ersetzte Schaden, vor allem was das Schmerzensgeld betrifft. Diese Praxis der Anspruchsbegründung nach den allgemeinen Bedingungen des Art. 709 ZG führt mehr und mehr dazu, dass die Bedeutung des Schadensersatzes nach dem ASG und der oben genannten Versicherung an Bedeutung verliert[328].

Die oben genannte Versicherung sowie die Entschädigung im Rahmen des ASG gelten auch bei ausländischen Arbeitnehmern, die bei einem japanischen Arbeitgeber in einem ordentlichen Arbeitsverhältnis stehen.

---

324 DG Tokyo vom 24.9.1992, Hanrei Jihô, Nr. 1439, S. 131; Hanrei Times, Nr. 806, S. 181 und DG Tokyo, Geschäftsstelle Hachiôji vom 25.11.1993, Hanrei Jihô, Nr. 1479, S. 146.

325 *Okuda* in *Sawaki / Akiba* (Hrsg.), Sôten, S. 143.

326 Gesetz über die Versicherung zur Entschädigung von Arbeitnehmern (*rôdô-sha saigai hoshô hoken-hô* 労働者災害補償保険法), Gesetz Nr. 1948-50 i.d.F. des Gesetzes Nr. 1998-112.

327 Diese sind: (1) Rechtsverletzung oder Rechtswidrigkeit, (2) vorsätzliche oder fahrlässige Handlung, (3) durch diese Handlung verursachter Schaden, (4) Schuldfähigkeit (*Kitagawa / Pilny*, S. 332).

328 *Okuda* in *Sawaki / Akiba* (Hrsg.), Sôten, S. 143.

Bei Ansprüchen von Angehörigen eines geschädigten Arbeitnehmers, die im Rahmen des ASG abgedeckt sind, entscheidet das japanische Kollisionsrecht, inwiefern die rechtliche Beziehung (Ehe, Abstammung etc.) zu dem Geschädigten überhaupt besteht und die Anspruchsübertragung ermöglicht[329].

Eine zweite wichtige Frage betrifft die Berechnung des Schadens eines ausländischen Arbeitnehmers, was den entgangenen Gewinn sowie das Schmerzensgeld betrifft, dies insbesondere bei Arbeitnehmern aus Ländern, deren Lohnniveau sowie Lebensstandard nicht den japanischen Verhältnissen entsprechen. Aufgrund eines Urteils, das die Berechung des entgangenen Gewinns in einem anderen Zusammenhang, Verkehrsunfall, ermittelte, kann dazu in Analogie folgendes bemerkt werden.

Das OG Takamatsu[330] hat in einem Urteil von 1991 entschieden, dass die Berechnung in Berufung auf den Gleichheitsgrundsatz des Art. 14 der japanischen Verfassung bei einem Schadensersatzanspruch nach japanischem Recht, hier begründete sich die Anwendung des japanischen Rechtes durch Art. 11 RAG, auch die Berechnung des entgangenen Gewinns nach den Regeln und den in Japan üblichen Sätzen berechnet werden muss. Das Urteil betraf einen Staatsangehörigen der Volksrepublik China, der bei einem Verkehrsunfall in Japan ums Leben kam. Der entgangene Gewinn bei diesem Geschädigten wurde also nicht nach dessen Lohnniveau in der Volksrepublik China berechnet, sondern nach dem in Japan für eine gleichaltrige Person üblichen Lohnniveau.

Dieser Standpunkt wird von *Murata* auch bei Arbeitsunfällen als der richtige bezeichnet[331].

Was das Schmerzensgeld jedoch betraf, entschied das OG Takamatsu, dass dieses entsprechend den Standards des Heimatrechts des Geschädigten festgesetzt wird, hier für chinesische Verhältnisse normal aber nur die Hälfte des nach japanischen Verhältnissen üblichen Satzes. In der Lehre wird diskutiert, das Niveau des Schmerzensgeldes davon abhängig zu machen, welchen visarechtlichen Status der Ausländer in Japan hatte, langfristige Aufenthaltsgenehmigung, die verlängert werden kann, oder ohne Aufenthaltsgenehmigung. Je länger der Aufenthalt in Japan ist oder sein kann, um so mehr sollte der Betrag auch an das japanische Niveau angepasst werden[332].

---

329 *Okuda* in *Sawaki / Akiba* (Hrsg.), Sôten, S. 143.

330 OG Takamatsu vom 25.6.1991, Hanrei Jihô, Nr. 1406, S. 28; Hanrei Times, Nr. 770, S. 234.

331 *Murata*, Hanrei Times, Nr. 771, S. 20 ff.

332 *Nakano* in *Ikehara / Hayata* (Hrsg.), Hyakusen, 3. Aufl., S. 103; für eine grundsätzliche Anpassung an japanische Verhältnisse auch des Schmerzensgeldes äußert sich *Murata* (*Murata*, Hanrei Times, Nr. 771, S. 22).

Diese Lösung ist verlockend, da das Schmerzensgeld entsprechend dem Integrationsgrad in die japanische Gesellschaft bemessen wird. Dennoch bleibt die Frage, ob hier nicht versucht wird, zumindest was das Schmerzensgeld betrifft, „noch ein bisschen zu sparen", wenn ausländische Arbeitnehmer beschäftigt werden, insbesondere vor dem Hintergrund, dass Ausländer aus Ländern mit niedrigerem Lohnniveau als dem in Japan üblichen in der Regel auch solche Arbeiten verrichten, bei denen das Risiko eines Arbeitsunfalls entscheidend höher ist als bei anderen Beschäftigungen. Außerdem scheint es schwierig und fragwürdig, den tatsachlichen Integrationsgrad nach der Art der Aufenthaltsgenehmigung eines Ausländers zu bestimmen.

Die japanischen Richter hatten seit 1991 mehrfach die Gelegenheit, die Frage der Berechnungsgrundlage des entgangenen Gewinns und des Schmerzensgeldes zu erörtern. Der Fall eines pakistanischen Arbeitnehmers wurde 1997 vor dem OGH behandelt[333]. Die Rechtslage war sehr schwierig, da der pakistanische Arbeitnehmer für eine gewisse Zeit ohne ordnungsgemäße Aufenthaltsgenehmigung in Japan arbeitete. In diesem Fall befand der OGH, dass die Berechnung des entgangenen Gewinns nach einer Behinderung durch einen Arbeitsunfall nicht zwingendermaßen nach japanischen Grundlagen berechnet werden muss, sondern die japanischen Grundlagen nur solange angewendet werden können, wie der Arbeitnehmer erwartungsgemäß in Japan verweilen würde. Danach kann die Berechnungsgrundlage nach dem im Heimatland des Arbeitnehmers üblichen Niveau angepasst werden.

4.3.7.3. Unerlaubte Handlung auf hoher See

Im Fall einer unerlaubten Handlung auf hoher See, wie etwa des Schiffszusammenstoßes, bestehen ebenso keine besonderen gesetzlichen Kollisionsrechtsbestimmungen. So gilt die Anknüpfung an den Ort der Handlung, hier des Zusammenstoßes, nach Art. 11 RAG. Diese Anknüpfung lässt sich mühelos verwirklichen, wenn sich der Zusammenstoß in den territorialen Gewässern eines Staates zuträgt. Dann gilt das Recht dieses Staates, da der *locum delicti* auf diesen Staat festgelegt werden kann[334].

Die Lage ist anders, wenn die unerlaubte Handlung außerhalb der nationalen Grenzen in internationalen Gewässern stattfindet. Verschiedene Ansätze werden in diesem Zusammenhang diskutiert, die sich auf das Flaggenrecht, die *lex fori* und das Recht der Schiffseigner beziehen.

Haben die an einem Zusammenstoß beteiligten Schiffe alle dieselbe Flagge, so werden die Ansprüche und Haftungen der verschiedenen Parteien nach

---

333 OGH vom 28. Januar 1997, Hanrei Times, Nr. 934, S. 216 ff.

334 *Yamada*, Kokusai shihô, S. 325, *Yamato*, Kaishô, S. 788.

diesem gemeinsamen Flaggenrecht bestimmt. Fahren die verschiedenen Schiffe jedoch unter verschiedenen Flaggen, wird nach herrschender Meinung, in Anlehnung an die Konferenz über internationales Recht von Lausanne 1888, in diesem Fall sowohl an das Flaggenrecht des geschädigten Schiffes als auch an das Flaggenrecht des schädigenden Schiffes angeknüpft. Die Haftung des Schiffseigners muss nach beiden Rechten bestehen, um Schadensersatzansprüche zu begründen[335].

Tanabe befürwortet eine Differenzierung nach Verschuldungshaftung und Gefährdungshaftung. Als das Ortsrecht der unerlaubten Handlung wird bei Verschuldenshaftung das Recht am Ort der Handlung, im Falle eines Schiffszusammenstoßes, das Flaggenrecht des schädigenden Schiffes angesehen, und bei Gefährdungshaftung und Haftung ohne Verschulden, d.h. das Recht am Ort des Schadens, hier das Flaggenrecht des geschädigten Schiffes[336].

Neben diesen Regeln gelten in Japan auch die Bestimmungen des Brüsseler Übereinkommens von 1910 über die Vereinheitlichung der Regeln im Falle von Schiffszusammenstößen, das allerdings nur zwischen den Mitgliedsstaaten gilt. Ist das Übereinkommen nicht anwendbar, gelten die oben genannten Prinzipien.

Nach einem Urteil des DG Tokyo[337] aus dem Jahre 1974 gelten auch im Fall von Schiffszusammenstößen auf hoher See die Regeln des Art. 11 RAG, wobei das Gericht in diesem Urteil eine Verweisung auf das mit der Verbindlichkeit in engster Beziehung stehende Recht suchte. Der Fall betraf einen unter liberianischer Flagge fahrenden und von einem Japaner gecharterten Frachter, der in internationalen Gewässern ein japanisches Fischerboot rammte und versenkte. Die beiden Besatzungsmitglieder des japanischen Fischerbootes kamen bei dem Unglück ums Leben. Die Angehörigen der Verunglückten klagten gegen den japanischen Charterer auf Schadensersatz. Das Gericht stellte fest, dass es sich um eine deliktische Beziehung zwischen den beiden Parteien handelte und lehnte dementsprechend die Anwendung des im Chartervertrages bestimmten englischen Rechtes ab. Gemäß Art. 11 RAG knüpfte es an den Ort der Handlung an. Diese Anknüpfung konnte den Fall jedoch nicht lösen, da das Unglück sich in internationalen Gewässern zutrug.

---

335 *Egawa*, Zensho, 313; *Sanekata*, Gairon, S. 236; *Kawakami*, Yôkô, S. 108; *Yamada*, Kokusai shihô, S. 325; *Yamato*, Kaishô, S. 792. Als andere Anknüpfungspunkte werden der Gerichtsstand gesehen, oder eine überlagerte Anwendung des Flaggenrechts und der *lex fori*. *Tanabe* in *Ikehara / Hayata* (Hrsg.), Hyakusen, 3. Aufl., S.99. Es wird für diesen Fall, in dem kein eindeutiges Recht ermittelt werden kann, auch die Möglichkeit diskutiert, dass die Parteien, sich auf die Anwendung eines Rechtes einigen (*Nakano* in *Sawaki / Akiba* (Hrsg.), Sôten, S. 140), oder die *lex fori* anzuwenden (*Yamato*, Kaishô, S. 792).

336 *Tanabe* in *Ikehara / Hayata* (Hrsg.), Hyakusen, 3. Aufl., S. 99.

337 DG Tokyo vom 17.6.1974, Hanrei Jihô, Nr. 748, S. 77.

Das Gericht lehnte eine Verweisung auf das Flaggenrecht des Schädigers mit der Begründung ab, dass in diesem Fall ein Japaner gegen einen anderen Japaner Schadensersatzansprüche erhebt, so dass japanisches Recht als das Heimatrecht der beiden Parteien Anwendung findet. Ausschlaggebend war sicherlich auch, dass die Flagge des schädigenden Schiffes die liberianische war, und dieses Recht eine Haftung des Schädigers nicht in ausreichender Weise anerkannt hätte.

4.3.7.4. Anknüpfung von Ansprüchen aus gewerblichem Rechtsschutz

Gegenstand dieses Abschnitts ist die Anknüpfung des unlauteren Wettbewerbs, kartellrechtlicher Verstöße, sowie von Verletzungen des gewerblichen Immaterialgüterrechts.

a) Unlauterer Wettbewerb

Die Anknüpfung des unlauteren Wettbewerbs (*fusei kyôsô* 不正競争) ist nicht im Rahmen eines Gesetzes geregelt und wird auch von dem Gesetz zur Verhütung unlauteren Wettbewerbs (UWVG) nicht besonders bestimmt. In der japanischen Lehre ist die Anknüpfung daher strittig. Nach herrschender Meinung ist ein Anspruch aus unlauterem Wettbewerb nach Art. 11 Abs. 1 RAG anzuknüpfen, das heißt an den Ort der anspruchsbegründenden Tatsache. Die Lehre ist jedoch uneinig, was genau hierbei unter dem Ort der anspruchsbegründenden Tatsache zu verstehen ist. Als ein entscheidender Anknüpfungspunkt wird der Markt gesehen, in dem sich der unlautere Wettbewerb auswirkt und der Absatz des Geschädigten dadurch sinkt[338].

Gegen diese Anknüpfung an den Markt wehrt sich *Aizawa* und fordert eine differenzierte Anknüpfung. Für ihn ist der Ort der anspruchsbegründenden Handlung nur dann der Markt, wenn es sich um eine Handlung des unlauteren Wettbewerbs handelt, die den Markt insgesamt betrifft. Ist aber nur ein Unternehmen von dieser Handlung betroffen, so sollte zum Schutz der Interessen dieses Unternehmens nur an das Ortsrecht des Gewerbesitzes dieses Unternehmens angeknüpft werden[339].

Auch *Doi* kritisiert die Anknüpfung an den Markt. Er anerkennt zwar, dass Fragen des unlauteren Wettbewerbs nach Art. 11 RAG angeknüpft werden müssen, bezweifelt aber die Rechtmäßigkeit der Anknüpfung an den Markt in zweifacher Hinsicht. Erstens gibt er zu bedenken, dass gesetzliche Bestimmungen des unlauteren Wettbewerbs als öffentliches Recht nur bedingt

338 *Nakano* in *Kidana / Matsuoka* (Hrsg.), Kihonhô kokusai shihô, S. 74.
339 *Aizawa* in *Yamada / Hayata* (Hrsg.), Enshû kokusai shihô shinpan, S. 138.

im Rahmen des IPR eine Rolle spielen können, insbesondere dann, wenn das anwendbare Recht ausländisches Recht ist. Zweitens sieht er die Bestimmungen zum unlauteren Wettbewerb als weltweit gültige Prinzipien, die es in allen Ländern gibt, so dass eine Anknüpfung sich erübrigt und im Inland nur die inländische Problematik erfasst werden muss[340].

Eine richterliche Entscheidung liegt bisher nicht vor. Eine Anknüpfung an den betroffenen Markt scheint aber die angebrachte Lösung, da sie die engste Verbindung zur unerlaubten Handlung ermöglicht. Eine Anknüpfung an den Gewerbeort des Geschädigten oder des Schädigers ermöglicht diese enge Verbindung nicht, da ein Recht zur Anwendung kommen könnte, das mit der Realität des Marktes in keinerlei Verbindung steht. Sollte der Schädiger Japaner sein, der in Japan verfolgt wird, kann er sich jedoch auf die Schutzklauseln der Absätze 2 und 3 des Art. 11 RAG beziehen, um seine Haftung in Begründetheit und Umfang auf das japanische Maß zu beschränken.

b) Verletzungen des immateriellen Güterrechtes

In Japan werden bei Verletzungen des gewerblichen Immaterialgüterrechts (*kôgyô shoyû-ken no shingai* 工業所有権の侵害) sowohl Schadensersatzansprüche als auch der Anspruch auf Unterlassung anerkannt. Die Anknüpfung von Verletzungen des gewerblichen Immaterialgüterrechts ist bisher in Japan nicht durch ein besonderes Gesetz kollisionsrechtlich geregelt, und unterliegt daher den allgemeinen Bestimmungen des Art. 11 RAG[341].

Im Falle eines im Ausland verletzten gewerblichen Immaterialgüterrechtes, das vor einem japanischen Gericht verhandelt wird, gilt, wie oben beschrieben, die Verweisung auf das Ortsrecht der anspruchsbegründenden Tatsache nach Art. 11 Abs. 1 RAG, allerdings wird der Anspruch nur anerkannt, wenn er auch nach japanischem Recht geltend gemacht werden kann (Art. 11 Abs. 2 RAG). Bisher hat aber die japanische Rechtsprechung eine Verletzung ausländischer Immaterialgüterrechte nicht anerkannt[342].

Die Anknüpfung von Know-how-Verletzungen verdient eine besondere Erläuterung. Nach einer Nebenmeinung wird die Frage der Verletzung von Know-how durch Dritte an das Ortsrecht des betroffenen Marktes angeknüpft, allerdings scheint eine Verweisung auf das Ortsrecht des Gewerbes angebrachter, da dieses von dem Missbrauch betroffen ist[343]. Wie beschrieben, befürwortete das Gericht in dem oben erwähnten Urteil des DG Tokyo von

340 *Doi*, Kôgyô shoyû-ken, S. 830
341 *Yamada*, Kokusai shihô, S. 341.
342 DG Tokyo vom 12.6.1953, Kamin, Bd. 4, Nr. 6, S. 847.
343 *Nakano* in *Kidana / Matsuoka* (Hrsg.), Kihonhô kokusai shihô, S. 74.

1991[344] eine Anknüpfung nach Art. 11 RAG an japanisches Recht, da die meisten Tatsachen, die den Sachverhalt der Verletzung des Betriebsgeheimnisses hier begründeten, sich in Japan zutrugen.

c) Parallelimport

Der Bereich des gewerblichen Rechtsschutzes betrifft auch den Parallelimport (*heikô yu'nyû* 並行輸入). Unter Parallelimport ist hierbei folgender Sachverhalt zu verstehen: Ein Produkt, das im Rahmen des Immaterialgüterrechts geschützt ist, wird ordnungsgemäß im Ausland vertrieben und anschließend ohne das Einverständnis des rechtmäßigen Eigentümers oder Benutzers ins Inland importiert und dort vertrieben. Hierbei ist zu klären, ob der Eigentümer oder der Benutzer des Schutzrechtes im Rahmen der der unerlaubten Handlung den Importeur dazu auffordern kann, die Einfuhr des Gutes zu unterlassen.

Traditionell wurde der Parallelimport von Markenprodukten vom Parallelimport von patentierten Produkten unterschieden. Bei Markenprodukte war und ist der Parallelimport statthaft, wenn die Produkte von demselben Hersteller stammen und denselben Qualitätsgrad erreichen[345]. Aber auch bei Produkten, die nicht denselben Qualitätsstandard aufweisen, besteht ebenso keine Rechtsverletzung, so dass der Parallelimport eines Markenproduktes auch hier nicht unterbunden werden kann[346]. Anders war die Rechtslage bei dem Parallelimport von patentierten Produkten. War das betroffene Produkt auch in Japan patentrechtlich geschützt, konnte der Parallelimport unterbunden und Schadensersatzansprüche geltend gemacht werden[347].

In mehreren Urteilen hat die japanische Rechtsprechung die Grundlagen geschaffen, die den Parallelimport betreffen. Die Rechtslage wird einmal durch das Territorialitätsprinzip aber auch die Funktion des zu schützenden Rechtes geprägt.

aa) Warenzeichen

Ein entscheidendes Urteil des Warenzeichenrechtes erging vor dem DG Ôsaka 1970 in dem Fall Parker[348]. Ein japanisches Unternehmen war Exklusivvertragshändler des bekannten amerikanischen Warenzeichens und verkaufte

344 DG Tokyo vom 24.9.1991, Hanrei Jihô, Nr. 1429, S. 80.

345 DG Ôsaka vom 27.2.1970, Hanrei Jihô, Nr. 625, S. 75 (Parker-Fall).

346 DG Tokyo vom 7.12.1984, Hanrei Jihô, Nr. 1141, S. 143 (Lacoste-Fall).

347 DG Ôsaka vom 9.6.1969, Tokkyo to Kigyô 特許と企業 (Zeitschrift), 1969, Sept., S. 29; Mutaishû, Bd. 1, S. 160.

348 DG Ôsaka vom 27.2.1970, Hanrei Jihô, Nr. 625, S. 75 (Parker-Fall)

„Parker"-Produkte zu einem sehr hohen Preis. Ein anderes japanisches Unternehmen kaufte die Waren in Hongkong und vertrieb sie ebenso in Japan, nur zu einem sehr viel günstigeren Preis. Der Exklusivvertragshändler forderte den Parallelimporteur vor dem DG Ôsaka mit der Begründung, dass das Warenzeichen „Parker" in Japan geschützt wäre und er der alleinige Benutzer dieses Rechtes in Japan wäre, auf, die Einfuhr zu unterlassen.

Das DG Ôsaka gab der Klage des Vertragshändlers nicht statt und erklärte zur Begründung, dass ein Warenzeichen zum Ziel habe, die Herkunft und somit die Qualität eines bezeichneten Produktes zu bestimmen, und sobald das Warenzeichen von einer autorisierten Person auf das Produkt aufgetragen wird, liegt kein Verstoß gegen das Warenzeichenschutzrecht vor.

Diese Lösung steht jedoch im Widerspruch zu Art. 2 (3) WZG, wonach ein Warenzeichen auch vor dem Import von Produkten desselben Warenzeichens geschützt wird.

Im Anschluss an die Rechtsprechung des Falles Parker hat sich die japanische Rechtsprechung jedoch in Richtung einer weiteren Liberalisierung des Parallelimportes gegenüber dem Warenzeichenschutz entwickelt. So war das DG Kôbe 1982[349] der Ansicht, dass der Anspruch auf Unterlassung gegen einen Parallelimporteur desselben Warenzeichens einen Rechtsmissbrauch darstellte.

Das DG Nagoya[350] beschloss 1988, dass dem Warenzeichenschutz genüge getan ist, wenn das Warenzeichen seiner Grundfunktion, der Garantie der Herkunft und somit der Qualität gerecht wird. Dieses Urteil stellt das Interesse des öffentlichen des Schutzes hinter das öffentliche Interesse des freien Wettbewerbs. Nach Ansicht *Kidanas* geht dieses Urteil daher sehr viel weiter als das Urteil im Fall Parker, da ein öffentliches Schutzbedürfnis des Warenzeichens anerkannt wurde, und nur wenn die Verleihung des Warenzeichens durch bevollmächtigte Personen erfolgte und gleichzeitig die Qualität dieselbe war, wie die bisher in Japan übliche, war der Parallelimport gestattet. Nach diesem Urteil jedoch ist seiner Meinung nach dieser Schutzgedanke nur noch eingeschränkt gültig, da das Prinzip des freien Wettbewerbs als ebenso wichtig eingestuft wurde[351].

---

349 DG Kôbe vom 21.12.1982 nach *Kidana*, Kokusai kôgyô shoyû-ken-hô no kenkyû. S. 305, Fn 7.

350 DG Nagoya vom 25.3.1988, Hanrei Jihô, Nr. 1277, S. 146.

351 *Kidana*, Kôgyô shoyû-ken-hô no kenkyû, S. 297.

bb) Patent

Im Fall von Patenten hat sich die Rechtsprechung in ähnlicher Weise entwickelt. In einem Urteil des DG Ôsaka[352] klagte 1969 ein japanischer Lizenznehmer auf Unterlassung gegen einen Parallelimporteur, der die Waren von einem anderen Lizenznehmer desselben Lizenzgebers in Australien erwarb. Das Gericht gab der Klage statt, indem es sich auf das Territorialitätsprinzip berief. Das Urteil besagte, dass das Patent in Australien nach australischem Recht geschützt war, nicht mehr sobald es Australien verließ; jedoch war es wieder geschützt, als es nach Japan eingeführt wurde. Da aber hier bereits eine exklusive Lizenz bestand und somit das Patentrecht geschützt war, war es nicht möglich, diesen Parallelimport aufrecht zu erhalten.

In dem Fall BBS[353] jedoch hat sich die japanische Rechtsprechung auch im Fall von Produkten, die patentrechtlich geschützt sind, auf der Grundlage der Rechtserschöpfung für die Anerkennung des Parallelimports ausgesprochen, da der Parallelimport dem Exklusivrecht des Patentes und dem Prinzip der Territorialität nicht widerspricht. Das Urteil wurde vor dem OGH in einem Urteil von 1997 bestätigt[354]. Das Prinzip der Möglichkeit des Parallelimportes wurde grundsätzlich eingeräumt, jedoch mit der Ausnahme einer besonderen Vereinbarung zwischen Verkäufer (Patentinhaber) und Vertragshändler in Japan. Nur wenn eine solche Vereinbarung besteht und auf der Ware erkennbar ist, kann der Parallelimport unterbunden werden. Japan ist damit der erste Industriestaat, der den Parallelimport von patentierten Produkten zulässt[355].

4.4. Allgemeine Fragen bei Schuldverhältnissen

In diesem Abschnitt sollen einzelne Fragen des allgemeinen Schuldrechts diskutiert werden, wie etwa die Aufrechnung, die Forderungsabtretung oder die Geldschuld. Das Kollisionsrecht der allgemeinen Fragen des Schuldrechts wird in Japan im Rahmen des IPR in der Regel in einem eigenen Kapitel „Schuldverhältnisse“ (*saiken saimu kankei* 債権債務関係) oder „Verschiedene Fragen des Schuldrechts“ (*saiken-hô-jô no sho-mondai*)[356] behandelt. Dieser japanischen Übung soll durch diesen eigenen Abschnitt genüge getan werden.

---

352 DG Ôsaka vom 9.6.1969, Mutaishû, Bd. 1, S. 160.

353 DG Tokyo vom 22.7.1994, Hanrei Jihô, Nr. 1501, S. 70 (BBS-Fall, 1. Instanz); OG Tokyo vom 23.3.1995, Hanrei Jihô, Nr. 1524, S. 3 (BBS-Fall, 2. Instanz).

354 OGH vom 1.7.1997, Minshû, Bd. 51, Nr. 6, S. 2299 (BBS-Fall). Siehe dazu deutsche Übersetzung und Kommentar *Ikeuchi*, ZJapanR, Heft 4, S. 143 ff.

355 *Mon'ya* in *Sawaki* / *Akiba* (Hrsg.), Sôten, S. 27.

356 *Orimo*, Kakuron, S. 188 ff.

4.4.1. *Geldschuld*

Die Anknüpfung verschiedener devisenrechtlicher Fragen wird in Japan im Rahmen dieses Kapitels „Schuldverhältnisse“ diskutiert und nicht wie in Deutschland im Rahmen des internationalen Währungsrechtes als Bestandteil des internationalen öffentlichen Rechtes.

Aufgrund von gesetzlichen Bestimmungen, die bezüglich einer Währung bestehen, muss bei einer Geldschuld (*kinsen saiken* 金銭債権), die zwingenderweise in einer Währung geleistet werden muss, der Einfluss der *lex pecuniae* (Währungsstatut) anerkannt werden [357]. Die Frage, ob eine Geldforderung Teil einer vertraglichen Verpflichtung oder eines gesetzlichen Schuldverhältnisses ist, ist dabei irrelevant; entscheidend ist, dass die Fragen, die die Währung betreffen, in der bezahlt wird, von dem Währungsrecht bestimmt werden. Das bezieht sich auf die Definition der Währung, z.B. was ist ein US Dollar im Gegensatz zu einem kanadischen Dollar, die Frage nach der Münzscheidung, wie viel Cents sind ein Euro. Allerdings darf man annehmen, dass eine Geldforderung als Folge eines gesetzlichen Schuldverhältnisses in der Währung bezahlt werden muss, dessen Gesetz sie begründet. Bei einem vertraglichen Schuldverhältnis können die Parteien bestimmen, in welcher Währung bezahlt wird, solange das materielle Recht des Vertragsstatuts diese Möglichkeit einräumt. In diesem Fall wird dann an das Währungsstatut akzessorisch angeknüpft, um währungsspezifische Fragen klären zu können[358].

Die Bestimmung des Währungsstatuts erhält eine große Bedeutung bei Währungsreformen, Deflation, Inflation, Auf- oder Abwertungen oder Verbot der Konvertierbarkeit einer Währung. Ist das Forderungsstatut auch Währungsstatut, so könnte man argumentieren, dass der in der Forderung festgesetzte Betrag entsprechend angepasst wird, ist Forderungsstatut nicht gleich Währungsstatut, so würde der Betrag nicht angepasst. Die Lösung scheint strittig in Japan.

Nach herrschender Meinung in Japan gilt, dass dann eine Umrechnung stattfindet, wenn das Währungssystem sich durch Gesetz verändert, wie beispielsweise nach einer Währungsreform oder einer Ab- bzw. Aufwertung einer Währung durch Eingriff der Regierung. Hier wird der Forderungsbetrag nach den gesetzlichen Vorgaben des Währungsstatuts zum Umrechnungskurs angepasst. Das Forderungsstatut hat keinen Einfluss auf diesen Vorgang[359]. Eine Mindermeinung spricht sich aber auch in diesem Fall dafür aus, dass hier das auf das Schuldverhältnis anwendbare Recht darüber entscheidet, inwiefern

---

357 *Tameike*, Kôgi, S. 380.

358 *Tameike*, Kôgi, S. 381; *Yamada*, Kokusai shihô, S. 333.

359 *Yamada*, Kokusai shihô, S. 333; *Egawa*, Zensho, S. 241 ff; *Sanekata*, Gairon, S. 242.

diese öffentlich-rechtliche Handlung einer Regierung Einfluss auf die Verpflichtung hat[360].

Anders ist die Rechtslage, wenn eine Währung durch Marktbewegungen an Wert verliert oder gewinnt. Dann kann der Schuldner entsprechend den Bestimmungen des Forderungsstatuts zu dem vereinbarten oder bestimmten Preis leisten. Das Währungsstatut findet keine Anwendung, um eine eventuelle Korrektur zu ermöglichen, es sei denn, das Währungsstatut ist auch das Forderungsstatut, oder das Forderungsstatut ermöglicht, einen Ausgleich zu fordern[361].

Das Schuldstatut entscheidet über die Gültigkeit von Indexklauseln (*kin'yakkan* 金約款), da diese nicht die Bezahlungsmodalität einer Schuld an sich, sondern die Leistung der Schuld selbst betrifft. Eine ähnliche Unterwerfung unter das Schuldstatut gilt im Falle von Moratorien, die aus politischen oder wirtschaftlichen Gründen öffentlich-rechtlich beschlossen werden. Die Wirkungen solcher Moratorien werden von dem Schuldstatut entschieden, auch wenn sie sich durch ein anderes Recht als das Schuldstatut bedingen[362].

Nach dem japanischen ZG (Art. 403) ist es möglich, eine Geldschuld in ausländischer Währung in Japan in japanischer Währung zu bezahlen. Die Anwendung dieses Artikels bereitet keine Schwierigkeiten, wenn Schuldstatut

---

360 *Orimo*, Kakuron, S. 189; *Tameike*, Kôgi, S. 381. *Nomura* vertritt einen besonderen Standpunkt im Fall der Euro-Einführung in der EU. Nach EU-Recht ist vorgesehen, dass schuldrechtliche Verpflichtungen durch die Einführung des Euro nicht betroffen sind und fortbestehen. *Nomura* ist aber der Ansicht, dass eine wirkliche Rechtssicherheit für die Beständigkeit einer etwa in D-Mark oder Französischen Franc ausgestellten Schuld, die nicht dem Recht eines EU-Staates unterliegt, nur dann besteht, wenn nach dem anwendbaren Recht diese ausdrücklich anerkannt wird, wie etwa im Fall des Rechts des Staates New York (*Nomura*, Nenpô 2, S. 91 ff.). Führte man den Gedanken weiter, könnte somit in Japan, wo keine besonderen gesetzlichen Bestimmungen verabschiedet wurden, die Möglichkeit bestehen, den Fortbestand einer Schuld, die durch die Euro-Einführung in Euro umgewandelt wurde, aber ursprünglich in einer anderen Währung ausgedrückt war, anzufechten. *Nomura* nennt jedoch keine Bestimmungen des materiellen japanischen Rechts, die eine solche Anfechtung begründen könnten. In der Praxis scheint eine solche Entscheidung außerdem eher unwahrscheinlich. Sollte es dennoch nach japanischem Schuldrecht möglich sein, die Schuld anzufechten, müsste, um die Schuld aufrechtzuerhalten, theoretisch aus Erwägungen von Treu und Glauben oder wegen *ordre public* die Anwendung des japanischen Rechts vermieden und auf das Währungsstatut verwiesen werden, das den Fortbestand gewährt, was eine interessante Umkehrung der Anwendung des *ordre public* wäre, da in der Regel die Anwendung ausländischen und nicht des inländischen Rechts abgewendet wird.

361 *Tameike*, Kôgi, S. 381; *Kidana / Matsuoka / Watanabe*, S. 158 ff; *Yamada*, Kokusai shihô, S. 334.

362 *Tameike*, Kôgi, S. 382; *Yamada*, Kokusai shihô, S. 334.

das japanische Recht ist. Doch auch wenn anderes Recht anwendbar sein sollte, und Japan als Zahlungsort vereinbart ist, wird in diesem Fall eine akzessorische Anknüpfung an japanisches Recht als das Recht des Zahlungsortes anerkannt, so dass dann die Bestimmungen des Art. 403 ZG Anwendung finden können. Nach herrschender Meinung ist die Anwendung jedoch immer dann ausgeschlossen, wenn sich die Parteien gegen eine Bezahlung in japanischer Währung aussprechen[363].

Die japanische Rechtsprechung hingegen lehnt in solch einem Fall ab, die Anwendung dieses Artikels des ZG von der Zustimmung der Parteien abhängig zu machen. In einem Urteil des OGH von 1975[364] wurde entschieden, dass die Zustimmung der Parteien nicht erforderlich ist, um eine Schuld, die hier in US-Dollar bestimmt war, in Japan in japanischen Yen zu bezahlen. Außerdem bestimmte das Gericht, dass der Umrechnungskurs nach dem Börsenwert am Tag der Bezahlung festgelegt werden muss.

4.4.2. Subrogation und Anfechtungsrecht des Gläubigers

Die Subrogation des Gläubigers (*saiken-sha daiiken* 債権者代位権) betrifft das Recht des Gläubigers nach Art. 423 ZG, zur Sicherung seiner Forderung Rechte seines Schuldners auszuüben[365]. Eine eigenständige gesetzliche Kollisionsnorm besteht nicht.

Das Subrogationsrecht des Gläubigers, dessen Objekt das Recht des Schuldners ist, welches selbständig angeknüpft wird, kann nur dann ausgeübt werden, wenn das Forderungsstatut sowohl der Forderung des Gläubigers als auch der Forderung des Schuldners die Subrogation erlaubt. Ist sie möglich, dann unterliegen Wirkung, Formbedingungen, sowie inhaltliche Vorraussetzungen und Fristen nach herrschender japanischer Meinung sowohl dem Recht des Gläubigers gegenüber seinem Schuldner als auch dem Recht des Schuldners gegenüber seinem Schuldner, einem Dritten[366].

Orimo lehnt eine Verweisung auf das Forderungsstatut des Schuldners gegenüber seinem eigenen Schuldner anders als im Fall des Gläubigeranfechtungsrechts (siehe letzter Paragraph dieses Abschnitts) ab, da ein Interessenverhältnis zu dem Dritten nicht besteht[367]. *Kubo* ist der Ansicht, dass nur die Formbedingungen der Subrogation dem Forderungsstatut des An-

---

363 *Yamada*, Kokusai shihô, S. 334; *Tameike*, Kôgi, S. 383; *Gôto* in *Ikehara / Hayata* (Hrsg.), S. 104.

364 OGH vom 15.7.1975, Minshû, Bd. 29, Nr. 6, S. 1061.

365 Das Rechtsinstitut der Gläubigersubrogation wurde der *action oblique* des Art. 1166 des französischen Code Civil nachgebildet.

366 *Egawa*, Zensho, S. 244 ff; *Sanekata*, Gairon, S. 252; *Yamada*, Kokusai shihô, S. 330.

367 *Orimo*, Kakuron, S. 197.

spruchs des Schuldners gegenüber dem Dritten unterliegen sollen[368].

Daneben wird auch die Ansicht vertreten, die Subrogation der *lex fori* zu unterwerfen, die die Subrogation einräumt. In diesem Sinn entschied das DG Tokyo in einem Urteil aus dem Jahre 1962[369], da die Subrogation dem Gläubiger das Recht einräumt, den Schuldner gerichtlich auf Leistung zu verklagen. In der Lehre wird dieses Urteil kritisiert, da die Unterscheidung zwischen prozessrechtlichen und materiellrechtlichen Fragen nicht ausreichend beantwortet werden kann, um diese Kollisionsnorm rechtfertigen zu können. Zudem ist nach herrschender Meinung die Subrogation nicht nur ein prozessrechtliches Phänomen, sondern betrifft die Forderung auch materiellrechtlich[370].

Das Gläubigeranfechtungsrecht (*saiken-sha torikeshi-ken* 債権者取消権)[371] bezeichnet das Recht eines Gläubigers, ein betrügerisches und schädigendes Geschäft zwischen seinem Schuldner und einem Dritten nach Art. 424 ZG anzufechten. Die Möglichkeit, die Wirkung, die Formbedingungen, sowie inhaltliche Vorraussetzungen und Fristen unterliegen nach herrschender japanischer Meinung sowohl dem Recht der Hauptschuld zwischen Gläubiger und Schuldner als auch dem auf das Geschäft zwischen Schuldner und Drittem anwendbaren Recht[372]. Eine gesonderte gesetzliche Kollisionsnorm besteht nicht.

4.4.3. Pfandbestellung an Forderungen und Rechten

Nach Art. 362 I ZG kann jede übertragbare Forderung Gegenstand einer Pfandbestellung sein. Die kollisionsrechtlichen Fragen bei der Pfandbestellung an Forderungen (*saiken shitsu* 債権質 oder *kenri shitsu* 権利質) sind nicht gesondert gesetzlich geregelt und in der japanischen Lehre strittig. Traditionell galt für einen Teil der Lehre, dass die Pfandbestellung an Rechten ein sachenrechtliches Rechtsverhältnis zwischen den Parteien begründet, so dass nach Art. 10 RAG an den Ort der Belegenheit oder der Eintragung des Rechtes, etwa bei Gütern des intellektuellen Eigentums oder Wertpapieren, angeknüpft werden muss. Dieser Standpunkt gilt aber heute als überholt[373]. Eine zweite

368 *Kubo*, Kokusai shihô-ron, S. 363.

369 DG Tokyo, 20.7.1962, Kamin, Bd. 13, Nr. 7, S. 1482.

370 *Mitsui* in *Sawaki / Akiba* (Hrsg.), Sôten, S. 152; *Mitsuki* in *Ikehara / Hayata* (Hrsg.), Hyakusen, 3. Aufl., S. 107.

371 Das Gläubigeranfechtungsrecht ist von der *action paulienne* des Französischen Code Civil (Art. 1167 Code Civil) inspiriert.

372 *Egawa*, Zensho, S. 244; *Orimo*, Kakuron, S. 195 ff; *Sanekata*, Gairon, S. 251; *Yamada*, Kokusai shihô, S. 330.

373 *Dôgauchi*, in *Ikehara / Hayata* (Hrsg.), Hyakusen, 3. Aufl. S. 109.

Lehrmeinung anerkennt zwar den sachenrechtlichen Charakter der Pfandbestellung an Rechten und Forderungen, fordert aber eine kollisionsrechtliche Verweisung nicht nach Art. 10 RAG, sondern auf das Forderungsstatut[374]. Ein dritter Teil der Lehre sieht die Pfandbestellung als eine besondere Form der Forderungsabtretung, die dementsprechend nach den Kollisionsnormen der Forderungsabtretung angeknüpft werden muss (siehe nächster Abschnitt)[375].

Eventuelle Einreden von Dritten, insbesondere des Schuldners, und Informationspflichten gegenüber Dritten, die sich durch die Pfandbestellung ergeben oder bestehen könnten, unterliegen ebenso dem Forderungsstatut der verpfändeten Forderung[376]. *Tameike* befürwortet jedoch, was die Rechte Dritter und des Schuldners betrifft, eine Anknüpfung nach Art. 12 RAG (Anknüpfung der Wirkung von Forderungsabtretungen an den Wohnort des abgetretenen Schuldners) zum Schutz dieser Personen[377].

Das bereits oben geschilderte Urteil des OGH von 1978[378] bestätigte die Anknüpfung der Pfandbestellung an das Forderungsstatut der gepfändeten Forderung, die, hier ein Festgeldkonto, kollisionsrechtlich als ein schuldrechtlicher Vertrag nach Art. 7 RAG behandelt wurde. Ebenso unterstellte es das Bestehen einer Informationspflicht und die Formvorschriften dieser Informationspflicht diesem Forderungsstatut, hier japanisches Recht. Das Urteil folgte somit nicht der Anknüpfung nach Art. 12 RAG analog zum Schutz des Schuldners oder eines Dritten.

Somit werden auch Pfandbestellungen an Wertpapieren, Aktien oder Rechten des intellektuellen Eigentums entsprechend dem auf sie anwendbaren Recht beurteilt[379].

---

374 *Egawa*, Zensho, S. 197; *Orimo*, Kakuron, S. 111; *Yamada*, Kokusai shihô, S. 268; *Tameike*, Kôgi, S. 320. Diese Ansicht gilt als herrschende Meinung (*Matsuoka*, Kokusai torihiki to kokusai shihô, S. 283). Für *Matsuoka* stellt sich bei dieser Anknüpfungsnorm jedoch die Frage, welche Anknüpfungspunkte entscheidend sind, dies vor dem Hintergrund des Urteils des OGH vom 20.4.1978, Minshû, Bd. 32, Nr. 3, S. 616, das entsprechend dem stillschweigenden Parteiwillen unter anderem den Gewerbeort einer Geschäftstelle der abschließenden Bank als Anknüpfungspunkt bestimmte (*Matsuoka*, Kokusai torihiki to kokusai shihô, S. 283 ff.).

375 Auch diese Ansicht wird als veraltet dargestellt (*Sano* in *Sawaki / Akiba* (Hrsg.), Sôten, S. 111). Ein Vertreter dieser Ansicht war beispielsweise *Yamaguchi* (*Yamaguchi Kôichi*, Nihon kokusai shihô-ron, Sanshorô, Tokyo, 1910).

376 *Yamada*, Kokusai shihô, S. 268.

377 *Tameike*, Kôgi, S. 320.

378 OGH vom 20.4.1978, Minshû, Bd. 32, Nr. 3, S. 616.

379 *Yamada*, Kokusai shihô, S. 267.

4.4.4. *Übergang von Forderungen und Schulden*

Im Rahmen des Forderungsüberganges werden die Kollisionsnormen, die die Abtretung (*saiken jôto* 債権譲渡) als ein von einer Parteivereinbarung bestimmtes Rechtsgeschäft betreffen, und solche, die den gesetzlichen Übergang von Forderungen (*hôritsu ni yoru saimu – saiken iden* 法律に依る債務・債権移伝) betreffen, untersucht.

4.4.4.1. Abtretung

Die Anknüpfung einer Forderungsabtretung wird in Japan gesetzlich nur teilweise geregelt. Das RAG regelt in seinem Art. 12 die Frage der Wirksamkeit der Forderungsabtretung gegenüber Dritten. Die Anknüpfung des Verhältnisses zwischen dem Zedent und dem Zessionar wird von dem Gesetz nicht erwähnt. Die Lehre und die Rechtsprechung haben daher versucht, Lösungen für die Anknüpfung auch dieses Rechtsverhältnisses sowie der anderen bestehenden Fragen zu entwickeln.

Nach Art. 12 RAG gilt, dass die Abtretung einer Forderung dem Dritten dann entgegengesetzt werden kann, wenn die Abtretung gemäß dem Wohnsitzrecht des Schuldners gültig ist. Diese Kollisionsnorm wurde von den Verfassern des RAG gewählt, um eventuelle Einspruchsrechte Dritter schützen zu können[380]. Nach allgemeiner Ansicht der Lehre bezieht sich Art. 12 RAG nur auf Forderungen *intuitu personae*. Wertpapiere oder andere umlauffähige Papiere, Schuldverschreibungen, Wechsel, Scheck oder ähnliches sind von den Bestimmungen dieses Artikels nicht betroffen[381].

Forderungen, die nicht als Inhaberpapier ausgestellt sind, und umlauffähige Wertpapiere sind nach Art. 86 Abs. 3 ZG bewegliche Sachen. Daher unterliegen sie nach Art. 10 RAG in Japan dem Recht des Belegenheitsortes[382]. Beim Wechsel wird nach Art. 91 WG und beim Scheck nach Art. 80 SG an den Ort der Zahlung angeknüpft.

Die Anknüpfung der Beziehung zwischen Zedent und Zessionar ist in Japan strittig. Nach der inzwischen herrschenden Meinung unterliegt das Verhältnis zwischen Zedent und Zessionar dem Recht der zedierten Forderung, da der Austausch des Gläubigers mit dieser Forderung unmittelbar zusammenhängt. So kann die Wirkung der Abtretung nur nach dem Forderungsstatut der betroffenen Forderung beurteilt werden[383].

---

380 *Nomura* in *Kidana / Matsuoka* (Hrsg.), Kihon kokusai shihô, S. 81.

381 *Nomura* in *Kidana / Matsuoka* (Hrsg.), Kihon kokusai shihô, S. 79; *Kawakami*, Yôkô, S. 110; *Orimo*, Kakuron, S. 199; *Tameike*, Kôgi, S. 389.

382 *Sanekata*, Gairon, S. 258; *Tameike*, Kôgi, S. 389; *Kawakami*, Yôkô, S. 112.

383 *Sanekata*, Gairon, S. 254; *Kawakami*, Yôkô, S. 110 ff; *Yamada*, Kokusai shihô, S. 331;

Eine Mindermeinung fordert, dass die Abtretung als eigenständiges Rechtsgeschäft gesehen werden muss, das unabhängig von dem Forderungsstatut der abgetretenen Forderung nach Art. 7 RAG angeknüpft werden muss[384].

Die allgemeinen Formbedingungen des Übergangs jedoch werden nach Art. 8 RAG angeknüpft (Anknüpfung an das Schuldstatut und an den Ort der Handlung). Inwieweit Nebenverträge, wie Bürgschaften oder Sicherheiten, von dem Übergang betroffen sind, richtet sich sowohl nach dem Schuldstatut der Hauptschuld als auch nach dem Vertragsstatut des Nebenvertrags. Erlaubt das Vertragsstatut der Hauptschuld den Übergang, jedoch nicht das Vertragsstatut eines Nebenvertrages, so ist dieser Nebenvertrag nicht von dem Übergang betroffen und eventuelle durch ihn begründete Sicherheiten entfallen[385].

Diese Kollisionsnormen werden auch in der Rechtsprechung anerkannt[386]. Ein Urteil des DG Tokyo von 1967 beantwortet mehrere Fragen der Anknüpfung eines Forderungsübergangs. Das Gericht entschied, dass das Abtretungsgeschäft dem Recht der zu übergebenden Forderung unterliegt, was die Entstehung und die Wirkung dieses Überganges betrifft. Die Form des Abtretungsgeschäftes unterliegt nach Art. 8 RAG dem auf das Geschäft anwendbaren Recht oder dem Recht des Abschlussortes. Bezüglich des Art. 12 RAG bestimmte es, dass in diesem Fall an den Wohnort des Schuldners angeknüpft werden muss. Es handelte sich bei dem Schuldner um eine koreanische Bank. Die Tatsache aber, dass der Schuldner eine Filiale in Japan und als Zahlungsort Japan vereinbart war, reichte aus, hier japanisches Recht anwenden zu können. Nach Meinung des Gerichtes waren die durch Art. 12 RAG bezweckten Schutzerfordernisse für den Schuldner ausreichend erfüllt, da auf das Recht des Zahlungsortes und das Recht des Filialsitzes verwiesen wurde. Auch bestimmte das Gericht in diesem Urteil, dass ein Verpfändungsvertrag dem Recht der verpfändeten Forderung unterliegt. Die Verweisung der Verpfändung einer Forderung auf das Forderungsstatut wird in einem oben genannten Urteil des OGH von 1978 bestätigt[387]. Art. 12 RAG findet in dem Fall der Verpfändung keine Anwendung.

Die Verweisung der Forderungsabtretung auf das Recht der zu übergebenden Forderung wird im Zusammenhang des internationalen Handels kritisiert, da es hier nicht unüblich ist, zukünftige aber bisher nicht bestehende und daher nicht näher bestimmte Forderungen im Rahmen eines Factoringvertrages abzutreten. Folgt man der japanischen Kollisionsnorm, ist das

---

Tameike, Kôgi, S. 388; *Nomura* in *Kidana / Matsuoka*, Kihon kokusai shihô, S. 80.

384 *Orimo*, Kakuron, S. 202 ff.

385 *Yamada*, Kokusai shihô, S. 331; *Tameike*, Kôgi, S. 388.

386 DG Tokyo vom 11.7.1967, Hanrei Times, Nr. 210, S. 206; DG Maebashi, Geschäftsstelle Kiryû vom 9.4.1962, Kamin, Bd. 13, Nr. 4, S. 695.

387 OGH vom 20.4.1978, Minshû, Bd. 32, Nr. 3, S. 616.

Bestehen und die Wirkung einer derartigen Vereinbarung nicht zu bestimmen, da das auf die Vereinbarung anwendbare Recht erst dann festgelegt werden kann, wenn die abzutretende Forderung näher bestimmt ist. Das aber ist eben bei dieser Art von Vereinbarung nicht möglich. *Okamoto* schlägt daher in diesem besonderen Fall der Abtretung nicht bestimmter Forderungen eine eigenständige Anknüpfung dieses Rechtsgeschäftes nach Art. 7 RAG vor[388].

4.4.4.2. Gesetzlicher Forderungsübergang

Für den gesetzlichen Forderungsübergang wird in der japanischen Lehre nur bedingt eine eigenständige Anknüpfungsnorm erörtert[389]. Das Verhältnis zwischen Altgläubiger und Neugläubiger sowie die Bedingungen und die Wirkungen des Forderungsübergangs unterliegen dem Recht, das den Übergang ermöglicht[390]. Eine besondere Schutznotwendigkeit des Schuldners wie im Fall der Forderungsabtretung wird nicht gesehen. Im Falle des Bürgen, der beispielsweise für den Hauptschuldner leistet, gilt als anwendbares Recht zwischen Bürgen und Gläubiger das auf den Bürgschaftsvertrag anwendbare Recht[391].

Im Fall der Versicherungssubrogation haben das OG Tokyo 1969 sowie das DG Kôbe 1970[392] entschieden, dass die Wirkungen und die Bedingungen der Subrogation des Versicherers gegenüber dem Versicherten dem Recht des Versicherungsvertrages unterliegen, wenn die Parteien ein solches vereinbart haben. *Sakurada* ist jedoch der Ansicht, dass man in diesem Fall nicht von einer etablierten Rechtsprechung sprechen sollte[393]. Seiner Meinung nach sollte anhand des Forderungsstatuts der übergehenden Forderung geprüft werden, unter welchen Bedingungen die Forderung überhaupt übergehen kann[394].

4.4.4.3. Übernahme von Schulden, Novation

Die Schuldübernahme (*saimu hikiuke* 債務引受) unterliegt nach herrschender Meinung in ähnlicher Weise wie die Forderungsabtretung dem Recht der zu übernehmenden Schuld. Erlaubt dieses Recht die Übernahme, oder die Abgabe

388 *Okamoto* in *Ikehara / Hayata* (Hrsg.), Hyakusen, 3. Aufl., S. 111.
389 *Sakurada* in *Ikehara / Hayata* (Hrsg.), Hyakusen, 3. Aufl., S. 113.
390 *Kidana / Matsuoka / Watanabe*, S. 157; *Tameike*, Kôgi, S. 385.
391 *Tameike*, Kôgi, S. 385.
392 OG Tokyo vom 24.2.1969, Kômin, Bd. 22, Nr. 1, S. 80; Hanrei Jihô, Nr. 559, S. 75; DG Kôbe vom 14.4.1970, Hanrei Times, Nr. 288, S. 283.
393 *Sakurada* in *Ikehara / Hayata* (Hrsg.), Hyakusen, 3. Aufl., S. 114.
394 *Sakurada*, Kokusai shihô, S. 227.

der Schuld, so ist die Übernahme von Schulden möglich. Nach herrschender Meinung wird das Rechtsverhältnis zwischen dem Abgebenden und dem Übernehmenden ebenso dem Recht der zu übergebenden Schuld unterstellt. Art. 12 RAG findet bei der Schuldübernahme keine Anwendung[395].

Eine Nebenmeinung, vertreten von *Orimo*, fordert auch im Falle der Schuldübernahme eine analoge Anwendung des Art. 12 RAG. Er ist der Ansicht, dass zum Schutz des Gläubigers in Analogie auch nach dem Wohnortrecht des Gläubigers die Schuldübernahme möglich sein muss, um wirksam durchgeführt werden zu können[396].

Die Vorraussetzungen und die Wirkungen der Novation (*kôkai* 更改) unterliegen dem Recht der zugrundeliegenden Forderung. Da aber durch die Novation die alte Schuld erlischt, kann sie nur dann durchgeführt werden, wenn nach dem Schuldstatut der alten Schuld die neue Schuld wirksam begründet werden kann[397].

4.4.5. Aufrechnung

Es gibt keine gesetzlichen Bestimmungen über die Anknüpfung der Aufrechnung (*sôsai* 相殺) im japanischen IPR[398]. Da durch die Aufrechnung zwei Forderungen sich durch gegenseitiges Erlöschen erfüllen, scheint es angebracht, die Bedingungen und die Wirkungen dem Schuldstatut beider Schuldverhältnisse zu unterwerfen. Die Aufrechnung muss daher sowohl nach dem Schuldstatut der bestehenden Schuld, Hauptschuld, als auch nach dem Schuldstatut der Schuld, mit der aufgerechnet wird, möglich sein[399].

Nach japanischer Auffassung ist die Aufrechnung im Gegensatz zum angloamerikanischen Recht Bestandteil des materiellen Rechts und nicht des Prozessrechts. Dadurch begründet sich die Anknüpfung an schuldrechtlichen Kollisionsnormen. Die Kritik an dieser zweifachen Anknüpfung richtet sich gegen die unnötige Schwere der doppelten Verweisung. Daher gibt es in Japan

---

395 *Egawa*, Zensho, S. 148; *Kubo*, Kokusai shihô-ron, S. 473; *Yamada*, Kokusai shihô, S. 332; *Tameike*, Kôgi, S. 389.

396 *Orimo*, Kakuron, S. 222.

397 *Tameike*, Kôgi, S. 390; *Yamada*, Kokusai shihô, S. 332.

398 *Nomura* fordert, dass die Aufrechnung Gegenstand gesetzlicher Bestimmungen werden sollte, wobei die einfache Aufrechnung zweier Schuldverhältnisse dem Schuldstatut der Schuld, mit der aufgerechnet werden soll, unterliegen sollte. Bei der komplexen Aufrechung, die mehrere internationale Schuldverhältnisse im Rahmen des internationalen Finanzverkehrs betrifft, sollte seiner Meinung nach objektiven Kriterien angeknüpft werden, wie etwa an den Geschäftsort der wichtigsten beteiligten Bank (*Nomura*, Nenpô 2, S. 101 ff.).

399 *Tameike*, Kôgi, S. 390; *Taki* in *Sawaki / Akiba* (Hrsg.), Sôten, S. 156; *Yamada*, Kokusai shihô, S. 332.

die Tendenz, die Aufrechnung ausschließlich dem Schuldstatut der Hauptschuld, mit der aufgerechnet werden soll, zu unterwerfen[400]. Eine richterliche Entscheidung zur Problematik der Aufrechnung liegt bislang nicht vor.

4.4.6. Verjährung

Auch die kollisionsrechtliche Anknüpfung der Verjährung (*shômetsu jikô* 消滅時効) wird im Rahmen des RAG nicht gesetzlich geregelt. Nach japanischer Auffassung ist Verjährung aber ebenso materielles Recht und nicht Prozessrecht wie etwa im angloamerikanischen Recht. Entsprechend unterliegt sie kollisionsrechtlich nicht Prozessrecht, sondern dem auf das betroffene Schuldverhältnis anwendbaren Recht[401].

Nach der oben genannten Rechtsprechung des RGH von 1917[402] gilt, dass zu lange oder zu kurze Verjährungsfristen nach ausländischem Recht dem *ordre public* widersprechen und dann japanisches Recht Anwendung findet, um die Verjährungsfrist zu bestimmen. Dieses Urteil wurde in der Lehre jedoch stark kritisiert, da im Rahmen der Verjährung nur ein sehr eingeschränkter Umgang mit dem *ordre public* gefordert wird[403].

Ein Urteil des DG Tokushima aus dem Jahre 1969[404] folgte der von der Lehre geforderten Anknüpfungsnorm. Es bestätigte in einem Fall, in dem ein amerikanischer Rechtsanwalt von einem japanischen Mandanten die Bezahlung seines Honorars forderte, dass das Schuldstatut die Verjährung bestimmt, hier der Mandatsvereinbarung, die dem Recht des US-Staates New York unterlag. Es lehnte aber eine Nichtanwendung des Rechts des Staates New York, das eine verhältnismäßig lange Verjährungsfrist vorsieht (sechs Jahre gegenüber zwei Jahren in Japan), aufgrund von Erwägungen des *ordre public* ab.

In der Lehre wird dieses Urteil begrüßt, sowohl was die Verweisung auf das Schuldstatut betrifft, als auch die Anwendung des fremden Rechtes trotz der vergleichbar längeren Verjährungsfrist des ausländischen Rechtes.

Nach herrschender Meinung kann ausländisches Recht nur dann aufgrund des *ordre public* nicht angewendet werden, wenn die Verjährungsfristen entweder extrem kurz sind, gar nicht existieren, oder so lange sind, dass von einer Verjährung *de facto* nicht mehr gesprochen werden kann[405].

---

400 *Taki* in *Sawaki / Akiba* (Hrsg.), Sôten, S. 156.

401 *Tameike*, Kôgi, S. 392; *Yamada*, Kokusai shihô, S. 332; *Kubo*, Kokusai shihô-ron, S. 490; *Orimo*, Kakuron, S. 218.

402 RGH vom 17.3.1917, Minroku, Bd. 23, S. 378.

403 *Kubo*, Kokusai shihô-ron, S. 493; *Orimo*, Kakuron, S.220; *Yamada*, Kokusai shihô, S. 332; *Aizawa* in *Ikehara / Hayata* (Hrsg.), Hyakusen, 3. Aufl., S. 114.

404 DG Tokushima vom 16.12.1969, Hanrei Times, Nr. 254, S. 209.

405 *Yamada*, Kokusai shihô, S. 332; *Tameike*, Kôgi, S. 392; *Aizawa* in *Ikehara / Hayata*

4.5. Zusammenfassung

Im Bereich der schuldrechtlichen Kollisionsnormen kann ähnliches wie in den zuvor beschriebenen Kapiteln, insbesondere im Abschnitt über den Bereich des Vertragsrechts, beobachtet werden. Das Gesetz, das zur Zeit seiner Verabschiedung zwar sehr modern war, regelt jedoch die meisten Bereiche einer modernen Wirtschaft nicht, sondern beschränkt sich auf einige wenige Kernbereiche des Schuldrechts. Auch hier ist zu bedauern, dass der Gesetzgeber die Reform von 1989 nicht genutzt hat, das japanische Kollisionsrecht im Schuldrecht an die Bedürfnisse einer modernen Volkswirtschaft anzupassen, um die internationale Verflechtung ähnlich wie 1898 weiterhin zu unterstützen.

Bemerkenswert sind daher auch hier die Anstrengungen der Lehre, die offenen Fragen zu diskutieren und Lösungen anzubieten, die den Bedürfnissen einer modernen Wirtschaft angepasst sind. Der Einfluss ausländischer Entwicklungen ist hierbei sicher von Bedeutung, aber die japanische Lehre entwickelt „ihr" IPR auch vor dem Hintergrund der eigenen gesetzlichen Bestimmungen und deren Weiterentwicklung durch die Rechtsprechung weiter.

Aber auch im Bereich des Schuldrechtes gilt, dass die Rechtsprechung bisher nur sehr eingeschränkt die Möglichkeit hatte, die verschiedenen offenen Fragen zu lösen. Die oft sehr verschiedenen Standpunkte der Lehre führen dazu, dass eine vorhersehbare Lösung oft nicht erkennbar ist.

Die unerlaubte Handlung unterliegt nach dem Gesetz der *lex loci delicti.* Gleichzeitig haben Rechtsprechung und Lehre versucht, dieses Prinzip weiterzuentwickeln, um es den Ansprüchen einer modernen und komplexen Wirtschaft in zufriedenstellender Weise anzupassen und weiterzuentwickeln. Zum Teil ist dies gelungen, wie bei der Berechnung des entgangenen Gewinns nach einem Arbeitsunfall, zum Teil fehlen bis heute eindeutige Lösungen, wie etwa bei der Produkthaftung.

Leider sind auch die Randfragen der schuldrechtlichen Kollisionsnormen nur in sehr eingeschränktem Maße gesetzlich geregelt. Die Lehre hat versucht, diese Lücken zu schließen, indem entsprechende Kollisionsnormen erarbeitet und diskutiert werden, nach denen die verschiedenen betroffenen Parteiinteressen geschützt werden, indem sie auf ein Recht verweisen, das eine enge Verbindung mit dem Schuldverhältnis hat. In der Regel wird somit auf das Schuldstatut verwiesen oder aber auf ein Recht, das die Interessen von Dritten besonders zu schützen vermag.

Die Rechtsprechung folgt in weiten Teilen den Vorschlägen der Rechtslehre, wenn gesetzliche Kollisionsnormen nicht bestehen. Interessanterweise neigt

---

(Hrsg.), Hyakusen, 3. Aufl., S. 115.

die japanische Rechtsprechung jedoch durch Kombinierung verschiedener Anknüpfungspunkte oft dazu, auf japanisches Recht zu verweisen.

5. Sachenrecht

Nach der Darstellung der Anknüpfungsnormen in den Bereichen des Personenrechts, des Rechtsgeschäftes und des Schuldrechts folgt nun eine Diskussion der Kollisionsnormen im letzten wirtschaftlich relevanten Bereich, dem Sachenrecht (*bukken* 物権). Die Anknüpfung von Sachenrechten wird im Rahmen des RAG gesetzlich in Art. 10 RAG geregelt.

5.1. Grundsatz der *lex rei sitae*

5.1.1. Einzelheiten

Nach Art. 10 Abs. 1 RAG unterliegen dingliche Rechte, Immobilien oder Fahrnis, sowie andere eintragungspflichtige Rechte dem Ortsrecht der Belegenheit der Sache. Nach Art. 10 Abs. 2 RAG werden Erwerb oder Verlust der in Abs. 1 genannten Rechte nach dem Recht der Belegenheit zum Zeitpunkt der rechtsbegründenden Tatsache bestimmt. Im Wesentlichen unterliegen Sachen dem Ortsrecht der Belegenheit, Belegenheitsrecht, *lex rei sitae* (*mokuteki-butsu no shozaichihô* 目的物の所在地法).

Die Anknüpfung an den Ort der Belegenheit ist für die Mehrheit der japanischen Lehre angebracht, da sie den Schutz der öffentlichen Interessen für den ausschließlichen und absoluten Charakter dinglicher Rechte am ehesten gewährleistet[1].

Mit dieser Kollisionsnorm gilt im japanischen IPR eine einheitliche Anknüpfung für Immobilien und Fahrnis. Eine Anknüpfung nach anderen Kriterien bei Fahrnis, wie die Anknüpfung an das Heimatrecht oder Wohnortrecht, bzw. Wohnsitzrecht, des Eigentümers, oder des Besitzers wird im japanischen Schrifttum wohl vorgestellt, aber nicht befürwortet[2]. *Okamoto* vertritt eine Nebenmeinung, wonach Fahrnis aufgrund verschiedener Anknüpfungsmöglichkeiten je nach betroffenem Gut differenziert angeknüpft werden sollte[3].

Die Kollisionsnorm in Art. 10 RAG bezieht sich auf alle Immobilien und Fahrnis, sowie alle anderen eintragungspflichtigen Rechte. Im Falle von Immobilien und Fahrnis bezieht es sich auf alle exklusiven Rechte, die entweder die Benutzung einer Sache erlauben oder eine Verfügungsgewalt an der Sache einräumen.

---

1 *Egawa*, Zensho, S. 193; *Orimo*, Kakuron, S. 83; *Kubo*, Kôza II, S. 384; *Sakurada* in *Sawaki / Akiba* (Hrsg.), Sôten, S. 113.

2 *Takakuwa* in *Kidana / Matsuoka* (Hrsg.), Kihon kokusai shihô, S. 57; *Yamada*, Kokusai shihô, S. 264 ff; *Tameike*, Kôgi, S. 312; *Sakurada*, Kokusai shihô, S 186 ff.

3 *Okamoto*, Dôshisha Hôgaku, Bd. 40, Nr. 6, S. 741.

Unter den eintragungspflichtigen Rechten sind Rechte zu verstehen, die eine Benutzung oder Verfügungsgewalt an einer Sache durch eine Eintragung einschränken oder aufheben und in Folge davon ein dingliches Recht an der Sache begründen (z.B. Immobilienrückkaufsrecht (*fudôsan kaimodishi-ken* 不動産買戻権) nach Art. 581 ZG)[4]. Durch die Eintragung wird das Recht auf Einschränkung oder Aufhebung einer eventuellen Weiterveräußerung eingeräumt; die Wirkungen und die Entstehung des neuen Rechtes selbst aber werden an das Schuldstatut des zugrundeliegenden schuldrechtlichen Verhältnisses angeknüpft, da dieser dingliche Anspruch durch ein schuldrechtliches Verhältnis überhaupt erst begründet wird[5].

Unter dem Ort der Belegenheit ist der Ort zu verstehen, an dem die Sache tatsächlich liegt. Belegenheitsrecht ist daher das Recht, das an diesem Ort gilt[6].

Die Verweisung auf das Recht des Belegenheitsortes wird dann kritisiert, wenn eine Sache sich an einem Ort befindet, der nicht von dem Recht eines Staates erreicht werden kann, wie etwa die Antarktis, die hohe See, für z.B. Unterseekabel, oder der extra-atmosphärische Raum für Satelliten, oder wenn das Recht eines einzigen Staates nicht genau bestimmt werden kann, wie beispielsweise bei einem internationalen Tunnel zwischen zwei verschiedenen Staaten. Für diese Fälle werden zwar verschiedene Anknüpfungspunkte diskutiert, wie das Heimatrecht des Eigentümers oder des Besitzers, oder das Recht des nächstliegenden Staates. Bisher hat sich für diesen besonderen Fall jedoch keine eindeutige Anknüpfungsnorm in der Lehre durchsetzen können[7].

5.1.2. *Anwendungsbereich der* lex rei sitae

5.1.2.1. Qualifikation als Sache

Die *lex rei sitae* entscheidet über die Qualifikation einer Sache als Sache sowie deren Eigenschaft, das heißt, ob ein Objekt Sache im Sinne des Sachenrechtes ist, ob es Immobilie oder Fahrnis, ob es eigenständig oder Bestandteil einer anderen Sache ist. Dieses Recht befindet auch über die möglichen verschiedenen Gattungen von Sachen, deren Inhalt und deren Dauer[8]. Es entscheidet weiterhin über den Inhalt der Sache, die Wirkungen, Arten von Sachen und Beschränkungen an der Sache[9]. Dieses Recht entscheidet ebenso über den

---

4 *Takakuwa* in *Kidana / Matsuoka* (Hrsg.), Kihon kokusai shihô, S. 57; *Yamada*, Kokusai shihô, S. 269; *Tameike*, Kôgi, S. 322.

5 *Tameike*, Kôgi, S. 322.

6 *Takakuwa* in *Kidana / Matsuoka* (Hrsg.), Kihon kokusai shihô, S. 57.

7 *Takakuwa* in *Kidana / Matsuoka* (Hrsg.), Kihon kokusai shihô, S. 61.

8 *Yamada*, Kokusai shihô, S. 266.

9 *Kubo*, Kokusai shihô-ron, S. 536.

materiellen oder immateriellen Charakter einer Sache[10]. Ebenso befindet die *lex rei sitae* über die Fähigkeit, Berechtigter eines dinglichen Rechtes zu werden, da in Japan diese Fähigkeit ein Aspekt der besonderen Rechtsfähigkeit ist, der dem Recht am Ort der Belegenheit unterliegt[11].

5.1.2.2. Besitz oder Eigentum, Dienstbarkeiten

Nach dem Belegenheitsrecht wird entschieden, ob Besitz (*sen'yû* 占有) als besonderes Recht gegenüber dem Eigentum (*shoyû* 所有) besteht. Das Belegenheitsrecht entscheidet weiterhin über die verschiedenen Fragen, die den Besitz an einer Sache betreffen, wie beispielsweise die Wirkung und Voraussetzung des Besitzes, die Verfügungsgewalt an den Früchten der Sache, Besitzdienerschaft, Abtretung von Besitzrechten, gemeinschaftlicher Besitz, Fragen der Ersitzung und Rückgabepflichten des Besitzers[12].

Das Belegenheitsrecht entscheidet auch über das Bestehen und die Wirkungen von Dienstbarkeiten, die an einer Sache hängen[13].

5.1.2.3. Dingliche Ansprüche

Ansprüche, die sich aus den exklusiven an die Sache gebundenen Rechten ergeben, werden ebenso an den Ort der Belegenheit angeknüpft. Es handelt sich hierbei beispielsweise um den Schadensabwendungsanspruch, den Anspruch auf Rückgabe und den Anspruch auf Rückführung nach einem Schaden. In diesen Fällen entscheidet das Belegenheitsrecht über Fristen und die Bedingungen, den Anspruch geltend zu machen, sowie über die Wirkungen der Geltendmachung[14].

Die Anknüpfung eines Schadensersatzanspruches in Folge eines der oben genannten Rechtsansprüche ist in der Lehre strittig. Nach herrschender Meinung unterliegt der Schadensersatzanspruch der *lex rei sitae*. Nach Ansicht von *Egawa*, *Sanekata*, *Kubo* und *Orimo* handelt es sich hier jedoch um einen Schadensersatzanspruch aus unerlaubter Handlung, der nach Art. 11 RAG angeknüpft werden muss[15]. *Yamada*, *Takakuwa* und *Sawaki* dagegen vertreten die Ansicht, dass ein einheitliches Recht auf alle Schadensersatzansprüche gegenüber Sachenrechten nicht gefunden werden kann, sondern vielmehr

---

10 *Egawa*, Zensho, S. 157; *Orimo*, Kakuron, S. 117; *Kubo*, Kokusai shihô-ron, S. 537.

11 *Yamada*, Kokusai shihô, S. 266. Siehe auch Abschnitt 2.1.1.

12 *Tameike*, Kôgi, S. 319; *Yamada*, Kokusai shihô, S. 266.

13 *Tameike*, Kôgi, S. 319.

14 *Takakuwa* in *Kidana / Matsuoka* (Hrsg.), Kihon kokusai shihô, S. 61.

15 *Egawa*, Zensho, S. 190; *Sanekata*, Gairon, S. 186; *Kubo*, Kokusai shihô-ron, S. 532; *Orimo*, Kakuron, S. 100.

differenziert entsprechend der Charakteristika des betroffenen Anspruches angeknüpft werden muss[16].

Ein Urteil des DG Ôsaka aus dem Jahre 1960[17] folgt der Ansicht von *Kubo* und *Orimo* und qualifiziert einen Schadenseratzanspruch aus einem dinglichen Anspruch, hier Rückgabeanspruch an einem Diamanten, ebenso als eine besondere rechtliche Verpflichtung, die aber, da kein Vertrag zwischen den Parteien vorhanden, nur als gesetzliches Schuldverhältnis, unerlaubte Handlung, Geschäftsführung ohne Auftrag oder ungerechtfertigte Bereicherung, verstanden werden kann. Entsprechend knüpft es nach Art. 11 RAG an den die Tatsache begründenden Ort an.

5.1.2.4. Dingliche Sicherungsrechte

Die Anknüpfung dinglicher Sicherungsrechte (*tanpo bukken* 担保物権) wird unterschiedlich behandelt, je nachdem ob es sich um ein gesetzliches Sicherungsrecht handelt oder um ein vertraglich vereinbartes Sicherungsrecht. In allen Fällen ist das Bestehen einer Hauptschuld Voraussetzung zur Anerkennung eines dinglichen Sicherungsrechtes, d.h. das dingliche Sicherungsrecht kann nur bestehen, wenn die Hauptschuld gemäß dem auf sie anwendbaren Schuldstatut wirksam ist[18].

a) Vertragliche Sicherungsrechte

Unter den vertraglichen dinglichen Sicherungsrechten (*yakujô tanpo bukken* 約定担保物権) sind solche Sicherungsrechte zu verstehen, die durch eine Vereinbarung zwischen den Parteien zustande kommen, wie beispielsweise die Bestellung einer Hypothek (*teitô-ken* 抵当権) nach Art. 364 ff. ZG oder die Pfandbestellung (*shichiken* 質権) nach Art. 342 ff. ZG.

Nach herrschender Meinung unterliegt das vereinbarte Pfand oder die Hypothekenbestellung dem Belegenheitsrecht der betroffenen Sache. Dieses Recht befindet somit über die Bedin- gungen und die Wirkungen des Sicherungsrechtes. Die *lex rei sitae* entscheidet auch, ob die vereinbarten Sicherung der Hauptschuld möglich ist, und über die Arten von schuldrechtlichen Verpflichtungen, die dinglich gesichert werden können. Es entscheidet auch über die Rechte und Pflichten des Pfand- oder Hypothekengläubigers[19].

---

16 *Yamada*, Kokusai shihô, S. 269; *Takakuwa* in *Kidana / Matsuoka* (Hrsg.), Kihon kokusai shihô, S. 61; *Sawaki*, Nyûmon, S. 208 ff.

17 DG Ôsaka vom 12.4.1960, Kamin, Bd. 11, Nr. 4, S. 817.

18 *Kidana / Matsuoka / Watanabe*, S. 138.

19 *Orimo*, Kakuron, S. 108; *Sawaki*, Nyûmon, S. 209; *Yamada*, Kokusai shihô, S. 267; *Tameike* in *Ikehara / Hayata* (Hrsg.), Hyakusen, 3. Aufl., S. 62; *Takakuwa* in *Kidana /*

Nach einer Nebenmeinung von *Kawakami* wird zum Schutz von Schuldner, Gläubiger und Dritten eine kumulative Verweisung auf das Schuldstatut und das Belegenheitsrecht befürwortet[20]. Nach der herrschenden Meinung jedoch wird die Notwendigkeit dieser Anknüpfung nicht gesehen, da das Sicherungsrecht durch Parteivereinbarung begründet wird und somit die Parteiinteressen ausreichend geschützt sein sollten[21].

b) Gesetzliche Sicherungsrechte

Im Rahmen der gesetzlichen dinglichen Sicherungsrechte (*hôtei tanpo bukken* 法定担保物権) sollen die Kollisionsnormen beispielsweise bei Zurückbehaltungsrechten (*ryûchi-ken* 留置権), wie etwa nach Art. 295 ff. ZG und Vorzugsrechten (*sakidori tokken* 先取特権) nach Art. 303 ff. ZG erörtert werden.

Die Anknüpfung gesetzlicher Sicherungsrechte, die gesetzlich nicht gesondert geregelt ist, ist sowohl in der Lehre als auch in der Rechtsprechung strittig.

Nach herrschender Meinung muss das Bestehen eines gesetzlichen dinglichen Sicherungsrechtes sowohl nach dem Schuldstatut der zu sichernden Schuld als auch nach dem Belegenheitsrecht anerkannt werden, um seine Wirkung entfalten zu können[22]. Nach Ansicht von *Kidana*, *Matsuoka*, *Watanabe* und *Sakurada* begründet sich diese doppelte Anknüpfung dadurch, dass zwar das Belegenheitsrecht alleine befinden muss, ob ein gesetzliches dingliches Sicherungsgesetz besteht, dieses Sicherungsrecht jedoch nur im Rahmen des Schuldstatuts der zu sicherenden Schuld anerkannt werden kann, da durch das neue zusätzliche Recht zwischen den Parteien nicht mehr Rechte entstehen können, als durch das Schuldstatut möglich sind[23].

Nach einer Nebenmeinung unterliegt das gesetzliche Sicherungsrecht nur dem Schuldstatut der zu sichernden Schuld[24].

In einem Urteil aus dem Jahre 1936 entschied der RGH jedoch eine ausschließliche Anknüpfung an den Ort der Belegenheit[25].

Matsuoka (Hrsg.), Kihon kokusai shihô, S. 62.

20 *Kawakami*, Yôkô, S. 196 ff.

21 *Orimo*, Kakuron, S. 109; *Yamada*, Kokusai shihô, S. 267.

22 *Orimo*, Kakuron, S. 109; *Kawakami*, Yôkô, S. 196 ff; *Yamada*, Kokusai shihô, S. 267; *Sawaki*, Nyûmon, S. 109; *Tameike* in *Ikehara / Hayata* (Hrsg.), Hyakusen, 3. Aufl., S. 63.

23 *Kidana / Matsuoka / Watanabe*, S. 139; *Sakurada*, Kokusai shihô, S. 196.

24 *Hiratsuka*, Jurisuto Nenkan, 1970, S. 214.

25 RGH vom 15.9.1936, Shinbun, Nr. 4033, S. 16, ebenso DG Kôbe vom 2.9.1959, Kamin, Bd. 10, Nr. 9, S. 1849.

Neuere Urteile folgen dieser Rechtsprechung nicht, sondern bestimmen verschiedene andere Anknüpfungspunkte, die im Abschnitt über die gesetzlichen dinglichen Sicherungsrechte an Transportmitteln weiter unten in diesem Text genauer erläutert werden. Ebenso werden die verschiedenen Anknüpfungen bei Schiffen und Waren im internationalen Verkehr, bei denen sich die verschiedenen Anknüpfungsnormen besonders auswirken, in den Einzelbereichen des Sachenrechts weiter unten in diesem Kapitel erörtert.

5.1.3. Verhältnis zwischen Sachenstatut und Vertragsstatut

Dieser Abschnitt behandelt das Verhältnis zwischen dem Belegenheitsrecht und einem anderen anwendbaren Recht, das das Verhältnis zwischen mehreren Personen betreffen kann, wenn Fragen des Sachenrechtes in dieses andere Rechtsverhältnis hineinreichen. Dies betrifft vor allem das eheliche Güterrecht und das Erbrecht, die hier aber, da in der internationalen Wirtschaft von geringerer Relevanz, nicht erörtert werden. Diese Fragestellung besteht aber auch bei internationalen Verträgen, die Rechte an Sachen betreffen, so dass *lex rei sitae* und Vertragsstatut auf ein jeweils anderes Recht verweisen können.

Im Fall des internationalen Kaufs gilt nach allgemeiner Auffassung, dass nach den Bestimmungen des Belegenheitsrechts entschieden wird, ob das Eigentum an der Sache tatsächlich übergegangen ist. Das heißt, dass die Verpflichtung, das Eigentum zu übertragen, aus dem Vertragsstatut erwächst, das Eigentum jedoch nur dann wirksam übergangen ist, wenn die entsprechenden Voraussetzungen nach dem Belegenheitsrecht erfüllt sind[26]. Die Frage kann im Rechtsverkehr beispielsweise zwischen Japan und Deutschland von großer Bedeutung sein, da in Japan entsprechend dem französischen Code Civil der Kaufvertrag theoretisch ein Konsensualvertrag ist, so dass durch die bloße Vereinbarung über die Sache und den Preis das Eigentum übergeht. Ein Kaufvertrag über eine in Deutschland belegene Sache, der japanischem Recht unterstellt ist, bedingt somit nicht den Eigentumsübergang direkt bei Einigung, wie es in Japan geschähe, sondern erst bei der tatsächlichen Übergabe der Sache wie nach deutschem Recht. Diese Frage wird in dem Abschnitt 5.2.1.1. „rechtsgeschäftliche Verfügungen" über eine Sache detailliert erörtert.

Auch im Fall des Lizenzvertrags an einem Rechtsgut des geistigen Eigentums kann es notwendig sein, das Verhältnis zwischen Sachenstatut und Vertragsstatut zu untersuchen. Die Geschäftsfähigkeit der Parteien wird hier nach Art. 3 RAG (Heimatrecht) angeknüpft. Die Formerfordernisse des Vertrages werden nach Art. 8 RAG (Vertragstatut, Recht am Ort des

---

26 *Tameike*, Kôgi, S. 316.

Abschlusses) bestimmt. Die Abgrenzung zwischen Vertragsstatut und Sachenstatut ist nach *Kidana* von dem Bestehen von Rechten gegenüber Dritten abhängig. So denkt er, dass etwa im Fall einer Exklusivlizenz[27] das Schutzortsrecht anwendbar sein sollte, um die Rechte des Lizenznehmers gegenüber Dritten zu bestimmen. Die gegenseitige Pflicht der Parteien untereinander ergeben sich jedoch aus dem Vertragsstatut, es sei denn zwingende Rechtsnormen oder *ordre public* würde dessen Anwendung einschränken oder aufheben[28].

5.2. Veränderungen an der Sache

In diesem Abschnitt werden die kollisionsrechtlichen Bestimmungen bei Veränderung der Eigentumsverhältnisse einer Sache in Folge einer rechtsgeschäftlichen Verfügung, aber auch bei der einfachen Veränderung der geographischen Lage der Sache diskutiert.

Die oben beschriebenen Veränderungen werden in Japan als sachenrechtliche Veränderung (*bukken no hendô* 物権の変動) bezeichnet. Diese Einteilung in der japanischen Rechtsdogmatik erklärt sich durch den Text des Art. 10 Abs. 2 RAG, wonach Verlust und Erwerb eines Rechts an einer Sache an das Recht der Belegenheit zum Zeitpunkt der begründenden Tatsache angeknüpft werden. Somit bestimmt Art. 10 Abs. 2 RAG zwei kollisionsrechtliche Gesichtspunkte, die in diesem Abschnitt zusammengefasst werden, einmal den Erwerb oder Verlust des Rechts an der Sache, d.h. etwa eine Veränderung der Eigentumsverhältnisse aufgrund einer rechtsgeschäftlichen Verfügung oder die Inbesitznahme aufgrund eines Mietvertrags, und zum anderen die Veränderung des Belegenheitsortes, soweit möglich[29]. Daher verbindet die japanischen IPR-Rechtsdogmatik diese beiden Gesichtspunkte.

Die hier behandelten Aspekte sind dann kollisionsrechtlich von Belang, wenn eine sachenrechtliche Veränderung in einem Land eintritt oder an einen Staat angeknüpft wird, die Sache aber nicht zwingendermaßen in demselben Staat belegen ist.

Die zweite oben genannte Fragestellung betrifft den Statutenwechsel (*junkyohô no henkô* 準拠法の変更), bei dem der Belegenheitsort einer Sache

---

27 Nach Art. 99 Abs. 1 und 5 PatentG, Art. 19 Abs. 3 GbMG und Art. 31 Abs. 3 WZG besteht die Möglichkeit eine Exklusivlizenz (*sen'yô jisshi-ken* 専用実施権) abzuschließen, die dem Lizenznehmer das Recht einräumt, gegen Dritte, die seine Rechte verletzen, vorzugehen. Dies ist bei einer gewöhnlichen Lizenz (*tsûjô jisshi-ken* 通常実施権) nicht möglich. Allerdings kann auch bei einer gewöhnlichen Lizenz ein solches Recht gegenüber Dritten eingeräumt werden.

28 *Kidana*, Kokusai kôgyô shoyû-ken-hô no kenkyû, S. 285.

29 *Sakurada* in *Sawaki* / *Akiba* (Hrsg.), Sôten, S. 113.

verändert wird, so dass im Anschluss das Sachenstatut ein anderes wird. Hierbei ist wichtig zu prüfen, in welcher Weise bereits bestehende Rechte weiterhin ihre Wirkungen entfalten können, und welchen Einfluss der Statutenwechsel auf solche Ansprüche hat, die zwar nach dem alten Recht bestehen, aber ihre Wirkung noch nicht entfaltet haben.

Die dritte in diesem Zusammenhang zu erörternde Fragestellung betrifft die *res in transitu*, die aber nur im Rahmen des Abschnittes über Schiffe und andere Transportmittel sowie Waren im internationalen Verkehr erläutert werden soll.

5.2.1. Sachenrechtliche Veränderung

Wie beschrieben werden sachenrechtliche Fragen nach Art. 10 RAG an den Belegenheitsort angeknüpft. Die Anknüpfung einer Veränderung der Eigentums- oder Besitzverhältnisse wird nach Art. 10 Abs. 2 RAG gelöst. Dieser Artikel bestimmt, dass der Erwerb oder Verlust des Rechts an einer Sache dem Recht des Belegenheitsorts untersteht, an dem die Sache zu dem Zeitpunkt der Erwerbs oder des Verlusts belegen ist. Jedoch bezieht sich die eigentumsrechtliche Veränderung auch auf Sachverhalte, die in Art. 10 Abs. 1 RAG geregelt werden, und nicht von Abs. 2 betroffen sind, da diese Kollisionsnorm nach *Yamada* von allgemeiner Natur das Sachenrecht betrifft[30]. Die Anknüpfung muss differenziert betrachtet werden, je nachdem ob es sich um eine Veränderung durch Rechtsgeschäft oder ohne Rechtsgeschäft handelt.

5.2.1.1. Rechtsgeschäftliche Verfügungen über eine Sache

Im Falle des dinglichen Rechtsgeschäfts unterliegen Entstehung und Wirkungen der *lex rei sitae*. Die Formbedingungen des Rechtsgeschäftes werden nach Art. 8 Abs. 2 RAG nach der *lex rei sitae* beurteilt. Der Grundsatz *locus regit actum* gilt hier nicht. Die Geschäftsfähigkeit jedoch unterliegt auch bei einem dinglichen Rechtsgeschäft nach Art. 3 RAG bei natürlichen Personen dem Heimatrecht[31], oder dem Gründungsrecht bzw. Sitzrecht bei juristischen Personen. Ebenso gelten die Bestimmungen des Verkehrsschutzes nach Art. 3 Abs. 2 RAG und die Einschränkungen nach Abs. 3 bei im Ausland belegenen Liegenschaften[32].

---

30 *Yamada*, Kokusai shihô, S. 270.

31 Allerdings muss, wie oben in Abschnitt 2.1.1 beschrieben, in Japan gegebenenfalls im Rahmen der besonderen Rechtsfähigkeit geprüft werden, inwiefern Rechte für einen Ausländer in Japan bestehen.

32 *Tameike*, Kôgi, S. 323: *Orimo*, Kakuron, S. 101.

Die Verweisung eines dinglichen Rechtsgeschäftes auf die *lex rei sitae* gilt nur für die sachenrechtlichen Aspekte des Geschäfts. Das Schuldverhältnis an sich wird eigenständig angeknüpft. Im Fall des Rechtsverkehrs zwischen Rechtssystemen, wie dem deutschen, die eine Trennung des schuldrechtlichen und des sachenrechtlichen Rechtsgeschäftes vornehmen und solchen, die diese Trennung nicht kennen, wie Frankreich oder Japan, kann diese Anknüpfung daher Fragen aufwerfen, wie etwa die Wirksamkeit des Eigentumsübergangs an der Sache, Nichtigkeit des zugrundeliegenden schuldrechtlichen Rechtsgeschäftes oder Einfluss von Willensmängeln des schuldrechtlichen Verhältnisses auf das dinglichen Rechtsverhältnis.

Nach der herrschenden Meinung werden die genannten Fragestellungen nach dem Belegenheitsrecht beurteilt. Das heißt, die Wirkung der Nichtigkeit des Rechtsgeschäfts aufgrund des Schuldstatutes oder die Wirkung von Willensmängeln nach dem Schuldstatut und einer dadurch bedingten Nichtigkeit des schuldrechtlichen Rechtsverhältnisses auf das dingliche Rechtsverhältnis wird nach dem Belegenheitsrecht entschieden. Hierbei gilt auch, dass ein durch das Schuldstatut erwirktes dingliches Recht nur dann seine Wirkung gegenüber der Sache entfalten kann, wenn dieses dingliche Recht nach dem Recht des Belegenheitsortes anerkannt wird. Wird es nicht anerkannt, gilt es nicht[33].

Ein interessanter Fall wurde in diesem Zusammenhang 2000 vor dem OG Tokyo entschieden[34]. Ein Fahrzeug, Sportwagen, das in Deutschland registriert war, wurde in Italien gestohlen und gelangte über die Vereinigten Arabischen Emirate nach Japan und wurde dort verkauft. Die subrogierte Versicherung forderte die Herausgabe des Fahrzeugs in Japan und dessen Rückführung nach Deutschland. Die Versicherung begründete ihren Anspruch nach Art. 10 RAG, nach dem das auf Fahrzeuge anwendbare Recht das Recht der Registrierung war, und dieses Recht über den Erwerb und Verlust entschied, hier deutsches Recht. Nach deutschem Recht, so behauptete die Versicherung, hätte der Käufer sich über die vorherigen Besitzverhältnisse erkundigen müssen, um rechtmäßiger Eigentümer an der Sache werden zu können, was er aber nicht tat. Der gutgläubige Erwerb an der Sache sei somit nach deutschem Recht nicht möglich. Der japanische Käufer berief sich auf das Prinzip des gutgläubigen Erwerbs von Dritten nach japanischem Recht als dem Ortsrecht des Kaufs. Das Gericht anerkannte in erster Instanz den gutgläubigen Erwerb nach japanischem Recht und wies die Klage zurück[35]. Das OG Tokyo jedoch gab der Klägerin Recht und unterstellte den Erwerb deutschem Recht mit dem zusätzlichen Hinweis auf die gängige Praxis des Parallelimports von gestoh-

33 *Yamada*, Kokusai shihô, S. 271; *Tameike*, Kôgi, S. 316; *Orimo*, Kakuron, S. 99.
34 OG Tokyo vom 3. Februar 2000, Hanrei Jihô, Nr. 1709, S. 43.
35 DG Urawa vom 22. Februar 1999, Hanrei Jihô, Nr. 1709, S. 43.

lenen Sportwagen und der damit einhergehenden notwendigen Sorgfaltspflicht.

Beim Gefahrübergang ist zu prüfen, ob dieser ein Bestandteil des Schuldverhältnisses ist oder als Bestandteil des dinglichen Rechtsverhältnisses zu qualifizieren ist, und dann dem jeweiligen Statut unterstellt werden muss. Nach der in Japan herrschenden Meinung ist im Fall des Kaufvertrages der Gefahrübergang nicht eine Frage des Eigentums, die dann an den Belegenheitsort angeknüpft werden müsste, sondern ein Aspekt des Kaufes, so dass das auf den Kaufvertrag anwendbare Recht über diesen entscheidet[36].

Die Anknüpfung von Rechten Dritter bei einem Fahrniskauf ist in der Rechtslehre strittig. *Yamada* ist der Ansicht, dass eine unterschiedliche Anknüpfung des Verhältnisses zwischen Dritten und Vertragsparteien und des Rechtsverhältnisses zwischen den Parteien nicht nötig ist. Der Eigentumsübergang, und somit das Rechtsverhältnis zwischen den Vertragsparteien, unterliegt ebenso wie die Rechte Dritter dem Belegenheitsrecht[37]. *Egawa* und *Wagatsuma* dagegen sind der Ansicht, dass das Verhältnis zwischen Dritten und Vertragsparteien der *lex rei sitae* unterliegt, das Verhältnis der Vertragsparteien jedoch nur dem Vertragsstatut[38].

Nach *Okamoto* sollte auch in diesem Fall den Parteien die Möglichkeit eingeräumt werden, das Recht zu wählen, das neben den schuldrechtlichen auch die sachenrechtlichen Aspekte ihres Geschäftes regelt. Allerdings sollten die wählbaren Rechtsordnungen auf das Vertragsstatut, das Recht des Bestimmungsortes und das Recht des Absendeortes beschränkt sein. Außerdem sollte das Recht des Belegenheitsortes zum Schutz Dritter besonders berücksichtigt werden, um den Zugriff auf die Sache zu sichern. Treffen die Parteien keine Rechtswahl, soll bis zur Ankunft am Bestimmungsort das Recht des Absendeortes Anwendung finden, nach der Ankunft das Recht des Bestimmungsortes[39].

5.2.1.2. Veränderung an einer Sache ohne Rechtsgeschäft

Alle sachenrechtlichen Veränderungen, die nicht durch ein Rechtsgeschäft oder andere Willenserklärungen bedingt sind, sondern natürlich oder durch andere von Willenserklärungen unabhängige Tatsachen entstehen, unterliegen nach Art. 10 Abs. 2 RAG dem Belegenheitsrecht[40].

---

36 *Orimo*, Kakuron, S. 101; *Sakurada* in *Sawaki / Akiba* (Hrsg.), Sôten, S. 115; *Yamada*, Kokusai shihô, S. 273.

37 *Yamada*, Kokusai shihô, S. 273.

38 *Wagatsuma / Egawa*, Shihô, Nr. 14, S. 53 ff.

39 *Okamoto*, Dôshisha Hôgaku, Bd. 40, Nr. 6, S. 743.

40 *Yamada*, Kokusai shihô, S. 273; *Tameike*, Kakuron, S. 325.

5.2.1.3. Staatliche Einwirkungen auf Sachen

Sachenrechtliche Veränderungen durch staatliches Eingreifen betreffen beispielsweise die Enteignung (*shûyô* 収用), Verstaatlichung (*kokuyû-ka* 国有化) oder die Beschlagnahmung (*bosshû* 没収).

Ein Urteil des OG Tokyo aus dem Jahre 1953 entschied in der Frage der Auswirkungen einer staatlichen Maßnahme, an das Recht der Belegenheit anzuknüpfen[41]. Es handelte sich in diesem Fall um im Iran liegendes Öl, das ein japanisches Unternehmen von einem iranischen Unternehmen kaufte, das nach dem Verstaatlichungsgesetz 1953 die Ölförderungs- und Ölvertriebsrechte eines angloiranischen Unternehmens weiterführte. Das angloiranische Unternehmen war zuvor durch das Verstaatlichungsgesetz enteignet worden. Das angloiranische Unternehmen focht die Enteignung als Verletzung des *ordre public* an, behauptete der rechtmäßige Eigentümer des Öls zu sein und forderte die Zahlung des Kaufpreises von dem japanischen Unternehmen. Das japanische Gericht entschied, dass nach Art. 10 RAG das Belegenheitsrecht über den Erwerb oder Verlust eines Sachenrechts befindet, hier iranisches Recht, das das angloiranische Unternehmen per Gesetz und mit Entschädigung enteignet hatte. Nach iranischem Recht war das angloiranische Unternehmen jedoch nicht mehr rechtmäßiger Eigentümer und konnte somit keine Forderungen an der Sache stellen. Eine Berufung auf Art. 33 RAG *ordre public*, um die Unwirksamkeit der Enteignung festzustellen, lehnte das Gericht ab, da die Enteignung entschädigt wurde.

Die Verweisung auf das Belegenheitsrecht wird in der Lehre kritisiert, da der Staat der Belegenheit nicht zwingenderweise derselbe Staat ist, der die Eigentumsrechte einschränkt oder aufhebt[42]. Daher gilt nach herrschender Meinung in Japan, dass nach dem Territorialitätsprinzip angeknüpft und die Einschränkung oder Aufhebung eines Eigentumsrechts nach dem Recht des Staates beurteilt werden muss, der die einschränkende Maßnahme vornimmt. Hierbei ist *Orimo* der Meinung, dass eine Enteignung als staatliche Maßnahme dem Bereich des öffentlichen Rechts und nicht dem Bereich des IPR angehört, so dass eine Nichtanerkennung der ausländischen Maßnahme durch den *ordre public* im Inland nicht möglich ist[43]. *Yamada* und *Yokoyama* hingegen sehen auch die staatliche Enteignung als einen Bereich, der von den Regeln des IPR betroffen ist. Daher können die Wirkungen einer Enteignung im Rahmen des IPR beschränkt werden. So befürworten sie die Nichtanerkennung einer ausländischen Enteignung im Inland, wenn das Enteignungsgesetz keine ange-

41 OG Tokyo vom 11.9.1953, Kômin, Bd. 6, Nr. 11, S. 702.

42 *Yokoyama* in *Ikehara / Hayata* (Hrsg.), Hyakusen, 3. Aufl., S. 70 ff.

43 *Orimo*, Gaikoku kokuyû-ka-hô to kôjo [ausländisches Enteignungsgesetz und *ordre public*], Kokusai-hô Gaikô Zasshi, Bd. 61, Nr. 5, S. 59.

messene Entschädigung vorsieht[44]. Diese Lösung folgt der oben genannten Rechtsprechung, wodurch die Enteignung nach den Regeln des enteignenden Staates beurteilt wird, in Japan aber nur dann Wirkungen entfalten kann, wenn sie aufgrund angemessener Entschädigung nicht den *ordre public* verletzt.

5.2.2. Statutenwechsel

Im Rahmen des Statutenwechsels, der eine geographische Verlegung der Sache erfordert, wird in Japan erörtert, ob Rechte an der Sache nach einer Verlegung der Sache weiterhin ihre Wirkungen entfalten können. Dabei werden zwei Situationen unterschieden, zum einen die Wirkungen von Rechten, die nach den Bedingungen der *lex rei sitae* bereits vor der Belegenheitsveränderung vollständig erworben waren, und zum anderen solche Rechte, die noch nicht vollständig erworben waren.

5.2.2.1. Vor Ortsänderung abgeschlossener Erwerb von Rechten

Nach allgemeiner Ansicht gilt in Japan, dass unter dem vorherigen Ortsrecht erlangte Rechte durch das neue Ortsrecht ebenso anerkannt werden müssen. Allerdings können durch die Ortsänderung nicht mehr Rechte geschaffen werden als vorher bestanden. Z.B. bei einem Kauf einer in England belegenen Sache, der dem englischen Recht unterstellt ist: Nach englischem Recht geht das Eigentum mit dem Abschluss des Kaufvertrags über; der Wechsel der verkauften Sache nach beispielsweise Deutschland, wo die tatsächliche Übergabe Bedingung für den Eigentumsübergang wäre, ändert daran nichts. Im umgekehrten Falle jedoch, wenn bei derselben Rechtslage die Sache in Deutschland liegt, geht das Eigentum erst durch die reale Übergabe über, der Wechsel nach Frankreich oder England würde dies nicht verändern, und auch hier müsste erst eine Übergabe stattfinden[45].

Akiba ist jedoch der Ansicht, dass das neue Ortsrecht zwar den vorher bestehenden Anspruch anerkennen muss, um dessen Kontinuität zu ermöglichen, aber dass der Inhalt des vorher erworbenen Rechts, sowie dessen Wirkungen und Geltendmachung durch den Statutenwechsel an diesem neuen Recht orientiert werden müssen[46]. *Tameike* ist der Ansicht, dass ein durch das vorherige Ortsrecht begründetes dingliches Recht auch dann nach dem neuen Recht anerkannt werden sollte, wenn in den beiden betroffenen Rechtssystemen zwar nicht genau dieselben Rechtsinstitute existieren, diese aber dem

---

44 *Yamada*, Kokusai shihô, S. 275; *Yokoyama* in *Ikehara / Hayata* (Hrsg.), Hyakusen, 3. Aufl., S. 71.

45 *Yamada*, Kokusai shihô, S. 277; *Tameike*, Kôgi, S. 328.

46 *Akiba* in *Ikehara / Hayata* (Hrsg.), Hyakusen, 3. Aufl., S. 65.

Inhalt nach sehr ähnlich zu bewerten sind[47]. *Okamoto* spricht sich für die Anerkennung von im Ausland vollständig erworbenen Rechten in Japan aus, solange diese Rechte nicht dem japanischen *ordre public* widersprechen[48].

Ein Urteil des DG Akita aus dem Jahre 1971[49] verwies auf das Ortsrecht vor und auf das Ortsrecht nach dem Statutenwechsel, um die Wirkung eines dinglichen Sicherungsrechts an einem Schiff anzuerkennen. Der Belegenheitsort wurde in diesem Fall nach der Flagge des Schiffs bestimmt, die zwischen dem Zeitpunkt der Bestellung des Sicherungsrechtes und der Inanspruchnahme geändert wurde. Die Bestellung des dinglichen Sicherungsrechtes wurde nach dem alten Flaggenrecht, koreanisches Recht, und dem neuen, panamesisches Recht, beurteilt. Die Wirkungen des Sicherungsrechtes wurden nach dem neuen Flaggenrecht beurteilt.

5.2.2.2. Vor Ortsänderung nicht abgeschlossener Erwerb von Rechten

Die Frage der Wirkungen eines nicht abgeschlossenen Erwerbs von Rechten stellt sich insbesondere bei der Ersitzung von Fahrnis und betrifft hier die Berechnung der Ersitzungsfrist. Wechselt die Sache während der Ersitzungsfrist in einen anderen Staat, ist die Ersitzung nach dem ersten Recht nicht vollständig erlangt und kann somit ihre Wirkung nicht voll entfalten. Die Anknüpfung der Wirkung nicht vollständig erworbener Rechte bei einem Statutenwechsel kann entweder an den ersten Belegenheitsort, an den neuen Belegenheitsort oder an beide angeknüpft werden. Nach herrschender Meinung unterliegt die Wirkung aber dem Recht des Ortes, an dem sich die Wirkung eines Rechtes voll entfalten soll, sprich eine Anknüpfung an den neuen Belegenheitsort[50].

Detaillierte Einzelfragen werden im folgenden Abschnitt erörtert.

5.3. Einzelne Sachen

In diesem Abschnitt werden die Kollisionsnormen in einzelnen Bereichen des Sachenrechtes erörtert. Die behandelten Bereiche sind Transportmittel, Waren im internationalen Transport und das intellektuelle Eigentum.

---

47 *Tameike*, Kôgi, S. 328.

48 *Okamoto*, Dôshisha Hôgaku, Bd. 40, Nr. 6, S. 741.

49 DG Akita vom 23.1.1971, Kamin, Bd. 22, Nr. 1/2, S. 52.

50 *Yamada*, Kokusai shihô, S. 278, *Okamoto*, Dôshisha Hôgaku, Bd. 40, Nr. 6, S. 741.

5.3.1. Schiffe und andere Transportmittel

5.3.1.1. Allgemeine Anknüpfung

Nach Art. 10 RAG unterliegen die Wirkungen und Vorraussetzungen von dinglichen Rechten an Schiffen oder anderen Transportmitteln dem Ortsrecht der Eintragung, bei Schiffen somit dem Flaggenrecht. Sind aber bei Schiffen das Ortsrecht der Eintragung und das Flaggenrecht nicht dasselbe, dann soll auf das Ortsrecht der Eintragung verwiesen werden[51].

Bei Schiffen oder anderen Transportmitteln auf der Reise gilt nach herrschender Meinung ebenso eine Verweisung auf das Flaggenrecht des Schiffes oder an das Ortsrecht der Registrierung des Transportmittels und nicht auf das Belegenheitsrecht[52]. *Orimo* vertritt eine Nebenmeinung, wonach Schiffe und andere Transportmittel nicht dem Flaggenrecht unterliegen sollen, sondern dem Ortsrecht der Belegenheit nach Art. 10 RAG[53].

Das Schiffsstatut entscheidet über Erwerb, Verlust und Wirkung des Eigentums an einem Schiff. Bei anderen Transportmitteln entscheidet das entsprechend anwendbare Recht über die beschriebenen Bereiche[54].

5.3.1.2. Vertragliche Sicherungsrechte

Die Bestellung einer Schiffshypothek unterliegt der *lex rei sitae* eines Schiffes. Nach herrschender Meinung ist das bei Schiffen das Flaggenrecht[55]. Diese Kollisionsnorm wird in ständiger Rechtsprechung anerkannt[56]. Aufgrund von Erwägungen des *ordre public* ist es jedoch möglich, das Flaggenrecht nicht anzuwenden, sondern japanisches Recht als *lex fori*. In einem Urteil des OG Nagasaki aus dem Jahre 1908 wurde eine Bestimmung des russischen Rechtes, die die Wirkung einer Schiffshypothek gegenüber Dritten einschränkte, wenn diese nicht veröffentlicht wurde, als Verstoß gegen den *ordre public* nach Art. 33 (damals Art. 30) RAG nicht angewendet[57].

---

51 *Yamada*, Kokusai shihô, S. 279; *Orimo*, Kakuron, S. 92.

52 *Tameike*, Kôgi, S. 325; *Yamada*, Kokusai shihô, S. 279. Das gilt auch bei Veränderung des Ortes durch Diebstahl, wie in dem oben beschriebenen Urteil des OG Tokyo vom 3. Februar 2000, Hanrei Jihô, Nr. 1709, S. 43.

53 *Orimo*, Kakuron, S. 92 und S. 96.

54 *Yamato*, Kaishô, S. 744.

55 *Takakuwa* in *Kidana / Matsuoka* (Hrsg.), Kihon kokusai shihô, S. 62.

56 OG Hiroshima vom 9.3.1988, Hanrei Jihô, Nr. 1233, S. 83; Hanrei Times, Nr. 633, S. 219; DG Yamaguchi, Geschäftsstelle Yanagii vom 26.6.1967, Kamin, Bd. 18, Nr. 5/6, S. 711.

57 OG Nagasaki vom 28.12.1908, Shinbun, Nr. 550, S. 12.

Diese Anknüpfungsnorm wird von *Yamato* kritisiert. Er ist der Ansicht, dass bei der Bestellung einer Schiffshypothek das Recht der gesicherten Schuld ebenso wie das Flaggenrecht Anwendung finden sollte. Für die Wirkungen der Hypothek sollte jedoch nur das Flaggenrecht Anwendung finden[58].

Für *Ishiguro* ist die Notwendigkeit einer Anknüpfung an das gesicherte Schuldverhältnis nicht ersichtlich. Er schlägt stattdessen vor, die Bestellung einer Schiffshypothek dem Flaggenrecht zu unterstellen, die Wirkungen jedoch dem Recht der tatsächlichen Belegenheit des Schiffes. Die Notwendigkeit der Anknüpfung an den tatsächlichen Belegenheitsort begründet er mit der praktischen Vereinfachung, bei Zahlungsschwierigkeiten des Schuldners eine ausländische Schiffshypothek bei einer Pfändung oder einer Zwangsversteigerung vor Ort geltend machen zu können. Es ist in diesem Fall seiner Meinung nach nicht angebracht, das Flaggenrecht entscheiden zu lassen. Wie im Fall der *res in transitu* ist es für die Praxis und eine schnelle Vollstreckbarkeit vorteilhaft, entsprechend dem neuen Belegenheitsort vollstrecken zu können[59]. Für *Takakuwa* ist jedoch diese Anknüpfungsnorm nicht angebracht, da der Inhalt einer Schiffshypothek bis zu einer Zwangsvollstreckung aufgrund der ungewissen Belegenheit nicht eindeutig wäre, was sich für die finanziellen Interessen schädigend auswirken könnte. Daher ist eine Anknüpfung an das Flaggenrecht seiner Meinung nach die beste Lösung[60].

Nach *Yamato* soll das anwendbare Recht, seiner Meinung nach Flaggenrecht und Schuldstatut, über Entstehung, Wirkung und Erlöschung der Schiffshypothek entscheiden. Zusätzlich soll es auch über die Inanspruchnahme der Hypothek, d.h. die Befriedigung der Gläubiger, entscheiden, da andere Anknüpfungspunkte die Interessen der Gläubiger, etwa Veröffentlichungsvorschriften, nicht ausreichend schützen[61]. Diese Lösung scheint angebracht, da die Schiffshypothek durch eine vertragliche Vereinbarung entsteht und eine Anknüpfung an den Belegenheitsort des Schiffes nicht notwendig macht, und sogar das Privileg der Schiffshypothek eventuell gefährden könnte.

5.3.1.3. Gesetzliche Sicherungsrechte

Die Anknüpfung gesetzlicher Sicherungsrechte an Schiffen ist in Japan bis heute strittig. Verschiedene Kollisionsnormen werden nebeneinander in der Rechtsprechung verwendet und in der Lehre diskutiert.

---

58 *Yamato*, Kaishô, S. 751.
59 *Ishiguro*, Kokusai shihô, S. 184.
60 *Takakuwa* in *Kidana / Matsuoka* (Hrsg.), Kihon kokusai shihô, S. 62.
61 *Yamato*, Kaishô, S. 753.

Nach herrschender Meinung werden gesetzliche Sicherungsrechte, wie Zurückbehaltungsrechte und Vorzugsrechte, sowohl durch das Forderungsstatut der zu sichernden Verpflichtung als auch durch das Flaggenrecht ermöglicht. Um das Sicherungsrecht geltend zu machen, muss die Möglichkeit dieses Sicherungsrechts sowohl nach dem Forderungsstatut als auch nach dem Flaggenrecht bestehen. Die Wirkungen dieses Rechtes begründen sich jedoch nur durch das Flaggenrecht[62].

Nach einer Nebenmeinung von *Yamato* soll ausschließlich das Flaggenrecht sowohl über das Bestehen und Zustandekommen als auch über die Wirkungen des Sicherungsrechtes entscheiden[63].

Nach Ansicht von *Yamato* entscheidet das Flaggenrecht darüber, welche Sache gesichert wird, den Rang der Sicherung, die Wirkungen und das Erlöschen der Sicherung. Ob jedoch die Leistung aus dem Sicherungsgut als Bezahlung angesehen werden kann, entscheidet seiner Meinung nach die *lex fori*[64].

Daneben gibt es noch zahlreiche andere Mindermeinungen, die sich bisher jedoch nicht in der Rechtsprechung niedergeschlagen haben. Nach diesen Mindermeinungen soll beispielsweise das Forderungsstatut der zu sichernden Forderung über Bestehen und Wirkung des Sicherungsrechtes entscheiden; nach einer anderen Meinung bestimmen das Schuldstatut und das Ortsrecht am tatsächlichen Belegenheitsort gemeinsam über Bestehen des Sicherungsrechtes und nur das Recht am Belegenheitsort entscheidet über die Wirkungen[65].

Im Fall eines Schiffschartervertrages, der englischem Recht unterstellt war, verwies der RGH in einem Urteil von 1936 sowohl auf das Schuldstatut der zu sichernden Schuld, englisches Recht, als auch auf das Ortsrecht der Belegenheit, hier Japan, um ein ¨Zurückbehaltungsrecht an der Ladung eines Schiffes anzuerkennen[66]. Auch andere Gerichte haben ein Vorzugsrecht an einem Schiff durch Verweisung auf das Schuldstatut der zu sichernden Schuld und auf das Flaggenrecht anerkannt[67].

---

62 *Orimo*, Kakuron, S. 109; *Sawaki*, Nyûmon, S. 209; *Yamada*, Kokusai shihô, S. 267.

63 *Yamato*, Kaishô, S. 745.

64 *Yamato*, Kaishô, S. 750.

65 *Takakuwa* in *Kidana / Matsuoka* (Hrsg.), Kihon kokusai shihô, S. 62 ff.

66 RGH vom 15.9.1936, Shinbun, Nr. 4033, S. 16. Die Formulierung des RGH in der Frage der Anknüpfung eines Zurückbehalterechtes als dingliches Sicherungsrecht ist allgemeiner Natur und bezieht sich nicht nur auf Schiffsladungen.

67 OG Takamatsu vom 30.4.1985, Hanrei Times, Nr. 561, S. 150; OG Hiroshima vom 9.3.1988, Hanrei Jihô, Nr. 1233, S. 83; Hanrei Times, Nr. 633, S. 219; DG Akita vom 23.1.1971, Kamin, Bd. 22, Nr. 1/2, S. 52. Im Fall der Entscheidung des DG Akitas änderte sich das Flaggenrecht zwischen dem Abschluss des Hauptschuldverhältnisses und der umstrit- tenen Zwangsversteigerung. In diesem Fall wurden die Wirkungen des Vorzugsrechts nach dem neuen Flaggenrecht beurteilt.

Andere Gerichte haben Sicherungsrechte nur durch eine Verweisung auf das Flaggenrecht anerkannt[68]. Ein Urteil des DG Tokyo von 1991 hat durch eine Verweisung auf die *lex fori* das Bestehen eines Sicherungsrechtes anerkannt. Zur Begründung dieser Kollisionsnorm gab das Gericht an, dass eine einheitliche Kollisionsnorm in Japan nicht bestehe[69].

5.3.2. Waren im internationalen Verkehr

Eine Verweisung auf die *lex rei sitae* bei Waren im internationalen Handelsverkehr gestaltet sich schwierig, da ein einheitlicher Belegenheitsort nicht ausgemacht werden kann. In der Lehre werden daher verschiedene Ansätze diskutiert. Die verschiedenen Ansätze werden in dem Abschnitt über *res in transitu* eingehend erläutert.

5.3.2.1. Sicherungsrechte an Waren

Die Frage der Pfandbestellung oder Bestellung eines dinglichen Sicherungsrechts an Waren unterliegt der *lex rei sitae* der Waren. Für Waren während des Transports ist Belegenheitsrecht das Ortsrecht des Bestimmungsorts. In diesem Fall gilt weiter, dass die Pfandbestellung nach Art. 7 RAG angeknüpft wird, allerdings unterliegt die Bestellung des dinglichen Sicherungsrechtes der *lex rei sitae*[70].

Die Entstehung von Sicherungsrechten kraft Gesetzes wird, wie oben für Schiffe erläutert, angeknüpft. Eine gesonderte Kollisionsnorm für Waren im internationalen Verkehr besteht nicht.

5.3.2.2. Sicherstellung der Ware

Die Anknüpfung der Sicherstellung oder der Rücknahme durch den Verkäufer an der Ware für den Fall, dass der Käufer nicht zahlen oder insolvent sein sollte, wird in der Lehre kontrovers diskutiert. Bei den hier diskutierten Maßnahmen handelt es sich um das Sicherstellungsrecht (*sashitome-ken* 差止権) und das Rücknahmerecht (*torimodoshi-ken* 取戻権). Diese Maßnahmen erlauben dem Verkäufer, Waren in den Händen eines Spediteurs oder Transporteurs sicherzustellen oder auch zurückzufordern.

---

68 DG Kôbe vom 2.9.1959, Kamin, Bd. 10, Nr. 9, S. 1849; DG Hiroshima vom 27.4.1970, Kamin, Bd. 21, Nr. 3/4, S. 607.

69 DG Tokyo vom 19.8.1991, Hanrei Jihô, Nr. 1402, S. 91 und DG Tokyo vom 15.12.1992, Hanrei Times, Nr. 811, S. 229.

70 *Takakuwa* in *Kidana / Matsuoka* (Hrsg.), Kihon kokusai shihô, S. 62.

Orimo befürwortet eine Anknüpfung an den Bestimmungsort der Waren[71]. *Akiba* schlägt eine Verweisung auf das Belegenheitsrecht im Falle der Sicherstellung vor, für den Fall der Rückforderung der Waren schlägt er eine Verweisung auf das Recht des Insolvenzverfahrens vor[72]. Daneben gibt es auch Vorschläge, auf das Recht des Kaufvertrages zu verweisen, entweder grundsätzlich oder zusätzlich[73].

In der Rechtsprechung existieren ebenso verschiedene Ansätze. Ein Urteil des DG Yokohamas aus dem Jahre 1918 beschloss eine Verweisung auf das Recht des Bestimmungsortes der Waren für die Anerkennung einer Sicherstellung oder einer Rückgabeforderung[74]. Der RGH 1920 entschied in einem Fall, in dem ein Verkäufer die Sicherstellung bei einem Transporteur verlangte und der Käufer die Herausgabe forderte, eine Verweisung auf das Recht des Transportvertrages zwischen dem Käufer und dem Transporteur[75].

Takakuwa ist der Ansicht, dass das Bestehen eines Anspruchs auf Sicherstellung oder eines Rückforderungsanspruchs nach dem Kaufvertrag zwischen Käufer und Verkäufer geregelt werden muss, oder in einem Insolvenzfall nach dem Recht des Insolvenzverfahrens. Der Herausgabeanspruch des Käufers der Ware gegenüber dem Transporteur jedoch ist nicht eine Frage des Kaufvertrages, auch ist er seiner Meinung nach nicht von Belang für die öffentliche Ordnung am Ort der Belegenheit, sondern er ist mit der Leistung des Transportvertrages verbunden, so dass die Anwendung des Vertragsstatuts des Transportvertrages durch den RGH als richtig angesehen werden muss[76].

5.3.2.3. Sachen auf der Reise, *res in transitu*

Bei Sachen auf der Reise, *res in transitu* (*idô-chû no mono* 移動中の物 oder *unsô-chû no mono* 運送中の物) ist die Anknüpfung dinglicher Rechte wie der eines Eigentumsübergangs oder einer Pfandbestellung an der Sache besonders zu prüfen, da der Belegenheitsort sich verändert. Eine weitere Besonderheit der *res in transitu* besteht auch darin, dass die Sache aus der Zugriffsgewalt einer ersten Person, oder deren Vertreter, entlassen wird, ohne direkt in die Zugriffsgewalt des Empfängers der Sache zu gelangen[77].

---

71 *Orimo*, Kakuron, S. 105.

72 *Akiba* nach *Takakuwa* in *Kidana / Matsuoka* (Hrsg.), Kihon kokusai shihô, S. 64.

73 *Takakuwa* in *Kidana / Matsuoka* (Hrsg.), Kihon kokusai shihô, S. 64.

74 DG Yokohama vom 29.10.1918, Hyôron, Bd. 8, *Shohô*, S. 4.

75 RGH vom 6.10.1920, Hyôron, Bd. 9, *Shohô*, S. 481.

76 *Takakuwa*, in *Kidana / Matsuoka* (Hrsg.), Kihon kokusai shihô, S. 64.

77 *Satô*, in *Ikehara / Hayata* (Hrsg.), Hyakusen, 3. Aufl., S. 66.

Da eine auf der Reise befindliche Sache keinen Belegenheitsort im Sinn des Gesetzes hat, ist eine Anknüpfung nach Art. 10 Abs. 2 RAG an den Ort, an dem sich die Sache zu der Zeit befindet, in der das dingliche Recht begründet wird, unmöglich[78]. Nach der herrschenden Meinung wird daher in Japan an den Bestimmungsort angeknüpft, da dieser die engste Verbindung mit der Sache und somit mit dem dinglichen Recht hat[79]. Dabei ist nicht von Belang, ob die Sache an diesem Bestimmungsort tatsächlich ankommt. Ändert sich der Bestimmungsort während der Reise, wird an diesen neuen Ort angeknüpft[80].

Kubo vertritt eine Nebenmeinung. Solange die Ware unterwegs ist, befürwortet er, dass dingliche Rechte an der Ware dem auf das Transportmittel anwendbaren Recht unterliegen sollten, da während eines internationalen Transports ein enge Verbindung zwischen der Ware und dem Transportmittel besteht. In allen anderen Fällen sollte das Recht entweder des Absendeortes oder des Bestimmungsortes Anwendung finden, je nachdem ob der Transport erst begonnen hat oder bereits abgeschlossen ist[81].

Anknüpfungen an andere Orte als den Bestimmungsort werden für besondere Situationen diskutiert. So soll beispielsweise die Bestellung eines Pfandrechtes bei Lagerhaltung während des Transportes dann an den Ort der Lagerhaltung angeknüpft werden, wenn der Ort der Lagerhaltung eindeutig bestimmt und bekannt ist[82]. Im Fall der Anknüpfung von Waren, die auf einem bestimmten Schiff transportiert werden, ist *Kubo* der Ansicht, dass auf das Flaggenrecht des Schiffes verwiesen werden soll[83]. Die herrschende Meinung in Japan befürwortet aber auch in diesem Fall eine Anknüpfung an den Bestimmungsort, da es sich nicht um ein das Schiff betreffendes dingliches Rechtsverhältnis handelt, sondern um sachenrechtliche Wirkungen an der Ware[84].

Eine besondere Anknüpfung wird auch für den Fall angenommen, wenn über die Ware ein Konnossement ausgestellt wird. Nach herrschender Meinung wird hier die Herrschaft des Konnossementstatuts anerkannt[85]. Mindermeinungen sehen andere Anknüpfungen. *Egawa* befürwortet auch bei Ausstellung

78 *Tameike*, Kôgi, S. 324.

79 *Egawa*, Zensho, S. 201; *Orimo*, Kakuron, S. 90; *Kubo*, Kokusai shihô-ron, S. 559; *Tameike*, Kôgi, S. 324; *Yamada*, Kokusai shihô, S. 278; *Sanekata*, Gairon, S. 199.

80 *Yamada*, Kokusai shihô, S. 279.

81 *Kubo*, Kokumin Keizai Zasshi, Bd. 49, Nr. 6, S. 17.

82 *Tameike*, Kôgi, S. 324; *Yamada*, Kokusai shihô, S. 279.

83 *Kubo*, Kokusai shihô-ron, S. 558.

84 *Orimo*, Kakuron, S. 90; *Egawa*, Kokusai-hô Gaikô Zasshi, Bd. 31, Nr. 10, S. 12; *Tameike*, Kôgi, S. 324.

85 *Yamada*, Kokusai shihô, S. 279; *Tameike*, Kôgi, S. 325; *Orimo*, Kakuron. S. 92; *Ishiguro*, Kokusai shihô, S. 258.

eines Konnossementes eine Anknüpfung an den Bestimmungsort[86]. *Okamoto* ist der Ansicht, dass hier keine Notwendigkeit besteht, gesondert anzuknüpfen, sondern entsprechend den allgemeinen Regeln an den Belegenheitsort[87].

Leider liegen keine Urteile vor, die die Rechtslage genauer erläutern könnten.

5.3.2.4. Dingliche Sicherungsrechte an *res in transitu*

Die oben genannten dinglichen Sicherungsrechte wie das Rücknahmerecht (*torimodoshi-ken* 取戻権) und der Sicherstellung einer Sache in den Händen einer Dritten Person (*hikiwatashi sashitome-ken* 引渡差止権) können auch gegen eine Sache auf der Reise geltend gemacht werden. Hier muss jedoch erst die Qualifikationsfrage (*seishitsu kettei* 性質決定) gelöst werden, ob das Geltendmachen eines dinglichen Sicherungsrechtes ein dingliches Recht ist, und somit von der *lex rei sitae* beherrscht wird, oder ob eine solche Sicherungsmaßnahme ein Teil des Schuldverhältnisses ist, so dass diese dann dem Vertragsstatut unterliegt. Diese Qualifikationsfrage wird in Japan kontrovers diskutiert.

Nach Ansicht von *Orimo* ist dieser Aspekt ein sachenrechtlicher, da dies einen unmittelbaren Einfluss auf das Eigentumsrecht an der Sache hat. Ebenso verlangt der Schutz Dritter eine Anknüpfung entsprechend sachenrechtlicher Überlegungen[88]. Für *Yamato* ist die Frage eine schuldrechtliche, da sie mit der Leistungspflicht des Vertrages und nicht mit der Eigentumsfrage an der Sache ursächlich zusammenhängt[89]. *Sakurada* spricht sich für eine differenzierte Anknüpfung aus. Wenn die Sicherstellung im Rahmen eines nicht bezahlten Kaufvertrages geschieht, dann soll diese Fragestellung dem Kaufstatut unterliegen. In allen anderen Fällen, auch dann wenn ein Konnossement ausgestellt wurde, soll zum Schutz Dritter entsprechend den sachenrechtlichen Kollisionsnormen an den Belegenheitsort angeknüpft werden[90].

Ein Urteil des DG Yokohama aus dem Jahre 1918[91] entschied für eine sachenrechtliche Anknüpfung nach Art. 10 RAG an den Belegenheitsort und anerkannte eine Sicherstellung an in Japan gelegenen Waren bei einem Transportvertrag, der englischem Recht unterstellt war, nach japanischem Recht. Ein Urteil des RGH aus dem Jahre 1920 wiederum entschied, auf das Recht des Transportvertrages zu verweisen, um eine Sicherstellung von Waren

---

86 *Egawa*, Zensho, S. 202.

87 *Okamoto*, Dôshisha Hôgaku, Bd. 40, Nr. 6, S. 40.

88 *Orimo*, Kakuron, S. 105.

89 *Yamato*, Hasan, S. 900.

90 *Sakurada* in *Sawaki* / *Akiba* (Hrsg.), Sôten, S. 113.

91 DG Yokohama vom 29.10.1918, Hyôron, Bd. 8, *Shohô*, S. 4.

in Japan zu ermöglichen[92]. Aufgrund dieser zwei gegensätzlichen Urteile und der strittigen Lehrmeinung ist die Rechtslage nicht geklärt. Jüngere Urteile, die die Frage eindeutig klären könnten, scheinen nicht vorzuliegen.

5.3.3. Immaterialgüterrecht

Als weiteren Bereich des Sachenrechts werden hier abschließend die das Immaterialgüterrecht, insbesondere der gewerblichen Güterrechte, betreffenden Kollisionsnormen erörtert.

Das Eigentum an gewerblichen Güterrechten wird als absolutes Eigentumsrecht an einer Sache anerkannt. Eine Anknüpfung nach Art. 10 RAG an den Belegenheitsort, beziehungsweise Registrierungsort, wird zwar in Japan grundsätzlich bejaht, bedingt durch den immateriellen Charakter ist jedoch die Bestimmung des Belegenheitsortes schwierig[93].

5.3.3.1. Allgemeine Anknüpfung

Bei dem Rechtsschutz von Gütern des immateriellen Eigentums geht die japanische Lehre mehrheitlich von einer Anknüpfung nach dem Territorialitätsprinzip aus. Dieses Prinzip gilt für Patente (*tokkyo-ken* 特許権), Warenzeichen (*shôhyô-ken* 商標権), Geschmacksmuster (*ishô-ken* 意匠権) und Gebrauchsmuster (*jitsuyô shin'an-ken* 実用新案権). Das heißt der Rechtsschutz eines Gutes unterliegt nur dem Recht des Staates und wirkt auch nur in dem Staat, in dem das Gut eingetragen und somit geschützt ist.

Folglich lehnt die japanische Lehre eine allgemeine Anknüpfung an das Ursprungsland des Schutzrechtes ab, obwohl das Schutzrecht, wenn es nach dem Recht dieses Ursprungslandes besteht, in allen anderen Ländern als eine Art natürliches Eigentumsrecht anerkannt werden muss. Nach der herrschenden Meinung ist ein Schutzrecht des geistigen Eigentums, außer dem Urheberrecht, kein natürliches Recht (*shizen-ken* 自然権), sondern ein exklusives Recht (*dokusen-ken* 独占権), das erst durch die Eintragung in einem Staat entsteht und somit auch nur in diesem Staat Gültigkeit haben kann. Dieses Recht entscheidet über Entstehung und Wirkung des betroffenen Immaterialgüterrechtes[94].

---

92 RGH vom 6.10.1920, Hyôron, Bd. 9, *Shohô*, S. 481.

93 *Yamada*, Kokusai shihô, S. 336.

94 *Orimo*, Kakuron, S. 17; *Eguchi / Chaen* in *Matsuoka* (Hrsg.), Gendai kokusai torihiki-hô kôgi, S. 186; *Yamada*, Kokusai shihô, S. 336 ff; *Mon'ya* in *Sawaki / Akiba* (Hrsg.), Sôten, S. 25 ff.

Diese strikte Auslegung des Territorialitätsprinzips wird auch von der Rechtsprechung geteilt, so dass die Wirkung ausländischer Schutzrechte in Japan nicht anerkannt wird, es sei denn, diese Rechte sind auch in Japan eingetragen[95]; auch wird eine ausländische Wirkung von nach japanischem Recht bestehenden Immaterialgüterrechten nicht gesehen[96].

Im Falle des Urheberrechtes (*chosaku-ken* 著作権) hält die Lehre eine strikte Anwendung des Territorialitätsprinzips für nicht angebracht. In der Tat entsteht das Urheberrecht nicht durch Eintragung, sondern gemäß dem Berner Übereinkommen durch das Werk selbst. Dementsprechend handelt es sich auch nicht um ein exklusives Recht, das ein Staat erteilen kann. So gilt nach der herrschenden Meinung in Japan, dass das Urheberrecht dem Recht des Ursprungslandes unterliegt. Dieses Recht entscheidet über Entstehen, Wirkung und Erlöschen des Urheberrechtes[97].

Die unterschiedliche Anknüpfung der Rechte des intellektuellen Eigentums, die sich durch die Regelungen verschiedener internationaler Übereinkommen bedingt, wird von *Mon'ya* dadurch begründet, dass die Rechte des gewerblichen Eigentums Rechte sind, die eine wirtschaftliche Ausbeutung ermöglichen, die wiederum an einen einzelnen Markt anknüpfbar sind. Urheberrechte sind jedoch eine kulturelle Schöpfung, die universell anerkannt werden muss[98]. Geht man jedoch von einer globalen Wirtschaft und einer in beiden Fällen notwendigen intellektuellen Tätigkeit aus, ist die Unterscheidung nur sehr schwer nachzuvollziehen.

Nach dem oben im Kapitel des Rechtes der unerlaubten Handlung beschriebenen Urteil wird eine Verletzung des intellektuellen Eigentums an den Ort der anspruchsbegründenden Handlung angeknüpft[99].

5.3.3.2. Verträge über Immaterialgüterrechte

Im Falle eines Lizenz- oder Übereignungsvertrages gilt nach der herrschenden Meinung, dass die schuldrechtlichen Aspekte nach den allgemeinen Regeln des Vertragskollisionsrechtes angeknüpft werden, die sachenrechtlichen Aspekte

---

95 DG Tokyo vom 12.6.1953, Kamin, Bd. 4, Nr. 6, S. 847 DG Ôsaka vom 27.2.1970, Hanrei Jihô, Nr. 625, S. 75 (Parker-Fall); DG Tokyo vom 22.7.1994, Hanrei Jihô, Nr. 1501, S. 70 (BBS-Fall, 1. Instanz); OG Tokyo vom 23.3.1995, Hanrei Jihô, Nr. 1524, S. 3 (BBS-Fall, 2. Instanz).

96 DG Tokyo vom 18.5.1963, Kamin, Bd. 14, Nr. 5, S. 979; DG Tokyo vom 17.2.1978, Mutaishû, Bd. 10, Nr. 1, S. 1.

97 *Eguchi / Chaen* in *Matsuoka* (Hrsg.), Gendai kokusai torihiki-hô kôgi, S. 188; *Mon'ya* in *Sawaki / Akiba* (Hrsg.), Sôten, S. 26. Nach dem Gesetz besteht der Schutz im Prinzip nur für Japaner (Art. 6 URG), siehe auch Abschnitt 2.5.8.

98 *Mon'ya* in *Sawaki / Akiba* (Hrsg.), Sôten, S. 126.

99 Siehe Abschnitt 4.3.3.4.

jedoch nach Art. 10 RAG. Das heißt entsprechend den in diesem Abschnitt erörterten Regeln unterliegen Warenzeichen, Patente und Gebrauchs- oder Geschmacksmuster dem Recht des Staates der Eintragung und Urheberrechte dem Recht des Staates der Entstehung[100].

Kawakami hinterfragt die Anknüpfung nach den Regeln des Art. 7 RAG bei einem Überlassungsvertrag an intellektuellem Eigentum, da seiner Ansicht nach die Frage der Kollisionsnormen nicht wie beispielsweise bei einem internationalen Kauf gehandhabt werden kann, und somit der Überlassungsvertrag gesondert angeknüpft werden sollte[101].

5.4. Zusammenfassung

Zusammenfassend kann auch für das Kapitel der sachenrechtlichen Kollisionsnormen bestätigt werden, wie zuvor bei den anderen Bereichen, dass die Lehre ihren Beitrag geleistet hat, die Lücken des Gesetzes auszufüllen, und die entsprechenden Kollisionsnormen entwickelt hat beziehungsweise entwickelt.

Das Gesetz stellt das allgemeine Prinzip, wonach Sachen dem Recht des Belegenheitsortes unterliegen. Die Nebenfragen werden in der Regel nicht vom Gesetz berührt, so dass Lehre und Rechtsprechung diese Lücken füllen müssen.

Jedoch gilt auch hier, dass die japanischen Richter nicht die Möglichkeit hatten, ausreichend alle Fragen in einheitlicher Weise weiterzuentwickeln, so dass letztlich bislang sehr viele Fragen offen bleiben, wie etwa die Anknüpfung gesetzlicher Sicherungsrechte, dinglicher Sicherungsrechte an Sachen auf der Reise.

---

100 *Doi*, Kôgyô shoyû-ken, S. 817; *Eguchi / Chaen* in *Matsuoka* (Hrsg.), Gendai kokusai torihiki-hô kôgi, S. 188; *Yamada*, Kokusai shihô, S. 339; *Kidana*, Kokusai kôgyô shoyû-ken kenkyû, S. 283; *Mon'ya* in *Sawaki / Akiba* (Hrsg.), Sôten, S. 27.

101 *Kawakami*, Kokusai baibai-hô, S. 129.

6. Schlussbemerkungen

Insgesamt ist auffallend, dass trotz der internationalen wirtschaftlichen Bedeutung Japans und der internationalen Verflechtung der japanischen Volkswirtschaft mit anderen Volkswirtschaften, viele Fragen im Rahmen des Kollisionsrechtes durch die Gerichte bis heute nicht geklärt werden konnten. Dies mag sicher an der nur eingeschränkten Anrufung der Gerichte zur Regelung von Streitfällen liegen. Es könnte auch ein Zeichen einer japanischen relativen „Jungfräulichkeit" in internationalen Privatbeziehungen sein. In der Tat, es sind die großen Unternehmen und deren verbundene Unternehmen, die im Ausland bekannt sind. Nach persönlichen Erfahrungen beteiligen sich kleine und mittlere Unternehmen bisher nur in sehr eingeschränktem Maße am grenzüberschreitenden Handel. Es mag sein, dass das Internet mit seinen Möglichkeiten auch Japanern und deren Klein- und Mittelbetrieben den Zugang zum Ausland vereinfacht. Ebenso steht es mit Privatpersonen als Verbrauchern. Diese sind bisher nur sehr wenig in direkten Kontakt mit ausländischen Unternehmen getreten, daher sind Fragen des IPR in ihren Verträgen irrelevant. Zudem besteht der internationale Kontakt oft über eine japanische Niederlassung im Ausland, so dass es ein „innerjapanisches" Rechtsgeschäft bleiben kann. Eine Entwicklung, die das zwingende Recht beispielsweise in den Fragen des Verbraucher- und Arbeitsrechtes genauer definiert, kann dann nicht oder nur sehr zögernd stattfinden. Die fehlende Prozessfreudigkeit der Japaner und die Möglichkeit, ein eventuell internationales Rechtsgeschäft als innerjapanisches bestehen zu lassen, sollte aber nicht als eine Schwäche des japanischen IPR interpretiert werden.

Auch wenn die Rechtsprechung bisher nur sehr eingeschränkt die Gelegenheit hatte, die verschiedenen kollisionsrechtlichen Fragen zu lösen, folgt sie in weiten Teilen den Vorschlägen der Rechtslehre, wenn gesetzliche Kollisionsnormen nicht bestehen. Interessanterweise neigt der japanische Richter jedoch durch Kombinierung verschiedener Anknüpfungspunkte oft dazu, auf japanisches Recht verweisen zu können. Zu bedauern ist dabei, dass die Gründe für die Verweisung auf japanisches Recht nicht immer schlüssig sind.

Die doktrinalen Grundlagen sind vorhanden, ein Kollisionsrecht anzubieten, das den Bedürfnissen einer moderen Volkswirtschaft entspricht, auch gegebenenfalls um die Japaner im Umgang mit dem Ausland weitestgehend nach dem japanischen Standard im Rahmen von zwingenden Rechtsnormen zu schützen.

Sollte man der Versuch unternehmen, das japanische IPR nach der am Anfang beschriebenen „Brücken"- oder „Scharnierfunktion" zu beurteilen, so hängt das Ergebnis hauptsächlich davon ab, ob die Japaner nicht durch ihr Recht „gehemmt" sind, grenzüberschreitend zu handeln, oder bei einem grenzüberschreitenden Handeln Schaden zu nehmen. Auch wenn dies hier nicht analysiert wurde, nach persönlichen Erfahrungen scheint es nicht der Fall zu sein.

Dennoch bleibt ein bitterer Beigeschmack ob der Funktionalität des japanischen IPR, denn es ist nicht sicher, ob auch der Gesetzgeber zu der am Anfang beschriebenen „Internationalisierung" bereit ist. Man gewinnt den Eindruck, dass der Gesetzgeber die Entwicklung des wirtschaftsrelevanten IPR den Professoren, Richtern und anderen Praktikern des Rechts überlässt, ohne selbst einschreiten zu wollen.

Die letzte, und bisher einzige, Reform des IPR 1989 hat die Fragen des hier behandelten wirtschaftrelevanten IPR nicht berührt. Bei wichtigen Gesetzeswerken, wie etwa dem Produkthaftungsgesetz oder dem Verbrauchervertragsgesetz wurden kollisionsrechtliche Aspekte nicht beachtet. Eine Ausnahme besteht bei der Reform des Insolvenzrechtes, die das vorherige Territorialitätsprinzip durch eine mögliche Anerkennung ausländischer Verfahren in Japan ersetzt hat. Die in vielen Bereichen fehlende Gesetzgebung ist aber vor dem Hintergrund der weiterhin wachsenden wirtschaftlichen Verflechtung Japans mit dem Ausland und der japanischen Rechtsrealität, in der der Weg zum Gericht eher die Ausnahme als die Regel bleibt, eventuell schadhaft. Letzten Endes besteht für den japanischen Richter, insbesondere den Richter höherer Instanzen oder dem OGH, nicht die Möglichkeit, die verschiedenen diskutierten Lösungsansätze zu einheitlichen IPR-Normen weiterzuentwickeln. Die Gefahr der Rechtsunsicherheit wird somit größer, da eine Vorhersehbarkeit des japanischen IPR nur unzureichend gesichert ist und der Umgang mit dem japanischen Recht bisweilen eine überraschende Reise werden kann. Die bisher zufriedenstellende Entwicklung des internationalen Handels ist, von einem juristischen Standpunkt aus gesehen, dem japanischen Pragmatismus zu verdanken. Es bleibt aber fraglich, wenn Japan, getreu den Worten von *Natsume Sôseki*, wirklich an einem internationalen Handel und Austausch nicht nur teilnehmen, sondern diesen auf allen Ebenen intensivieren möchte, und nichts ist mehr wünschenswert, ob der japanische Pragmatismus auch in Zukunft immer eine zufriedenstellende Lösung für kollisionsrechtliche Fragen bieten kann. Daher ist eine Initiative des Gesetzgebers für ein erneuertes RAG wünschenswert, und die japanische Rechtslehre bietet die entsprechenden Lösungen[1].

---

1 Es besteht ein Entwurf, erarbeitet von verschiedenen Professoren, für ein neues Kollisionsrecht im Bereich des Schuldrechts (*Nishitani*, Recht in Japan, S. 40).

Deutsche Übersetzung wirtschaftsrelevanter Artikel des *Hôrei*

Artikel 3 (Geschäftsfähigkeit)

(1) Die Fähigkeit einer Person wird nach dem Recht des Heimatstaats der Person bestimmt.

(2) Wenn eine ausländische Person in Japan ein Rechtsgeschäft vornimmt und diese ausländische Person nach dem Recht ihres Heimatstaates nicht geschäftsfähig ist, aber nach japanischem Recht geschäftsfähig wäre, dann wird diese Person ungeachtet der Vorschrift vorigen Absatzes als geschäftsfähig angesehen.

(3) Die Vorschrift des vorigen Absatzes wird bei Rechtsgeschäften, die von den Bestimmungen des Familien- und Erbrechts abhängen, und bei Rechtsgeschäften, die im Ausland belegene Immobilien betreffen, nicht angewendet.

...

Artikel 7 (Zustandekommen und Wirkungen eines Rechtsgeschäftes)

(1) Das Zustandekommen und die Wirkungen eines Rechtsgeschäftes unterliegen dem Recht des nach dem Willen der Parteien bestimmten Staates.

(2) Kann der Wille der Parteien nicht ermittelt werden, gilt das Recht des Geschäftsortes.

Artikel 8 (Form des Rechtsgeschäftes)

(1) Die Form des Rechtsgeschäftes richtet sich nach dem Recht, das die Wirkungen dieses Rechtsgeschäftes bestimmt.

(2) Die Form des Geschäftsortes verleiht ungeachtet der Bestimmungen des vorigen Absatzes Gültigkeit, es sei denn es handelt sich um Rechtsgeschäfte, die Rechte an einer Sache oder andere eingetragene Rechte begründen oder über solche Rechte verfügen.

Artikel 9 (Willenserklärungen zwischen Personen an Orten verschiedener Rechtszugehörigkeit)

(1) Im Fall der Willenserklärung an eine Person, die an einem Ort verweilt, an dem ein anderes Recht gilt, wird der Ort, von dem die Erklärung abgeschickt wird, als der Geschäftsort angesehen.

(2) Was das Zustandekommen und die Wirkungen von Verträgen anbelangt, wird der Ort an dem das Angebot abgesendet wird als der Geschäftsort angesehen, wenn der Empfänger zum Zeitpunkt der Annahme des Angebots den Absendeort nicht kannte, wird der Ort des Wohnsitzes des Absenders als Geschäftsort angesehen.

Artikel 10 (Rechte an Sachen und andere eintragungsbedürftige Rechte)

(1) Rechte an Fahrnis und Liegenschaften sowie andere eintragungsbedürftige Rechte unterliegen dem Recht des Belegenheitsortes der Sache.

(2) Erwerb und Verlust der im vorigen Abschnitt beschriebenen Rechte unterliegen dem Recht des Belegenheitsortes zu dem Zeitpunkt, an dem die den Erwerb oder Verlust begründenden Tatsache abgeschlossen ist.

Artikel 11 (Geschäftsführung ohne Auftrag, ungerechtfertigte Bereicherung und unerlaubte Handlung)

(1) Das Entstehen und die Wirkungen von Verpflichtungen, die sich durch die Geschäftsführung ohne Auftrag, die ungerechtfertigte Bereicherung oder die unerlaubte Handlung begründen, unterliegen dem Recht des Ortes, an dem die begründende Tatsache dieser Verpflichtung erfolgt ist.

(2) Betrifft die Regelung des vorigen Abschnittes eine unerlaubte Handlung, so gilt diese Regelung nicht, wenn die im Ausland anspruchsbegründende Tatsache nach japanischem Recht nicht unerlaubt ist.

(3) Selbst wenn im Ausland anspruchbegründende Tatsachen nach japanischem Recht unerlaubt sind, kann der Geschädigte keine Schadenersatzansprüche oder andere Maßnahmen geltend machen als solche, die das japanische Recht kennt.

Artikel 12 (Forderungsabtretung)

Die Wirkungen einer Forderungsabtretung gegenüber Dritten unterliegen dem Recht des Wohnortes des abgetretenen Schuldners.

Artikel 33 (*ordre public*)

Wenn ausländisches Recht angewendet werden muss, die Anwendung der Bestimmungen dieses ausländischen Rechtes aber der öffentlichen Ordnung oder den guten Sitten entgegensteht, so wird dieses nicht angewendet.

Entscheidungen

Urteilsammlungen / Zeitschriften / Lexika

Black's Law Dictionary, West Publishing Co., St Paul, 1990

Gyôseishû: Gyôsei jiken saiban reishû 行政事件裁判例集 （行政集）

Hanrei Jihô 判例時報 (判時)

Hanrei Times: Hanrei taimuzu 判例タイムス (判タ)

Hyôron : Hôritsu gakusetsu hanrei hyôron zenshû 法律学説判例評論全集 （評論）

JCA Journal: Journal of Japanese Commercial Arbitration / Kokusai shôji chûsai 国際商事仲裁

Jurisuto ジュリスト

Kamin: Kakyû saibansho minji hanrei-shû 下級裁判所民事判例集 （下民）

Keiroku: Daishin'in keiji hanketsu-roku 大審院刑事判決緑 （刑緑）

Kinhan: Kin'yû shôji hanrei 金融商事判例 （金判）

Kômin: Kôtô saibansho minji hanrei-shû 高等裁判所民事判例集 （高民）

LB: Rîgarubêsu リーガルベース

Minroku: Daishin'in minji hanketsu-roku 大審院民事判決録 （民緑）

Minshû: Saikôsaibansho (mata wa daishin'in) minji hanrei-shû 最高裁判所(又は大審院)民事判例集 （民集）

Mutaishû: Mutai zaisan-ken kankei minji・gyôsei saiban reishû 無体財産権関係民事・行政裁判例集 （無体集)

Rôminshû: Rôdô kankei jiken saiban reishû 労働関係事件裁判例集 (労

民集)

Shihô 私法 [Nihon shihô gakkai 日本私法学会]

Shinbun: Hôritsu shinbun 法律新聞

Shinketsu-shû: Kôsei torihiki iinkai shinketsu-shû 公正取引委員会審決集 (審決集)

Shin-hôritsu-gaku jiten: Shin-hôritsu-gaku jiten 新法律学辞典 [Neues Wörterbuch der Rechtswissenschaften], Yûhikaku 有斐閣, 3. Aufl., Tokyo, 1989.

ZJapanR: Zeitschrift für japanisches Recht

Schrifttum

Aizawa Yoshiharu 相澤 吉晴

- Shômetsu jikô 消滅時効 [Verjährungsfrist], in *Ikehara / Hayata* (Hrsg.), Hyakusen, 3. Aufl., S. 114 ff. [zit.: ***Aizawa* in *Ikehara / Hayata* (Hrsg.), Hyakusen, 3. Aufl.**]

- Fusei kyôgyô 不正競業 [unlauterer Wettbewerb] in *Yamada / Hayata* (Hrsg.), Enshû kokusai shihô shinpan, S. 134 ff. [zit.: ***Aizawa* in *Yamada / Hayata* (Hrsg.), Enshû kokusai shihô shinpan**]

Altenburger Li-chao

- Internationales Schuldvertragsrecht im deutschen, japanischen und nationalchinesischen internationalen Privatrecht, Dissertation, Universität Regensburg, 1977. [zit.: ***Altenburger***]

Akiba Jun'ichi 秋場 準一[1]

- Chôsen minji-rei ni yori setsuritsu sareta hôjin to daikan minkoku-hô ni yori sonzoku wo mitomerarete iru dômei no hôjin to no dôitsu-sei no handan kijun, oyobi gaikoku hôjin no tôjisha nôryoku no junkyohô 朝鮮民事令により設立された法人と大韓民国法により存続を認められている同名の法人との同一性の判断基準、及び外国法人の当事者能力の準拠法 [Beurteilungsgrundlage einer nach den Zivilbestimmungen Koreas gegründeten aber nach den Gesetzen Südkoreas weiterbestehenden gleichnamigen und gleichartigen juristischen Person und das anwendbare Recht zur Bestimmung deren Parteifähigkeit], Hanrei Times, Nr. 332, S. 119 ff. (1972).

- Junkyohô sentei kijun toshite no sai-missetsu kanren-sei 準拠法選定規準としての最密接関連性 [die engste Verbindung als Grundlage zur Bestimmung des anwendbaren Rechtes] in *Sawaki / Akiba* (Hrsg.), Sôten, S. 57 ff. [zit.: ***Akiba*, in *Sawaki / Akiba* (Hrsg.), Sôten**]

---

1 Der Name von Prof. Akiba wird normalerweise nicht mit dieser Variante des Wortes und Schriftzeichens "*aki* 秋" wiedergegeben, sondern mit einer sehr ungebräuchlichen Variante, die leider dank dieser Seltenheit selbst dem reinjapanischen Programm, mit dessen Hilfe dieser Text geschrieben wurde, unbekannt ist.

- Kikoku (renketsu-so) no henkô to kison no bukken 旗国（連結素）の変更と既存の物権 [Änderung der Flagge (des Anknüpfungspunktes) und bereits bestehende dingliche Rechte] in *Ikehara / Hayata* (Hrsg.), Hyakusen, 3. Aufl., S. 64 ff. [zit.: ***Akiba* in *Ikehara / Hayata* (Hrsg.), Hyakusen, 3. Aufl.**]

- Shôgai Hanrei Kenkyû 渉外判例研究 [Forschungen zu Urteilen mit Auslandskontakt], in Jurisuto, Nr. 435, S. 141. (1969).

Aoyama Yoshimitsu 青山 善充

- Gaikoku-jin no tôjisha nôryoku oyobi soshô nôryoku 外国人の当事者能力及び訴訟能力 [Partei- und Prozessfähigkeit eines Ausländers], in *Sawaki / Aoyama* (Hrsg.), Kokusai minji soshôhô no riron, S. 201. [zit.: ***Aoyama*, in *Sawaki / Aoyama* (Hrsg.), Kokusai minji soshôhô no riron**]

- Kokusai tôsan 国際倒産 [internationale Insolvenz] in *Sawaki / Akiba* (Hrsg.), Sôten, S. 258 ff.

Atobe Teijirô 跡部 定次郎

- Hôjin no kokuseki ni kansuru saikin no gakusetsu ni tsuite 法人の国籍に関する最近の学説について [über die neuesten Lehrmeinungen zur Nationalität von juristischen Personen], in *Hôgaku Ronsô* 法学論叢, Bd. 20, Nr. 2, S. 1 ff. (1928). [zit.: ***Atobe*, Hôjin no kokuseki ni kansuru**]

- Hôrei dai-sanjô no kitei ni tsuite 法例第３条の規定について [zu den Regeln des Art. 3 RAG] in *Hôgaku Ronsô* 法学論叢, Bd. 19, Nr. 4, S. 517 ff. (1928). [zit.: ***Atobe*, Hôrei dai san jô no kitei ni tsuite**]

Baum Harald

- Vertrautes und weniger Vertrautes - einige rechtsvergleichende Überlegungen zum japanischen internationalen Privat- und Verfahrensrecht, in *Heinrich Menkhaus* (Hrsg), Das Japanische im japanischen Recht, Iudicium Verlag, München, 1994, S. 167 ff.

Behaghel Jeanette

- Die Rechtsstellung von Ausländern in Japan, ZJapanR, Heft 4, S.

77 ff. (1997). [zit.: ***Behaghel*, ZJapanR, Heft 4**]

Bölicke Thoralf

- Die Liberalisierung der Zulassung für ausländische Rechtsanwälte in Japan, ZJapanR, Heft 5, S. 92 ff. (1998). [zit.: ***Bölicke*, ZJapanR, Heft 5**]

Chen E 陳 一

- Kokusai-teki rôdô kankei no tekiyô hôki no kettei ni kansuru ichi kôsatsu 国際労働関係の適用法規の決定に関する一考察 [ein Blick auf die Festsetzung des anwendbaren Rechtes auf das Arbeitsverhältnis], Hôgaku Kyôkai Zasshi 法学協会雑誌, Bd. 111, Nr 9, S. 1374 ff, und Nr. 11, S. 1666 ff. (1994).

Deguchi Kôchi 出口 耕自

- Kokusai shihô-jô ni okeru shôhi-sha keiyaku 国際私法上に於ける消費者契約 [der Verbrauchervertrag im IPR], Minshôhô Zasshi 民商法雑誌, Bd. 92, Nr. 4, S. 40 und Nr. 5, S. 1. (1985). [zit.: ***Deguchi*, Kokusai shihô-jô ni okeru shôhi-sha keiyaku**]

- Kokusai shihô to shôhi-sha・rôdô-sha no hogo 国際私法と消費者・労働者の保護 [der Schutz des Verbrauchers und des Arbeitnehmers und IPR], in *Sawaki* / *Aikiba* (Hrsg.), Sôten, S. 42. [zit.: ***Deguchi*, Kokusai shihô to shôhi-sha・rôdô-sha no hogo**]

Doi Teruo 土井 輝生

- Kokusai shihô kihon hanrei (zaisan - torihiki) 国際私法基本判例(財産・取引) [Grundlegende Urteile des IPR (Vermögen / Handel)], Dôbunkan 同文舘, 3. Aufl., Tokyo, 1991. [zit.: ***Doi*, Kihon hanrei**]

- Kôgyô shoyû-ken 工業所有権 [Gewerbliches Eigentum] in *Kokusai-hô Gakkai* 国際法学会 (Hrsg.), Kokusai shihô kôza III 国際私法講座 III [Vorlesungen zum IPR III], Yûhikaku 有斐閣, Tokyo, 1964, S. 803 ff. [zit.: ***Doi*, Kôgyô shoyû-ken**]

Dôgauchi Masato 道垣内 正人

- Saiken-shichi 債権質 [Forderungspfändung], in *Ikehara* / *Hayata*

(Hrsg.), Hyakusen, 3. Aufl., S. 108.

Egawa Hidebumi 江川 英文

- Kokusai shihô shin-hôgaku zensho 国際私法新法学全書 [Gesamtschrift zur neuen Rechtslehre des IPR], Yûhikaku 有斐閣, Tokyo, 1938. [zit.: ***Egawa*, Zensho**]

- Unsô-chû no dôsan ni kansuru bukken iten no junkyohô 運送中の動産に関する物権移転の準拠法 [das anwendbare Recht bei sachenrechtlichen Veränderungen an Fahrnis auf der Reise], Kokusai-hô Gaikô Zasshi 国際法外交雑誌, Bd. 31, Nr. 10, S. 12 ff. (1932). [zit.: ***Egawa*, Kokusai-hô Gaikô Zasshi, Bd. 31, Nr. 10**]

Eguchi Jun'ichi 江口 順一 / *Chaen Shigeki* 茶園 茂樹

- Kokusai torihiki to chiteki zaisan 国際取引と知的財産 [internationaler Handel und intellektuelles Eigentum] in *Matsuoka* (Hrsg.), Gendai kokusai torihiki-hô kôgi, S. 168 ff. [zit.: ***Eguchi / Chaen* in *Matsuoka* (Hrsg.), Gendai kokusai torihiki-hô kôgi**]

Endo Hiroshi 遠藤 浩 / *Kawai Takeshi* 川井 健 / *Harashima Higeyoshi* 原島 重義 / *Hironaka Toshio* 広中 俊雄 / *Mizumoto Hiroshi* 水本浩 / *Yamamoto Shinichi* 山本 進一

- Minpô (1) sôsoku 民法 (1) 総則 [Zivilgesetz (1) Allgemeines], Tokyo, Yûhikaku 有斐閣, 1996, 4. Aufl. [*zit*.: ***Endo Hiroshi* u. and.**]

Eubel Paul

- Das bürgerliche Recht, in *Eubel Paul* (Hrsg.), Das japanische Rechtssystem, Alfred Metzner Verlag, Frankfurt am Main, 1979, S. 99 ff.

Fujita Yasuhiro 藤田 泰弘

- Hokki-nin ga setsuritsu-chû no kaisha no tame teiketsu shita keiyaku (chûsai jôkô fukumu) ni tsuki, nyû-yôku-shû hôjô no shôdaku (saiyô, *adoption*) no hôri wo tekiyô shite, setsuritsu-go no kaisha ni taisuru kôryoku wo mitome, chûsai tetsuzuki fukyo seikyû wo kikyaku shita jirei 発起人が設立中の会社のため締結した契約（仲裁条項含む）につき、ニューヨーク州法上の承諾（採用、adoption）の法理を適用して、設立後の会社に対する効力

を認め、仲裁手続不許請求を棄却した事例 [Überlegungen zum Fall einer gültigen Übernahme eines Vertrages nach dem Rechtsinstitut der *adoption* des Staates New York (Schiedsgerichtsklausel eingeschlossen), eines Vertrages abgeschlossen für eine Gesellschaft in Gründung, Hanrei Times, Nr. 316, S. 115 ff. (1975). [zit.: ***Fujita*, Hanrei Times, Nr. 316**].

Fuwa Shige 不破 茂

- Dairiten keiyaku 代理店契約 [Vertretervertrag] in *Matsuoka* (Hrsg.), Gendai kokusai torihiki-hô kôgi, S. 141 ff. [zit.: ***Fuwa* in *Matsuoka* (Hrsg.), Gendai kokusai torihiki-hô kôgi**]

Gotô Akifumi 後藤 明史

- Bensai no tsûka 弁済の通貨 [Währung der Bezahlung], in *Ikehara / Hayata* (Hrsg.), Hyakusen, 3. Aufl., S. 104 ff. [zit.: ***Gôto* in *Ikehara / Hayata* (Hrsg.)**] .S. 104.

Großfeld Bernhard / Yamauchi Koresuke

- Internationales Gesellschaftsrecht in Japan, Aktiengesellschaft, 1985, S. 229 ff. [zit.: ***Großfeld / Yamauchi***]

Hattori Eizô 服部栄三 / *Hoshikawa Chôshichi* 星川長七 (Hrsg.)

- Kihonhô kommentâru kaisha-hô III 基本法コンメンタール会社法III [Grundkommentar Gesellschaftsrecht III], Bessatsu hôgaku seminâ 別冊法学セミナー, Nihon Hyôronsha 日本評論社, 1994, Nr. 134.

Hayakawa Shinichirô 早川 眞一郎

- Kokusai fuhô kôi to songai baishô no kijun 国際不法行為と損害賠償の基準 [der Standard des Schadensersatzanspruches bei einer internationalen unerlaubten Handlung] in *Sawaki / Akiba* (Hrsg.), Sôten, S. 145 ff. [zit.: ***Hayakawa* in *Sawaki / Akiba* (Hrsg.), Sôten**]

Hayakawa Yoshihisa 早川 吉尚

- Gaikoku no shôken kessai shisutemu ni tôroku sareta kenri no seishitsu kettei 外国の証券決済システムに登録された権利の性質決定 [die Qualifikation von im internationalen Wertpapierverkehr eingetragenen Rechten], Jurisuto, Nr. 1202 (Sonderausgabe), S. 294 ff. (2001). [zit.: ***Hayakawa*, Jurisuto Nr. 1202 (Sonderausgabe)**]

Hayata Yoshirô 早田 芳郎

- Gaikoku kaisha no igi 外国会社の意義 [Bedeutung des Begriffs „ausländische Gesellschaft"] in *Kitazawa / Hamada* (Hrsg.), Shôhô no sôten 商法の争点 [Streitpunkte des Handelsrechtes], Bd. 1, Yûhikaku 有斐閣, Tokyo, 1993, S. 220. [zit.: ***Hayata*, Shôhô no sôten**]

Heath Christopher

- Wettbewerbsrecht und internationales Privat- und Zivilprozessrecht, GRUR, 1998, Heft 1, S. 63 ff.

Hiroe Kenshi 廣江 健司

- Kokusai torihiki ni okeru kokusai shihô 国際取引に於ける国際私法 [das IPR im internationalen Handelsrecht], Kokusai Shoin 国際書院, Tokyo, 1995. [zit.: ***Hiroe*, Kokusai torihiki ni okeru kokusai shihô**]

- Kokusai shihô 国際私法 [IPR], Seibundô 成文堂, Tokyo, 2000. [zit. ***Hiroe*, Kokusai shihô**]

Hiratsuka Makoto 平塚 眞

- Funani shôken 船荷証券 [das Konnossement], in *Ikehara / Hayata* (Hrsg.), Hyakusen, 3. Aufl., S. 82 ff. [zit.: ***Hiratsuka*, in *Ikehara / Hayata* (Hrsg.), Hyakusen, 3. Aufl.**]

Ikehara Sueo 池原 季雄 / *Hayata Yoshirô* 早田 芳郎 (Hrsg.)

- Shôgai hanrei hyakusen (dai ni han) 渉外判例百選 (第二版) [hundert Urteile mit Auslandsberührung (2. Auflage)], Yûhikaku 有斐閣, Sonderheft Jurisuto, Tokyo, 1986. [zit.: ***Ikehara / Hayata* (Hrsg.), Hyakusen, 2. Aufl.**]

- Shôgai hanrei hyakusen (dai san han) 渉外判例百選 (第三版) [hundert Urteile mit Auslandsberührung (3. Aufl.)], Yûhikaku 有斐閣, Sonderheft Jurisuto, Tokyo, 1995. [zit.: ***Ikehara / Hayata* (Hrsg.), Hyakusen, 3. Aufl.**]

Ikehara Sueo 池原 季雄

- Gaikoku hôjin 外国法人 [die ausländische juristische Person], in, Seikai Daihyakka Jiten 世界大百科事典 [Weltenzyklopädie],

Heibonsha 平凡社, Tokyo, 1988, Bd. 5, S. 81.

- Kokusai shihô (sôron) 国際私法(総論) [IPR (der allgemeine Teil)], Yûhikaku 有斐閣, Tokyo, 1973. [zit.: ***Ikehara*, Sôron**]

- Muken dairi 無権代理 [Vertretung ohne Vertretungsmacht], in *Ikehara / Hayata* (Hrsg.), Hyakusen, 3. Aufl., S. 58. [zit.: ***Ikehara* in *Ikehara / Hayata* (Hrsg.), Hyakusen, 3. Aufl.**]

Ikeuchi Hiroyuki

- Parallelimport patentgeschützter Waren (BBS-Urteil), ZJapanR, Heft 4, S. 143 ff. (1997). [zit.: ***Ikeuchi*, ZJapanR, Heft 4**]

Ishiguro Kazunori 石黒 一憲

- Einige Kernprobleme des japanischen Kollisionsrechtes von heute, Recht in Japan Nr. 8, S. 7 ff. (1991). [zit.: ***Ishiguro*, Recht in Japan**]

- Kin'yû torihiki to kokusai soshô 金融取引と国際訴訟 [Finanzen und internationales Prozessrecht], Yûhikaku 有斐閣, Tokyo, 1983. [zit.: ***Ishiguro*, Kin'yû torihiki to kokusai soshô**]

- Kokusai shihô 国際私法 [IPR], Shinsesha 新世社, Tokyo, 1994. [zit.: ***Ishiguro*, Kokusai shihô**]

- Kokusai unsô hoken keiyaku 国際運送保険契約 [der internationale Transportversicherungsvertrag], in Gendai keiyaku-hô taikei 現代契約法大系 [System des modernen Vetragsrechtes], Bd. 8, Yûhikaku 有斐閣, Tokyo, 1983, S. 247 ff.

Ishii Teruhisa 石井 照久

- Kaisha-hô (gekan) 会社法 (下巻) [Gesellschaftsrecht (Bd. 2)], Keisô Shobô 勁草書房, Tokyo, 1972, 2. Aufl. [zit.: ***Ishii*, Kaisha-hô**]

- Hôritsugaku enshû kôza shôhô 法律学演習講座商法 [Rechtskommentar Handelsrecht], Seirin Shoin 青林書院, Tokyo, 1954, Bd. 1. [zit.: ***Ishii*, Kôza shôhô**]

Iwasaki Kazuo 岩崎 一生

- Chûsai no junkyohô 仲裁の準拠法 [das anwendbare Recht im Schiedsverfahren], in *Ikehara / Hayata* (Hrsg.), Hyakusen, 3. Aufl., S. 240 ff. [zit.: ***Iwasaki*, in *Ikehara / Hayata* (Hrsg.), Hyakusen, 3. Aufl.**]

Iwasawa Yûji 岩沢 雄司

- Gaikoku-jin no jinken 外国人の人権 [Menschenrechte des Ausländers], in *Sawaki / Akiba* (Hrsg.), Sôten, S. 37.

Junker Abbo

- Internationales Privatrecht, Verlag C.H. Beck, München, 1998.

Kashiwagi Noboru 柏木 昇

- Fuhô kôi - nou hau no shingai 不法行為―ノウハウの侵害 [die unerlaubte Handlung - Beeinträchtigung von Know-How] in *Ikehara / Hayata* (Hrsg.), Hyakusen, 3. Aufl., S. 96 ff. [zit.: ***Kashiwagi* in *Ikehara / Hayata* (Hrsg.), Hyakusen, 3. Aufl.**]

Kawakami Tarô 川上 太郎 / *Masakame Keisuke* 正亀 慶介

- Nihon ni okeru kokusai-teki gijutsu enjo keiyaku funsô shori jôkô no jittai to kokusai shihô mondai 日本に於ける国際的技術援助契約紛争処理条項の実態と国際私法問題 [die Realität von Streitklauseln bei internationalen Technologieassistenzverträgen und Probleme des IPR in Japan], Kôbe Hôgaku Zasshi 神戸法学雑誌, Bd. 16, Nr. 3, S. 550 ff. (1966).

Kawakami Tarô 川上 太郎

- Chûsai 仲裁 [Schiedsverfahren] in *Kokusai-hô Gakkai* 国際法学会 (Hrsg.), Kokusai shihô kôza III 国際私法講座 III [Kommentar zum IPR III], Yûhikaku 有斐閣, Tokyo, 1964, S. 840 ff. [zit.: ***Kawakami*, Kôza III**]

- Gaikoku kaisha no naikoku eigyô 外国会社の内国営業 [die inländische Geschäftsführung der ausländischen Gesellschaft], in Kôbe Keizai Daigaku sôritsu gojû shûnen kinen ronbunshû hôgakuhen III 神戸経済大学創立五十周年記念論文集法学編III, S. 37 ff. (1962) [zit.: ***Kawakami*, Gaikoku kaisha no naikoku eigyô**]

- Gaikoku hôjin no shihô-jô no ichi 外国法人の私法上の位置 [die privatrechtliche Stellung der ausländischen juristischen Person], Kokumin keizai zasshi 国民経済雑誌, Bd. 27, Nr. 5, S. 39 ff. (1919). [zit.: ***Kawakami*, Gaikoku hôjin no shihô-jô no ichi**]

- Hôjin no shôgai-teki shihô katsudô 法人の渉外的私法活動 [das ausländische privatrechtliche Handeln der juristischen Person], in Kokumin keizai zasshi 国民経済雑誌, Bd. 78, Nr. 1, S. 52 (1959). [zit.: ***Kawakami*, Hôjin no shôgai-teki shihô katsudô**]

- Kaisha ni kansuru kokusai shihô mondai 会社に関する国際私法問題 [IPR-Probleme von Gesellschaften], Shihô 私法, Nr. 7, S. 112 ff. (1952). [zit.: ***Kawakami*, Kaisha ni kansuru kokusai shihô mondai**]

- Kokusai baibai-hô gairon 国際売買法概論 [Abriss des internationalen Kaufrechtes], Chikura Shobô 千倉書房, Tokyo, 1964. [zit.: ***Kawakami*, Kokusai baibai-hô**]

- Kokusai shihô kôgi yôkô 国際私法講義要綱 [Vorlesungsprogramm des IPR], Yûshindô 有信堂, Tokyo, 1952. [zit.: ***Kawakami*, Yôkô**]

- Kokusai shihô-jô ni okeru shôji kaisha 国際私法上に於ける商事会社 [die Handelsgesellschaft im IPR], in Kôbe Shôdai sôritsu sanjû shûnen kinen bunshû 神戸商大創立三十周年記念論文, S. 701 ff. (1959).

Kawamata Yoshiya 川又 良也

- Seisanbutsu sekinin 生産物責任 [Produkthaftung] in *Sawaki / Akiba* (Hrsg.), Sôten, S. 138 ff. [zit.: ***Kawamata* in *Sawaki / Akiba* (Hrsg.), Sôten**]

- Tegata - tegata hoshô no hôshiki to kôryoku 手形—手形保証の方式と効力 [Wechsel - Form und Wirksamkeit einer Wechselbürgschaft], in *Ikehara / Hayata* (Hrsg.), Hyakusen, 3. Aufl., S. 88 ff. [zit.: ***Kawamata*, Tegata**]
- Tôjisha jichi - mokuji no shitei 当事者自治—黙示の指定 [Parteiautonomie - die stillschweigende Rechtswahl], in *Ikehara /*

Hayata (Hrsg.), Hyakusen, 3. Aufl., S. 74. [zit.: ***Kawamata*, Tôjisha jichi**]

Kawamura Hirofumi 河村 博文

- Hôjin no gaibu kankei 法人の外部関係 [Außenverhältnisse der juristischen Person], in *Sawaki / Akiba* (Hrsg.), Sôten, S. 107.

- Hôjin no fuhô kôi nôryoku 法人の不法行為能力 [Deliktfähigkeit einer juristischen Person], in *Ikehara / Hayata* (Hrsg.), Hyakusen, 3. Aufl., S. 50. [zit.: ***Kawamura* in *Ikehara / Hayata* (Hrsg.), Hyakusen, 3. Aufl.**]

Kegel Gerhard

- Internationales Privatrecht, C.H. Beck, München, 1998, 7. Aufl.

Kidana Shôichi 木棚 照一 / *Matsuoka Hiroshi* 松岡 博 (Hrsg.)

- Kihonhô kommentâru - kokusai shihô 基本法コンメンタール ― 国際私法 [Grundkommentar IPR], Nihon Hyôronsha 日本評論社, Bessatsu 別冊 Nr. 130, 1994. [zit.: ***Kidana / Matsuoka* (Hrsg.), Kihonhô kokusai shihô**]

Kidana Shôichi 木棚 照一 / *Matsuoka Hiroshi* 松岡 博 / *Watanabe Satoshi* 渡辺 惺之

- Kokusai shihô gairon 国際私法概論 [Grundris des IPR], Yûhikaku 有斐閣, 2. erneuerte Aufl., Tokyo, 1997. [zit.: ***Kidana / Matsuoka / Watanabe***]

Kidana Shôichi 木棚 照一

- Enshû nôto kokusai shihô (kaiteiban) 演習ノート国際私法 (改訂版) [Übungen zum IPR (erneurte Aufl.)], Hôgaku Shoin 法学書院, Tokyo, 1992. [zit.: ***Kidana*, Enshû nôto**]

- Kokusai kôgyô shoyû-ken-hô no kenkyû 国際工業所有権法の研究 [Forschungen zum internationalen gewerblichen Immaterialgüterrecht], Nihon Hyôronsha 日本評論社, Tokyo, 1989. [zit.: ***Kidana*, Kokusai kôgyô shoyû-ken-hô no kenkyû**]

Kitagawa Zentarô / Karl H. Pilny

- Verträge, Haftung und Kreditsicherheiten in *Baum / Drobnig*

(Hrsg.), Japanisches Handels- und Wirtschaftsrecht, De Gruyter, Berlin, New York, 1994, S. 299 ff. [zit.: ***Kitagawa / Pilny***]

Kitagawa Hatsunori 喜多川 篤典

- Hokki-nin ga setsuritsu-chû no kaisha no tame ni teiketsu shita keiyaku no junkyohô to migi keiyaku no ichibu wo nasu chûsai jôkô (keiyaku) no kôryoku 発起人が設立中の会社のためにした契約の準拠法と右契約の一部をなす仲裁条項（契約）の効力 [das Vertragsstatut von Verträgen die der Gründer einer Gesellschaft in Gründung für diese Gesellschaft abschließt und die Wirkung einer Schiedsklausel in solchem Vertrag], Jurisuto, Nr. 590, S. 223 ff. (1975).

- Kabushiki kaisha no hôri 株式会社の法理 [das Recht der AG], Chûô Keizaisha 中央経済社, Tokyo, 1966. [zit.: ***Kitagawa*, Kabushiki kaisha no hôri**]

Kitazawa Masahiro 北沢 正啓

- Kaisha-hô 会社法 [Gesellschaftsrecht], Gendai hôritsugaku zenshû 18 現代法律学全集 18 [Gesamtschrift zum gegenwärtigen Recht, Bd. 18], Seirin Shoin 青林書院, Tokyo, 1994, 4. Aufl. [zit.: ***Kitazawa*, Kaisha-hô**]

Kobayashi Hideyuki 小林 秀之

- Kokusai torihiki funsô [Shinpan] 国際取引紛争[新版] [Konflikte im internationalen Handel (Neue Auflage)], Kôbundô 弘文堂, Tokyo, 2000. [zit.: ***Kobayashi*, Kokusai torihiki funsô**]

Komachiya Sôzô 小町谷 操三

- Shôhô kôgi dai 1 ken 商法講義 第巻 1 [Vorlesung zum Handelsrecht Bd. 1], Yûhikaku 有斐閣, Tokyo, 1949. [zit.: ***Komachiya*, Shôhô kôgi**]

Kono Toshiyuki

- Zur Anerkennung eines amerikanischen Urteils über *punitive damages* in Japan, ZJapanR, Nr. 4, S. 128 ff. (1997). [zit.: ***Kono*, ZJapanR**]

Kotera Akira 小寺 彰
- Kankyô hozen no kokusai-teki kisei 環境保全の国際的規制 [die internationalen Regeln des Umweltschutzes] in *Sawaki / Akiba* (Hrsg.), Sôten, S. 148 ff. [zit.: ***Kotera* in *Sawaki / Akiba* (Hrsg.), Sôten**]

Kubo Iwatarô 久保 岩太郎
- Bukken 物権 [Sachenrecht] in *Kokusai-hô Gakkai* 国際法学会 (Hrsg.), Kokusai shihô kôza II 国際私法講座 II [Kommentar zum IPR II], Yûhikaku 有斐閣, Tokyo, 1959, S. 381 ff. [zit.: ***Kubo*, Kôza II**]

- Dôsan no shozaichi henkô to bukken no junkyohô josetsu 動産の所在地変更の準拠法序説 [Erläuterungen zum anwendbaren Recht bei Mobilien auf der Reise], Kokumin Keizai Zasshi 国民経済雑誌, Bd. 49, Nr. 6, S. 17 ff (1930). [zit.: ***Kubo*, Kokumin Keizai Zasshi, Bd. 49, Nr. 6**]

- Kokusai shihô gairon 国際私法概論 [Grundriss des IPR], Iwamatsudô Shoten 巌松堂書店, Tokyo, 1954. [zit.: ***Kubo*, Gairon**]

- Kokusai shihô 国際私法 [IPR], Yûshindô 有信堂, Tokyo, 1954. [zit.: ***Kubo*, Kokusai shihô**]

- Kokusai shihô-ron 国際私法論 [Abhandlung des IPR], Sanshôdô 参照堂, Tokyo, 1935. [zit.: ***Kubo*, Kokusai shihô-ron**]

Kugizawa Ichirô 釘沢 一郎 / *Ozawa Tetsuo* 小沢 徹夫
- Nyû yôku shûhô ni yoru setsuritsu sareta kaisha hokki-nin to teiketsu shita chûsai keiyaku no kôryoku ニューヨーク州法による設立された会社発起人と締結した仲裁契約の効力 [die Gültigkeit einer Schiedsgerichtsklausel mit einer in Gründung befindlichen Gesellschaft New Yorker Rechts], JCA Journal, Bd. 21, Nr. 7, S. 22 ff. (1974).

Kunitomo Akihiko 国友 明彦

- Tôjisha nôryoku 当事者能力 [Parteifähigkeit], in *Ikehara / Hayata*, (Hrsg.), Hyakusen, 3. Aufl., S. 218.

Kuwata Saburô 桑田 三郎

- Kokusai shihô ni okeru kyôkô-teki saimu-hô no renketsu mondai 国際私法に於ける強行的債務法の連結問題 [das Problem der Anknüpfung schuldrechtlicher zwingender Rechtsnormen im IPR], Hôgaku Shinpô 法学新報, Bd. 59, Nr. 11, S. 1024 ff. (1952).

- Kokusai shihô ni okeru saiken no shômetsu jikô 国際私法における債権の消滅時効 [Verjährung von Forderungen im IPR], Shihô 私法, Nr. 11, S. 109 ff. (1954). [zit.: ***Kuwata*, Shihô, Nr.11**]

- Naikoku torihiki hogo 内国取引保護 [Inländischer Verkehrsschutz], in *Kokusai-hô Gakkai* 国際私法学会 (Hrsg.), Kokusai shihô kôza II 国際私法講座 II [Kommentar zum IPR II], Yûhikaku 有斐閣, Tokyo, 1955, S. 320 ff. [zit.: ***Kuwata*, Kôza II**]

- Shizenjin 自然人 [natürliche Personen], in *Kokusai-hô Gakkai* 国際法学会 (Hrsg.), Kokusai shihô kôza II 国際私法講座 II [Vorlesungen zum IPR II], Yûhikaku 有斐閣, Tokyo, 1955, S. 293 ff. [zit.: ***Kuwata*, Shizenjin**]

Kôno Toshiyuki 河野 俊行

- Hôshiki 方式 [Form], in *Ikehara / Hayata* (Hrsg.), Hyakusen, 3. Aufl., S. 60.

Maruoka Matsuo 丸岡 松雄

- Fuhô kôi-chi 不法行為地 [Ort der unerlaubten Handlung] in *Sawaki / Akiba* (Hrsg.), Sôten, S. 136 ff. [zit.: ***Matsuoka* in *Sawaki / Akiba* (Hrsg.), Sôten**]

Masago Yasushi 真砂 康司

- Jijitsu-jô no honten wo Nihon ni oku gaikoku hôjin to shôhô yon hyaku hachi jû ni jô 事実上の本店を日本に置く外国法人と四八二条 [eine ausländische juristische Person mit effektivem Sitz in Japan und Art. 482 [HG]], in *Ikehara Hayata* (Hrsg.), Hyakusen, 3.

Aufl., S. 52. [**zit.: *Masago*, in *Ikehara Hayata* (Hrsg.), Hyakusen, 3. Aufl.**]

Matsuda Jiro 松田 二郎

- Kaisha-hô gairon 会社法概論 [Abriss des Gesellschaftsrechtes], Iwanami Shoten 岩波書店, Tokyo, 1968. [zit.: ***Matsuda*, Kaisha-hô gairon**]

Matsumoto Jôshi 松本 烝治

- Nihon kaisha-hô-ron 日本会社法論 [japanisches Gesellschaftsrecht], Iwamatsudô 巌松堂, 1929. [zit.: ***Matsumoto*, Nihon kaisha-hô-ron**]

Matsuoka Hiroshi 松岡 博

- Kôi chihô no tekiyô 行為地法の適用 [Anwendung des Abschlussortsrechts], in *Ikehara / Hayata* (Hrsg.), Hyakusen, 2. Aufl., S. 74. [zit.: ***Matsuoka*, in *Ikehara / Hayata* (Hrsg.), Hyakusen, 2. Aufl.**]

- Fugô keiyaku ni okeru junkyohô yakkan no kôryoku - Amerika no kokusai shihô ni okeru tenkai wo chûshin toshite 附合契約に於ける準拠法約款の効力—アメリカ国際私法に於ける展開を中心として [die Wirksamkeit einer Rechtsanwendungsklausel in Adhäsionsverträgen - in Anbetracht der Entwicklung des amerikanischen IPR], in Ôsaka Daigaku Hôgaku (Handai Hôgaku) 大阪大学法学（阪大法学）, Nr. 72, 73, S. 177 ff. (1970).

- Gendai kokusai torihiki-hô kôgi 現代国際取引法講義 [Vorlesung des gegenwärtigen internationalen Handelsrechts], Hôritsu Bunkasha 法律文化社, Kyôto, 1996. [zit.: ***Matsuoka* (Hrsg.), Gendai kokusai torihiki-hô kôgi**]

- Hôjin no shôgai mondai 法人の渉外問題 [Probleme der juristischen Person im internationalen Verkehr], in *Matsuoka* (Hrsg.), Gendai kokusai torihiki-hô kôgi, S. 150 ff. [zit.: ***Matsuoka*, Hôjin no shôgai mondai**]

- Keiyaku junkyohô no jigo-teki henkô 契約準拠法の事後的変更 [nachträgliche Änderung des auf den Vertrag anwendbaren

Rechtes], in *Sawaki / Akiba* (Hrsg.), Sôten, S. 123.

- Kokusai torihiki to kokusai shihô 国際取引と国際私法 [internationales Handelsrecht und IPR], Kôyô Shobô 晃洋書房, Kyôto, 1993. [zit.: ***Matsuoka*, Kokusai torihiki to kokusai shihô**]

- Seizôbutsu sekinin no junkyohô 製造物責任の準拠法 [das anwendbare Recht bei der Produkthaftung] in *Matsuoka* (Hrsg.), Gendai kokusai torihiki-hô kôgi, S. 220 ff. [zit.: ***Matsuoka* in *Matsuoka* (Hrsg.), Gendai kokusai torihiki-hô kôgi**]

Misonou Isao 御園生 功

- Gaikoku kawase oyobi gaikoku bôeki kanri-hô no ichibu wo kaisei suru hôritsu ni tsuite 外国為替及び外国貿易管理法の一部を改正する法律について [über die Reform eines Teils des Devisen- und Außenhandelskontrollgesetzes], Jurisuto, Nr. 1119, S. 61 ff. (1997). [zit.: ***Misonou*, Jurisuto, Nr. 1119**]

Mitsui Tetsuo 三井 哲夫

- Saiken-sha daii-ken 債権者代位権 [Gläubigersubrogation] in *Sawaki / Akiba* (Hrsg.), Sôten, S. 152. [zit.: ***Mitsui* in *Sawaki / Akiba* (Hrsg.), Sôten**]

Mitsuki Masatsugu 三ツ木 正次

- Saiken-sha daii-ken 債権者代位権 [Gläubigersubrogation] in *Ikehara / Hayata* (Hrsg.), Hyakusen, 3. Aufl. S. 106 ff. [zit.: ***Mitsuki* in *Ikehara / Hayata* (Hrsg.), Hyakusen, 3. Aufl.**]

Miyoshi Yukio 三好 行雄

- Sôseki bunmei-ron-shû 漱石文明論集 [Natsume Sôseki Literatursammlung], Iwanami Bunko 岩波文庫, Tokyo, 1987.

Mon'ya Nobuo 紋谷 暢男

- Chiteki zaisan-ken no kokusai-teki hogo 知的財産権の国際的保護 [internationaler Schutz von Rechtes des intellektuellen Eigentums], in *Sawaki / Akiba* (Hrsg.), Sôten, S. 25 ff. [zit.: ***Mon'ya*, in *Sawaki / Akiba* (Hrsg.), Sôten**]

Morishita Tetsuo 森下 哲朗

- Kokusai tôsan to ginkô tôsan [internationale Insolvenz und Bankinsolvenz] in Kokusai shihô nenpô 3 国際私法年報 3 [Jahresschrift IPR 3], Shinzansha 信山社, Tokyo, 2001, S. 236 ff. [zit.: ***Morishita*, Nenpô 3]**

Moriizumi Akira 森泉 章

- in Endô Hiroshi 遠藤浩 (Hrsg.), Kihonhô kommentâru 基本法コンメンタール [Grundkommentar des Rechtes], Sonderband Nr. 85, Nihon Hyôronsha 日本評論社, Tokyo, 1991, S. 60. [zit.: ***Moriizumi*, Kommentâru]**

Moitry Jean-Hubert

- Le droit japonais [das japanische Recht], Presses Universitaires de France, Paris, 1988. [zit.: ***Moitry***]

Münzel Frank

- Internationales Privatrecht, in *Eubel Paul* (Hrsg.), Das japanische Rechtssystem, Alfred Metzner Verlag, Frankfurt am Main, 1979, S. 519 ff. [zit.: ***Münzel***]

Murata Satoshi 村田 敏

- Gaikoku-jin ga kômutta saigai ni yoru songai baishô no kokunai oyobi kokusai-teki kenri hoshô 外国人が被った災害による損害賠償の国内及び国際的権利保障 [der nationale und internationale Deckungsanspruch von Schadensersatzleistungen bei von Ausländern erlittenen Schadensfällen], Hanrei Times, Nr. 771, S. 17 ff. (1992). [zit.: ***Murata*, Hanrei Times, Nr. 771]**

Nakano Shunichirô 中野 俊一郎

- Fuhô kôi 不法行為 [die unerlaubte Handlung] in *Kidana / Matsuoka* (Hrsg.), Kihonhô kokusaishihô, S. 67 ff. [zit.: ***Nakano* in *Kidana / Matsuoka* (Hrsg.), Kihonhô kokusai shihô]**

- Fuhô kôi junkyohô to tôjisha no ishi 不法行為準拠法と当事者の意思 [das anwendbare Recht auf die unerlaubte Handlung und der Parteiwille] in *Sawaki / Akiba* (Hrsg.), Sôten, S. 140. [zit.: ***Nakano* in *Sawaki / Akiba* (Hrsg.), Sôten]**

- Gaikokujin higai-sha no isshitsu rieki no santei kijun 外国人被害者の逸失利益の算定基準 [Berechnung des entgangenen Gewinns bei einem ausländischen Geschädigten] in *Ikehara / Hayata* (Hrsg.), Hyakusen, 3. Aufl., S. 102 ff. [zit.: ***Nakano* in *Ikehara / Hayata* (Hrsg.), Hyakusen, 3. Aufl.**]

- Kokusai unsô - hoken 国際運送・保険 [internationaler Transport und Versicherung] in *Matsuoka* (Hrsg.), Gendai kokusai torihiki-hô kôgi, S. 56 ff. [zit.: ***Nakano*, in *Matsuoka* (Hrsg.), Gendai kokusai torihiki-hô kôgi**]

- Kôjo (2) 公序 (2) [*ordre public* (2)], in *Ikehara / Hayata* (Hrsg.), Hyakusen, 3. Aufl., S. 34 ff.

Nishi Masaru 西 賢

- I'nin dairi 委任代理 [Stellvertretungsauftrag], in *Ikehara / Hayata* (Hrsg.), Hyakusen, 3. Aufl, S. 54. [zit.: ***Nishi*, I'nin dairi**]

- Kinsen saiken 金銭債権 [Geldschuld] in *Kokusai-hô Gakkai* 国際法学会 (Hrsg.), Kokusai shihô kôza III 国際私法講座 III [Kommentar zum IPR III], Yûhikaku 有斐閣, Tokyo, 1964, S. 685 ff. [zit.: ***Nishi*, Kôza III**]

- Kokusai shihô ni okeru dairi-ken 国際私法に於ける代理権 [die Stellvertretung im IPR], Kôbe Hôgaku Zasshi 神戸法学雑誌, Bd. 9, Nr. 1 und 2, S. 207 ff. (1959). [zit.: ***Nishi*, Kôbe Hôgaku zasshi Bd. 9**]

- Kokusai tsûka kikin to kokusai shihô mondai 国際通貨基金と国際私法問題 [der internationale Währungsfond und Probleme des IPR], Kôbe Hôgaku Zasshi 神戸法学雑誌, Bd. 10, Nr. 3, S. 293 ff. (1960).

- Kôsai 公債 [öffentliche Anleihen], in *Ikehara / Hayata* (Hrsg.), Hyakusen, 3. Aufl., S. 84 ff. [zit.: ***Nishi*, in *Ikehara / Hayata* (Hrsg.), Hyakusen, 3. Aufl.**]

Nishihara Kan'ichi 西原 寛一

- Kaisha-hô (dai 2 han) 会社法 (第 2 版) [Gesellschaftsrecht (2.

Aufl.)], Iwanami Shoten 岩波書店, Tokyo, 1969. [zit. ***Nishimoto*, Kaisha-hô**]

Nishitani Yûko 西谷 祐子

- Das internationale Arbeitsvertragsrecht in Japan, Recht in Japan, Bd. 12, S. 39 ff. (2000). [zit.: ***Nishitani*, Recht in Japan**]

- Die Bestimmungen des Schiedsvertragsstatuts und dessen sachliche und persönliche Reichweite, ZJapanR, Heft 6, S. 184 ff. (1998). [zit.: ***Nishitani*, ZJapanR, Heft 6**]

- Jûkyû sêki yôroppa kokusai shihô ni okeru hon-kokuhô shugi no seiritsu to tenkai 一九世紀ヨーロッパ国際私法に於ける本国法主義の成立と展開 [Entstehung und Entwicklung des Staatsangehörigkeitsprinzips im europäischen IPR des 19. Jahrhunderts], in Minshôhô Zasshi 民商法雑誌, Bd. 116, Nr. 4/5, S. 661 ff. (1997).

Nomura Yoshiaki 野村 美明

- Dairi 代理 [Vertretung], in *Kidana / Matsuoka* (Hrsg.), Kihonhô kokusai shihô, S. 49.

- Kokusai kin'yû 国際金融 [internationale Finanz] in *Matsuoka* (Hrsg.), Gendai kokusai torihiki-hô kôgi, S. 105 ff. [zit: ***Nomura* in *Matsuoka* (Hrsg.), Gendai kokusai torihiki-hô kôgi**]

- Kokusai kin'yû to kokusai shihô 国際金融と国際私法 [IPR und internationale Finanz] in Kokusai shihô nenpô 2 国際私法年報 2 [Jahresschrift IPR 2], Shinzansha 信山社, Tokyo, 2000, S. 90 ff. [zit.: ***Nomura*, Nenpô 2**]

- Saiken jôto 債権譲渡 [Abtretung von Forderungen] in *Kidana / Matsuoka* (Hrsg.), Kihonhô kokusai shihô, S. 79 ff. [zit.: ***Nomura* in *Kidana / Matsuoka* (Hrsg.), Kihonhô kokusai shihô**]

- Shijô yakkan to jisshitsu hôteki shitei 至上約款と実質法的指定 [Clause Paramount und die materiellrechtliche Verweisung], in *Sawaki / Akiba* (Hrsg.), Sôten, S. 130. [zit.: ***Nomura* in *Sawaki / Akiba* (Hrsg.), Sôten**]

Notsu Tsutomu 野津 務

- Shin-kaisha-hô gairon 新会社法概論 [Abhandlung des neuen Gesellschaftsrechtes], Asakura Shoten 朝倉書店, 9. Aufl., Tokyo, 1957. [zit.: ***Notsu*, Shin-kaisha-hô gairon**]

Oda Hiroshi

- The Reform of the Financial System in Japan [die Reform des Finanzrechts in Japan], ZJapanR, Heft 6, S. 3 ff. (1998). [zit. ***Oda*, ZJapanR, Heft 6**]

Okamoto Zenpachi 岡本 善八

- Gaikoku hôjin no ninkyo to kongô keizai kaisha 外国法人の認許と混合経済会社 [die Anerkennung ausländischer juristischer Personen und gemischt wirtschaftlicher Gesellschaften], in Kokusaihô Gaikô Zasshi 国際法外交雑誌, Bd. 81, Nr. 4, S. 8 (1982).

- Gaikoku kaisha 外国会社 [die ausländische Gesellschaft], in *Hattori Eizô* 服部栄三 / *Hoshigawa Chôshichi* 星川長七 (Hrsg.), Kihonhô kommentâru, kaisha-hô 3 基本法コンメンタール 会社法 3 [Grundkommentar Gesellschaftsrecht 3], Hôgaku seminâru bessatsu Nr. 134, Nihon Hyôronsha 日本評論社, 1994, S. 104 ff. [zit.: ***Okamoto*, Gaikoku kaisha**]

- Gaikoku kaisha ni kansuru sho-mondai 外国会社に関する諸問題 [alle die ausländische Gesellschaft betreffende Fragen], Dôshisha Hôgaku 同志社法学, Bd. 15, Nr. 1, S. 85 ff. (1952).

- Gaikoku kaisha ni okeru torihiki hogo 外国会社に於ける取引保護 [Verkehrsschutz bei ausländischen Gesellschaften], in Shihô, Bd. 9, S. 119 (1953). [zit.: ***Okamoto*, Gaikoku kaisha ni okeru torihiki hogo**]

- Kokusai keiyaku ni okeru fuhôsei 国際契約における不法性 [Unerlaubtes im internationalen Vertrag], Dôshisha Hôgaku 同志社法学, Bd. 25, S. 106 ff. (1953). [zit.: ***Okamoto*, Dôshisha Hôgaku, Bd. 25**]

- Kokusai shihô ni okeru dôsan bukken 国際私法における動産物

権 [Dingliche Rechte an Fahrnis im IPR], Dôshisha Hôgaku 同志社法学, Bd. 40, Nr. 6, S. 40 ff. (1989). [zit.: ***Okamoto*, Dôshisha Hôgaku, Bd. 40, Nr. 6**].

- Saiken jôto 債権譲渡 [Forderungsabtretung] in *Ikehara / Hayata* (Hrsg.), Hyakusen, 3. Aufl., S. 110 ff. [zit.: ***Okamoto* in *Ikehara / Hayata* (Hrsg.), Hyakusen, 3. Aufl.**]

Okano Keijirô 岡野 敬次郎

- Kaisha-hô 会社法 [Gesellschaftsrecht], Okano Shôgakkai 岡野奨学会, Kyôto, 1929. [zit.: ***Okano*, Kaisha-hô**]

Okano Yûko 岡野 祐子

- Kokusai-teki shiharai - sôkin 国際的支払・送金 [die internationale Zahlung und Zahlungsanweisung] in *Matsuoka* (Hrsg.), Gendai kokusai torihiki-hô kôgi, S. 79 ff. [zit.: ***Okano*, in *Matsuoka* (Hrsg.), Gendai kokusai torihiki-hô kôgi**]

Okuda Yasuhiro 奥田 安弘

- Gaikokujin rôdô-sha no saigai hoshô 外国人労働者の災害補償 [Entschädigung ausländischer Arbeitnehmer im Schadensfall] in *Sawaki / Akiba* (Hrsg.), Sôten, S. 143 ff. [zit.: ***Okuda* in *Sawaki / Akiba* (Hrsg.), Sôten**]

Ômori Tadao 大森 忠夫

- Shinpan kaisha-hô kôgi (gaiteiban) 新版会社法講義 (改訂版) [Neue Auflage einer Vorlesung des Gesellschaftsrechtes (Erneuerte Auflage)], Yûshindô Kôbunsha 有信堂高文社, Tokyo, 1977. [zit.: ***Ômori*, Kaisha-hô kôgi**]

Orimo Yutaka 折茂 豊

- Gaikoku kokuyû-ka-hô to kôjo 国有化法と公序 [ausländisches Enteignungsgesetz und *ordre public*], Kokusai-hô Gaikô Zasshi 国際法外交雑誌, Bd. 61, Nr. 5, S. 59 ff. (1963).

- Kokusai shihô (Kakuron) [shinpan] [hôritsugaku zensho] 国際私法 (各論)[新版][法律学全書] [IPR (Der besondere Teil) [Neue Auflage] [juristische Gesamtschrift]], Yûhikaku 有斐閣, Tokyo, 1972. [zit.: ***Orimo*, Kakuron**]

- Kyôkô-teki hôki no tokubetsu renketsu-ron ni tsuite 強行的法規の特別連結論について [über die Theorie der besonderen Anknüpfung von zwingenden Rechtsnormen], Kokusaihô Gaikô Zasshi 国際法外交雑誌, Bd. 64, Nr. 3, S. 1 ff. und Bd. 65, Nr. 5, S. 43 ff. (1966/67).

- Tôjisha jichi no gensoku 当事者の原則 [das Prinzip der Parteiautonomie], Sôbunsha 創文社, Tokyo, 1970. [zit.: ***Orimo*, Tôjisha jichi no gensoku**]

Pape Wolfgang
- Gyôsei shidô und das Anti-Monopol-Gesetz, Carl Heymann Verlag, Köln, 1980.

Petersen Anja
- Japan, Patentrecht und internationales Privatrecht, GRUR, Heft 1, S. 83 ff. (2001). [zit.: ***Petersen*, GRUR**]

Rodatz Peter
- Lizenzverträge mit japanischen Gesellschaften, ZJapanR, Heft 5, S.74 ff. (1998). [zit.: ***Rodatz*, ZJapanR, Heft 5**]

Saitô Akira 齋藤 彰,
- Ihôchi-sha-kan no ishi hyôji 異法地者間の意思表示 [Willenserklärungen zwischen Personen, die sich an Orten aufhalten, die unterschiedlichem Recht unterliegen], in *Kidana / Matsuoka* (Hrsg.), Kihonhô kokusai shihô, S. 56.

- Hôritsu kôi no hôshiki 法律行為の方式 [die Form des Rechtsgeschäftes], in *Kidana / Matsuoka* (Hrsg.), Kihonhô kokusai shihô, S. 54.

Sakamaki Toshio 酒巻 俊雄
- Jûyô hanrei kaisetsu kaisha-hô 重要判例解説会社法 [Gesellschaftsrecht erläutert anhand der entscheidenden Rechtsprechung], Gakuyô Shobô 学陽書房, Tokyo, 1992, 4. Erneuerte Aufl. [zit.: **Sakamaki, *Kaisha-hô***]

Sakurada Yoshiaki 櫻田 嘉章

- Bukken junkyohô no tekiyô han'i 物権準拠法の適用範囲 [der Geltungsbereich des Sachenstatuts] in *Sawaki* / *Akiba* (Hrsg.), Sôten, S. 113 ff. [zit.: ***Sakurada* in *Sawaki* / *Akiba* (Hrsg.), Sôten**]

- Chôbatsu-teki songai baishô wo mei-zuru gaikoku hanketsu no shikô 懲罰的損害賠償を命ずる外国判決の施行 [die Vollstreckung eines ausländischen Urteils, das zu *punitive damages* verurteilt], Jurisuto, Nr. 1135 (Sonderausgabe zu wichtigen Urteilen des Jahres), S. 291 ff. (1996).

- Hoken daii 保険代位 [Forderungsübergang an eine Versicherung] in *Ikehara* / *Hayata* (Hrsg.), Hyakusen, 3. Aufl., S. 112 ff. [zit.: ***Sakurada* in *Ikehara* / *Hayata* (Hrsg.), Hyakusen, 3. Aufl.**]

- Keiyaku no junkyohô 契約の準拠法 [das anwendbare Recht auf den Vertrag] in Kokusai shihô nenpô 2 国際私法年報 2 [Jahresschrift des IPR 2], Shinzansha 信山社, Tokyo, 2000, S. 1 ff. [zit.: ***Sakurada*, Nenpô 2**]

- Kokusai shihô 国際私法 [IPR], Yûhikaku 有斐閣, Tokyo, 1997, 5. Druck der 1. Aufl. von 1994. [zit. ***Sakurada*, Kokusai shihô**]

- Setsuritsu-chû no kaisha no hokki-nin no teiketsu shita chûsai-jôkô wo fukumu keiyaku no kaisha ni tai suru kôryoku 設立中会社の発起人の締結した仲裁条項を含む契約の会社に対する効力 [die Wirkung eines Vertrages einschließlich einer Schiedsklausel, der von einem Gründer einer Gesellschaft in Gründung abgeschlossen wurde, gegenüber dieser Gesellschaft, Jurisuto, Nr. 595, S. 133 ff. (1975). [zit.: ***Sakurada*, Jurisuto, Nr. 595**]

Sanekata Masao 実方 正雄

- Kaisha-hô-gaku II 会社法学 II [Lehre des Gesellschaftsrechtes II], Yûhikaku 有斐閣, Tokyo, 1951. [zit.: ***Sanekata*, Kaisha-hô-gaku**]

- Kaitei kaisha-hô-gaku (Shin-kabushiki kaisha-hô) II 改訂会社法学 (新株式会社法) II [verbesserte Lehre des Gesellschaftsrechtes (die neue AG) II], Yûhikaku 有斐閣, Tokyo, 1952. [zit.: ***Sanekata*, Kaitei kaisha-hô-gaku**]

- Kokusai shihô gairon (sai-teihan) 国際私法概論 (再訂版) [Grundriss des IPR (erneuerte Auflage)], Yûhikaku 有斐閣, 3. Aufl., Tokyo, 1952. [zit.: ***Sanekata*, Gairon**]

- Kokusai shihô-jô ni okeru tôjisha jichi no gensoku 国際私法上に於ける当事者の原則 [das Prinzip der Parteiautonomie im IPR], Hôgaku 法学, Bd. 1, Nr. 12, S. 125 ff. (1950).

Sano Hiroshi 佐野 寛

- Hôritsu kôi 法律行為 [das Rechtsgeschäft], in *Kidana / Matsuoka* (Hrsg.), Kihonhô kokusai shihô, S. 39 ff. [zit.: ***Sano*, Hôritsu kôi**]

- Hôtei dairi 法定代理 [gesetzliche Vertretung], in *Ikehara / Hayata* (Hrsg.), Hyakusen, 3. Aufl., S. 56.

- Kokusai torihiki to dokusen kinshi-hô – shôken torihiki-hô – danpingu kisei 国際取引と独占禁止法・証券取引法・ダンピング規制 [der internationale Handel und AMG - WVG - Dumpingbestimmungen] in *Matsuoka* (Hrsg.), Gendai kokusai torihiki-hô kôgi, S. 230 ff. [zit.: ***Sano* in *Matsuoka* (Hrsg.), Gendai kokusai torihiki-hô kôgi**]

- Saiken shichi no junkyohô 債権質の準拠法 [das anwendbare Recht auf die Pfandbestellung an Forderungen] in *Sawaki / Akiba* (Hrsg.), Sôten, S. 111 ff. [zit.: ***Sano* in *Sawaki / Akiba* (Hrsg.), Sôten**]

- Shizenjin 自然人 [die natürliche Person], in *Kidana / Matsuoka* (Hrsg.), Kihonhô kokusai shihô, S.23 ff.

Satô Tetsuo 佐藤 哲夫

- Shôgai hanrei kenkyû 渉外判例研究 [Forschungen zu Urteilen mit Auslandskontakt], Jurisuto, Nr. 271, S. 102 (1963).

Satô Yayohi 佐藤 やよひ

- Idô-chû no mono – urinushi no kamotsu hikiwatashi-sashitome-ken no junkyohô 移動中のもの - 売主の貨物引渡差止権の準拠法 [*res in transitu* – das Zurückbehaltungsrecht des Verkäufers an der Ware] in *Ikehara / Hayata* (Hrsg.), Hyakusen, 3. Aufl., S. 66 ff.

[zit.: ***Satô Yayohi* in *Ikehara / Hayata* (Hrsg.), Hyakusen, 3. Aufl.**]

Satô Yukio 佐藤幸夫
- Jimu kanri - kainan kyûjo 事務官理—海難救助 [Geschäftsführung ohne Auftrag - Rettung in Seenot] in *Ikehara / Hayata* (Hrsg.), Hyakusen, 3. Aufl., S. 90 ff. [zit.: ***Satô Yukio*, in *Ikehara / Hayata* (Hrsg.), Hyakusen, 3. Aufl.**]

- Kokusai-teki fugô keiyaku 国際的附合契約 [der internationale Adhäsionsvertrag], in *Sawaki / Akiba* (Hrsg.), Sôten, S. 125.

Sawai Akira 澤井 啓
- Kyôkô hôki to chûsai kanô-sei 強行法規と仲裁可能性 [Zwingende Rechtsnormen und die Möglichkeit des Schiedsverfahrens], Minshô-hô Zasshi 民商法雑誌, Bd. 104, Nr. 4, S. 488 ff und Nr. 5, S. 597 ff. (1991).

Sawaki Takao 澤木 敬郎 / *Akiba Jun'ichi* 秋場 準一 (Hrsg.)
- Kokusai shihô no sôten (shinpan) 国際私法の争点(新版) [Streitpunkte des IPR (neue Aufl.)], Yûhikaku 有斐閣, Tokyo, 1996. [zit.: ***Sawaki / Akiba* (Hrsg.), Sôten**]

Sawaki Takao 澤木 敬郎 / *Aoyama Yoshimitsu* 青山 善充 (Hrsg.)
- Kokusai minji soshô-hô no riron 国際民事訴訟法の理論 [Theorie des internationalen Zivilprozesses], Yûhikaku 有斐閣, Tokyo, 1988. [zit.: ***Sawaki / Aoyama* (Hrsg.), Kokusai minji soshô-hô no riron**]

Sawaki Takao 澤木 敬郎

- Betonamu shakai shugi kyôwakoku setsuritsu-go ni okeru kyû-minami betonamu hôjin no hôjin-kaku no sonzoku to tôjisha nôryoku ベトナム社会主義共和国設立後に於ける旧南ベトナムの法人格の存続と当事者能力 [das Weiterbestehen der Rechtspersönlichkeit und Parteifähigkeit einer juristischen Person aus Süd-Vietnam nach Errichtung der Sozialistischen Republik Vietnam], Jurisuto Nr. 833, S. 117 (1985).

- Junkyohô no kakutei 準拠法の確定 [Entscheidung über das anwendbare Recht] in *Ikehara / Hayata* (Hrsg.), Hyakusen, 2. Aufl., S. 28. [zit.: ***Sawaki* in *Ikehara / Hayata* (Hrsg.), Hyakusen, 2. Aufl.**]

- Kokusai shihô nyûmon 国際私法入門 [Einführung in das IPR], Yûhikaku 有斐閣, 3. Aufl., Tokyo, 1992. [zit.: ***Sawaki*, Nyûmon**]

- Rôdô keiyaku ni okeru tôjisha jichi no gensoku to kyôkô hôki no renketsu mondai 労働契約に於ける当事者自治の原則と強行法規の連結問題 [das Prinzip der Parteiautonomie und das Problem der Anknüpfung von zwingenden Rechtsnormen in Arbeitsverträgen], Rikkyô Hôgaku 立教法学, Nr. 9, S. 145 ff. (1967). [zit.: ***Sawaki*, Rikkyô Hôgaku, Nr. 9**]

- Saiken keiyaku ni okeru ishi hyôji no junkyohô 債権契約に於ける意思表示の準拠法 [das anwendbare Recht auf die Willenserklärung im Schuldvertrag] in Kokusai shihô no kihon mondai – Kubo Iwatarô Sensei kanreki kinen ronbun-shû 国際私法の基本問題 – 久保岩太郎先生還暦記念論文集 [Grundfragen des IPR – Festschrift Kubo], Yûshindô 有信堂, Kyôto, 1962, S. 195 ff. [zit.: ***Sawaki* in Festschrift Kubo**]

- Tôjisha no jiji - meiji no shitei 当事者の自治一明示の指定 [Parteiautonomie – die ausdrückliche Verweisung], in *Ikehara / Hayata* (Hrsg), Hyakusen, 2. Aufl, S. 68.

- Yûtai dôsan no kokusai-teki baibai ni kansuru hâgu kokusai shihô jôyaku 有体動産の国際的売買に関するハーグ国際私法条約 [das Haager Übereinkommen über das auf den internationalen Kauf von beweglichen Sachen anzuwendende Recht], in Kaigai Shôji Hômu 海外商事法務, Nr. 72, S. 2 ff. (1968).

Schmitt Monika

- Die Reform des japanischen IPR, Carl Heymanns Verlag, Köln, Berlin, Bonn, München, 1992.

Shinozuka Shôji 篠塚 昭次 / *Maeda Tatsuaki* 前田 達明 (Hrsg.)

- Shin - hanrei kommentâru, minpô 新・判例コンメンタール 民法 [neue Urteilskommentare, ZG], Sanshôdô 三省堂, Tokyo, 1991.

Sono Kazuaki 曽野 和明 / *Yamate Masashi* 山手 正史

- Kokusai baibai-hô 国際売買法 [internationales Kaufrecht], Seirin Shoin 青林書院, Tokyo, 1993. [zit: ***Sono / Yamate*, Kokusai baibai-hô**]

Sono Kazuaki 曽野 和明

- Kokusai keiyaku no seiritsu 国際契約の成立 [das Zustandekommen eines internationalen Vertrages], in *Sawaki / Akiba* (Hrsg.), Sôten, S. 126. [zit.: ***Sono* in *Sawaki / Akiba* (Hrsg.), Sôten**]

- Ta-kokuseki kigyô 多国籍企業 [multinationale Unternehmen], in *Sawaki / Akiba* (Hrsg.), Sôten, S. 104.

Sugie Tooru 杉江 徹

- Shin'yô-jô no junkyohô 信用状の準拠法 [das anwendbare Recht des Akkreditivs] in *Sawaki / Akiba* (Hrsg.), Sôten, S. 135.

Taira Yoshi 平 良

- Amerika kokusai shihô ni okeru rôdô-sha saigai hoshô-hô ni tsuite アメリカ国際私法に於ける労働者災害補償法について [über das Arbeitnehmerentschädigungsgesetz im amerikanischen IPR], Hôgaku Kenkyû 法学研究, Bd. 39, Nr. 9, S. 1 (1966).

Takagi Shinjirô 高木 新二郎

- Gaikoku tôsan tetsuzuki ni tai suru shônin to joryoku to kyôchô 外国倒産手続に対する承認と助力と協調 [Anerkennung, Unterstützung und Zusammenarbeit gegenüber ausländischen Insolvenzverfahren], New Business Law, Nr. 581, S. 11 und Nr. 583, S. 26 (1995). [zit.: ***Takagi Shinjirô*, New Business Law**]

Takakuwa Akira 高桑 昭 / *Egashira Kenjirô* 江頭 憲治郎

- Kokusai torihiki-hô 国際取引法 [Recht des internationales Handels], Seirin Shoin 青林書院, Tokyo, 1991. [zit.: ***Takakuwa / Egashira*, Kokusai torihiki-hô**]

Takakuwa Akira 高桑 昭

- Bukken sono ta no tôki subeki kenri 物権その他の登記すべき権利 [Sachenrecht und andere eintragungspflichtige Rechte] in *Kidana / Matsuoka* (Hrsg.), Kihon kokusai shihô, S. 57 ff. [zit.: ***Takakuwa* in *Kidana / Matsuoka* (Hrsg.), Kihon kokusai shihô**]

- Dairi no junkyohô ni kansuru jôyaku no gaiyô 代理の準拠法に関する条約の概要 [Vorstellung des Übereinkommens betreffend das anwendbare Recht auf die Vertretung], Jurisuto, Nr. 648, S. 112 ff. (1977).

- Hyôken dairi 表見代理 [Scheinmandat], in *Sawaki / Akiba* (Hrsg.), Sôten, S. 95. [zit.: ***Takakuwa*, Hyôken dairi**]

- Jisshitsu hôteki shitei to teishoku hôteki shitei 実質法的指定と抵触法的指定 [materialrechtliche Verweisung und kollsions-rechtliche Verweisung], in *Ikehara /Hayata* (Hrsg.), Hyakusen, 3. Aufl., S. 78. [zit.: ***Takakuwa*, Hyakusen, 3. Aufl.**]

- Kokusai baibai 国際売買 [der internationale Kauf], in *Matsuoka* (Hrsg.), Gendai kokusai torihiki-hô kôgi, S. 21 ff. [zit.: ***Takakuwa* in *Matsuoka* (Hrsg.), Gendai kokusai torihiki-hô kôgi**]

- Kokusai kaijô buppin unsô keiyaku to tôitsuhô no tekiyô 国際海上物品運送契約と統一法の適用 [der internationale Waren Seetransportvertrag und die Anwendung einheitlichen Rechts], in *Sawaki / Akiba* (Hrsg.), Sôten, S. 132 ff. [zit.: ***Takakuwa*, Kokusai kaijô buppin unsô keiyaku to tôitsuhô no tekiyô**]

Takasugi Naoshi 高杉 直

- Tôjisha jichi - meiji no shitei 当事者自治一明示の指定 [Parteiautonomie – ausdrückliche Verweisung], *Ikehara / Hayata* (Hrsg.), Hyakusen, 3. Aufl., S. 72. [zit.: ***Takasugi*, Tôjisha jichi**]

Takehama Osamu 竹濱 修

- Kyû-gaidamehô yon jû ni jô-tô ni ihan suru kôi no shihô-jô no kôryoku to futô ritoku 旧外為法四二条等に違反する行為の私法上の効力と不当利得 [privatrechtliche Gültigkeit und ungerechtfertigte Gewinne aus Geschäften in Übertretung des

Artikel 42 ff. des alten Außenhandellskontrollgesetzes], Ritsumeikan Hôgaku 立命館法学, Nr. 179, S. 81 (1985).

Taki Hiroshi 多喜 寛
- Sôsai no junkyohô 相殺の準拠法 [das auf die Aufrechnung anwendbare Recht] in *Sawaki / Akiba* (Hrsg.), Sôten, S. 156. [zit.: ***Taki* in *Sawaki / Akiba* (Hrsg.), Sôten**]

Tameike Yoshio 溜池 良夫
- Kokusai shihô kôgi 国際私法講義 [Vorlesung zum IPR], Yûhikaku 有斐閣, Tokyo, 1997, 4. Druck der 1. Aufl. von 1993. [zit.: ***Tameike*, Kôgi**]

- Ryuchi-ken 留置権 [Zurückbehaltungsrecht] in *Ikehara / Hayata* (Hrsg.), Hyakusen, 3. Aufl., S. 62 ff. [zit.: ***Tameike* in *Ikehara / Hayata* (Hrsg.), Hyakusen, 3. Aufl.**]

Tanabe Nobihiko 田辺 信彦
- Fuhô kôi - kôkai-jô no fuhô kôi 不法行為―公海上の不法行為 [die unerlaubte Handlung - die unerlaubte Handlung auf hoher See] in *Ikehara / Hayata* (Hrsg.), Hyakusen, 3. Aufl., S. 98 ff. [zit.: ***Tanabe* in *Ikehara / Hayata* (Hrsg.), Hyakusen, 3. Aufl.**]

Tanaka Kôtarô 田中 耕太郎
- Kaitei kaisha-hô gairon 改訂会社法概論 [Erneuerter Abriss zum Gesellschaftsrecht], Iwanami Shoten 岩波書店, Tokyo, 1955. [zit.: ***Tanaka Kôtarô*, Kaisha-hô**]

Tanaka Seiji 田中 誠二 / *Yoshinaga Eisuke* 吉永 栄助 / *Yamamura Chûhei* 山村 忠平
- 4 (yon) zentei komentâru kaisha-hô 4 全訂コンメンタール会社法 [4. Erneuerter Kommentar zum Gesellschaftsrecht], Keisô Shobô 勁草書房, Tokyo, 1984. [zit.: ***Tanaka / Yoshinaga / Yamamura***]

Tanaka Seiji 田中 誠二
- Zentei kaisha-hô shôron 全訂会社法詳論 [erneuerte Erläuterung des Gesellschaftsrechtes], Keisô Shobô 勁草書房, Tokyo, 1972. [zit: ***Tanaka Seiji*, Shôron**]

Tanaka Tetsu 田中 徹

- Fuhô kôi – hôrei jû ichi jô ni kô 不法行為—法例一一条二項 [die unerlaubte Handlung – Art. 11 Abs. 2 RAG] in *Ikehara / Hayata* (Hrsg.), Hyakusen, 3. Aufl., S. 100 ff. [zit.: ***Tanaka* in *Ikehara / Hayata* (Hrsg.), Hyakusen, 3. Aufl.**]

- Shôgai hanrei kenkyû 渉外判例研究 [Forschungen zu Urteilen mit Auslandskontakt], Jurisuto, Nr. 323, S. 132 (1965).

Tanigawa Hisashi 谷川 久

- Nihon senpaku no yôken 日本船舶の要件 [Bedingungen für die japanische Flagge] in Kaiji hanrei hyakusen 海事判例百選 [Hundert Urteile des Seehandelsrechtes], Jurisuto Bessatsu ジュリスト別冊, Nr. 42, Yûhikaku 有斐閣, Tokyo, 1973.

Tatsuta Misao 龍田 節

- Kaisha-hô 会社法 [Gesellschaftsrecht], Yûhikaku 有斐閣, Tokyo, 1993, 3. Auflage.

- Shôhô yon hyaku hachi jû san jô to shôken torihiki-hô 商法四八三条と証券取引法 [Art. 483 HG und das WVG], in *Sawaki / Akiba* (Hrsg.), Sôten, S. 102. [zit.: ***Tatsuta* in *Sawaki / Akiba* (Hrsg.), Sôten**]

Torii Junko 鳥居 淳子

- Torihiki hogo shugi 取引保護主義 [Theorie des Verkehrsschutzes], in *Sawaki / Akiba* (Hrsg.), Sôten, S. 44.

Wagatsuma Sakae 我妻 栄 / *Egawa Hidebumi* 江川 英文

- Kokusai dôsan baibai ni okeru shoyû-ken iten ni kansuru junkyohô ni tsuite 国際動産売買における所有権移転に関する準拠法について [zum anwendbaren Recht des Eigentumsübergangs beim internationalen Fahrniskauf] in Shihô, Nr. 14, S. 39 ff. (1955). [zit: ***Wagatsuma / Egawa*, Shihô, Nr. 14**]

Wagatsuma Sakae 我妻 栄

- Shintei minpô sôsoku (minpô kôgi I) 新訂民法総則 (民法講義 I) [Neuauflage des Allgemeinen Bürgerlichen Rechtes, (Vorlesung des Bürgerlichen Rechtes I)], Iwanami Shoten 岩波書店, Tokyo,

1996, 35. Auflage. [zit.: ***Wagatsuma*, Shintei minpô sôsoku**]

Yamada Ryôichi 山田 鐐一 / *Hayata Yoshirô* 早田 芳郎 (Hrsg.)

- Enshû kokusai shihô shinpan 演習国際私法新版 [Vorlesung des IPR Neue Auflage], Yûhikaku 有斐閣, Tokyo, 1992. [zit.: ***Yamada / Hayata*, Enshû kokusai shihô shinpan**]

Yamada Ryôichi 山田 鐐一 / *Sano Hiroshi* 佐野寛

- Kokusai torihikihô 国際取引法 [Recht des internationalen Handels], Yûhikaku 有斐閣, Tokyo, 1995, 4. Druck der 1. Aufl. von 1992. [zit.: ***Yamada / Sano*, Kokusai torihiki-hô**]

Yamada Ryôichi 山田 鐐一

- Gaikoku kaisha 外国会社 [die ausländische Gesellschaft], in Kabushiki kaisha-hô kôza V 株式会社法講座 V [Kommentar zum Recht der AG V], Yûhikaku 有斐閣, Tokyo, 1959, S. 1815 ff. [zit.: ***Yamada*, Gaikoku kaisha**]

- Hôjin no zokuninhô ni tsuite 法人の属人法について [zum auf juristische Personen anwendbaren Recht], Kokusaihô Gaikô Zasshi 国際法外交雑誌, Bd. 50, Nr. 5, S. 37 ff. (1951). [zit.: ***Yamada*, Hôjin no zokuninhô ni tsuite**]

- Jôyaku ni yoru gaikoku hôjin no ninkyo 条約に依る外国法人の認許 [Anerkennung ausländischer juristischer Personen durch internationale Übereinkommen], Kokusaihô Gaikô Zasshi 国際法外交雑誌, Bd. 57, Nr. 2, S. 1 ff. (1958). [zit.: ***Yamada*, Jôyaku ni yoru gaikoku hôjin no ninkyo**]

- Kokusai shihô 国際私法 [IPR], Yûhikaku 有斐閣, Tokyo, 1995, 3. Druck der 1. Aufl. von 1992. [zit.: ***Yamada*, Kokusai shihô**]

- Shôhô 482 jô no "dôitsu no kitei" 商法四八二条の「同一ノ規定」 [die „vereinheitlichten Regeln" des Art. 482 HG] in *Kitazawa / Hamada* (Hrsg.), Shôhô no sôten 商法の争点 [Streitpunkte des Handelsrechtes], Bd. 1, Yûhikaku 有斐閣, Tokyo, 1993, S. 222. [zit.: ***Yamada*, Shôhô no sôten**]

- Tôjisha jichi no gensoku no gendai-teki igi 当事者自治の原則の

現代的意義 [die gegenwärtige Bedeutung des Prinzips der Parteiautonomie], in *Sawaki / Akiba* (Hrsg.), Sôten, S. 121.

Yamada Saburô 山田 三良

- Gaikoku hôjin-ron 外国法人論 [das Problem der ausländischen juristischen Person], Hozumi Sensei kanreki shukuga ronbun-shû 穂積先生還暦祝賀論文集 [Festschrift Hozumi], Yûhikaku 有斐閣, Tokyo, 1915. [zit.: ***Yamada Saburo*, Gaikoku hôjin-ron**]

- Kokusai shihô 国際私法 [IPR], Yûhikaku 有斐閣, Tokyo, 1932. [zit.: ***Yamada Saburô***]

Yamaguchi Kôichi 山口 弘一

- Nôryoku no junkyohô 能力の準拠法 [das auf die Fähigkeit anwendbare Recht] in Hôgaku Shinpô 法学新報 (Chûô Daigaku), Bd. 48, Nr. 2, S. 2 ff. (1938). [zit.: ***Yamaguchi*, Nôryoku no junkyohô**]

- Nihon kokusai shihô-ron 日本国際私法論 [Abhandlung des japanischen IPR], Sanshorô 三書楼, Tokyo, 1910.

Yamamoto Keizô 山本 敬三

- Kokusai keiyaku no junkyohô - sekiyu konsesshon keiyaku wo chûshin toshite 国際契約の準拠法―石油コンセッション契約を中心として [das anwendbare Recht auf internationale Verträge - am Beispiel von Erdölkonzessionsverträgen], Hiroshima Daigaku Seikeironsô 広島大学政経論叢, Bd. 18, Nr. 5, S. 145 ff. (1969).

- Kokusai keiyaku to kyôkô hôki 国際契約と強行法規 [der internationale Vertrag und zwingende Rechtsnormen], in Gendai keiyaku-hô daikei 現代契約法大系 [der große Band des modernen Vetragsrechtes], Yûhikaku 有斐閣, Tokyo, 1983, S. 112 ff. [zit.: ***Yamamoto*, Kokusai keiyaku to kyôkô hôki**]

- Soshô nôryoku 訴訟能力 [Prozessfähigkeit], in *Ikehara / Hayata*, (Hrsg.), Hyakusen, 3. Aufl., S. 220 ff. [zit.: ***Yamamoto* in *Ikehara / Hayata* (Hrsg.), Hyakusen, 3. Aufl.**]

Yamate Masashi 山手 正史

- Lex mercatoria ni tsuite Lex mercatoriaについて [zur *lex mercatoria*], Tôhoku Gakuin Daigaku Ronshû 東北学院大学論集, Nr. 34, S. 121 ff. (1989).

Yamato Kaichi 山戸 嘉一

- Hasan 破産 [Bankrott] in *Kokusai-hô Gakkai* 国際法学会 (Hrsg.), Kokusai shihô kôza III 国際私法講座 III [Kommentar zum IPR III], Yûhikaku 有斐閣, Tokyo, 1964, S. 983 ff. [zit.: ***Yamato*, Hasan**]

- Hoken keiyaku ni kan suru junkyohô 保険契約に関する準拠法 [das anwendbare Recht auf den Versicherungsvertrag], Shihô, Nr. 9, S. 130 ff. (1953). [zit.: ***Yamato*, Shihô, Nr. 9**]

- Kaishô 海商 [Seehandel] in *Kokusai-hô Gakkai* 国際法学会 (Hrsg.), Kokusai shihô kôza III 国際私法講座 III [Kommentar zum IPR III], Yûhikaku 有斐閣, Tokyo, 1964, S. 685 ff. [zit.: ***Yamato*, Kaishô**]

Yamauchi Koresuke 山内 惟介

- Hôjin 法人 [die juristische Person] in *Kidana / Matsuoka* (Hrsg.), Kihonhô kokusai shihô, S. 28 ff. [zit.: ***Yamauchi*, Hôjin**]

Yokota Yôzô 横田 洋三

- Kokusai hôjin 国際法人 [die internationale juristische Person], in *Sawaki / Akiba* (Hrsg.), Sôten, S. 105 ff.

Yokoyama Jun 横山 潤

- Fuhô kôi-chi-hô shugi no genkai to sono reigai 不法行為地方主義の限界とその例外 [Grenzen und Ausnahmen des Prinzips des *lex loci delicti*] in Kokusai shihô nenpô 2 国際私法年報 2 [Jahresschrift des IPR 2], Shinzansha 信山社, Tokyo, 2000, S. 69 ff. [zit.: ***Yokoyama*, Nenpô 2**]

- Kokusai shihô ni okeru kôhô 国際私法における公法 [öffentliches Recht im IPR] in *Sawaki / Akiba*, Sôten, S. 22 ff. [zit.: ***Yokoyama* in *Sawaki / Akiba* (Hrsg.), Sôten**]

* Kokuyû-ka-hô no shôgai-teki kôryoku 国有化法の渉外的効力 [die internationale Wirkung von staatlichen Enteigungen] in *Ikehara / Hayata* (Hrsg.), Hyakusen, 3. Aufl., S. 70 ff. [zit.: ***Yokoyama* in *Ikehara / Hayata* (Hrsg.), Hyakusen, 3. Aufl.**]

* Gaikoku kôhô no tekiyô 外国公法の適用 [die Anwendung ausländischen öffentlichen Rechtes] in *Ikehara / Hayata* (Hrsg.), Hyakusen, 3. Aufl., S. 40 ff. [zit.: ***Yokoyama* in *Ikehara / Hayata* (Hrsg.), Hyakusen, 3. Aufl.**]

Yoshino Shôzaburô 吉野 正三郎

* Hasan-hô 30 kô 破産法 30 講 [Konkursrecht 30 Vorlesungen], Seibundô 成文堂, Tokyo, 1992, 2. Aufl. [zit.: ***Yoshino*, Hasan-hô**]

* Kokusai chûsai keiyaku to sono junkyo hô - nichibei shihô masatsu no ichikyokumen 国際仲裁契約とその準拠法—日米司法摩擦の一局面 [die Schiedsgerichtsklausel und deren anwendbares Recht - in Anbetracht eines japanisch-amerikanischen Justizkonflikts], Hanrei Times, Nr. 819, S. 75 (1993). [zit.: ***Yoshino*, Kokusai chûsai keiyaku to sono junkyohô**]

INTERNATIONALRECHTLICHE STUDIEN
Beiträge zum Internationalen Privatrecht,
zum Einheitsrecht und zur Rechtsvergleichung

Herausgegeben von Ulrich Magnus

Band 1 Birgit Reimers-Zocher: Beweislastfragen im Haager und Wiener Kaufrecht. 1995.

Band 2 Lenja Vespermann: Schadensersatz bei Beeinträchtigung rechts- oder sittenwidriger Interessen im deutschen und französischen Recht. 1996.

Band 3 Peter Cypra: Die Rechtsbehelfe im Verfahren der Vollstreckbarerklärung nach dem EuGVÜ unter besonderer Berücksichtigung der Ausgestaltung in Deutschland und Frankreich. 1996.

Band 4 Brigitta Lurger: Regulierung und Deregulierung im europäischen Privatrecht. 1997.

Band 5 Uta Gutknecht: Das Nacherfüllungsrecht des Verkäufers bei Kauf- und Werklieferungsverträgen. Rechtsvergleichende Untersuchung zum CISG, zum US-amerikanischen Uniform Commercial Code, zum deutschen Recht und zu dem Vorschlag der Kommission zur Überarbeitung des deutschen Schuldrechts. 1996.

Band 6 Stefan Abel: Die Qualifikation der Schenkung. Zur Methode der Qualifikation im Internationalen Schuldvertragsrecht. 1997.

Band 7 Daniel Kötz: Verkäuferpflichten und Rechtsbehelfe des Käufers im neuen norwegischen Kaufrecht vom 13. Mai 1988 Nr. 27 im Vergleich zum UN-Kaufrecht vom 11. April 1980 (CISG). 1997.

Band 8 Olaf Beier: Grundsätze eines europäischen transportmittelübergreifenden Schadensrechts für den Gütertransport. Eine rechtsvergleichende Untersuchung unter besonderer Berücksichtigung der CMR, der ER/CIM 1990, des WA/HP und der HVR. 1999.

Band 9 Ulrich Krüger: Modifizierte Erfolgshaftung im UN-Kaufrecht. Die Haftungsbefreiung bei Lieferung vertragswidriger Ware gemäß Art. 79 CISG. 1999.

Band 10 Wolf-Henning Hammer: Das Zurückhaltungsrecht gemäß Art. 71 CISG im Vergleich zu den Kaufgesetzen der nordischen Staaten unter Einbeziehung transportrechtlicher Aspekte. Eine rechtsvergleichende Studie. 1999.

Band 11 Ulrich Quay: Der Consulting-Vertrag im Internationalen Privatrecht. 2000.

Band 12 Axel Halfmeier: Die Veröffentlichung privater Tatsachen als unerlaubte Handlung. Eine rechtsvergleichende Untersuchung. 2000.

Band 13 Stephanie Scholz: Lohngleichheit durch Verfahren. Eine Studie zur Förderung der Lohngleichheit durch verfahrensrechtliche Ansätze. 2000.

Band 14 Tarık Cebecioğlu: Stellung des Ausländers im Zivilprozeß. Eine rechtsvergleichende Untersuchung des türkischen und deutschen Rechts. 2000.

Band 15 Gunnar Straube: Sozialrechtliche Eingriffsnormen im Internationalen Privatrecht. 2001.

Band 16 Daniela de Lukowicz: Divergenzen in der Rechtsprechung zum CISG. Auf dem Weg zu einer einheitlichen Auslegung und Anwendung? 2001.

Band 17 Mohamed Hassan Fadlalla Ali: Das islamische Ehe- und Kindschaftsrecht im Sudan. Mit Hinweisen zu den Lehren der Islamischen Rechtsschule, der anwendbaren Familienrechtsvorschriften für Nichtmuslime im Sudan und im deutschen Familienrecht. 2001.

Band 18 Ole Lando / Ulrich Magnus / Monika Novak-Stief (Hrsg./eds.): Angleichung des materiellen und des internationalen Privatrechts in der EU. Harmonisation of Substantive and International Private Law. 2003.

Band 19 Florian Schulz: Der Ersatzlieferungs- und Nachbesserungsanspruch des Käufers im internen deutschen Recht, im UCC und im CISG. Eine rechtsvergleichende Untersuchung unter Berücksichtigung der Schuldrechtskommission, der EG-Richtlinie 1999/44/EG und des Diskussionsentwurfs eines Schuldrechtsmodernisierungsgesetzes. 2002.

Band 20 Ingo Janert: Die Aufrechnung im internationalen Vertragsrecht. 2002.

Band 21 Armin Jentsch: Die Erhaltungspflichten des Verkäufers und des Käufers im UN-Kaufrecht im Vergleich zum US-amerikanischen Uniform Commercial Code und zum deutschen Recht. 2002.

Band 22 Martin Taschner: Arbeitsvertragsstatut und zwingende Bestimmungen nach dem Europäischen Schuldvertragsübereinkommen. Einheitliche Auslegung. 2003.

Band 23 Klaus Bitterich: Die Neuregelung des Internationalen Verbrauchervertragsrechts in Art. 29a EGBGB. 2003.

Band 24 Sascha J. Morgenroth: Umsetzung der Verbrauchsgüterkaufrichtlinie in Spanien und Deutschland. Umsetzung der Richtlinie 1999/44/EG des Europäischen Parlaments und des Rates vom 25. Mai 1999 zu bestimmten Aspekten des Verbrauchsgüterkaufs und der Garantien für Verbrauchsgüter in Spanien und Deutschland. 2003.

Band 25 Markus Renfert: Über die Europäisierung der ordre public Klausel. 2003.

Band 26 Henning Mordhorst: Die Behandlung vertraglicher Mobiliarsicherheiten im US-amerikanischen und deutschen Insolvenzrecht. 2003.

Band 27 Hans Markus Wulf: UN-Kaufrecht und eCommerce. Problembereiche bei der Anwendung des Wiener Übereinkommens auf Internet-Verträge. 2003.

Band 28 Julia Kaiser: Freiheit oder Schutz? Die Scheidungsfolgenvereinbarung im deutschen und im englischen Recht. 2003.

Band 29 Astrid Hillebrenner: Die private Zustimmung zu Rechtsgeschäften Dritter im englischen, dänischen und deutschen Recht. 2004.

Band 30 Irene von der Heyde: Das deutsche und italienische internationale Kindschaftsrecht im Rechtsvergleich. Favor Filii oder favor filiationis? 2004.

Band 31 Sven-Michael Werner: Recht im Systemwandel. *Ein Land, zwei Systeme* und das Kontinuitätsproblem in Hongkong. 2004.

Band 32 Holger Ellenberger: Wirtschaftsrelevante Kollisionsnormen im japanischen internationalen Privatrecht. 2004.

www.peterlang.de

FSC
www.fsc.org
MIX
Papier | Fördert gute Waldnutzung
FSC® C083411

Kolibri 360 GmbH
Ferdinand-Jühlke-Straße 7
99095 Erfurt, Deutschland
produktsicherheit@kolibri360.de

Druck:
CPI Druckdienstleistungen GmbH
im Auftrag der
Kolibri 360 GmbH
Ferdinand-Jühlke-Str. 7
99095 Erfurt